2019 年 11 月 9 日，参加新教育国际高峰论坛（洛阳）时，与孩子合影

↑ 2014 年 12 月 14 日，参加中国教育三十人论坛
↑ 2018 年 11 月 13 日，会见麦格劳 - 希尔公司总裁

↑ 2019 年 6 月 22 日，参加全球视野下的教育创新模式暨教育神经科学 2019 年国际研讨会

↑ 2019 年 10 月 17 日，参加第二十届中国国际教育年会未来教育研讨会暨第二届 PDC 国际教育大会

↑ 2019 年 11 月 3 日，对话人类学家、历史学家、剑桥大学国王学院终身院士艾伦·麦克法兰
↑ 2019 年 11 月 23 日，参加第二届世界教育前沿论坛

朱永新教育作品

寻找教育的风景

——外国教育观察

朱永新·著

漓江出版社

·桂林·

图书在版编目（CIP）数据

　　寻找教育的风景：外国教育观察 / 朱永新著. --
桂林：漓江出版社，2023.11
　　ISBN 978-7-5407-9488-0

　　Ⅰ.①寻…　Ⅱ.①朱…　Ⅲ.①教育 – 研究 – 国外
Ⅳ.① G51

　　中国国家版本馆 CIP 数据核字（2023）第 125339 号

寻找教育的风景——外国教育观察

朱永新　著

出 版 人　刘迪才
策划统筹　文龙玉
责任编辑　章勤璐
助理编辑　陈思涵
书籍设计　石绍康
营销编辑　俞方远
责任监印　黄菲菲

出版发行　漓江出版社有限公司
社址　广西桂林市南环路 22 号
邮编　541002
发行电话　010-85891290　0773-2582200
邮购热线　0773-2582200
网址　www.lijiangbooks.com
微信公众号　lijiangpress

印制　天津嘉恒印务有限公司
开本　710 mm×1000 mm　1/16
印张　24
字数　406 千字
版次　2024 年 1 月第 1 版
印次　2024 年 1 月第 1 次印刷
书号　ISBN 978-7-5407-9488-0
定价　89.80 元

总　序

朱永新教授的作品集出版在即，他要我写一篇序，大概是因为他看到我对教育也很关注，又不时地发表点看法的缘故吧，或者因为他和我都是马叙伦、周建人、叶圣陶、雷洁琼等民进前辈的后来人——我们是中国民主促进会的成员。不管他是怎么想的，我出于对他学术成就的敬佩，也出于对比我年轻些的学者的喜爱和对教育事业的兴趣，便答应了，尽管我不是这个领域的专家。不过这样也好，以一个时时关心业内情况的外行人眼光说说对这套作品集和作者的看法，或许能更冷静些，更客观些。

我曾经说过，中国的教育人人可得而道之。因为教育问题太复杂，中国的教育问题尤甚。且不说中国以一个发展中国家不强的实力在办着世界上最大的教育，单是中国处于转型期，城乡、东西部间严重的不平衡和几个时代思想观念的相互摩擦、激荡，就可以说是当今世界绝无仅有的了。随着教育普及率的提高，对教育发表评论的人当然也越来越多，多到几乎家家户户都会时常议论。这样就给有关教育的研究提出了许多也许在别的国家并不突出的问题。我认为其中有两个问题最为要紧：一个是教育的问题牵一发而动全身，既不能就教育论教育，更不能只论教育的某一部分而不顾及其他，要区别于人们日常的谈论；另一个是教育学如何走出狭小的教育理论圈子，让更多的人理解、评论、实践，也在更大范围内检验自己的理论是否能为群众所接受，以免专家和社会难以搭界。朱永新教授的这套作品集，恰好在这两个问题上都给了我很大的欣慰。

在这套作品集中，他从国际国内、政治经济、文化社会、古往今来的广阔视野来考察、思索中国的教育问题；他的论述几乎遍及受教育者所经历的整个教育过程；大到教育的理念、原则，小到课程的改革、课外的活动，他都认真思考，系统调查，认真实验，随时提升到理论层面；与教育学密切关联的心理学，在研究中国教育的同时展开的对国外教育的认识和分析，也是他涉及的范围。

朱永新教授并不是一位"纯"学者，虽然教育理论研究永远是他进行多头工作时在脑子里盘旋的核心。他集教师、官员和研究者三种角色于一身，随着自己孩子的出生和成长，他又多了一个家长的身份。这就使他不可能只观察研究教育体系中的某一段或某一方面，而必须做全方位、多角度、分层次的研究。他是中国民主促进会中央委员会副主席，作为同事，我见过他极度疲劳时的状况，心里曾经想过，这是天将降大任于是人的考验，还是他"命"当如此，不得不然？其实，这正是给他提供了他人很难得到的绝好的研究环境和条件：时时转换角色，就需要时时转换思维的角度和方法，宏观与微观自然而然地结合，积以时日，于是造就了他独特的研究方法和风格。

我们对任何事物的研究，如果只有理性的驱动，而没有基于对事物深刻认识所生发出来的极大热情，换言之，没有最博大的挚爱，是难以创造性地把事情做得出色的。朱永新教授对教育进行研究的特点之一就是全身心地投入。身，有那三种角色和一种身份，自然占据了他所有的时间和精力；心，是不可见的，但贯穿在他所有工作、表现在他所有论著中的鲜明爱心，则是最好的证明。

他说"教育是一首诗"。他常用诗一般的语言讴歌教育，表达他的教育思想：

教育是一首诗／诗的名字叫热爱／在每个孩子的瞳孔里／有一颗母亲的心

教育是一首诗／诗的名字叫未来／在传承文明的长河里／有一条破浪的船

如果是纯理性的，没有充沛的、不可抑制的感情，怎么能迸发出诗的情思？但他不是浪漫派。他本来已经够忙的了，却又率先自费开通了教育在线网站，开通了教育博客和微博，成了四面八方奋斗在教育改革前沿的众多网民的朋友。每天，当他拖着疲乏的脚步回到家后，还要逐篇浏览网站上的帖子和来信，并且要一一回应。有人说，这是自找苦吃。但他认为，这是"诗性伴理想同行"，是"享受与幸福"。他曾经工作生活在被颂为"人间天堂"的苏州，那里早已普及了十二年义务教育，现在正朝着普及大学教育的目标前进，但这位曾经主持全市文教工作的副市长，却心系西部，为如何缩小东西部教育的差距苦苦思索，不断地呼吁……他何以能够长期如此？我想，最大的动力就是那伟大的爱。

情与理的无缝衔接，正是和把从事教育工作及理论研究单纯当作职业的最大区别，而且是他不断获得佳绩、不断前进的要素。

教育是人类社会得以延续发展的根本保障。人之所以为人，区别于其他动物，从某种意义上讲，就是因为通过不同渠道，接受了不同程度和内容的教育。就一个国家而言，教育则是保障发展壮大的基础性工程。这些，都已经成为人们的共识。但是，教育又是极其复杂庞大的体系，需要大批教育理论专家、管理专家。身在其中者固然自得其乐，但是，在局外人看来，教育理论的研究是枯燥的、艰难的，有许多的教育学著作也确实强化了人们的这种感觉；管理工作给人的印象则是繁杂的、细碎的。这种感觉和印象往往是理论工作者、管理工作者和广大的教育参与者（包括家长、学生和旁观者）之间产生隔膜的原因之一。社会需要集理论研究和管理于一身，而且能把自己对教育的挚爱传达出去的学者，与人们一起共享徜徉在教育海洋里的愉快和幸福。但是，现在这样的学者太少了。是我们对像教育理论这样的人文社会科学的所谓"学问"产生了误解，以为只有用特定的行业语言，包括成堆成堆的术语和需要读者反复琢磨才能弄清楚的句子才是学术？还是善于用最明了的语言表达复杂事物的人还不多？抑或是教育理论的确深奥难测，必须用"超越"社会习惯的语言才能说得清楚？而我是坚信真理总是十分朴实、十分简单这样一个道理的。真正的大家应该有能力把深刻的思考、复杂的规律用浅显生动的语言表述出来，历史上不乏其例。

作为一名教育理论家，朱永新教授正在朝这一目标努力着，而且开始形成了自己的风格：论述、抒情、问答并举，逻辑严密的理性语言、老百姓习惯于说和听的大白话、思维跳跃富于激情的诗句兼而有之，依思之所至、情之所在、文之所需而施之。有的文章读时需正襟危坐，有的则令人不禁击节而赏，有的还需反复品味。可贵的是，这些并非他刻意为之，而是本性如此，自然流露。这本性，就是他对教育事业的爱，归根结底是对人民的爱。

在某一种风格已经弥漫于社会，许多人已经习惯甚至渗透到潜意识里的时候，有另外一种风格出现，开始总是要被视为"异类"（我姑且不用"异端"一词）。我不知道朱永新教授是不是也有过这样的经验。我倒是极为希望他能坚持下去，即使被认为"这不是论文"也不为所动，因为学术生命的强弱最后是要由人民来判断，而不是仅仅由小小的学术圈子认定的。我还希望他在这方面不断提高锤炼，让这股教育理论界的清风持续地吹下去。

教育，和一切与人民生活紧密相连的事物一样，都要敏感地紧跟时代的步伐，紧贴人民的需求，依时而变，因地制宜。如今朱永新教授的作品集改版并增补，主要收录了他从踏入教育学领域至2023年的论著。这从一个侧面反映了我国改革开放以来教育领域理论研究与实践的过程。"战斗正未有穷期"，在过去和未来的日子里，有层出不穷的教育问题需要解决，因而需要不停顿地观察、思考、研究。我们的教育学，就在这个过程中发展成长；有中国特色的教育学，也许就将在这一时期内形成。朱永新教授富于创造——"永新"自当永远常新，他一定会抓住这百年难逢的机遇，深化、拓展自己的研究，为中国教育事业、为中国的教育理论多奉献自己的才干和智慧，再写出更多更好的篇章。

我们期待着。

兹忝为序。

许嘉璐

写于2010年12月14日

修改于2023年4月29日

于日读一卷书屋

（作者为第九届、第十届全国人大常委会副委员长，著名语言文字学家）

爱伴教育而生（卷首诗）

漫漫求索，苦苦跋涉
探寻那教育的真谛与源流
故纸堆中，智者永生
三位老人的话语
穿越时空，萦绕在我心头

夏丏尊说，教育没有爱，就像池塘没有水
冰心说，有了爱，就有了一切
霍懋征说，没有爱，就没有教育
如光如烛，从懵懂而恍然
我终于懂得：爱伴教育而生

爱伴教育而生
这日益焦灼的世界
这苍茫孤寂的宇宙
是爱，打造内心深处的道德律令
为孩子创造出明天的永恒希望

爱伴教育而生
三尺讲坛，教鞭黑板，电脑笔墨
原本皆为无情物
是因爱温暖，也是因为爱
砖瓦教室，贯通天与地，连接今与古

爱伴教育而生
面对不同种族，不同肤色
无论成人还是孩子
只有爱是共同语言
赐我温暖，给你智慧，予他协助

爱伴教育而生
在家庭，那社会的每个小细胞里
心灵不再被小小房间的火柴盒束缚
涓涓绵长的亲情
为我们营造出港湾，创造出宁静国度

爱伴教育而生
亲人的白发里藏着过去
一座坟茔，古老习俗，故乡风土
爱着家乡，就拥有那根风筝线
灵魂被牢牢牵绊，永不会从高空飞向虚无

爱伴教育而生
我们让人人成为人人
国自成为家
每一个看似微小的课堂，有了爱
就成为从小家至大家的圣洁之渡

爱伴教育而生，生生不息
这片热土啊，这片热土，这片让我爱得滚烫的热土
我要让生命的火柴，倾情点燃教育
点亮哪怕一厘米的空间
也要让每个接近我们的人
感受到爱的温度

目 录／Contents

第三章　童话之境——欧洲教育探寻

第四章　两个世界——肯美教育手记

第五章　菊花与刀——比较教育研究

第六章 聆听大师——教育思想分析

第一章　灿烂樱花——日本教育记行

1990年10月，我第一次负笈日本，也是第一次走出国门。在日本期间，看了许多学校，接触了许多日本教育界的名家，读了许多日本教育的书籍。回国后，与在日本的教师王智新联合主编了16卷的大型日本教育丛书"当代日本教育丛书"。后来又去过3次日本，应该说它是我最熟悉的国度之一。本章收录的一些文字，关注的问题是日本教育研究中人们并不太注意的问题，甚至可以说是日本教育的一些具体的微小的问题。但是，透过这些微小的问题，可以看到日本教育的整体特征。

借旁观者发现自己的美丽——日本行之一

"山不在高，有仙则名；水不在深，有龙则灵。"在日本，山形县庄内地区是鲜为人知的小山村，但是近年由于"国际青年祭"越办越红火，从而被越来越多的在日外国人知晓。

1991年7月29日至8月5日，这里举办了"第七届庄内国际青年祭"，33个国家和地区的近200名留学生参加了这次"青年祭"活动，还有人专程从国外慕名而来。我也有幸受邀来到这个神往已久的地方。现将自己的所见所闻记录下来，不妨将这本流水账命名为"散记"。

今年的"庄内国际青年祭"是规模最大的一次，耗资近1000万日元，有近1万名志愿者参与服务。考虑到留学生经济困难，"青年祭"的组织者专门包下旅游车，把留学生们从东京、仙台等地接到庄内。外国留学生们在车上就开始了"国际交流"，"青年祭"的前奏曲就非常有声有色。

当天晚上，"青年祭"的执行委员会举行了以"我们地球一家人"为主题的大型欢迎仪式。执行委员会会长山口吉彦先生和鹤冈市市长斋藤先生等人先后致辞，欢迎留学生来到庄内。留学生们与当地的农村青年载歌载舞，与自己即将居住的家庭见面相识，气氛融洽而热烈。晚九时许，留学生们转移到当地的公民馆集体合宿，并在那里与当地青年继续交流至深夜。

第二天（30 日）是留学生最为醉心的活动——日本文化的体验与学习。大家根据自己的兴趣，分别奔赴各个教室，学习大正琴、书道、花道、茶道、日本舞蹈、日本服装、剑道、空手道和柔道。每完成一项，都能得到有指导教师签名的研修证书。当天晚上，留学生们分成若干小组，由各个村镇派车接走，进行地域活动。

第三天的地域活动"因地制宜"，各市、町、村独树一帜，别具特色。有洗温泉澡、海水浴、登山、蒙眼劈西瓜、拉网捕鱼、运动交流、花火大会、庄内方言讲座、与小朋友游戏、参加当地龙神祭等。我所在的小组"提前"进行了活动，剑持美和先生在接我们的途中就让我们洗了一个痛快的温泉澡，然后去观看了当地传统戏剧——黑川火焰能，紧接着驱车去山中的"研泽庄"宿泊交流。我们小组由 3 名中国人（其中 1 位来自台湾）、2 名印度人、1 名美国人、1 名英国人、1 名坦桑尼亚人、1 名匈牙利人（组长）组成。我们与当地的 5 名青年在"研泽庄"边饮边聊，介绍各自国家的风土人情，表演民族歌舞，直到凌晨二时。次日又参观黑川能习馆，并登上了庄内地区的最高峰——黑山。

31 日下午，当地 140 余户家庭由男主人或女主人开车，将留学生分别接到自己家，开始了两天三夜的家庭居住（Homestay）。家庭居住主要是创造留学生直接与日本人接触的机会，同时让农村居民更多地了解世界。留学生与日本家庭同吃同住，一起参观游览，有的还到主人的农场见习，增进彼此的了解，并播下友谊的种子。我所在的家庭男主人叫三浦，是一个老实憨厚的农民。全家六口人，所有农活均为机械作业，由三浦先生一人包揽。三个子女都热衷书道，且都在地区性比赛中获过奖。三浦虽是地道的农民，但对篮球运动有浓厚兴趣，还兼任当地中小学的义务篮球教练。在他们的陪同下，我参观了当地的中小学。当我对中小学的设施惊叹不已时，三浦先生说：这是理所当然的事，若干年来，这里最好的建筑总是中小学。在短短的两天中，我们一起游览当地名胜，交流各自家庭、国家的情况，还共同制作日本料理和中国菜，留下了美好而难忘的印象。

第五天，各个家庭把留学生们"物归原主"，送到各市、町、村的公民馆继续进行地域活动。我们小组最叫绝的活动是当地特色的黑川能和纸人形制作。当地的民间艺人樱井淑女士亲自传授，最后每人都完成了"作品"，并兴奋地签上了自己的大名留作纪念。

第六天是本次"青年祭"的压台戏。这天恰逢"庄内空港开港祭"。留学生们与当地居民近万人在当年秋天即将投入使用的庄内机场进行野外大联欢。从上午开始，各种活动便争妍斗艳，令人目不暇接。如庄内小姐评选、村民拔河比赛、儿童游乐活动、化装舞会、世界知识角、支援留学生义卖等。庄内地区的各市、町、村也搭起帐篷，宣传、推销它们的"名优特产"。留学生凭着执行委员会发的票，不仅可以品尝具有当地特色的菜肴，还可以吃到各国风味菜，自然这是由留学生参与帮助制作的。

当夜幕降临时，广场上仍是人山人海，灯火辉煌。专程从早稻田大学赶来的合唱团为观众表演了精彩的文艺节目。当地中学生和留学生也纷纷登台献艺，表演自己国家的民族歌舞。载歌载舞中，发表了《我们地球一家人》的宣言。当各国代表分别用不同的语言上台宣读时，台下雷鸣般的掌声把本次"青年祭"推向了高潮。

在"青年祭"期间，我就"庄内国际青年祭"的缘起及筹办等问题采访了"内当家"山口考子夫人。她告诉我，"庄内国际青年祭"是借着1985年的"国际青年祭"搞起来的。当时她和丈夫山口吉彦先生刚从南美洲回到庄内。他们发现当地青年生活索然无味，尤其是继承家业当上农民的小伙子更是觉得抬不起头来。青年们说："这里什么也没有，连女人都不肯嫁过来。"为了帮助青年们树立生活的信心，培养他们对家乡文化的感情，山口先生建议青年们请外国留学生来做客，结果就搞起了"庄内国际青年祭"。

山口夫人告诉我，搞这样的活动是克服了许多难以想象的困难才坚持下来的。首先是人们的认识障碍，开始时有飞短流长："请回一对怪家伙，搞起了怪事情"；"请留学生来白花钱，还不如请外国富翁来投资"；"这种活动对我们有什么利益呢"；等等。其次是经费的困难，开始时他们去求当地的企业，但赞助过一次后有些就不太愿意再"施舍"了，他们只好搞废品回收、纪念品义卖等，实在窘迫就稍微缩小规模。最后是组织工作的艰巨。如编制留学生名单，留学生利用什么交通工具来庄内，什么时间抵达，接待家庭有无人去迎接，留学生的饮食有无忌讳，留学生不告而来或临时取消等情况怎么办等问题。但是，他们顶着风言风语，战胜各种困难，硬是把这项青年国际交流活动坚持了下来。

坚持见成效。首先是庄内人逐渐认识到自己的价值了。当外国留学生对庄内的传统文化、特产等表示出浓厚兴趣时，农村的青年人也开始重新发现自己、家乡和农村文化了。正如山口先生所说："我希望庄内的青年人具有自信，他们并没有被人遗忘，庄内是和世界联结着的。"其次是庄内的名气越来越大了，留学生一传十，十传百，希望来庄内参加"国际青年祭"的人越来越多，知道庄内的人越来越多，庄内人的朋友也越来越多。许多普通庄稼人已与外国留学生（许多已回到自己的国家）建立了深厚的友谊。"庄内国际青年祭"的组织者们的辛勤劳动结出了丰硕的果实。前不久，他们获得了日本国际交流基金会颁发的"地区交流振兴奖"。行政机关也开始提供资金援助了。

一个僻静山村能有如此眼光、魄力与执着，借别人的眼睛发现自己的美丽，长期坚持，终创奇迹，不仅带动一方经济，更重振一方人的精神，实在可敬、可感、可佩。

当我与山口夫人握手道别时，她说："明天开始就要为明年的'青年祭'做准备了。"我衷心祝愿她取得更大的成功。

让技术为人们生活而活——日本行之二

看过卓别林主演的《摩登时代》的观众，无不为影片所暗示的机器与人对立的现象所困惑。在现代化的日本，这个问题又是如何处理的呢？为此我采访了日本生活文化研究会事务局长、三桃食品株式会社的平山五郎先生。

当我如约来到会社本部时，他正在紧张地将各种剪报分类整理，并将处理结果输入计算机系统。他告诉我，三桃会社已经成立25年，是以加工中国传统面点食品为专业的公司，被誉为"日本饺子王"。但近年来公司的竞争对手逐渐增多，如何在新的形势下保持旺盛的生命力，是公司时刻关心的问题。"在日本，每个企业都在搜集情报，考虑将来的发展，否则就无法生存。像日立这样的大公司，甚至要考虑今后十年全世界的走向。"

当我问及日本的企业如何处理技术与人的关系时，平山先生干脆明确地说："人是中心。让技术活在人的生活中，是我们首先要考虑的问题。"

他接着介绍说：日本已经进入一个"超成熟文化"的社会，人们的需要过剩，平均每个家庭拥有15—20个电脑产品。连儿童的玩耍也从过去的"昆虫采集"发展到现在的"情报采集"了。过去是10个人1个价值，现在是

1 个人 10 个价值。尽管如此，企业的着眼点还是试图把握社会需求的脉搏，从无序中寻找有序。"企业最重要的使命是让技术活在人们的生活之中。"

最后，平山先生说，三桃食品株式会社的企业哲学是以日本的技术为基础，"贩卖"中国食品文化的形象。为此，他们正试图与中国的有关科研单位和企业携手合作，共同开发新产品，为日中食品文化的交流起到有益的作用。

让技术为人们的生活而活，从日益丰富的生活中再催生出新的发明创造，这个经验，对处于发展中国家的我们来说，或许不无裨益。

奇迹的起点——日本行之三

战后日本的经济奇迹令世人瞩目，国内外学术界探究个中奥秘的著作汗牛充栋。然而，我最关心的问题是：这位近邻给我们的最大启示是什么？换言之，中国应该学习的重要经验是什么？

为此，到达日本的第二天，我就专门拜访了东京社会经济研究所所长篠田雄次郎教授。

篠田雄次郎教授是享誉日本的文化名人。他先后担任过上智大学社会经济研究所教授、日本船舶振兴会理事长、日本科学协会副会长、日本经济同友会顾问、学士会江户莱因会名誉总裁等职，现任东京社会经济研究所所长、国际书道联盟总裁等。篠田教授致力于国际文化交流，曾荣获德国功勋十字奖章。他对中国也非常友好，热切关心中国的现代化建设，参与组织并创立了专门培养中国医务人才的科学基金，曾三次来华，会晤过邓小平等党和国家领导人。

篠田雄次郎教授著译颇丰，出版有《小集团经营》《合作经营宣言》《日本人与德国人》《岛国与日本人》《日本病症候群》《夸耀的日本人》《日本的神话与现实》《圣堂骑士团》《文化的时代》《德国的奇迹》《1992·EC 统合：欧洲共同之家》《日美苏的兴亡与世界经济的构图》《5 年后的世界地图》《体态语言》《人际交往学》等 50 余种著作。

当我开门见山地谈及本文开头的问题时，他沉思片刻，用缓慢有力的语调说："First is Education. Second is Education. Third is Education."（第一是教育，第二是教育，第三还是教育。）

篠田教授接着说："现代化建设是一个非常复杂的系统工程，涉及政治、经济、军事、社会、文化、教育等诸多因素。但作为现代化的起点或基础工程，无疑是教育。"他认为，在1840年鸦片战争以前，中日两国的近代化起点可谓相差无几，但日本通过明治维新，在普及教育上下了大功夫，到1910年时义务教育的就学率就达到了99%。他说："人的素质普遍提高，不仅为日本引进、吸收、消化国外先进技术提供了雄厚的智力背景，更重要的是在全社会形成了文明风尚和行为规范，为现代化建设提供了良好的社会氛围。"

当我欣慰地告诉篠田教授，教育问题也是中国知识界非常关心和议论的中心问题，中国的领导人也正在设法解决基础教育落后、教师地位低下、教育经费拮据等问题时，他不假思索地说，这是刻不容缓的事。

一个搞社会经济研究的学者，何以如此重视教育问题呢？篠田教授笑着对我说，其实，学术研究的共同使命都是为了解决一个问题：如何使人类更好地生存与发展。经济问题总是和政治、社会、教育等其他问题紧密相关的。如果把它视为一个孤立的现象，就很容易舍本求末或者"头疼医头"。各个国家面临的问题不尽相同，但中国目前最根本的问题还是教育。

不知不觉一个多小时就过去了，当我和篠田教授握手道别时，他又微笑着重复说："第一是教育，第二是教育，第三还是教育。"

第二次见到篠田先生时，已经是一个月以后。正好先生有一个"二木会"（每月第二个星期四的午餐聚会）邀请我参加。篠田教授是日本合作经营理论的倡导人、日本合作经营研究会的首任事务局长，他的社会经济研究所也是日本合作经营的大本营。"二木会"每月都有各种各样的讲座，结合餐叙进行。如先后举行过"追求个体与全体的统一"（大须贺发藏）、"佛教与基督教"（大须贺发藏）、"道无禅研究"（田里亦无）、"第三条道路"（竹山尚）、"东洋的智慧与经营"（大须贺发藏）、"PS经营、德国与日本"（篠田雄次郎）、"思维转换讨论会"（后藤弘）等。企业家与理论家互动交流，说古道今，中西纵横，对于开阔视野具有重要的作用。

这次见面时，先生送了一本他的著作《小集团经营》给我。作为学习语言的读本，我在日本期间将它翻译为中文，在浙江大学出版社正式出版。

在日本期间，还翻译了先生的另外一本书：《自性清净法——智者的心理奥秘》。这是由日本经营社于1986年12月出版的一本颇有影响的著作。

这部著作最核心的内容可以用三个字加以概括，即"信"（信念）、"望"

（希望）、"爱"（爱心）。正如作者所说："'信''望''爱'是克服人生困难的最好良药，人生有许多困难，诸如亲人的过世、疾病的折磨、工作的失败等，往往使人产生失望感和挫折感，要渡过这些难关，唯在于这'三德'。"

所谓"信"，就是指要有成功的自信和信念。作者认为，人们的潜在能力实际上是相差无几的，而这种潜能能否得到最大限度的发挥，往往取决于是否有自信。他举例说，不论干什么事，你和别人的成功概率都是50%，但如果你有自信、有目标，你就领先了50%，所以总的成功概率达75%。正是在这个意义上，作者指出："当人们说'必定成功'时，他的事业在某种程度上已经成功了。"

所谓"望"，即与信念相联系的希望。作者认为，只有始终对生活抱有希望的人，才能战胜挫折，走出困境。正因为如此，作者非常推崇德国的一句新格言，"心中有太阳，口中有歌声"。作者把怀有希望的人称为"达观者"，认为这种人像灯塔一样，人们会聚集在他的周围，并且把这种有希望的人推上去。因此，"希望经常能够拯救人们，不仅是在危急关头，即使在日常生活中，希望也使人奋进"。

所谓"爱"，就是指服务精神与奉献精神。作者认为，"信"与"望"是车之两轮，只有在其之上才能构建人的精神生活。但两轮的运动离不开"轴"，这根"轴"就是"爱"。作者把爱比喻成"生活的维生素"，认为"没有爱的地方是任何东西也生长不出来的"，"爱比任何东西都更加坚强"，因此，"那些爱的情感愈宽广、深厚的人，生活之路也愈宽广"。

先生是基督教徒。"信""望""爱"虽然是基督教的核心理念，但是先生用社会学、心理学的理论重新阐释，而且提出了若干可以操作的具体方法，如怎样战胜困难和挫折、怎样和谐与别人（包括上级）相处、怎样有效地利用时间、怎样做那些成败在此一举的大事业、怎样调节自己的情绪、怎样适应环境、怎样处理愿望与实现的关系、怎样对待疾病和失眠等，具有非常实用的可操作性。

在日本一年期间，得到先生的许多照顾。回国前，他送我一幅字"人生最奇就是缘"。在茫茫人海之中，能够与先生相遇，难道不是一种奇妙的缘分吗？

邂逅共同的梦想——日本行之四

在采访了篠田教授之后，我决定系统深入地了解日本教育，尤其是战后教育的情况。为此，我又拜访了日本国民教育研究所原所长、《教育学研究》杂志主编伊崎晓生先生。

伊崎晓生在日本近现代史研究方面造诣颇深，最近出版了《近现代日本教育小史》《日本教育史年表》《战后日本教育简史》等书。我见到他时，他刚从中国参加"课程开发与社会进步"的国际研讨会归来，话题自然就从这次会议展开了。伊崎晓生所长告诉我，他为这次国际会议提出的论文题目是《关于日本教育课程和教科书改革的历史经验与教训》，其主旨就是认为日本应坚决警惕军国主义教育时有抬头的现象，继续走和平与民主的教育之路。

伊崎晓生所长说，战后日本教育的出发点是对战前军国主义教育的批判和反省。1947 年 3 月 31 日颁布的《教育基本法》明确提出："我们期望培养注重个人尊严并追求真理和爱好和平的人才，同时还必须彻底普及旨在培养既有普遍性又富于个性的文化教育。"在此基础上，日本教育在制度和内容方面进行了若干改革，有效地提高了全体国民的文化、科技水平，保证了经济的高速发展和政治的民主化。但不可否认，战后日本教育中军国主义的阴魂一直不散，构成了对和平与民主教育的严重威胁。

伊崎所长给我列举了大量事实。如 1952 年秋，当时的首相吉田茂说："必须从物心两面来巩固扩军的基础，在精神上通过教育来灌输为万国之冠的日本历史、美好的国土地理、作为扩军的精神基础的爱国心理。"1954 年，政府把和平教育称为"红色教育"，并镇压了被称为"和平民主教育的堡垒"的京都旭丘中学 50 名教师。1963 年，家永教授撰写的《新日本史》教科书由于反对重演战争悲剧而受到了文部省审查不合格的处理。1966 年，中央教育审议会发表《关于后期中等教育的扩充与整顿问题》的报告，主张"在东方和西方之间的强国日本"的霸权主义思想。1982 年，日本文部省强迫作者和出版社把中学教科书中的"侵略"改为"进入"，等等。伊崎所长一针见血地指出，从 20 世纪 80 年代开始，文教经费在国家预算中所占的比例逐年下降，从 1981 年的 9.6% 降为 1988 年的 8.1%，而与此同时，军事费用却从 1981 年的 5.1% 增长为 1988 年的 6.5%。

伊崎所长欣慰地指出，虽然军国主义阴魂不散，但反对军国主义、坚持和平的教育仍然是日本人民的共同呼声。早在 20 世纪 50 年代，日本教育工会就提出了"不再将学生送到战场上去"的口号。每一次军国主义的抬头都会有几百万甚至数千万人抗议，甚至示威游行。

伊崎所长最后说，教育是 21 世纪的主题曲，中日两国教育目前面临的问题不尽相同。中国需更好更快地普及义务教育，提高全民素质；日本则要巩固和平与民主教育，防止军国主义死灰复燃。但我们都是为了人类美好的明天，为拥有一个温馨、安宁的地球而奋斗。

虽然与采访的初衷不甚符合，然而"教训"与"经验"具有等值的启示，和平与民主的教育同样是我们中国人所追寻的。没想到在这块异域土地上，意外邂逅这样的声音，让人不由得对人类明天的共同梦想充满希冀。

他山教育学者，攻中国教育之玉——日本行之五

日本教育家们是如何看待中国教育问题的呢？为此，在日本期间，我专门访问了一批关心和研究中国教育问题的学者。他们分别是：大田尧（日本教育学会会长、东京大学名誉教授）、小川利夫（名古屋大学名誉教授）、山任正己（东京都立大学人文学部学部长、教授）、马越彻（名古屋大学教授）、中野光（日本中央大学教授）、白井慎（日本法政大学教授）、伊崎晓生（《教育学研究》主编）、西村俊一（日本国际教育学会副会长兼事务局长）、钟清汉（亚洲文化综合研究所所长）、斋藤秋男（日本专修大学名誉教授）、铃木慎一（早稻田大学教授）、海老原治善（日本东海大学教授）、堀尾辉久（东京大学教授）、新岛淳良（早稻田大学教授）、横须贺（日本千叶大学教授）和横山宏（早稻田大学名誉教授）。他们大多先后出版过若干研究中国教育历史与现状问题的著作和资料，不少人目前正在与中国的教育学者进行合作研究。而且，他们都是今年（1990 年）3 月 24 日成立的以日本教育学会会长大田尧教授为首的"日中教育研究交流会议"的成员。

他山之石，可以攻玉。日本著名教育学家的意见或许能对我们有所启示，对我国教育事业的发展有所裨益。

（一）关于中国教育传统的继承与发扬问题

传统与变革的关系历来是教育的改革与发展过程中必须正确处理的一

对矛盾。忽视或摒弃教育的传统，必然会陷入民族虚无主义的泥淖，而拘守传统不思变革，又难免使教育的发展停滞不前。这就必须对教育传统进行具体的分析，采撷精华，去除糟粕。

对此，日本教育家是如何认识的呢？

伊崎先生认为，中国古代教育思想中有许多优秀的传统，如孔孟的教育思想中，就有不少对现代教育有借鉴作用。他说："孔孟的'好学'精神，孔子的平民教育思想、把普通的'六艺'与专门的'四科'相结合、'因材施教'的原则、重视发展个性与能力以及'学而不思则罔，思而不学则殆'的经验和思想等，都是值得继承的。"他还认为，"辛亥革命时期蔡元培的民主主义教育思想以及为了民族解放事业的陶行知的优秀教育思想也值得继承发扬"。

堀尾先生与钟清汉先生特别提到了中国教育传统中重视人的方面。如堀尾先生认为，与日本人相比，中国人一般为人宽容、厚道，是很有人格魅力的。这固然与中国广阔无垠的空间和儒教的传统有关，但教育无疑起了重要作用。

海老原先生指出，中国教育文化传统中对于拜金主义的排斥具有一定的现实意义，希望中国共产党领导的八路军的高尚道德能在现代中国发扬光大。

日本教育家都很期待着中国教育界能把传统与现实很好地融为一体，并力求民族特色。马越彻先生认为，必须把"古代以来崇尚人文的传统与社会主义教育理念调和发展"。西村先生认为，"应该重视民间的、民众的思想和艺术"。中野先生主张要重视"各地域特有的教育文化传统"。

斋藤先生提出："在阐述和说明教育原理（如教育的目标、内容等）时，应重视民族的传统。在强调全面发展的同时，更要加上因材施教的特色。"新岛先生也有类似的建议，认为在政府办学校的同时，应重视民间的私立学校的创设。在办学的形式上，"从孔子的学园到近世的书院"，都是值得珍惜的优秀传统。

另外，日本教育家还提到"鲁迅的教育思想与实践"（小川先生）、"解放后社会主义教育的生产劳动与教育相结合"（中野先生）、"中国教师诲人不倦、热心于教育事业的精神"（横须贺先生）等。

（二）关于目前中国教育存在的问题

日本教育学家认为，目前中国教育存在的问题主要集中在如下几个方面：

一是教师问题。小川、山任先生认为，必须提高教师的社会地位与经济地位，"为政者要认识教育工作的意义，为此，要培养更多的好教师。现在的教师待遇低、希望当教师的人越来越少是最大的问题"。中野光先生指出："广义的教师教育缺乏是很大的问题，囿于见闻，我认为如果教师没有强烈的工作意愿，就会困难重重。在解决教师待遇问题的同时，很有必要开展让教师自身认识和研究'教育'的活动。"日本教育家已敏锐地看到了提高教师待遇与提高教师素质的内在关系。

二是基础教育问题。海老原、横山、横须贺、新岛等都认为义务教育（普通教育）的普及是迫在眉睫的事，扫盲教育、初等教育在农村、落后地区的全面展开也刻不容缓。横须贺先生说："高层次的教育与一般教育的差距太大，一方面是在世界上也可称是高水平的教育和研究，一方面又有近2亿的文盲，我认为这是存在的最大问题。"还有的学者提到调整高等教育与初等教育的投入比例的问题。

三是教育经费的问题。铃木、横山等认为，扩大教育财政的规模、增加教育经费是当务之急。华侨钟清汉先生说："中央和地方对于教育还不够重视，教育经费的分配比例太少，这两者都影响着教育者的研究、教育的成果和教师的热情。要真正地实现四个现代化，人才的培养和重视知识分子是两个最大的课题。"

四是教育的相对独立性问题。西村、马越彻、伊崎等都主张应尽可能尊重教育的相对独立性。伊崎先生说："应通过教育形成政治的主人翁、生产或经济的主体，为了提高教育事业的地位和比重，必须有人民大众的意识'参与'。"

另外，堀尾先生还提到重点学校问题，认为这助长了不公平竞争，使学习好的学生受益多而一般的学生则丧失机会与信心。铃木先生认为，教育行政制度的中央大一统也不利于教育的发展。堀尾还指出，中国的学校过分强调纪律可能会压抑学生的个性。他说："适度地强调纪律是必要的、正确的，但一过火就会适得其反。集体主义是为了更好地发挥个性。"

（三）关于中国的教育改革问题

1.中国教育改革过程中最重要的问题是什么

日本教育家对这个问题的认识不尽一致，现将其中一些重要的观点罗列如次：

中野先生："从战后日本的经验来看，日教组（日本教师的组织）的教育研究运动起了很大的作用（1950—1990 年）。所以，中国教师应确定自身对于教育改革的展望与方针。"他认为教师应成为教育改革的主导力量。

钟清汉先生："教育改革不能是自上而下的，而应建立包括各行各业，小学、中学、高中、大学的教育行政人员和广大知识分子在内的改革咨询委员会。而且，在教育行政部门工作的人，应该是各方面的专家。"他还认为，应注意"听取在外国留学或滞留（居住）国外的中国学者的意见，中国台湾的经济发展在很大程度上是因为听取了在国外的各界学者的建设性意见"。他认为，教育改革必须广开言路。

白井慎先生："中国教育改革有三个关键问题：一是基础教育的充实——在全国范围内的全体的发展，二是教师地位的提高和师资力量的充实（养成与研修），三是教育行政的民主化。"

横须贺先生："初等教育的充实与提高，需要改善小学教师的待遇（早日取消'民办教师'），并建立大学水平的小学教师养成体制。"

伊崎先生："一是教育法制、教育财政制度的完善，二是教师的经济、社会、文化地位的提高，三是推进以教育现实为出发点的教育科学研究。"

另外，海老原、马越彻、横山、堀尾等还提到教育体系的一贯性、教育五年计划的制定、确认受教育的权利以及建立高度的社会主义民主等方面。

2. 关于中国教育改革的建议

日本教育家对于中国教育改革有许多富有启发性的设想。具体来说主要有如下几点：

一是重视教育统计与教育情报工作。横须贺、中野先生等认为："教育改革的前提，是许许多多的教育统计资料的不断发表。只有正确地把握数量信息，加强教育科学研究，才能推进教育改革的发展。"

二是重视发挥教师在教育改革中的主导力量作用。伊崎先生认为："只有调动教师的教育热情，才能使教育改革顺利进行。这就必须确立相应的教师的社会地位和指导力。"

三是重视基础教育。横山先生认为，要注意打好坚实的基础，切忌好高骛远。海老原先生则"期望对初等教育和中等教育进行自下而上的改革，用裁军节省下来的军事费用来补助义务教育"。为了增加基础教育的财源，马越彻先生主张"高等教育的受益者（学生及其家长）应完全自己负担学费，减少城市与农村（边远地区）初等教育与中等教育的差距"。

四是形成教育改革的社会舆论。铃木、中村等认为，教育改革必须得到广泛的社会舆论的支持，这就必须允许不同的关于教育改革的议论自由发表，并欢迎具有地方特色的教育改革方案的出台与实施。

另外，还有人提出"处理好普及与提高的矛盾，彻底贯彻从实际出发、理论与实际相结合的原则"（山任）。

3. 中国教育改革应从日本教育中吸取哪些经验教训

日本教育家在这个方面的见解尤其值得我们反省与重视，在建立具有中国特色的社会主义教育体系时，借鉴发达国家的经验教训，往往有事半功倍之效。

横须贺："过度的考试竞争使年轻人产生了很大的压力和不良行为。过度的知识竞争会给社会发展带来负面影响，希望中国的教育不要重蹈覆辙。"

中野："要客观认识日本经济发展所产生的矛盾，不能过分美化经济发展，认为教育就是为了经济而改革的想法是错误的。因此，不能仅仅局限于政府间的教育文化交流，也要注意民间的研究与交流。"

斋藤："要真正做到理论与实际相结合，中国的教育科学研究者有与初、中等教育的实践者相游离的现象，这一点，日本的民间教育运动注重研究者与实践者的协力可资参考。"

伊崎："日本的教育弊病有'考试战争'、填鸭式教育、管理主义教育、官僚体制、高学费等，期待着中国教育家能对此认真研究，从而在教育改革中加以克服。"

钟清汉："在大学里不能只重视为将来就职的专门教育。如果不重视一般基础教育的话，毕业以后也难以适应日新月异的工业化社会。以日本为例，由于分工越来越细，工厂或公司内的新的尖端技术和设施所需要的技术与专门知识，只能通过企业内教育来进行。这样不会造成教育的浪费，最终也加强了教育的实效性。"

马越彻："要扩大义务教育的范围，尤其是在农村；在高等教育阶段，各部（委）所管辖的学校、大学，应在国家教委的统一领导下；要奖励各省间的竞争。"

堀尾："日本教育有两大弊端：一是管理太严，国家干预过多；二是竞争主义，没有合作与友谊。中国在关注日本教育的长处时，应注意其缺点。"

铃木："中国教育应注意避免日本的如下弊病：（1）对于文化本质的省察有所懈怠；（2）在很大程度上忽视了儿童与青少年的主张与要求；（3）以真正的和平哲学为基础的教育尚未形成。"

（四）关于中日教育研究与交流问题

目前，中日两国的教育学者都有着加强沟通、进一步合作研究的良好愿望，并已经在组织上、人员上、经费上乃至心理上进行了若干准备，应该说有很好的研究与交流的基础。为了使今后的研究与交流更有针对性，更加深入，更有成效，我们也对此进行了调查。

1. 日本教育学者最想了解和研究的中国教育的问题。这个问题往往因人而异，在某种程度上反映了个人的研究兴趣

马越彻："国家教育委员会管辖下的大学，作为一个'单位'的运营状况，这种单位的共同体方式（吃、住提供）的现状及今后的改革方向。"

小川："中等教育与成人教育的现状。"

中野："两次世界大战间的中国教育（包括教育思想、教育改革等）的思想与实践，这个时期的日中教育交流的历史，教育普及的障碍以及为克服障碍做出的努力。"

横山："成人教育（包括属于社会教育范畴的识字教育）设施的利用情况；解放军在革命战争过程中运用的许多教授法等。"

海老原："伪满洲国教育的全面分析，亚洲环太平洋圈的形成与中国教育的作用。"

钟清汉："教育的研究方法如何？是否导入了教育社会学的研究方法？非常希望充实教育的统计资料，设置一些使大多数人容易得到情报的机构（如日本的广报室），这对于研究者非常重要。"

山任："中国的教育研究者与教育工作者是如何对待传统的？"

伊崎："日本的教育从古代起受中国的教育（思想、制度、内容）的影响很大，从古代到现代的日中教育的比较研究，可以发现两国教育的共同课题。"

白井："师范教育的改革（新中国成立后的改革及其后的历史发展、目前的课题），劳动与教育相结合的现状，学校、班级在人格形成中的作用（集团形成的理论与实践），家庭和地域及人格形成。"

西村："农村、农民教育的现状与展望。"

2. 中日教育研究与交流（包括共同研究）应从哪些方面入手

日本教育学家在回答这个问题时也体现了个人的价值观，但作为合作研究的选题，还是很有参考意义的，有兴趣的读者不妨下些功夫。

堀尾："日中两国有着特别的关系，日本的侵华战争给中国人民带来了灾难，不能轻易忘却这一段历史。在教育的研究与交流方面，不能停留在政府的交流。不能只住高级饭店，只讲好话，而应加强民间的交流，看看真实的情况。没有民间的交流是不能深入的。"

铃木："关于双亲教育的看法、行动原则的研究，以及'教育研究'方法的比较研究，希望这两方面能有所收获。"

西村："应该创造培养具有实力的年轻研究者的机会，而减少与老年学者的交流。"

新岛："日本与中国的私学比较研究。"

小川："非常希望在专科学校、社会教育方面进行研究与交流。"

中野："两国教育改革的历史经验的交流以及道德教育的共同研究与调查很有现实意义。"

马越彻："可以建立初等、中等教育阶段的教师的短期交流制度，我自己已进行高等教育的共同研究（北京大学高等教育研究所与名古屋大学教育学系），希望在这方面的研究更上一层楼。"

海老原："希望进行日中教育交流史的合作研究；同时，探讨亚洲环太平洋圈的形成与教育改革问题。"

横山宏："可以共同研究日中两国近代化过程中的教育问题（优点与缺点）。"

横须贺："希望加强与年轻的研究者、教师的交流。同时，对目前两国的教育交流只停留在礼仪的交际阶段，即名人交换名片的水平感到遗憾。"

斋藤："就自己关心的领域来说，希望搞生活教育思想和运动的比较研究。"

从总体上来看，中日两国的教育交流才刚刚起步，还有大量的、艰苦的工作要做。日本方面已经成立了"日中教育研究交流会"，并开始邀请中国的学者进行讲学与研究。他山之石，可以攻玉。作为一衣带水的邻邦，作为长期关注研究中国教育的学者，这些日本教育家的意见与建议弥足珍贵，值得借鉴。我们也希望国内方面成立相应的机构或组织，为中日教育的研究与交流上一个新台阶而共同努力。

向未知挑战——日本行之六

为了培养大学生的能力，日本大学在教学的组织形式上采用学分制，课堂教学采用学科科目制与讲座制相结合；在第二课堂上鼓励学生社团开展活动，支持学生勤工俭学与修学旅行等。在日本期间，我住的地方离东京大学不远，每天要到上智大学学习和研究，目睹了讲座和社团在培养学生能力方面的作用。

讲座制与学科科目制是日本大学的两种主要教学形式，前者一般用于专业学科的教学，后者一般用于通识教育的教学，但也没有严格的界限。讲座制具有以下特点：

第一，讲授与演习相结合。日本大学的讲座制一般没有"满堂灌"的"填鸭式"教育，教师不是单纯地传授知识，而是通过参与的形式与学生一起探究知识。其主要做法是通过讨论会的形式学习欧美大学的专题讨论，即由教师根据教学内容布置讨论与参考书，上课时参加学生的讨论。学生或依次发言，或重点发言，教师最后要进行总结性发言，但并不一定给出最后的结论性意见，给学生留有继续思考和发挥的空间。

第二，学生是讲座的主体。在学科科目制中，知识的传授是由教师作为主体来实现的，从教学目标的制定、教学内容的选择、教学环节的安排到教学过程的策划，都是由教师设计和确定的。而讲座制的主体是学生，学生必须事先精心准备，讨论时踊跃发言，才能维系讲座的正常进行，否则就会名存实亡或形同虚设了。

第三，注重传授新知识、新动向。讲座制不强调固定的教科书，一般向学生介绍或指定多种参考文献。教师的讲解也不强调系统性的知识，而着重介绍新知识、新动向，许多教师还把自己的研究成果或正在研究的构思介绍给学生。一些教师把研究课题中的重点与难点告诉学生，向学生提出挑战性的问题，让学生从不同的角度去思考、研究。学生的答案往往能开阔教师的视野，丰富教师的研究。一些教师通过几年的讲座往往能形成自己的科研成果。讲座制真正体现了教学相长的真谛。

第四，重视引导学生掌握研究方法。日本大学的讲座制比较注重教给学生研究问题、处理问题与解决问题的方法，教师将大量的精力和时间分配在引导学生迈入某一专业学科的"入门"阶段，学科的具体内容则要在讲座开设了许多时间后才能涉及。日本的许多大学教师认为，在信息化的社会，知识更新的周期不断加快，如果只限于传授知识，学生只能穷于应付，不能适应瞬息万变的社会，不能适应就业市场的变化。只有引导学生掌握主动探求知识、研究问题的方法，才能使学生适应日后社会的变化。而且，掌握研究方法对于学生学习新的知识和独立发现新的知识也具有重要意义。

第五，采用小论文考试。讲座制一般不搞闭卷考试，不提倡让学生背诵大量的现成知识。而是采取小论文的形式，即要求学生就讲座的专题内容阐发自己的观点和见解，一般每篇论文在3000—5000字。论文必须有论点、论据、论证过程，学生必须阅读大量的参考资料，但严禁抄袭拼凑、敷衍应付。教师在评分时主要视其是否有创见，视其知识面是否广博，也要看平时上课讨论的出勤率与学习态度。小论文考试虽然有很大的主观色彩，但对于衡量学生发现问题、分析问题与解决问题的能力，无疑是有效的手段。

讲座制实际上是一种师生合作教学的形式，它让学生成为学习过程的主体，让学生介入研究过程，对于培养学生的能力，尤其是阅读能力、处理信息的能力、研究问题的能力、主动摄取知识的能力，有着积极的意义。

如果说讲座制是课堂教学中培养能力的主要形式，那么社团则是学生自主开展各种活动培养能力的重要形式。日本大学生的课外活动内容非常丰富。据统计，大学生们平均用于各种活动的时间每周8.3小时，其中男生约9小时，女生约6.7小时。活动的主要内容有体育（棒球、柔道、击剑、相扑、围棋、游泳、网球、乒乓球、橄榄球、体操、滑雪等）、文艺（声乐、器乐、艺能、舞蹈、美术、书法、花道、茶道、话剧、摄影、电影电视等）、学术（政治学、经济学、心理学等各个学科）和社会活动（难民募捐、慰问孤寡、政治集会等）。组织这些活动的大多是学生社团。

日本大学的学生社团大多以院系为单位，也有联合各院系学生社团而组成全校性组织的。至于全国性的学生组织，则有日本学生自治联合会等。学生社团大多以俱乐部或联谊社的形式组成，活动的形式有演讲会、展览会、音乐会、演剧会、竞赛、团体旅行等。日本大学的社团很多，平均每个学校有80个左右的学生社团，几乎每个学生都参加一个以上的社团。社团既是学生开展活动的组织者，也是学生锻炼能力的重要场所。在某种程度上可以说，日本的大学生是在社团之中成长的。

以位于东京市区的明治大学为例。这是一所比较典型的中等规模的学校。它的学生社团有比较完善的组织机构，设有文化部联合会、理科部联合会、研究部联合会、体育部联合会和声援团五个大的会团，共 200 个部会左右。其中文化部联合会下属有亚洲研究会、非洲研究会、美洲研究会、日本史研究会、中国研究会、铁路研究会等 100 个部会；理科部联合会下属有应用微生物研究部、化学研究部、天文研究部、汽车技术研究部、电气机械研究部、酪农化学研究部、花卉园艺研究部等理、工、农、医各学科的研究部 20 多个；研究部联合会下设英语研究部、教会研究部、经理研究部、法律研究部等文、理、工、农、医各学科的 30 多个团体，其中多数是夜大、电大和函授学生；体育部联合会设有柔道、剑道、游泳、马术、登山、滑雪、各种球类、田径等 40 多个部，是参加人数最多、规模最大的一个联合会；声援团由组织部、吹奏乐团和指挥部组成。

日本的大学社团有以下几个特点：

第一，学生社团的组织比较健全。学生社团都有比较健全的组织机构，如上述明治大学的各种研究会、研究部，都有自己的会（部）长、组织部长、行动部长等，每个部会都聘请一名教授或副教授为该部会的顾问，每个部会都定期或不定期出版各种刊物或报纸。学生社团本着自治原则，由社员自己民主推选领导。

第二，学生社团的活动比较正常。学生社团一般都定期进行训练或举行会议，不定期地开展活动。一般每年的新生入学和校园文化节是学生社团活动的两个高潮。笔者访日期间曾专门考察过东京大学与上智大学的新生入学和校园文化节。在新生入学时，各个学生社团都拉起宣传横幅和标语牌，或吆喝，或表演，或展示，或发放宣传资料，热闹非凡，试图吸引新生加入自己的社团。在校园文化节（"大学祭"）上，各个学生社团更是各显身手，设摊布点，有推销作品的，有贩卖食品的，有开展咨询的，有现场服务的。所有活动都是学生自己策划、自己组织、自己管理，显得生气勃勃而又有条不紊。

第三，学生社团的调控比较适当。学生社团的活动本着自治、自主的原则，可以完全由学生自己支配。但这并不意味着教师和学校对此不闻不问。首先，学生社团的成立要得到学校的审查批准，如果已有性质上相同或类似者，原则上必须合并。如无此类社团时，则可提出社团成立申请书，经认可后的社团即为学生社团。其次，学生社团的活动原则上为中午、晚上和节假日等课外时间，不得影响正常的教学秩序。再次，学生社团的经费虽然主要靠自筹，但学校也视情况给予一定的补助，有的学校还专门修建学生活动俱乐部，为学生社团提供场所。

日本的大学没有班主任与辅导员，除了负责心理咨询与就业指导的机构，没有国内的庞大的政工队伍。学生管理的工作主要是学生自己进行，而学生社团起了相当大的作用。学生在社团中学会了约束自己，适应集体的生活；学生在社团中学会了交往，赢得友谊与尊重；学生在社团中学会了一技之长，形成了生活的乐趣；学生在社团中学会了管理，培养了组织领导的才干。正如科斯（Koos）在分析课外活动的价值时所指出的那样，学生社团对于青年需求的认可、娱乐和美学的参与训练、身心健康的增进、兴趣的培养、自我的实现、学识领域的扩展、智能的发展、群性的陶冶以及学校和社团关系的改善等，都具有积极的意义。

无论是不强调固定教科书、更重视向学生提出挑战性问题的讲座制，还是强调学生自发组织、主动参与的社团制，归根结底，都是让人们在未知中学着探索，培养、激发思考，从而将教育的视野引向更广袤的未知领域，这种教育方式、方法的探索，值得我们思考。

18 岁的残酷一天——日本行之七

绝大多数的日本中学生都是 18 岁从中学毕业，并在这一年参加大学招生考试的。"18 岁的某一天"，就是参加大学考试的日子。这一天召唤无数的中学生为之面壁六年，也往往决定着中学生的一生。所以，了解这特殊的一天，就可以在很大程度上理解日本中学生的学校生活。

日本社会是一个"学历社会"。所谓学历，一般是指某个人毕业于某种程度的学校。一些人初中毕业，他们的学历就是初中；另一些人毕业于高中，他们的学历就是高中；还有一些人从大学毕业，他们的学历就是大学。由学历决定一个人的社会地位的社会，就是学历社会。

日本的学历社会开始于 1872 年。在这以前，日本人社会地位的高低分层是由出身决定的。武士的儿子就是武士，商人的儿子只能经商，农民的儿子一生种地。明治维新时期，政府开拓了个人凭借自己的"学问"升腾的道路，创办帝国大学，规定帝国大学的宗旨是培养国家需要的一流人才，从而使广大平民子弟能够通过提高自己的学历来改变自己的社会地位，奠定了日本学历社会的基础。在这以后，无论什么人要想改变自己的社会地位，都必须接受教育，取得学历。

在当时，日本青年除了帝国大学，还有接受高等教育的其他许多途径。诸如高等专科学校、师范学校以及培养军队人才的陆军士官学校和海军学校等。这些学校的学历虽不能与帝国大学相比，但同样能在很大程度上改善人的社会地位，所以对很多青年有着相当大的吸引力。

升入大学意味着能升官发财，改变社会地位，这种现实道路极大地激发了日本国民接受教育的积极性，他们不仅希望接受高等教育，同时也看到了上中学和上小学的好处。一方面，上中学和上小学是上大学的必备条件；另一方面，中学毕业生就业和选择职业都比不上学要容易得多。因此，学历社会造成了全体日本国民重视教育的风气。

第二次世界大战以前，日本的学历社会比较安定，只要上学和获得学历，就能找到理想的工作。尽管获得中学学历的人还无法跟大学生比，但也能找到相当不错的职业。第二次世界大战以后，日本的经济进入了高速发展时期，大学数量迅速增加，中学教育很快普及，20世纪80年代以来，日本高中升学率达95%以上，高等教育入学率也超过37%。由于全体国民的学历普遍提高，日本学历社会的特征也发生了很大的变化。原先仅凭学历就可以找到较好的工作，现在，一流企业和政府机关录用人才则要看其毕业于哪一所学校。只有名牌大学的毕业生方有希望进入一流企业和机关，而非名牌大学的大多数毕业生只好从事过去中学生干的推销员和服务行业的工作，留给中学毕业生的工作就是过去的所谓劳动者的工作了。在学历社会，人们普遍追求名牌学历。孩子在入学的时候，父母就想方设法把他送入名牌小学，小学毕业生向往的是名牌中学，中学生一心只想考名牌大学。

20世纪70年代和80年代，日本许多一流企业面对蜂拥而至的大学毕业生，实行选择名牌大学学生的"指定校制"录取方式。受日本文部省的委托，日本经团联对东京证券交易所上市的152家大企业进行了调查，调查结果表明，全部或部分采用指定校制的服务性企业，占被调查企业的35%，工业、交通、能源方面的技术性企业占47%。日本就业情况调查中心以1100家大企业和小企业为对象，就"企业对学历问题的意见"进行了调查，结果是大多数加工制造类企业采用指定校制。

企业的"指定校制"录用方式似乎对大学生毕业后的就业问题产生了

很大的影响。例如，很多未被指定的大学的毕业生埋怨，他们大学毕业前在走访自己向往的企业的过程中常常遭到冷遇。但是，"指定校制"这种录用大学毕业生的方法实际上改变了日本学历社会的特征。以往，日本学历社会的特征主要表现为"初中—高中—大学"的纵向学历差别；实施"指定校制"后，日本学历社会的特征主要表现为名牌大学与一般大学的差别，亦即横向学历差别，大学生们由于"出身于不同的学校"，面临着不同的就业机会。横向学历差别的存在启动了日本从小学到中学的全部学生的竞争，他们要想在未来进好的企业，就必须进入名牌大学；而要想进入名牌大学，就必须进名牌中学；希望进名牌中学的孩子，则必须选择名牌小学。也就是说，横向学历的差别覆盖初中、高等层次的学校机构，而尤以名牌中学与一般中学之间的差别为突出。名牌中学的学生似乎已向名牌大学的校门迈出一只脚，一般中学的学生似乎只能望名牌大学兴叹。然而，差别不仅限于此，名牌大学之间必须为排名而竞争，名牌中学的学生也必须为排名而竞争；一般中学的学生事实上也并没有善罢甘休，他们日复一日地来往于学校和专门致力于各学科考试准备的"塾"之间，不断地聘请家庭教师，拼命地准备"18岁的某一天"即大学入学考试。

因此，"18岁的某一天"，是生活于日本学历社会中的中学生们真正的学历分界的日子。透过这一天，就可以明辨日本中学生的六年中学生活，找到理解他们言行的原因。有望进入名牌大学的中学生六年如一日地刻苦用功，无望进入名牌大学的中学生们或是承认和接受事实，在一般中学和职业中学尽力而为地学习，或是自暴自弃，或是惹是生非。

难怪有人在评价日本教育时说了这样一句发人深省的话：日本社会出生没有阶级，18岁考大学时才产生了阶级。

生命的炼狱——日本行之八

与学历社会直接相关的是考试。

日本的学校考试制度始于明治初期。在明治五年（1872年）的《学制》中，就对升级、升学考试做了详细规定。1876年以后，又陆续制定实施了医师和律师的资格考试制度、国家官吏录用考试制度两种资格考试制度。不久，这两种制度又与学历紧密联系起来，如帝国大学等公立学校的毕业生可全部或部分地免除官吏、医师、律师等职业资格考试，而直接就业。

至 20 世纪初，日本因学历不同而职业各异、报酬不等的学历社会已建构完毕。例如，在当时的大企业雇员中，大学或大专毕业生为正式职员，负责经营管理，享受月薪待遇；中等学校和中专毕业生为准职员，从事特定范围的事务性工作，薪金日计；高小毕业生为一般技术工作，亦为日薪；普通小学的毕业生只能充当辅助工，从事搬运、包装等简单性劳动。

战后，随着日本高中的普及和高等教育的发展，社会出现了"高学历"趋势，人们对学历的关心在性质上发生了重要变化，从原先注意学历的高低，转移到关心高学历中名牌大学与一般大学的区别。名牌大学的声誉典型地反映在其毕业生的社会地位上。以东京大学为例，虽然其每年的毕业生仅占四年制大学毕业生的 1%，但在东京股票市场中上市的前一百家大企业中，东京大学毕业的董事长和总经理就占了 25% 以上。在政府机构，东京大学毕业生更是一统天下，据统计，日本中央政府机关里课长以上的干部有 62% 是东京大学出身，而且越往上层比例越大。在学术界，各主要领域也多由东京大学毕业生把持，形成了所谓的"学阀"。

因此，出身一流名牌大学是日本人顺利踏入社会，并稳步上升的重要条件。以高考发榜为分水岭，人的优劣被打上了印记。无论其过去的贫贱富贵，高考为人们提供了一个新的起点、新的机会，它成为人生的一个重要转折点。难怪联合国经济合作与发展组织在 20 世纪 70 年代的日本教育考察报告书中说，一个人在 18 岁的某一天所取得的成绩，即可决定他的一生。"18 岁的某一天"，正是指大学入学考试的那一天，那个"几家欢乐几家愁"的日子。

为了进一流企业或单位，必须进一流大学；为了进一流大学，必须升一流高中；为了进一流高中，必须进一流初中。这样，一流初中→一流高中→一流大学→一流企业的连锁体系就形成了。小学升初中、初中升高中、高中升大学的入学考试就成为千家万户关心的焦点，也就有了"考试战争""考试地狱"等说法。中学阶段更成为考试大战的主战场。

对于中学生来说，从他们跨进校园的那一天起，就在为考名牌高中而焦虑。虽然从 1954 年开始初中升高中的比例一直不断上升，从 50% 上升为 1970 年的 80%，再从 1970 年的 80% 上升为 1974 年的 90%。到 1992 年，初中升高中（含高等专科学校）的比例已达到 95.9%，从整体上看，高中已充分具备接纳全部初中毕业生的能力，高中入学考试似也大可不必。但实际情况并非如此，高中入学考试仍然竞争激烈。其原因有二：

第一，一流高中竞争激烈。据日本文部省1993年的统计，全日本共有5501所高中，其中国立17所，公立4166所，私立1318所。由于国立和一部分私立高中入学考试相当严格，"招尖子学生，育精英人才"是他们的办学宗旨，加之这些学校是名牌大学新生的主要来源，如东京大学每年招收的新生中，国立、私立高中就占50%左右，仅日本最负盛名的滩高中（私立），每年就有100名左右学生考入东京大学。所以，桐荫学园、滩高中、开成学园、麻布学园等名牌高中门庭若市，进了这些高中就等于一只脚跨入了名牌大学。

第二，普通高中也有一番较量。日本的高中分普通科和职业科，职业科的学生占了近三分之一（见图1-1）。职业科的学生往往是"非本意入学"，较多是由于成绩不佳而"屈就"，其中商业科的56%、工业科的34%、农业科的50%是不得已而来职业科的。尽管日本高考制度并没有限制职业科毕业的学生报考大学，但由于他们所学课程偏于职业教育，而不像普通科中学进行应试教育，所以职业科毕业生几乎与大学无缘，尤其是进不了名牌大学。这样，初中生为进入普通科高中也不得不展开一番较量。

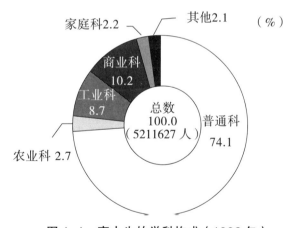

图1-1 高中生的学科构成（1992年）

资料来源：日本文部省《学校基本调查》

以下是东京某公立初中三年级的一份日程表，从中可以窥见日本初中生的考试生活。

表 1-1　东京某公立初中三年级日程表

月份	内　容
4 月	召开家长会，对未来道路选择，如高中入学等进行详细说明。同时，对上年度毕业生的升学情况提供详细资料。要求家长不要有过高的期望，但强调必须从现在起刻苦努力。 学校举行"月例考试"。这是一种对初中生实施的模拟考试，以学校为单位参加，考试费用作为教材费的一部分一并收取。从 4 月开始至 12 月，每月一次。两周以内通知考试结果，内容包括各学科得分、所在学区内的偏差值、三门主课（英语、数学、国文，这是私立高中的入学考试科目）总分、五门主课（英语、数学、国文、理科、社会，这是东京都立高中的考试科目）总分，并告知学校的排名，学区内的偏差值、东京都的偏差值。
5 月	考场模拟考试。学生申请参加，由各地区根据考场的实际情况举行仿真考试，分私立高中用与都立高中用两类。考试结果两周内通知，其中包括各门课的分数、三门主课总分、五门主课总分、学区内偏差值、东京都偏差值、志愿学校合格率的"诊断信息"。私立高中的考生还会得到"学力与学区内的合适校"等情况与建议。这种考场模拟考试从 5 月至次年 1 月每月举行，最后一个月进行两次。 向考生家庭进行第一次关于升学希望的调查，调查表上必须写上都立、国立、私立谁是第一志愿，以及具体的志愿学校名称。
7 月	进行第一次"三方面谈"（任课教师、学生、保护人）。告知一学期成绩的绝对评价值，讨论究竟考哪所高中，听取教师的意见。 暑假前的家长会。讨论升学志愿、暑期中的"考试学习"等。
9 月	任课教师与学生个人面谈，对学生考什么中学进行"指导"。对志愿学校已决定的学生面谈两次左右，对尚未决定的学生谈四五次。
12 月	第二次升学希望调查。第二次三方面谈。由教师根据第二学期的实际成绩对学生的升学志愿恰当与否进行评述。同时确定第一志愿学校等。
次年 1 月	最终决定报考哪所高中。
次年 2 月	向高中提出申请。考试。

每个月的考试和模拟考试使初中生金色的少年时代失去了光泽，他们不得不朝读暮诵，不得不往来于学校与各种补习学校之间。

进入高中后，学生们更不能有丝毫的懈怠，整个高中阶段更是硝烟弥漫，考试大战进入白热化。高中升大学在日本也不是太难的事，1992年的入学率达38.9%，男生为37%（其中大学为35.2%，短期大学为1.8%），女生为40.8%（其中大学为17.3%，短期大学为23.5%），但毕竟淘汰率也有60%左右，而且名牌大学的竞争率也高达几十倍。虽然少数三流大学计划招生数远远高于报考人数，但仍有许多考生宁愿冒险竞争那些名牌大学。加上每年还有被日本人称为"浪人"的往届考生几十万，所以高中生的考试压力仍然很大。

日本的高考分两个阶段进行。第一阶段是所有大学联合举行的统一考试，又称为全国统一的学力考试。其内容主要是考查学生对高中阶段基本知识的掌握程度，以文部省制定的《高中教学大纲》为基准，考试在日本全国280个考试大厅举行，每个大厅都有包括传真和电话设备在内的通信系统与全国考试中心取得联系。所有的考卷都归集到考试中心，通过光读系统将分数记录入计算机。

第二阶段的入学考试由各个大学自己主持进行。其内容主要是第一次统考所未能进行的项目（第一阶段全部采用选择答案），反映各大学、各专业的特殊要求，考查学生对完成这些特殊要求所具有的适应能力和潜在能力。其形式有学力测验（根据报考专业的要求考2—3门）、论文、面试、实际技能等。

至于两个阶段的考试成绩在录取时占多大的比重，完全由各个大学自己决定。所以，各大学往往不平均看待各科目考试的总分，而是对各科目各有侧重，以形成各自不同的风格。

为了准备这两次高考，高中生从入学的那天起，就不得不讲入各种"学习塾"强化补习，不得不捧起一本又一本的考试辅导材料，不得不参加一次又一次的模拟考试。高中教学也不得不以应试为中心，开设的课程主要是高考设置的科目。与中国的许多学校一样，日本的高中也以考试为目标分起了文科班与理科班，在高二结束或高三第一学期开始时就结束了教科书的内容，围绕高考进行自习和强化训练。

千叶女子高中的石井弥生普这样描绘她的高中生活轨迹：

下午3时学校上课结束→下午4时前离开学校→下午5时10分至晚上

8 时在学习塾学习→晚上 9 时回家，消化学校与学习塾的内容。

和歌山县立耐久高中的竹中一起在高中读过的高考复习资料也可以从一个侧面反映日本高考的情况：

英语——1.《基础英语水准表》

2.《基础英文文法》

3.《英语广播讲座教材》

4.《新英文解释研究》

5.《英文标准问题精讲》

6.《基本英文七百篇》

7.《英文作文训练》

8.《英文语法常见问题演习》

9.《英文语法标准问题精讲》

10.《考试用的英语单词》

11.《考试用的英语熟语》

数学——1.《研究·数学》（Ⅰ卷）

2.《研究·数学》（ⅡB 卷）

3.《研究·数学》（Ⅲ卷）

4.《基础数学演习Ⅰ·ⅡB 考试编》

5.《大学入学考试的数学》

6.《新每日演习》

7.《新数学演习》

8.《新作解题演习Ⅰ》

9.《理科用新作解题演习》

10.《解法之探求·Ⅱ》

国语——1.《古文要说Ⅰ·日记编》

2.《古代经典预想问题讨论》

3.《古文标准问题新讲》

理科——1.《前田物理》

2.《亲切的物理》

3.《倾向与对策》

4.《工会物理问题集》

5.《入试问题集》

6.《通向合格之路的物理演习题Ⅰ、Ⅱ》

7.《化学计算问题的彻底整理》

8.《化学重要问题集》

9.《倾向与对策》

10.《工会化学问题集》

竹中一起在高三一年期间就参加了各种模拟考试达 15 次之多，其中骏台预备校 6 次、旺文社 3 次、河合塾东大开放讲座 2 次、代代木讨论会东大模拟 1 次、综合模拟考试 1 次、学研和进研各 1 次。

这些模拟考试对每位学生的成绩都计算出精确的偏差值，并对是否能考上大学做出预测判断。以下是私立东京佼成学园高中生神谷俊一在高三和复习班考试的情况（见表 1-2、表 1-3）。

表 1-2　高中三年级时的模拟考试成绩

模拟考试时间、主办单位	综合偏差值	判定（理科二类）
1976 年 10 月 / 代代木	57	可能性 40%
11 月 / 旺文社	62.1	可能性 40% 以下
12 月 / 代代木	54	可能性 30%
1977 年 1 月 / 代代木	53	可能性 30%
2 月 / 代代木学院（特设）	60.0	"E，经过努力可进入可能圈"

表 1-3　复习班第一年的模拟考试成绩

模拟考试时间、主办单位	综合偏差值	判定（理科二类）
1977 年 8 月 / 东大公开讲座	45.9	"C，要努力"
10 月 / 代代木	62	可能性 70% 以上

表 1-3　复习班第一年的模拟考试成绩（续表）

模拟考试时间、主办单位	综合偏差值	判定（理科二类）
11 月 / 骏台	60.2	可能性 70% 以上
12 月 / 代代木	61	可能性 65% 以上
12 月 / 代代木东大模拟	57	可能性 80% 以上
12 月 / 东大公开讲座	59.4	"A，到达合格圈"
1978 年 1 月 / 代代木	64	可能性 75% 以上
2 月 / 代代木学院（特设）	71.5	"A，肯定合格"

这些模拟考试的拟真程度颇高，从考场到考卷，从考卷用纸的纸质到答案用纸的格式，几乎都与实际考试相同。在这样的应试教育氛围中，学生的全面发展当然受到了限制，学生的各种心理问题随之产生，还出现了酗酒、校内暴力、欺侮弱小同学、逃学、离家出走、自杀等问题。在 1993 年的自杀青少年中，高中生就有 135 人，占总人数 524 人的 26%。初中生仅次于此，共 91 人，占 17% 左右。

如此"考试地狱"，已葬送了不少中学生的青春，令人扼腕。这种残酷现状固然是社会问题，而非教育单力所致，但邻国日本的前车之鉴，我国所有教育工作者都应为之警惕。

被矛盾激发着前行——日本行之九

在日本期间，读到日本总理府情报室于 1990 年 6 月做过的一次全国性的大规模调查，调查的结果基本反映了日本国民对于家庭教育的认识及实际状况。于是我决定观察和研究日本的家庭教育，申请到上广伦理财团的研究项目《中日家庭教育的比较研究》。根据在日本期间的调查研究，谈一些我对日本家庭教育的观感。

（一）家庭教育的现状

1. 家庭教育的方式

家庭教育的方式首先反映在日常生活的信条方面。据调查，绝大多数日本人的生活信条是："就考虑个人的处境，好好地过日子"（45.6%）和"不要太介意将来遥远的事，愉快地度过每一天"（28.1%）。但也有一些人主张"不管别人如何，自己身处何境，也要堂堂正正地生活"（6%）和"为社会、公共的事业而尽力"（5.9%）。

对于父母与子女的相互信赖感的评价，也是制约家庭教育方式的重要因素。在回答"最近一段时间父母子女间的信赖感变得淡薄了"的问题时，36%的人认为"确实如此"，57.5%的人回答，"并非如此"。

家庭教育的主要内容是什么？哪些是应该让孩子掌握的重要东西？父母对这个问题的认识也直接影响到能否健康、全面地教育孩子。在回答这个问题时，72.9%的人主张对幼儿期（3—6岁）的孩子应着重培养"会收拾、整理，爱惜钱物，仪表端正，礼貌待人，尊敬师长，感谢的心情等基本生活习惯"。对于小学生，则主要是培养"对已规定的事及自己的言行负责的责任感""不打扰遵守规范制度的人，勇敢地去做正当的事的公共心与正义感""不屈不挠，把事情完成的坚强毅力"和"自己制订计划、实行计划的自主性"。对于中学生及更年长的孩子，大多数人认为应该培养"理解他人的人格存在，尊重他人权利的品质""自己身边的事自己解决，经济上自主，思想上树立自立重要性的观念"和"理解对方的立场，尊重和自己不同的意见，互相帮助的宽容、协作精神"。这说明，日本社会对于家庭教育在不同年龄阶段的侧重点已有较清晰的理解。

在回答"在今后的社会里，家庭教育的责任将越来越重要"这个问题时，88.9%的人给予了肯定的回答，只有4.7%的人持否定意见。在持肯定意见的回答者中，大部分家长认为"家庭在孩子人格形成的方面有很大的影响"。另外，还有一些人认为"孩子的教育不仅仅是学校的事""在信息化高度发展的社会里，家庭的独自性和主体机制很容易丧失"等。

2. 家庭教育的状况

日本人在家庭教育方面的自我评价较高，已婚者的90.1%认为自己对孩子的家庭教育总体上比较好，回答不好的只占5.9%。

在孩子的家务劳动方面，每天让孩子帮助干家务活的约占30.9%，每周2—3天做家务活的占24.2%，每周一天做家务的占12%，每月1—2日做家务的占5.4%。72.5%的家庭不同程度地让孩子做一些家务劳动。家务劳动中较多的是"烧饭、吃饭前后帮忙""让孩子收拾、整理自己的房间、身边的东西""让孩子出去买东西"等。

关于父母与子女的相互接触的情况，大约 17.3% 的父母经常与孩子一起去参加体育活动和消遣娱乐，49.8% 的父母有时这样做。而另有 31.9% 的父母几乎从不与孩子一起参加任何活动。父母与子女一起活动以"旅行、野营"最多，其次为"打棒球、打排球、打网球之类的活动，其余依次为"游戏、打猎等""游泳、滑雪、溜冰之类""徒步旅行、携带地图和罗盘的越野长途旅行、骑自行车远行等""一起唱歌、演奏乐器等"。

在夫妇双方分担家庭教育的任务方面，负责"日常对孩子的管教养育"方面，母亲占 8.2%，父亲则占 6.3%，可见家庭教育的主要职责由母亲负担。但在有关"孩子前途的决定，投考学校的建议"方面，父亲为 41.6%，母亲为 23%。在"孩子惹了麻烦时的应对"方面，父亲也远较母亲更为重要（分别占 46.1%、25.8%）。这说明，母亲与父亲在家庭教育中分别担任了常规管理与非常规管理的角色。

3. 家庭教育的经费

教育费是指孩子上幼儿园、小学、初中、高中、大学的费用。日本家庭的教育开支较大，一般家庭从孩子出生到大学毕业大约要花费 2400 万日元。这一数据是由 AIU 保险公司根据统计资料推算得出的。计算方法是将支出部分分为基本抚养费和教育费。基本抚养费包括"出生费""幼儿抚养费""22 年的伙食费、医药费和个人财产"等六个项目。据 AIU 的推算，每个孩子的基本抚养费大约为 1738 万日元。其中花费最多的是伙食费，大约 658 万日元；其次是零用钱，大约 393 万日元；个人财产购买费约 227 万日元。

教育费用部分，从小学到高中，包括报考费和入学金在内，读私立学校的费用是公立学校的 2 倍左右。如私立幼儿园的费用大约需 77 万日元，公立的则大约需 31 万日元；私立小学大约需 389 万日元，而公立的则需 111 万日元左右。大学的费用要昂贵得多，除报考费和入学金外，大学必须交纳学费、设施费、学习辅助费、实习费等。花费最少的是从小学到大学一直读公立学校，这样推算下来，大约是 2404 万日元。如果读普通的私立幼儿园、公立小学、初中、高中和私立大学，大约需要 2583 万日元。花费较多的是一直读私立学校的理科学生，大约需 3129 万日元。花费最大的是攻读私立大学的医科，大约需 6097 万日元。

一般来说，日本 40 到 50 岁之间的普通公司职员的年收入总额是 700 万—800 万日元，扣除税金等，实际收入为 600 万—700 万日元。如果读私立医科大学，则需花费一个人10年左右的薪水。日本普通家庭在培养子女方面的教育投资从中可见一斑。

4. 家庭教育的学习

由于日本人普遍比较重视家庭教育，对孩子成长过程中出现的各种问题也比较敏感。所以，大约有54.6%的家长"因为孩子的养育及人际关系（朋友、兄弟、姐妹等）、性格、将来的前途之类的事而感到烦恼与不安"。正因为如此，日本的家长大多关心家庭教育的学习，积极地参加讲演会、讲座、书籍、电视等途径的学习，约占全体的56.2%，其中女性达66.9%。

在家庭教育的学习内容方面，以"孩子的心理、性格形成、养育方法等"为最高，其余依次为"对自己孩子的态度、责任之类""孩子的健康、身体的发育等""家庭教育的功能、家庭的人际关系等"，等等。

在回答"为了养育孩子而进行必要的学习，你打算向谁学习"的问题时，主要选择"向父母亲、年长者、朋友等有经验者学习"，其次选择"家庭教育学习班、讲座、讲演之类""向学校的老师学""从电视、收音机中学"。

为了更好地学习家庭教育的知识与经验，家长希望完善公民馆、图书馆等设施；希望"能提供一个场所，以便亲朋好友平时聚集在一起，交流家庭教育的信息"；希望"完善有关家庭的切实的商讨研究体制"；希望"充分利用电视等大众传播工具，提供有关家庭教育的学习信息"。这些要求与建议基本上已被日本政府采纳，正在陆续实施之中。

（二）社会变迁与家庭教育

200年前，日本的家庭也与中国一样，是几代同堂的家庭，家庭自身便是一个生产场所。在家长的主持下，家庭成员各司其职，教育也是在家庭中进行的。家庭给予其成员所需的一切，同时又把个人紧紧地束缚住了。

随着时代的变迁，社会发生了巨大的变化，家庭功能也随之产生了变化。小规模的家庭生产衍为现代的企业化大生产，家庭成员开始走出家庭，家庭以外的生活领域增加了。战后40多年来，日本的家庭更是发生了翻天覆地的变化，大家庭变成了只有父母和未婚子女组成的核心家庭，独生子女的增加导致家庭越来越小，离婚率的上升，家庭暴力的出现，诸如此类的变化给日本的家庭教育提出了新的课题、新的挑战。

1. 核心家庭的增多与独生子女的比例增大

核心家庭的增多与家庭规模的不断缩小，是日本家庭最重要的变化。根据人口统计学的资料，从 1955 年到 1980 年的 25 年间，日本家庭的平均人数已从 4.97 人减少到 3.25 人，出生率也从 1955 年的 19.4‰ 减少到 1979 年的 14.2‰，半数以上的家庭是由父母和独生子女组成的。

根据波沙特（Bossard）的"家庭成员相互作用法则"，家庭人数的减少意味着家庭中人际关系渠道减少，如家庭人数从 5 人降到 3 人，家庭中人际关系的渠道就由 10 降为 3。

核心家庭的增加和家庭规模缩小所导致的问题已引起日本政府的高度重视。近年来日本强化家庭教育的一个重要内容，就是培养家庭中人与人之间的基本信赖关系。日本的家庭专家认为，人与人之间的基本信赖关系，是人类社会赖以生存与发展的基本前提。这种基本的信赖关系首先是在家庭中形成的，只有在孩提时代才能奠定基础。所以，家庭教育最关键的是给予孩子充分的爱，让孩子在温馨的家庭气氛中充分体会到自己是被人爱的，周围的人是可以信赖的。为此，母亲应尽可能在家庭中进行婴儿保育，父亲也应尽可能地参加。为保证这一点，日本还提出要进一步普及育儿休假制度和妇女再雇用制度等。

2. "影子父亲"与就业母亲的增加

随着都市化的进程，父亲愈来愈多地成为薪水阶层，孩子已很少能看到父亲工作时的形象。许多父亲"日出离家，星夜方归"，根本无暇顾及家庭。还有些父亲单身赴任，更无法担负起教育的重任。所以，父亲对于孩子来说似乎并不存在，或者只是一个影子罢了。日本的教育心理学家曾做过调查，如问孩子们："你妈妈是干什么的？"他们马上就会回答："做饭、洗衣服、买东西。"当问起"你爸爸干什么工作"时，很多孩子就答不上来了。如果让小学生写以"我的母亲"为题的作文，可以看到许多有个性、活生生的母亲，十分有趣味。但写"我的父亲"，有趣的文章就不多了，只会写出呆板、没有个性的父亲。可见，孩子们对父亲还比较陌生。父亲常常被奚落成搬运工或投宿者，在孩子心中的威信越来越低。

另一方面，日本社会固有的"男人在外闯，女人守家门"的传统也开始被打破，妇女就业的比例在不断增高。1983 年家庭妇女的比例还高出就业妇女，但 1984 年开始就反过来了，1987 年的调查表明，就业女性达 1615 万人，比家庭妇女多 79 万人。

"影子父亲"的存在与就业母亲的增加，随着育儿休假制、弹性工作制、两人合作制和在家中工作的普及，将会继续呈上升的趋势。这样，孩子的保育与家庭教育就成为比较突出的问题。由于日本未满3岁孩子的保育设施不尽完善，双职工的家庭只得把孩子送到其他设施中度过一段时间。据武藏野市的一次调查，有一半以上的孩子在进保育所之前，已经进过一些包括未被认可的保育场所——"幼儿旅馆"等地方；有的甚至在保育妈妈那里度过了好几年。这种"幼儿旅馆"以营利为目的，提出以"及时、方便、随意"为宗旨的服务方式。但由于法律对其没有约束和规范，这些"幼儿旅馆"在卫生、安全、福利等方面还存在不少问题，日本民政部门正采取措施以改善这些"幼儿旅馆"的条件。

针对"影子父亲"和就业母亲的家庭问题，以日本内阁总理大臣为部长的"妇女问题计划推进本部"，在1988年制定了《迈向2000年的新国内行动计划》，明确提出21世纪将是妇女参加社会、男性参加地区与家庭的双方促进、男女共同参加型的社会。孩子的教育、家务的分担都必须由父亲与母亲共同协商，创造良好的家庭气氛。

3. 离婚与母子家庭、父子家庭的增加

日本社会的变迁使离婚率也有逐渐上升的趋势。1970年大约有96000件离婚案件。1975年有119000件，至1980年上升到142000件，1985年增为167000件，而1987年大约减少到158000件。但有人认为这是离婚的夫妇害怕祸及孩子，而采取家庭夫妇分居的"内部离婚"所致。离婚率虽然较欧美为低，但日本的增长速度还是比较快的。

在离婚的夫妇中，大约70%有未成年的孩子。这样，就产生了许多的母子家庭与父子家庭（单亲家庭）。据调查，日本全国父子家庭数约有12万户，母子家庭也有16万户以上。父子家庭最为烦恼的是无法周到地照料孩子，其比例约在60%以上。母子家庭最为烦恼的则是经济上拮据，其比例也在60%以上。

离婚对于孩子幼小的心灵有莫大的伤害。离婚之前双亲的频繁争吵，会严重妨碍孩子顺利地成长；离婚之后的母子家庭或父子家庭，孩子由于缺乏正常的家庭教育，往往也容易出现越轨行为和神经质。所以日本的有关机关也在研究对策，主要是劝导青年尽量不要草率结婚，为新婚夫妇开办各种讲座，对母子家庭和父子家庭进行经济援助等。

4. 过强的母子一体感与过分保护教育

欧美的家庭以夫妻为中心，日本的家庭则以亲子，特别是母子为中心。

欧美的家庭一般夫妻一起行动，而日本夫妻伉俪出游却把孩子放在家中的事极为罕见。日本的母亲一般和孩子具有强烈的"一体感"，认为"子女的欢欣就是我的欢欣，子女的悲伤就是我的悲伤""只有孩子是我生活的意义，我的命根子"。日本教育心理学家依田明教授曾举例说明这种现象："孩子在外玩耍时与其他小孩打架浑身泥巴哭着回来，见到这种情景好像自己被打似的斥责对方，或是打电话向对方孩子的家长提出抗议""小学生拿着老师批阅的作业回家，如果分数低，母亲会勃然大怒指责孩子，仿佛自己被判了低分一样""孩子考大学，母亲随同前往，考试时一动不动地站在校门外"。这种强烈的"母子一体感"往往造成孩子心理断乳的迟缓，无法成为成熟的大人。如某公司在录用新职员与一位大学毕业的预选人员面谈时，这位青年竟回答"回去问妈妈，妈妈同意就来"。

过强的"母子一体感"导致了家庭中的过分保护教育。据日本总理府1985年的调查，关于想让孩子受教育的程度，16.2%的父亲、33.9%的母亲希望"高中为止"；而54%的父亲和36.1%的母亲希望"短期大学、大学、研究生为止"，27%的父母认为"依其本人志愿"。大多数父母希望孩子在学校拼命学习，以优异成绩进入名牌大学或企业。

因此，小学生的6年级学生中，有29.6%左右在放学后要另外上私塾，初中生则有7.3%进私塾学习。进行各种业余学习的情况则更是令人吃惊，小学5年级中73.9%的学生，6年级中65.7%的学生要参加各种类型的补习。日本放送协会（NHK）的调查表明，57%的中学生最想得到的东西是"时间"，最大的烦恼是"学习"与"成绩"。

这种过度化的教育往往事与愿违，使孩子体力下降，人际关系疏远，还有不少孩子由于学习成绩不好而拒绝上学、自卑、自杀，并导致校内暴力与家庭暴力等。在总理府1989年进行的"少年犯罪问题舆论调查"报告中，家庭教育的原因占了47.1%。针对这种情况，日本政府提出进一步提高父母的素质、恢复家庭教育的活动，把养成基本生活习惯作为家庭教育的重要内容的方针，这对纠正上述偏向与弊端会有积极的效果。

（三）家庭教育的充实

1988年，日本总理府曾经对家庭与社区的教育功能进行过调查，结果表明，约63.3%的日本国民提出"家庭教育的功能下降了"。人们普遍认为，"家庭教育的衰退"是导致"日本教育荒废"的根源之一，要求政府采取各种措施，加强学龄前儿童的家庭教育，克服儿童心灵上的荒废现象。因此，从 20 世纪 80 年代末开始，文部省把家庭教育列为社会教育的重点项目，在年度预算中设置了家庭与社区教育经费，1990 年达 74800 万日元，并采取了以下措施来充实家庭教育：

1. 开设家庭教育讲座，为家长提供学习机会

临时教育审议会针对社会上指责家庭教育功能下降的状况，提出了"家庭必须自觉认识到自己的作用与责任，家庭、学校、地域联合为恢复家庭的教育力而努力"的建议。近年来，日本的市、町，日本家长教师协会（PTA），妇女团体等组织纷纷开设家庭教育学校，为家长提供学习机会。据统计，1988 年开设的各种家庭学校达 26777 个，参加人数达到 183 万人。文部省给开办家庭学校的 1717 个市、町、村提供了资助。

文部省对于家庭教育讲座的支持是从 1964 年开始的，1975 年资助的重点是"婴幼儿期教育讲座"；1981 年则是以新婚和妊娠期的年轻夫妇为对象的"未来父母讲座"为资助重点；1986 年是以双职工家庭为对象的"双职工家庭教育讲座"为资助重点；1989 年则主要资助为那些子女进入青春期的家长开设的"思春期研讨会"。以 1988 年受国家补助的家庭教育讲座为例，"家庭教育学校"的平均学习时间为 260 小时，"婴幼儿期教育讲座"为 27.2 小时，"未来父母讲座"为 24.9 小时，"双职工家庭教育讲座"为 22.6 小时。学习的主要内容涉及家庭环境（家庭的教育功能、家庭的人际关系、双亲的态度与作用等）、儿童的身心发展（儿童精神的与身体的发展、基本生活习惯的形式等）和社会环境（与学校教育的配合、地域、大众媒介等）。这些学习内容在不同的讲座中侧重点有所不同。如关于家庭环境的内容，在"家庭教育学校"中占 24.1%，在"未来父母讲座"中占 52.7%，在"婴幼儿期教育讲座"中占 14.6%，在"双职工家庭教育讲座"中占 34.8%。关于儿童身心发展的内容，在"家庭教育学校"中占 30.6%，在"未来父母讲座"中占 27.9%，在"婴幼儿期教育讲座"中占 51.5%，在"双职工家庭教育讲座"中占 31.9%。

2. 提供有关情报，实施咨询事业

日本政府比较重视为家长们提供有关家庭教育的情报，从 1984 年开始，文部省陆续组织多名专家编撰、出版了 3 册家庭教育的资料：《现代家庭教育——婴乳儿编》（1984 年 11 月出版）、《现代家庭教育——小学低、中年级编》（1987 年 3 月出版）和《现代家庭教育——小学高年级与初中编》

（1989 年 3 月出版）。这些资料均由日本国内的著名专家撰稿，并经"家庭教育资料作成恳谈会"的认真研究讨论，详细分析了儿童成长发展诸阶段的基本特征、家庭教育的课题等，为现代家长提供了丰富的内容与指导方法。

日本还注意利用大众媒介提供有关家庭教育的情报，如文部省委托财团法人民间广播电视协会制作了家庭教育电视节目《父母的眼睛，子女的眼睛》，通过 32 家电视台每周 1 次在全国播出。1990 年以"现在孩子们生气勃勃吗？"为主题，制作了 51 部电视片在国内播放。这些电视节目已成为家庭教育讲座与团体的学习教材，也为广大的父母们提供了形象生动、富有趣味的学习内容。

同时，有越来越多的父母对子女的教育感到苦恼与不安，针对这种情况，文部省在都道府实施了以电话咨询为中心的"健康的家庭教育咨询事业"助成活动。这项事业主要以婴幼儿的父母为对象，聘请专家通过巡回咨询、电话咨询进行家庭教育的咨询，同时通过电视、研讨会等开展家庭教育咨询员的培养活动。

所谓巡回咨询，是指由具有教育学、心理学、医学等知识和经验的咨询人员，到县属教育事务所、公民馆、保育所等巡回，针对子女教育中的烦恼与不安等问题，对家长进行个别或团体的咨询。

所谓电话咨询，是指在教育委员会、妇女会馆、教育中心、终身学习中心等开设电话咨询室，由具有教育学、心理学、社会学、保育学的知识和经验并进行过专门学习的人担任咨询员，回答家长们提出的各种问题。为了创造良好的气氛，还给家庭教育的专线电话咨询取了各种有趣的爱称，如"杉子电话""快拨电话"等。

3. 加强地区间的经验交流

近年来，伴随着都市化的过程，地域社会的功能发生了变化，家长们缺少彼此互相交流育儿经验的场所和机会，互相帮助的情况也逐渐减少。为了促进地区间家长的交流，增加家庭与地区的教育功能，给年轻的父母提供在轻松的气氛中交流经验、互通信息、增进友谊的机会，临时教育审议会提出了举行"新井台会议"的倡议。所谓"井台会议"，是指过去日本的家庭妇女大多利用在井台上打水和洗濯衣物的时间，一起聊天，互通信息。"新井台会议"则是希望人们利用各种公共设施与媒体，交流家庭教育的情况与经验。

为此，日本文部省从 1987 年开始实施"家庭教育地区交流事业"的助成，以促进市、町、村举行的子女教育经验交流会、亲子教室的开设、近邻俱乐部活动等，仅 1990 年文部省就资助了 140 项这种类型的活动。可以预料，在日本政府的倡导和大力资助下，在各级机构和地区的共同协助下，日本的家庭教育会出现更加崭新的局面。自古以来，日本民谚就有"三岁之魂，百岁之才"的说法，因此，重视家庭教育已成为日本人的传统。1990 年 6 月，日本总理府情报室进行过一项全国性的大规模调查。1990 年 11 月，调查发现，对"在今后的社会里，家庭教育的责任将越来越重要"这一问题，88.9% 的父母给予了充分肯定的意见，只有 4.7% 的人持否定意见，说明大部分家长非常重视自己的教育职责。

家庭是社会的细胞。家庭教育是教育不可缺少的重要组成部分。日本家庭教育尽管遭遇了重重危机，却也被种种矛盾激发着，在不断解决问题中前行。

方圆也会酿悲剧——日本行之十

1990 年 7 月 6 日，日本兵库县神户高冢高中发生了一起惨案。

早晨 8 时 30 分，该校高一女生石田僚子急匆匆赶到学校门口时，几名教师按照学校为整顿学生迟到而做出的规定，正在动手关闭校门。为了不被关在门外，石田和另外一些学生拼命向校门奔跑，而负责值勤的细井敏彦老师却按时关上了那扇高 1.5 米、长 6 米、重 230 公斤的滑轨式大铁门，石田被铁门一下子撞出 2 米多，口耳流血，昏厥过去。由于颅骨骨折严重，经抢救无效，石田在 2 小时后死亡。

石田的惨案说明了什么？日本教育家胜野尚行认为，这不是一个偶然的巧合，而是该校长期实行管理主义教育的必然结果。[①]

神户高冢高中的校规包罗万象，对学生的上学、放学及校内生活等设定了 30 多条规则。例如，"学生之间禁止借钱""需经任课老师允许才可脱上衣"等。为了使学生遵守"上午 8 时 30 分前入校"的规定，学校实行了由教师轮流负责的"校门指导制度"，其内容包括：检查学生的服装、发型、

---

① 高峡：《管理主义教育下的悲剧——一起日本学生死亡事故引出的思考》，《外国教育动态》1991 年第 5 期。

所携物品，以及在规定的时间关闭校门，以惩罚迟到者。对迟到者，不仅要没收其学生手册，还要罚其在一定时间内绕操场跑 2 圈等。如果有学生一个月内迟到 3 次，就要罚他用一个半小时打扫校园。

据学生反映，该校的管理主义教育不仅体现在"校门指导制度"上，也在各种课内外活动中反映出来。如上体育课迟到，当天的田径比赛就会被停止，全班学生只能受罚绕学校跑 1 小时；进教室楼时，谁把鞋箱周围搞乱了，就会被罚在走廊端坐；学校组织旅行时，老师会因学生没有在集合前排好队而大发雷霆，惩罚学生做俯卧撑和卧倒站立 100 次。

其实，管理主义教育并不是神户高冢高中所独有，而是日本整个教育体制的一项"特色"。日本的中学生几乎在所有的领域都被包罗万象的校规规范着。就拿衣着来说，中学生从头到脚几乎都必须按校规着装。以男学生为例，除了不允许携带杂志、漫画、玩具、手表、现金、零食、梳子、刷子等物品，还有各种烦琐的规定。如同学朋友之间互称"××君"或"××同学"；学生帽需为黑色嵌白线；穿学生服衣领纽扣要系上；头发在1.5 厘米以内，不允许吹发、烫发，不得使用整发料、香水；衣袖不得卷起；皮带须为黑色，宽度为 2.3 厘米；胸前须佩戴用正楷书写的校名、姓名卡片；不能穿体育用裤；裤子为直筒型，身长为 115—145 厘米的学生裤脚管为 21—22 厘米，身长为 155—165 厘米的学生裤脚管为 21—23 厘米；鞋子只能穿白色运动鞋，而且必须用正楷写上姓名；等等。

此外，中学生的校外生活也有专门的校规，如在路途中的禁止事项有：并列骑自行车，自行车带人，骑摩托车。与学生一起外出远足的禁止事项有：出入溜冰场，出入保龄球场，出入学校以外的游泳池，出入饮食店，出入书店，夜晚外出，在外宿泊。

日本的中学在执行校规时大多比较严厉。例如，兵库县某高中，在入学教育时，要求学生像和尚那样盘腿静坐和抄写"学生守则"，负责学生教导的教师还公开宣称"谁违反纪律就打谁"。神户市某高中经常进行突击性的服装检查，对学生的发型、裙子的长度、指甲、发带、鞋、袜子等进行检查，裙子长 1 厘米或短 1 厘米都会受罚。有一所高中一年中就没收了违反服装规定的男生裤子 200 条，并用没收的裤子做了学校的黑窗帘。由于违反校规而受教师体罚的情况从图 1-2 可窥见一斑。

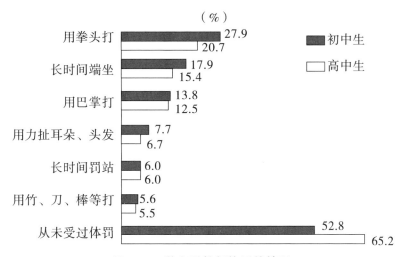

图1-2　学生受教师体罚的情况

资料来源：NHK 舆论调查部，《中学生的生活与意识调查》，1987 年

从受体罚的对象来看，初中生多于高中生，一般初中一、二年级较多，初三就有下降的趋势；男生多于女生，初中一、二年级男生未受体罚的在 60% 左右，女生则在 70% 左右，初三时男生为 70.9%，女生为 83.5%。

关于受体罚的原因，初中生与高中生有所差异（见图1-3）。

在管理主义的教育下，学生当然无自由可言，从外表的服装到心灵的深处，个性都会黯然无光。管理主义教育在造就划一性、刻板性和封闭性的同时，也造就了不少中学生的逆反心理，欺侮弱小同学、逃学、校内暴力、讨厌烦琐的校规，甚至"以暴还暴"地攻击教师，直至以自杀来反抗校规，这些现象在日本的中学屡屡发生。

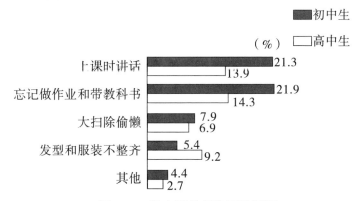

图1-3　学生受教师体罚的原因

资料来源：NHK 舆论调查部，《中学生的生活与意识调查》，1987 年

尽管日本教育界对此做了不少反省和批评，尽管不少学校试图注入一些自由教育的空气，但管理主义教育的阴影始终在日本的中学徘徊，在教师及学生家长中有着广泛的市场。如在对中学生父母询问"学生校规严厉些好吗"这一问题时，回答"好"的父亲占29.3%，母亲占18.3%；回答"越严越好"的父亲占49.4%，母亲占56.9%。认为"对学生自由一些好"的父母分别只占4.5%和3.4%。在一项对中学教师的调查中，日、美教师对中学生是否严加管教所持的态度也很有说服力："非常想严加管教"的教师，日本为7.8%，美国为4.9%；"有些想严加管教"的教师，日本为32.8%，美国为10.2%；"不一定想严加管教"的教师，日本为45.6%，美国为26.5%；"根本不想严加管教"的教师，日本为13.8%，美国为58.4%。

当然，管理主义教育在日本中学盛行并不是偶然的，有其深刻的社会文化背景和历史渊源。从社会文化的背景来看，日本社会是一个"集团主义"的社会，是一个由各种各样等级森严的组织系统构成的高效率的"管理社会"。在这个社会中，上级对下级严格要求，下级对上级绝对服从，任何人都恪守集团规范。反映在学校教育中，就是绝对的师道尊严，教师具有绝对的权威，学生对于教师的指示以及条约化的校规，只能无条件地服从。

从历史上看，在日本早期的氏族联合体的大和朝廷时代，各个集团就是以氏族为单位的。虽然一度在天皇制国家之下成为"天下公民"，但基层仍是以共同体为单位生活的。到武士阶层兴起之后，武士也是以"一族郎党"的集体行为为主。各个集团成员在名义上都是天皇的臣民，但实际上是每个个人直接从属于各个利益集团。在集团内部，成员并不具备完全意识上的人格，都必须绝对服从集团的利益。这是管理主义教育的历史根源。

从教育传统看，在第二次世界大战前，管理主义教育就盛行一时，在皇国主义、军国主义思想的影响下，为了培养"全人格地绝对服从天皇"的臣民，各级学校大肆推行军队式的体罚，并根据军队管理条例制定了学校的管理规则。管理主义是战前军国主义教育的重要特质和基本组成部分。战后虽然实行民主教育改革，但管理主义仍未销声匿迹。特别是进入20世纪80年代后，在恢复传统、强化秩序的旗帜下，管理主义教育又死灰复燃。

诚然，管理是维系学校正常教学秩序的重要手段。"没有规矩，不成方圆"，一定的校规校章对于规范学生的行为、养成学生的良好行为习惯也是十分必要的。正是因为加强了这方面的教育与管理，日本学生呈现出懂礼貌、守规矩、维护集体荣誉的精神风貌。但是，过分地强调也会物极必反，不仅会引起学生对校规的敌意并进而扩展为对教师、学校的敌意，也会在某种意义上弱化学生的主体意识，忽视学生的人道尊严，和谐、平等的师生关系也会蜕变为管理者与被管理者的扭曲的关系。

高压土壤催生血腥之花——日本行之十一

校园暴力现象已成为日本教育界普遍关注而又十分恼人的问题。校园暴力除欺负弱小的学生间暴力外，还有对老师使用暴力以及破坏学校设施、设备、物品等。据日本文部省的调查，从 1982 年至 1992 年，日本中学的校园暴力情况如下（见表 1-4）：

表 1-4　日本中学发生校园暴力的学校数（公立学校）

年份	初中			高中		
	发生学校数	公立学校总数	发生率（%）	发生学校数	公立学校总数	发生率（%）
1982 年度	1388	10252	13.5	415	3954	10.5
1983 年度	1373	10314	13.3	349	4081	8.6
1984 年度	1203	10402	11.6	281	4128	6.8
1985 年度	1173	10472	11.2	283	4147	6.8
1986 年度	979	10517	9.3	314	4178	7.5
1987 年度	988	10555	9.4	309	4191	7.4
1988 年度	1010	10585	9.5	392	4182	9.4
1989 年度	1136	10578	10.7	452	4183	10.8
1990 年度	1187	10588	11.2	498	4177	11.9
1991 年度	1237	10595	11.7	572	4170	13.7
1992 年度	1293	10596	12.2	590	4166	14.2
1991—1992 年度增减	56（4.5%）	1（0.01%）	0.5	18（3.1%）	-4（-0.1%）	0.5

注：发生率 = $\dfrac{发生学校数}{公立学校总数} \times 100\%$

资料来源：日本文部省

从表 1-4 可见，发生校园暴力的日本中学数较以往有增加的迹象。其中对教师的暴力情况见表 1-5：

表 1-5　日本中学对教师的暴力发生情况（公立学校）

年份	初中				高中			
	发生件数	发生学校数	加害学生数	被害教师数	发生件数	发生学校数	加害学生数	被害教师数
1982 年度	1404	657	2810	1715	159	118	238	165
1983 年度	1139	615	2030	1440	131	80	173	146
1984 年度	737	446	1343	923	122	75	182	131
1985 年度	681	434	1237	909	117	67	178	125
1986 年度	624	375	1058	838	107	64	137	116
1987 年度	557	345	886	693	108	77	137	122
1988 年度	721	428	1079	915	123	82	187	147
1989 年度	744	425	1014	872	136	92	191	149
1990 年度	713	409	995	890	225	129	257	263
1991 年度	632	396	922	753	226	130	279	228
1992 年度	724	408	977	882	239	144	277	244
1991—1992 年度增减	92（14.6%）	12（3.0%）	55（6.0%）	129（17.1%）	13（5.8%）	14（10.8%）	−2（−0.7%）	16（7.0%）

资料来源：日本文部省

从表 1-5 可见，1992 年对教师使用暴力的情况有年龄下移的倾向，初中生伤害教师的发生学校数、发生件数、加害学生数以及被害教师数都比上一年度有所增加。

学生之间的暴力行为也有年龄下移的趋势（见表 1-6）。从表 1-6 可见，初中的发生学校数、发生件数以及加害学生数、被害学生数也都有所增加，而高中的总体数量有所下降。

表 1-6 日本中学学生之间使用暴力的情况（公立学校）

年份	初中				高中			
	发生件数	发生学校数	加害学生数	被害学生数	发生件数	发生学校数	加害学生数	被害学生数
1982 年度	2340	1028	—	12088	702	346	—	3420
1983 年度	1978	977	7701	3747	608	308	1988	877
1984 年度	1543	859	5789	2695	494	241	1323	659
1985 年度	1477	840	5186	2708	478	218	1113	646
1986 年度	1267	685	4103	2451	516	262	1167	4676
1987 年度	1457	732	4121	2489	617	260	1208	715
1988 年度	1679	737	4057	2409	878	330	1948	123
1989 年度	1904	878	4825	2729	889	406	1987	1130
1990 年度	1859	935	4884	2549	1098	450	2314	1368
1991 年度	2086	965	5122	3095	1829	515	2769	1228
1992 年度	2309	1089	5486	3427	1259	520	2587	1387
1991—1992 年度增减	223（10.7%）	124（12.8%）	364（7.1%）	332（10.7%）	-570（-31.2%）	5（1.0%）	-182（-6.6%）	159（12.9%）

资料来源：日本文部省

　　关于损坏学校器材和物品的人数，初中呈上升的趋势；与初中相比，高中损坏器物学生数总体来说较少，但从 1988 年度起却有较大辐度的上升（见表 1-7）。

表 1-7 日本中学学生损坏学校器物的情况（公立学校）

年份	初中				高中			
	发生件数	发生学校数	损坏器物学生数	损坏额（万日元）	发生件数	发生学校数	损坏器物学生数	损坏额（万日元）
1982 年度	—	557	—	6737	—	23	—	177
1983 年度	430	267	1252	2666	35	27	141	89
1984 年度	238	182	727	1596	31	22	44	107
1985 年度	283	183	742	1902	47	21	56	184
1986 年度	262	176	656	1924	30	20	42	137
1987 年度	283	170	570	1381	40	31	77	161
1988 年度	458	210	749	2271	54	39	74	130
1989 年度	574	234	851	1622	89	53	148	267
1990 年度	518	210	811	2205	98	44	120	277
1991 年度	499	245	813	1735	118	69	163	385
1992 年度	636	285	1066	2573	96	63	156	244
1991—1992 年度增减	137（27.5%）	40（16.3%）	253（31.1%）	838（48.3%）	-22（-18.6%）	-6（-8.7%）	-7（-4.3%）	-141（-36.6%）

资料来源：日本文部省

在研究上述校园暴力现象时，有一点需要注意，即校园暴力与学校规模有很大的关系，学校规模愈大，发生校园暴力的概率也愈大（见表 1-8）。

表1-8 日本学校的规模与校园暴力情况（公立学校）（1992 年度）

学校规模		6 班级以下	7—12 班级	13—18 班级	19—24 班级	25—30 班级	31—36 班级	37 班级以上	总计
全公立中学校数		2612	2386	2669	1944	830	144	11	10596
对教师暴力	发生学校数	8	61	127	125	74	11	2	408
	发生率（％）	0.3	2.6	4.8	6.4	8.9	7.6	18.2	3.9
学生间暴力	发生学校数	30	203	326	296	148	23	3	1029
	发生率（％）	1.1	8.5	12.2	15.2	17.8	16.0	27.3	9.7
器物破损	发生学校数	10	45	90	95	36	8	1	285
	发生率（％）	0.4	1.9	3.4	4.9	4.3	5.6	9.1	2.7

注：发生率 ＝ $\dfrac{发生学校数}{全公立中学校数} \times 100\%$

资料来源：日本文部省

　　而学生之间的暴力中，有一种在日语中被称为"いじめ"的欺凌弱小的现象。

　　在有孩子群的地方，以大欺小可以说是一种常见的现象。但日本在这方面更为突出。在过去的十年中，每年都有几名或几十名学生忍受不了降临到自己头上的以大欺小、以强凌弱的事，以致走上自杀之路。以下是近年来日本中小学欺侮弱小的统计资料（见表1-9）。

表 1-9 日本中小学欺侮弱小的情况

学校	年度	公立学校总数	发生学校数	发生率（%）	发生件数	校平均发生件数
小学	1985	24796	12968	52.3	93457	3.8
	1986	24759	6560	26.5	26306	1.1
	1987	24692	4497	18.2	15727	0.6
	1988	24658	4135	16.8	12122	0.5
	1989	24608	3695	15.0	11350	0.5
	1990	24586	3163	12.9	9035	0.4
	1991	24567	2984	12.1	7718	0.3
	1992	24487	2883	11.8	7300	0.3
初中	1985	10846	7113	65.6	52891	4.9
	1986	10517	4538	43.1	23690	2.3
	1987	10555	3681	34.9	16796	1.6
	1988	10585	3696	34.9	15452	1.5
	1989	10578	3578	33.8	15215	1.4
	1990	10588	3403	32.1	13121	1.2
	1991	10595	3234	30.5	11922	1.1
	1992	10595	3440	32.5	13632	1.3
高中	1985	4273	1818	42.5	5718	1.3
	1986	4178	1130	27.0	2614	0.6
	1987	4191	948	22.6	2544	0.6
	1988	4189	689	16.4	2212	0.5
	1989	4183	969	23.2	2532	0.6
	1990	4177	888	21.3	2152	0.5
	1991	4170	964	23.1	2432	0.6
	1992	4166	982	23.5	2328	0.6

从上表可以发现，和小学生相比，初中生中的欺侮现象有增加的趋势，而高中阶段则有所好转。从总体来看，初中一年级是欺侮现象最严重的时期（见图 1-4）。这与初一学生的身心特点以及从小学到中学的转折有很大的关系。因此，加强这一时期的教育与指导就显得十分重要。

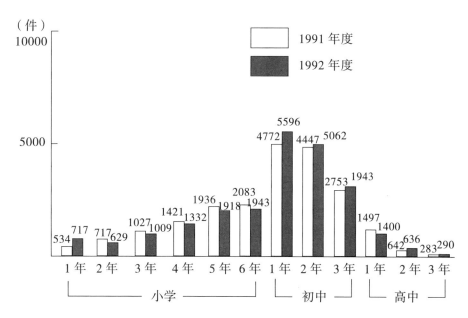

图 1-4　不同学年欺侮现象的发生件数

日本中学生对欺侮现象也十分苦恼。一些学生说："以大欺小和以强凌弱太残酷了，令人无法忍受，只有结束自己的生命。"现在，中学生中以大欺小、以强凌弱的现象已成为人们谈论的中心话题之一。在家庭的饭桌上，在家长与教师的联席会议上，甚至在政府的内阁会议上，这都是议论的内容。日本极具影响力的报纸《朝日新闻》曾经刊载过一篇社论，用小学低年级的儿童都能看得懂的浅显文字，呼吁受欺凌的学生不要自杀。尽管如此，问题仍在发生。从下面一段关于东京一所中学生的文字中，可以对日本以大欺小或以强凌弱的事件有所了解：

像许多受欺凌的受害者一样，鹿川博文是一个破碎家庭的孩子。他的一群同学，由他在进小学以前就已认识的两个男孩率领，用尽了邪恶学生可利用的一切手段，使他的生活痛苦不堪。

他们迫使他为他们跑腿，他们把他们的书包都堆积在他身上，他们给他戴毛尖胡子，要他在走廊上跳舞，要他爬到校园的树上去并在树上唱歌，他们把他的鞋子冲下厕所大小便池。当他的父亲向其中一个恶作剧者的父母亲诉说时，重重的鞭打便开始了。有一次他回家时，头部受伤，血流了满身。

11月间的一天，博文走进他的教室，发现他的书桌上装饰了鲜花及一个装有他自己相片的镜框。虐待他的顽皮孩子之一忽然想到举行他的丧礼，收集了一些对他的假悼词。这悼词是由他同班的大多数同学写作及签名的。不知怎么回事，该校的3名教师也被说服加上他们签名的赠品，包括博文的级任老师57岁的富士崎波夫在内。

中午时分，博文的假丧礼开始。焚香，诵经，程序进行到下午第一节课开始后，但据说，老师丝毫未加阻止。

元月里，博文仅有11天到校，且常躲在厕所里。2月初，实在无法忍受了，他就跑到日本本州北部盛冈祖父家，在盛冈车站的购物中心，在一扇厕所门的背后，他就在一个挂衣钩上吊死了。

在参加鹿川博文假丧礼不到3个月的时间之后，他的级任老师发觉自己在低头参加这个孩子的真丧礼。[1]

通过这一段文字，人们就不会诧异受欺凌者何以会自杀了。痛定之后，日本的许多人士指出，以大欺小和以强凌弱作为校内暴力事件的一种表现，有着深刻的社会原因，但人们并没有认真考虑过这一点，而只是习惯于采用简单的办法。日本中学生的问题由来已久，日本人常说："现在大学生运动不见了，中学生却常常闹事。"讲这种话的人通常亲眼见过20世纪60年代末日本的大学生运动。那时候，中学生们相对安定，而大学生们的运动连绵不断，他们占领教学大楼，装上高音喇叭，高呼反政府、反学校的口号。现在这些都已成往事。大学生运动看不见了，但中学生们的暴力事件常常见诸报端：

——每年全日本中学生暴力行为1000起以上，涉及学生1万名以上；

——100多名初中学生相互殴斗；

——中学教师不堪学生围攻，用刀刺伤学生；

---

[1] 王正乙：《日本学校教育问题重重》，《东方杂志》（中国台湾）第20卷。

——名牌高中学生用刀刺死同学；

——"暴走族"暴死；

……

这最后一则消息的"暴走族"是指包括中学生在内的骑摩托车呼啸而过的青年。这些青年骑着摩托车风驰电掣般穿过大街小巷，所到之处，马达轰鸣声震耳欲聋。居民及行人无不驻足侧目。"暴走族"的行为算不上犯罪，却令人厌恶或无法使人接受、容忍。大阪一位居民不堪忍受"暴走族"半夜驰过家门口时发出的轰鸣声，便在家门口放了一根角铁，致使"暴走族"半夜驶过时翻车，造成二死一伤。这位居民的做法虽然触犯了法律，但从中可见人们对"暴走族"的反感程度。

对"暴走族"的行为以及中学里出现的帮会等情况，均通过警察的武力加以扼制了。但这种以暴制暴的结果，使得学生不再以明显的、易被发现和抓住的方式表现自己的不满，转而以隐蔽的方式进行对抗。以大欺小和以强凌弱就是典型的一种。

有时受欺凌者在得不到朋友、老师等的帮助时，会丧失信心，失去理智，致使暴力事件发生。

日本的中学教师抱怨说，他们越来越不理解今天的中学生。一位叫狭山喜作的初中教师说：

我不理解在教室里坐在我面前的初中学生……与三十多年前的普通状况相比，毫无疑问，日本已成为一个非常富有的国家，倘若这一切是真的，为什么儿童的教学和教育却是如此苦涩和令人沮丧。

除了以强凌弱、以大欺小的现象，还有其他一些校内暴力事件。中学生们有时将暴力指向教师、校外人员。日本学者堀尾辉久先生指出，在1992年日本的报纸里，人们看到，一群初中学生粗暴残忍地杀死了一名流浪汉；两名中学生在学校的卫生室里强奸了一名女教师；还有一位名牌高中的学生，用匕首把他的一位朋友刺死，因为他把死者看成学业上的竞争对手，对其深感恐惧。

日本的一些人士认为，产生欺侮现象的原因之一是日本教育制度本身的问题。战后四十多年来，日本教育取得了令人瞩目的成就，高中的入学率达到95%以上，其中有近40%的人能进一步接受高等教育，差不多全体国民都具备读写的能力。这样的成就足以让任何发达国家羡慕。日本文部省（现文部科学省）立足于此，大肆渲染取得成就的一面，从来不愿检讨教育制度本身的问题，外国人来日本考察教育，看到的只是学生守秩序、尊敬老师、勤奋好学、学业优秀的一面，甚至希望把日本的教育制度搬到自己的国家中去。事实上，日本的教育制度问题重重，与校内暴力直接相关的是，一方面实行硬性划一的纪律、要求，另一方面又鼓励激烈竞争，要求学生考上最好的高中、大学。这种制度使学生始终处于高度压力和紧张之中，这种压力和紧张绝不是生活于温和的教养环境之中的青少年所能想象到的。正是紧张和压力，成为校内暴力滋生的土壤。

与这种观点相关的另一种意见是，日本教育制度的划一，完全是日本社会的缩影。整个日本社会就是一个强求一致、压制个性的社会。在日本社会里，无论什么人，也无论他或她是否愿意，只要从人群中凸显而出，就会成为人群所不愿接受的人，成为众矢之的，成为受欺凌者。因此，消除校内暴力，先要改变社会。如果一个已经失去人性的社会没有任何改变，那么，无论是什么高压政策，都不会彻底消除校内暴力。

一对充满忧虑的夫妇说道：

在60年代经济高度成长期间，日本出了某些毛病。我们失去了我们的仁慈心，贪婪成了可正常接受的习性。经济成就似乎成为唯一值得争取的目标。现在，那个时期的成熟的人们的子女正在上学，他们精确地反映了他们父母亲的价值观念。这使我们非常担忧这个国家的前途。

根据这对夫妇的见解，如果社会依然故我，不做任何变革，那么，高压之下的校内暴力会变换形式，"一次比一次更不明显，更低沉悄然"[1]。人们不禁要问："究竟下一次会发生何种现象？或许是发生全国性的学生精神分裂。"

日本是个谜——再访日本之一

去年（2003年）10月是在南美度过的，而且写下了颇受欢迎的"南美

---

[1] 王正乙：《日本学校教育问题重重》。

行"。非常巧合的是，今年 10 月，我又要在异国他乡为异客——应友好城市的邀请，我作为苏州市政府代表团团长于 10 月 8 日参加金泽市 21 世纪美术馆开馆纪念仪式。

今年我是否再写一组关于日本的文字呢？从我们"教育在线"网站上关于日本的讨论来看，写这样的文章似乎是危险的。如果不客观地评价，是不负责任的态度，现在已经很少有人进行比较客观的分析了——怕挨骂。如果真实地发表自己的想法，可能也有风险。但是，关于日本我确实有许多话要说。1990—1991 年，我曾经作为上智大学的研究员在日本工作过一年，以后又多次访问日本，走过了日本的许多地方，全面研究过日本的民族心理，也认真地考察过日本的教育。在 1992 年出版的《当代日本教育丛书》的前言里，我曾经写下这样一段文字：

日本是一个谜。

这个人口只有中国的十分之一、领土只有中国的二十六分之一的岛上"小国"，却创造了无数令人惊叹的世界奇迹：

人均国民生产值名列世界首位，国民生产总值位居世界第二位；

在世界最尖端的科学技术领域，日本占据了差不多半壁江山；

国际金融资本的 85% 来自日本；

按股市价格，日本包揽了世界最大银行的前 10 名；

日本生产的电子产品行销世界的每一个角落；

美国经常性收支赤字的三分之一以上依靠日本资金的补充，联合国经费预算的 11% 由日本提供；

……

尽管现在的日本比起 13 年前有一些衰退，但"瘦死的骆驼比马大"，日本的实力依然不能小视。昨天早晨我还在网上看到这样的数据：

2003 年，按世界银行 2004 年《全球发展指标》统计，中国的 GDP 为 116898 亿人民币，合 1.4 万亿美元，屈居全球第七位；日本的 GDP 却高达 4.3 万亿美元，傲列全球第二。小日本是大中国的 3 倍。如果改以购买力平价或真实比价计算，大多数的统计结果表明，中日之间经济总量仍相差 1—2 倍。

2000 年底，日本的海外总资产达到 3.2 万亿美元，相当于 2003 年中国全部 GDP 的 2.3 倍，其制造业在海外的销售总额为 1.3 万多亿美元，与中国的 GDP 相当。

经济结构比较：1999 年，日本的三次产业结构比例是 2∶36∶62，早已是明显的"后工业社会"；2003 年，中国的三次产业结构是 14.7∶53∶32.3，中国甚至没有完成前工业化社会向工业化社会的过渡。

中国目前的增长动力主要是来自"世界工厂"的牵引。2003 年中国工业增长对 GDP 的贡献高达 63%。然而，从制造业总量看，2003 年日本是 9111 亿美元，中国为 3825 亿美元。日本是中国的 2.4 倍。显然，中国远称不上"世界工厂"，日本却是名副其实的国际制造业中心。

以单位能源每千克油当量的使用所产生的国内生产总值计，中国大约是 0.7 美元，不仅低于发达国家，也低于印度等许多发展中国家，而日本同样能源使用所产生的国内生产总值却高达 10.5 美元，为全球之冠，约相当于中国的 15 倍。

R&D（研究和开发）经费支出占 GDP 比重，是一组国际通用的用于衡量一个国家科技活动规模及科技投入强度的重要指标，并在一定程度上反映国家经济增长的潜力和可持续发展能力。2000 年，中国在这一指标上的支出为 896 亿元人民币，占 GDP 的比重历史上第一次达到 1 个百分点。而同一指标，日本 2000 年是 3.12，不仅远高于中国，也高于美国的 2.65、德国的 2.37、法国的 2.17、英国的 1.87，在全球又是雄居榜首。

1995 年，中国申请专利数只占全世界的 1.45%，批准量占全世界的 0.48%，日本申请专利数占全世界的 13.48%，批准数占全世界的 15.3%。韩国产业银行日前发表的调查结果显示，若以韩国为基准（100）予以换算，则中国为 76.5、日本为 110.5。同时，日本人中获诺贝尔奖的人数已达到 12 人，中国仍是 0。

2003 年，中国人均收入首次超过 1000 美元，接近 1080 美元；日本是 33077 美元，为中国的 31 倍。仅以人均 GDP 作为收入计，中国只相当于日本 1966 年的水平。

日本早已达到了 100% 的小学教育普及率和 100% 的初中教育普及率；大学毛入学率为 40.3%，受过大学教育的人数占总人口的比例高达 48%；成人识字率近 100%。据估计，中国的初级教育大约相当于日本 1900 年的水平，落后 100 年；中等教育大约相当于日本 1910 年的水平，落后 90 年；高等教育大约相当于日本 1920 年的水平，落后 80 年。其中的一个重要原因，就是中国的教育经费只相当于日本 1920 年左右的水平。

2003 年底，中国网民数已接近 8000 万，但全中国互联网普及率却很低，才 6.2%；日本的人口比中国少得多，但同一时期上网人数达到 7730 万人，互联网普及率突破 60%，几乎所有 14—75 岁的日本人都可以上网。此外，日本的网络更加发达，宽带通信费用低、速度快，宽带上网费占每个家庭收入的比例才 0.8%，被评为世界第一低；而中国的网络速度慢、服务差，宽带网使用处于起步阶段，走在全国前列的深圳的住宅宽带普及率才超过 30%，全国一般地方水平则相当低。

从社会信用和国民素质看，日本人普遍被认为工作认真、讲求效率、守时、重信用、讲礼节。日本的企业亦以讲究信用、产品质量精良著称于世。在日本的大街小巷，你看不到垃圾，无论是走到拥挤的地铁，还是人头攒动的商场，地面都几乎光洁如新，地铁的墙壁上也看不到太多乱写乱画的现象。日本人很少在公共场所抽烟和吃零食，大部分人没有随地吐痰、随手扔垃圾的习惯。日本人大多遵守交通规则，无论是繁华的东京、大阪，还是古老的京都，大街上看不到多少交警，汽车、人流严格按红绿灯指示行动，一丝不苟。

反观作为"文明古国"的我国，情况如何呢？中国各商业银行的呆坏账记录"举世无双"，这说明中国企业的信用记录是很差的。2001 年，我国国有企业相互拖欠货款已经超过 1.6 万亿元，造假经济的规模高达 1270 多亿元，国家为此每年损失税收 250 多亿元。

截止到 2000 年底，中国森林面积只剩下 15.8 亿公顷，森林覆盖率才16.55%，仅相当于世界森林覆盖率的 61.3%，全国人均森林面积 0.128 公顷，只相当于世界人均森林面积 0.6 公顷的 21.3%；而日本的国内森林覆盖率近 64%，是世界上森林覆盖率最高的国家之一。

……

随着中国的崛起，随着日本一再对历史问题采取苟且反复的态度，许多朋友往往说起日本就咬牙切齿，甚至看到介绍日本的文字也勃然大怒，这样的感情自然能够理解，但这同样是非常错误和危险的。我们首先必须面对，只有学习对方的优点，才有可能超越对方。

怀着这样的心态，我在早晨 6 时再一次踏上了访问东瀛的旅途。

当汽车走到沪宁高速公路苏州段口的时候，正好大雾弥漫，道路暂时封闭，我们只好改走机场路。8 时 15 分左右，我们顺利到达浦东国际机场。办完手续，我们乘坐的 CA441 航班于 10 时 10 分准时起飞。

记得在"南美行"的开篇，我以《把今天看成是最后一天》为题，描写了我乘飞机的心态，今天似乎也不例外。其实，飞机出事的概率是所有交通工具中最小的，但是由于它的毁灭性，人们格外担心。不过，去年的文字，已经成为我每次乘飞机的精神安慰剂，所以没有任何的恐惧感觉，一切随缘。

从上海出发，日本只是在海的对面，所谓"一衣带水"之谓也。飞机很快钻进了云层，我的思绪似乎也随着云彩在飞舞，不久就进入了梦乡。

大约 50 分钟以后，我才醒了过来。由于起得早，同伴们也都在梦乡之中，于是我开始读一本一直想读的《校长学》（*The Principalship*），这是著名学者 Thelbert L. Drake 和 William H. Roe 合著的，已经出版了六版，我们准备引进到"教育科学精品教材译丛"正式出版。读得正在兴头的时候，飞机播音员说，20 分钟以后将到达名古屋机场。于是放下书本，再次看窗外的景色。灰蒙蒙的地面，没什么可以引起我的关注，与 10 多年以前相比没有什么变化，很少有高大的建筑，我知道这当然与地质条件有关，但也与城市和经济的成熟有关。

日本时间下午 1 时 20 分，我们顺利到达名古屋机场。接站的是一个叫山本的小伙子，5 年前从名古屋来到金泽市政府的国际交流科工作。他曾经在中国上海工作过两年，会说一口流利的汉语。他手上拿着一本非常详细的接待手册，大概有一寸厚，至少有 200 页。我要过来认真看了一下，几乎是一本接待的百科全书，每一次的电话、联络记录，每一个请示报告，每一份财务预算，每一处访问地的地址、电话、联系人，包括应对突发问题的各种预案……你能够考虑到的任何问题，在山本的百科全书中都可以找到。日本人做事情的认真、细致，是我们必须学习的。有一本畅销书《细节决定成败》说的就是这个道理，这大概也是日本成功的重要谜底之一。

从名古屋机场到金泽大概还有 4 个小时的车程。上了接我们的汽车以后，山本给我们详细介绍了这次访问的安排。代表团中有几位是第一次到日本，很快被窗外的建筑吸引了，然后大家就开始讨论日本的房子为什么都是矮矮的，为什么以木结构为主，为什么日文里的汉字与中文汉字看起来相同但意思完全不一样等问题。我自以为是日本通，天花乱坠地介绍了不少，山本先生在边上笑而不语。

当地时间下午 5 时 30 分，我们到达了下榻的饭店——金泽新大饭店。晚上 8 时，我们出席了为纪念金泽 21 世纪美术馆开馆而举行的"世界美术馆馆长论坛"招待会。招待会非常简单，首先是两位身着黑色和服的女子吹了几分钟的笛子，然后就是市长致辞。山出市长的致辞非常特别，只是分别用英语、法语、汉语、韩语和日语说了欢迎与感谢，就结束了他的讲话。作为已经连续担任 14 年市长的山出，他知道这个时候再说什么也没有什么人感兴趣，因为忙碌了一天的人们应该用餐了，参加论坛的馆长们也需要利用这个时间进行交流，所以用最简洁的语言结束了自己的讲话。他赢得了最热烈的掌声。

招待会以后，金泽市国际交流科的前田科长知道这样的场合吃不饱肚子，又安排我们去华盛顿饭店吃中餐，这在日本叫第二回，据说还有吃第三回、第四回的，许多日本的男人不喝醉是不会回家的。由于是中餐，大家的胃口不错，啤酒也喝了不少，晚上 10 时左右，我们才回到饭店。

等我写完这些文字，已经快凌晨 1 时了，今天的报告也就在这里结束了。关于日本的谜，我们将继续去探寻。

（2004 年 10 月 8 日晚写于金泽新大饭店，10 月 9 日晚修改完成）

岁月如金显光泽——再访日本之二

曾到过日本的许多地方，但一直没有机会到金泽。

金泽市（Kanazawa）是日本的文化名城，与苏州在中国的地位非常相似。中国人说"上有天堂，下有苏杭"，日本人说，"要去就要去金泽"。金泽位于日本中部的北陆地区，靠近日本海一侧，纬度与中国的青岛相同。金泽交通比较方便，从东京乘飞机到金泽大概 1 个小时，乘新干线大约 4 个小时，是石川县政府所在地。其面积大约 468 平方公里，市区 23.55 平方公里，人口 46 万。这座城市位于平原与丘陵相接的地方，其中小立野高地夹在浅野川和犀川两条清澈的河流之间，河流滋润着人们的生活，装点着城市的风景。散步在金泽的街头，经常会看到"小桥流水人家"的画面。

金泽市是北陆地区经济、商业和文化的中心城市，素有"小京都"之称。1449 年至 1471 年，佛教渐兴，开始在这里建造寺院。金泽城市初具雏形是在 1546 年，在现在的金泽城址上，建起了本愿寺别院的尾山御坊，作为日本佛教的一个分支，一向宗的教徒们以这里为根据地进行传教，并且以政教合一的方式统治了 100 多年，在庙门的附近形成了小的市镇。1583 年，织田信长的武将前田利家从七尾的小丸山城入城，掌控了这个地区，并且大规模地建筑。从德川幕府到明治维新，前田家的 14 代藩主统治了金泽近 300 年。历代藩主非常重视发展文化事业，培育出了加贺友禅、九谷烧瓷器、金泽漆器、加贺洒金画、加贺镶嵌、金箔加工等美术工艺，以及能乐、茶道、烹饪等生活文化，形成了丰富多彩的金泽传统文化。

金泽同时又是一座风景秀丽的历史古城，由于在第二次世界大战中幸免于难，这里保存着比较完整的古代街道、寺庙群、武士之家、石川门，还有那被誉为日本三大名园之一的"兼六园"、三大文豪故居。

金泽是苏州的姐妹城市。1981 年 6 月，苏州市长访问金泽并且签署了友好城市的协定书，开始了两市的交流活动，迄今已有 23 年的友好交流历史，我也曾在苏州接待过许多来自金泽的日本朋友。坦率地说，中国与日本的民间交流是健康的，是把和平与共同发展作为主题的。中国与日本世世代代友好下去，是两个国家人民的共同心愿。这也是我与许多日本朋友交往的感觉。

这次到金泽访问是参加 21 世纪美术馆的开馆仪式，所以今天活动的主题就是美术馆，为此，我专门邀请了苏州国画院的院长周矩敏、副院长马伯乐两位著名画家一起参加，以考察日本的美术馆事业。上午 10 时，隆重的开幕仪式准时开始。首先是石川高和另一位朋友表演的"笙与能舞"，这是日本的传统节目，据说通过这样的神乐之舞，能够把美妙的笙的声音传到天空，让新的世界充满光辉。然后开馆仪式正式举行。在一片大幅的玻璃上，出现了六台电视机屏幕，详细介绍了美术馆的筹备与建设经过。然后是山出市长致辞，前总理大臣森喜朗以及石川县知事、金泽市议长、美术馆馆长、来宾代表等讲话。最后是来自美国、韩国、比利时、法国和中国的代表与金泽市的中小学生一起为美术馆剪彩。

为什么让中小学学生剪彩？一个重要的原因是这个地方原来是金泽大学的附属中小学所在地。市长在致辞中说，在美术馆建设的两年里，他曾经无数次想起那令他激动的声音——学校运动会的时候校园里传出的孩子们的欢笑声。市长认为，那是呼唤未来的声音。

美术馆是一个现代化的建筑，在市政府的旁边，交通非常方便。外观是透明玻璃墙，陈列的作品是从世界各地收集的现代作品，同时还有一部分具有崭新风格的金泽工艺作品。美术馆的一个重要特点是"市民一起参加的交流型的美术馆"，它不仅展示作品，同时准备举办音乐会、时装表演、小型演出、讲演会等各种活动，许多市民亲切地称呼美术馆为自己家的会客厅。此外，山出市长还希望美术馆成为金泽市民的"精神之源"。他在致辞中讲道："美术馆地处金泽市的中心位置，并与商业街相邻。大家在购物之余，信步至此，感受一下艺术的氛围。或作为约会的场所，或作为消磨时间的去处，都可以时常来这里调节心情，放松精神。在这里'充电'后的市民回到城市，会使城市变得更有生气。"作为日本市长协会的年度会长，他的讲话从一个方面反映了地方政府对于文化建设的理解。

下午的活动是金泽市区参观。首先来到金泽的城址公园。这里一直是金泽古城的原址，从宽永八年（1631年）的火灾以后，一直处在反复的建设与频繁的火灾之间，明治十四年（1881年）主要的建筑被烧毁。20世纪40年代开始，金泽大学曾经以这里作为校园。2001年，金泽市政府完成了菱橹、五十间长屋、桥爪门续橹等修复工程。在这里，我们详细听取了修复工程的介绍。修复是根据江户时代的图纸、明治时期的照片，严格按照传统的工艺进行的。为了让观众能够了解建筑的材料，在菱橹一层的地板和二之丸侧的墙壁上面，都镶嵌了透明的玻璃，可以看到不同层次的材料及其工艺。陪同人员介绍说，整个修复工程没有用一根钉子，除地基是钢筋混凝土，以及采用了自动灭火设备和无障碍通行的升降楼梯以外，完全是日本的传统工艺。据说，这是日本自明治以来最大规模的木制城堡建筑，预计可以使用250年左右。我想，金泽城址公园的建设，对于苏州古建筑的维修与重建是具有十分重要的借鉴意义的。

参观完城址公园，我们来到旁边的兼六园。这是全日本的三大名园之一，也是日本的国家特别名胜。兼六园是日本江户时代（1603—1868年）具有代表性的大型林泉式庭园。这里最早是属于金泽城的郭外庭院，第五代藩主刚纪干延宝四年（1676年）在这里建设了莲池御亭，从此这里被称为"莲池庭"。1759年庭院被大火烧毁，1774年第十一代藩主在修复莲池庭的基础上又修建了瀑布、流水等新的景观。1822年，第十二代藩主修建了豪华富丽的竹泽御殿，并且铺设了各种石桥。同时，他委托奥州白河藩主白河乐翁为其命名。白河乐翁根据中国宋代诗人李格非的《洛阳名园记》中提到的"宏大""幽邃""人力""苍古""水泉""眺望"六大意境兼具的特点，将园林命名为"兼六园"。1874年5月7日，藩主制度被废除，兼六园正式对公众开放，从此成为老百姓能够自由出入的园林。

虽然我们来自园林的故乡，但兼六园给我们的心灵震撼仍然是巨大的。首先是几百年以来园林的规模在逐步扩大的同时，还保持着其苍古的基本风格，没有受到任何人为的破坏，古代的《兼六园画卷》描绘的风景依然如旧，包括用细石铺就的道路，以及二百多年以前的瓢箪亭等建筑都完整地保存着。其次是它的绿化，尤其是形态各异的松树，让人叹为观止。根据介绍，兼六园中树木的种类有 54 科约 140 种，其中乔木 5000 多株、灌木 3500 多株。春天的樱花、秋天的枫叶、冬天的唐崎松，不同的季节有不同的风景。园林对于树木的呵护令人颇为感动，几乎在每一棵树木甚至在每一寸草地上，都可以看到他们的细致工作。我们来的这一天是对本地市民免费开放的，管理人员没有检查任何人的证件，外地来的游客却都自觉地购门票进入。日本人的公共道德意识可以窥见一斑。

最后，山本建议我们去观看传统文化街区，位于浅野川大桥往北一带的"东茶屋"。据说这是来金泽的人必须看的地方，被国家指定为重要传统建筑物群保存地区。"东茶屋"街道两旁排满悬挂着门灯的二层红木小楼，与我们苏州山塘街的风貌有一点相似，但是更为古朴和安静。在日本，茶屋是一边欣赏集琴、三弦、鼓、舞、谣曲、茶艺等于一身的艺伎表演，一边品尝美味佳肴的地方。"东茶屋"在金泽曾经是最高等级的地方，许多茶屋以拒绝接待无人介绍的客人而闻名。街内专门对游客开放了从江户时代文政三年（1820 年）起一直经营到 30 年前的一间茶楼，名叫"志摩"。楼内布置一如当年，二楼摆设依旧，如往昔的艺伎表演时的乐器、屏风和客人们观看演出的座位，一楼有当时艺伎使用的各种用品的展览。志摩的门票竟然比兼六园还贵，参观的时间不到 20 分钟，门票就达 400 日元。据说，金泽这样的街还有好几条，他们的管理办法值得我们借鉴学习。

晚上，金泽市政府专门为我们友好城市的代表团举行了招待会，让大家一边欣赏日本的传统艺术，一边品尝日本的传统菜肴。金泽的市长、副市长和议会的议员都参加了招待会。坐在我对面的木下议员听说我分管体育的时候非常兴奋，因为他是石川县足球协会的副主席，正在筹备友好城市青少年足球比赛的事情，当即邀请我们招待会后再去二次聚会。大家一天下来非常疲劳，但是又不好意思拒绝先生的好意，结果我硬着头皮与外办的同志一起随先生去了"西茶屋"街，一边喝酒，一边欣赏传统艺伎的歌舞表演，晚上 12 时左右才回到饭店。

尽管十分疲惫，可金泽之游还是让人回味感喟不已。这保存完好的金泽城，果真如一块古老的金子，其光泽被岁月打磨得日益璀璨，熠熠生辉。

（2004 年 10 月 9 日初稿，12 日晚 11 时改定于东京都市中心饭店）

风雨飞禅山——再访日本之三

根据金泽市政府的安排，今天是去高山地区参加当地的地方节庆活动——飞禅秋祭。日本的地方传统节日是非常值得考察的，1 年前，我曾经在秋田经历过日本的传统吉庆的狂欢场面，迄今记忆犹新。高山市每年有两次重要的节日，即春天的"山王祭"（4 月 14—15 日）和秋天的"八幡祭"（10 月 9—10 日）。据介绍，这是全日本的三大地方节之一。难得赶上这样的节日，热情的主人就安排我们友好城市的客人去感受一下日本的传统节日。我们也希望感受一下日本人是如何举办地方的传统节日的。

前天开始在日本登陆的 22 号台风虽然已经衰退，但是在整个沿海地区似乎仍然余威不减。上了汽车，我们就预感到这是一次艰苦的旅行，不仅漫长的路程需要将近 4 个小时，而且可能到达以后会大雨滂沱。但是既然上了车，就安心地由主人安排了。

日本市政府的接待用车也都是从专业的公司租用的，所有的公司都会同时派出导游或者服务人员。由于出租汽车的公司非常之多，竞争激烈，所以服务的水平也非常之高。汽车上面有热咖啡和茶水供应，尽管我们人数不多，金泽方面还是为我们安排了大巴士，所以，在汽车上还是比较舒服的。

从早晨 9 时出发，中间在高速公路的两个休息站停靠了一下。我们注意到，日本的高速公路休息站虽然不大，但是都整洁干净，管理和服务也比较周到。大概走了三个半小时，我们才抵达飞禅高山美术馆。根据计划，我们将在这里用餐并参观美术馆。日本的地方美术馆非常之多，因此大家都千方百计地想办出特色。高山市的这个美术馆有两个鲜明的特点：一是它位于高山之上，通过美术馆透明的玻璃，可以俯瞰整个城市的风景。尤其是在美术馆外面的休闲草地上，一边品尝浓香的咖啡，一边欣赏城市的风景，绝对是人生的一大享受。这里是整个城市最好的观景台。二是它精美的艺术藏品，美术馆精心收藏了 19 世纪末欧洲的装饰艺术精品 1000 多件，其中有许多玻璃制品和家具，一些艺术价值较高的作品曾经参加过万国博览会，其中的花器"法国的蔷薇"、装饰玻璃扇"斗鸡"等给我们留下了深刻的印象。尽管美术馆不是很大，但是环境优美，设施也很齐全。我们在它的咖啡室里用了午餐，每一道菜都像美术馆的艺术品一样精致。

午餐以后，我们开始出发去观看今天最精彩的节目——秋祭的屋台表演。根据记载，表演时会有 11 台形态各异的屋台出来，分别称为"神乐台""布袋台""金凤台""大八台""鸠峰车""神马台""仙人台""行神台""宝珠台""丰明台""凤凰台"。这些所谓的"屋台"有些类似于我们的游车，每一个都金光闪闪、色彩鲜艳。游行时每个屋台上面都有人表演，或者敲击大鼓，或者演奏乐器，煞是好看。但是，当我们在下午 3 时预定的表演时间准时到达停车场的时候，工作人员遗憾地通知我们，由于天气的原因，屋台的表演取消，改为在室内陈列。

既然来了，不看又不甘心。我们还是坚持去节日的表演区域。尽管这个时候已经下起了中雨，但路上的游客还是颇多，他们许多人是从全国各地专门赶来的。快到中心区域的时候，我们开始看到各种各样的小吃摊和传统玩具摊，那些青年人与儿童一个个喜气洋洋，每一个摊位面前都挤满了人。由于取消了屋台的游行，我们用不到 20 分钟的时间参观了那些本来应该在街头表演的屋台，制造工艺之精良的确让我们叹为观止。

走出展览馆的时候，雨更加猛烈了。为了能够准时赶回金泽，我们依然在规定的下午 3 时多就开始返程。等到达停车场的时候，我们差不多都成了落汤鸡。由于场地的限制，从公共停车地到我们停车的地方需要用巴士转运，公共停车的地方排起了几百米的长队，奇怪的是，竟然没有一个维持秩序的人员，也没有任何插队加塞的人。

乘上我们自己的巴士时，已经超过了下午 4 时。我们沿着原路返回，大家已经精疲力尽，很快一个个都进入了梦乡。我们只能在梦中想象屋台游行时壮观的场面：狮子在队伍前面舞蹈，屋台上面有精彩的表演，尤其是成百上千的"裸体"男人（当然有一块布遮羞）一起击鼓的场面……神游高山秋祭，也是颇有情趣。

虽然今天的路途辛苦，结果也有一点儿扫兴，但这就是生活。

（2004 年 10 月 10 日 于金泽，17 日晚修改于苏州滴石斋）

心灵的避难所——再访日本之四

今天是在金泽的最后一天，下午 2 时我们将乘 JR1276 航班飞往东京。

事先我曾经提出考察日本的中小学教育，但由于正好是日本的体育节，所有学校都放假，全体国民也同时休息，只好另做安排。金泽市政府考虑我们是一个以文化人为主的代表团，所以专门安排让我们参观金泽市民艺术村等文化设施。这个歪打正着的安排，让我们考察了日本的工艺教育与传统文化的教育，大家都兴奋不已，获益良多。

上午 8 时半，我们带着行李离开饭店，首先来到了金泽市民艺术村。这里 100 年前曾经是旧大和纺织工厂的仓库，为了保存这些历史建筑，政府专门花 120 亿日元购买了这些仓库和周围的空地，再用 17 亿日元进行改造和添置设备。艺术村的村长告诉我，艺术村是 24 小时开放的，市民的各种活动如音乐、舞蹈、绘画的练习、演出都可以在这里进行，仅 2003 年，就有 22 万人次利用了艺术村进行活动，差不多占了金泽市人口的 50%。我们参观的一个音乐练习、表演的场所，去年就利用了 105 次。由于是 24 小时开放，许多房间是高效率地利用的。村长给我们看了 10 月的安排，几乎所有的场所从早上到晚上都已经安排满了。晚上 8 时以后，由利用者自己管理。艺术村对于金泽市的群众文化的发展起了很好的推动作用，以音乐团体为例，8 年以前只有 18 个，现在已经发展到 35 个乐团。村长说，如果说美术馆是市民的会客厅的话，那么艺术村是真正的市民的家。

艺术村还有一个特殊的功能——灾害发生时的避难所。这里的许多设计是为了战争等灾难考虑的。村长指着舞台前的一片水池说，这完全是地下水，可以直接饮用。日本是一个灾害多发的国家，时时刻刻提心吊胆地预防灾害，未雨绸缪已经成为日本人的个性特征。有人曾经预测，在同样的灾难面前，日本人一定是准备最充分、损失最小的。

在艺术村，另外一个重要的机构是金泽职人大学校。这是一个完全由政府支持的社团法人机构，以培养传统工艺人才、保存传统技术、交流传统技艺为主要的目的。学校分"本科"和"修复专科"，本科有石工科、瓦科、造园科、左官科（油漆）、大工科板金科、置科（制造榻榻米等）、建具科、表具科（装裱等）。学生必须是 30—50 岁之间，具有基本的工艺方面的技能（10 年左右的经验），有继续进行自主研修的强烈愿望，同时有各专门团体的推荐。学习时间为三年，每一个月 4 次，每次的时间为 90—120 分钟。名额非常有限，三年只招生 50 名，完全免费。教师是从全国范围聘请来的专家，三年下来的教师在 60 人以上。据说，这些人才在金泽的古建筑维修和保护中起了重要的作用，许多金泽的重要古建筑的维修与重建工程，都活跃着他们的身影。虽然政府在培养这些人才方面花费了大量的金钱，但是山出市长认为这是非常值得的，因为任何一种传统工艺的失传，其损失都是无法估量的。

参观完市民艺术村，我们来到了金泽市图书馆。金泽市有两个比较大的图书馆，玉川图书馆和泉野图书馆，另外还有城北分馆和平和町儿童分馆。我们参观的是玉川图书馆，主要收藏传统的图书和有地方特色的图书，图书馆不是很大，藏书有 50 万册左右。泉野图书馆则主要收藏现代图书，如联合国组织的各种文献等，有 40 多万册。两个图书馆的经费比较充足，仅用于购书的经费就达 1.2 亿日元左右。图书馆有专门的少年儿童阅览区、视听区和地方文献研究室，为了方便读者，图书馆专门配备了流动的"汽车图书馆"，车上有 3000 多本读者常用的图书，为距离图书馆比较远的读者提供借阅的便利。由于图书馆的空间比较有限，他们定期淘汰许多旧的图书，每进 10000 本，必须有 8000 本左右的图书淘汰。我们在仓库看到那些准备淘汰的图书，感到非常可惜。图书馆还经常举行各种社会活动与讲座，播放有关的资料片与儿童片，仅去年一年，玉川图书馆就有 33 次以上的活动。他们还组织了"儿童读书促进大会"，并且出版《儿童读书新闻》，为书香社会的形成做了许多工作。图书馆的读者每天在 1500—2000 人，在一个 40 多万人的城市，已经非常多了。

最后，我们来到了金泽卯辰山工艺工房，这是一个位于卯辰山山顶的建筑。据说早在 400 年以前，这里曾经是加贺藩的御细工所，是制造盔甲等兵器的地方，后来又改变为生产礼品的工场。1989 年，为了庆祝金泽建市 100 周年，为了使金泽的传统工艺得到继承发展，传统文化得到弘扬光大，金泽市政府投入巨资，建设了这个工艺工房。工房有"培育""展示"和"参与"三个主题，"培育"的主题是为了培育高水平的传统工艺专家，设有陶艺工房、漆艺工房、染工房、金工工房和玻璃工房，工房的研修人员主要在本地遴选，同时对全世界开放。研修人员不仅不需要付任何学费，而且可以每个月得到金泽市政府提供的 10 万日元补贴。"展示"的主题是通过当时加贺藩细工所的许多资料，了解金泽传统工艺发展的历史与现状，并且有经常性的各种工艺技法和材料的专门介绍。"参与"的主题主要是向市民开放专门的工艺教室，让市民自己体验传统工艺的制造过程，享受制作过程的快乐，增进对于传统工艺和传统文化的兴趣。这里的教师都是享受政府公务员的待遇，完全不必为经济问题担心。学生严格挑选，大概20个人才能入选1名。研修人员在这里三年的费用基本是政府承担，制作的材料一般自己负责，但是如果作为工艺产品出售，收入全部归研修人员自己。

三个地方参观结束后，我们马上驱车直接奔向附近的小松机场，在机场的饭店用了一点简餐（日本机场的餐馆价格比较公道，与其他地方差价不大，所以在机场用餐的人很多），我们就搭乘全日空的1276航班飞往东京。飞机下午2时准时离开小松机场，一个小时以后又准时到达东京的羽田机场。金泽市政府驻东京办事处的工作人员在机场迎接，让我们感到非常亲切。晚上，东京办事处又专门给我们在著名的中餐馆"赤阪饭店"举行了欢迎会，宾主都非常愉快。

晚上10时左右我们才回到饭店。奔波了一天，难免感觉疲劳，但是上午参观的场景仍然在眼前浮现。其实，传统工艺本身就是文化的最细微的内核，最坚实的基础。文化看起来有一些虚无缥缈，但是它却是一个民族最重要的灵魂，正是文化的一个个元素，才彰显出一个民族的生命力。日本对于传统文化的重视，其实是对于民族的生命力的珍爱。从饮食到服装，从普通的生活到传统的节日，日本人顽强地保持着自己的鲜明特色，其中许多是我们已经丢弃的东西。但是，恰恰正是这些特色，让他们在国际化潮流涌来的时候，仍然能够以独特的风格保持自己的文化品位。

其实，无论是艺术村、图书馆还是工艺工房，从某种意义而言，它们都是避难所——让人的心灵逃离现实的苦难，在艺术、文化中得到净化与升华。文化的力量是无敌的。在现代化浪潮冲击的今天，我们应该向日本学习如何保存和弘扬自己的传统文化。

（2004年10月11日晚草于东京，10月17日清晨修改于苏州）

日本的"最高学府"——再访日本之五

东京古时称江户，1869年成为日本国都。因日本有京都，与之对应，便称为东京。

东京是日本的首都，拥有1100多万人口，是世界上几个最大城市之一，也是世界经济、文化、产业的中心之一。1990—1991年，我曾经作为上智大学的研究员在这里工作过一年，应该说对于这里的一街一巷都是比较熟悉的。

再次来到东京，一切是那么平淡，已经完全没有第一次来日本的激动与兴奋。主要原因有二：一是东京除新开发了台场等区域以外，城市几乎看不出太大的变化；二是中国尤其是苏州、上海的变化实在太快，城市的繁华、商业的繁荣、生活的便利，都和国际先进水平在不断接近。所以，我没有当初的好奇与激动是很自然的。

由于代表团的大部分成员是第一次到东京，金泽市政府在东京的办事处安排了游览东京的项目，无非是参观皇宫、国会、浅草、银座、秋叶原等地方。这些地方我曾经去过多次，同来的人有金泽的陪同、东京的办事处陪同以及我们自己的翻译，我理所当然地请假了。

昨天晚上，我已经设计了今天的行程：东京大学教育学院图书馆—日本教育会馆图书馆—神保町书店一条街。一天的时间将在这三个地方打发。早晨9时，宫崎公立大学的王智新教授准时来饭店接我。王教授是我多年的老朋友，1990年我来日本的时候就给我许多帮助。他毕业于东京大学的教育学院并且获得了博士学位，在日本，文科的博士文凭是比较难拿到的。我能与日本教育界的许多朋友认识，大部分得自王兄的介绍，如日本教育学会的会长大田尧先生、国民教育研究所所长伊崎晓生先生、早稻田大学铃木慎一教授等。遗憾的是，不少老朋友已经作古，一些前辈教育家也年事已高，退休在家了。

我们首先来到东京大学。东京大学的总部设在东京都文京区本乡，它的前身是创建于1855年的洋学所和1858年成立的种痘所，1874年分别改名为东京开成学校和东京医学校，1877年两校合并成立东京大学。1886年，明治政府颁布《帝国大学令》，对东京大学进行改组，改名东京帝国大学。第二次世界大战后，日本进行教育改革，又改名为东京大学，现在学校共有基础（教养）、文、教育、法、经济、理、医、药、工、农10个学院，并且有14个研究机构和3个附属医院。由于该校的毕业生很多成为日本政府各部的官员和一流企业的管理人员，其中一部分成为日本的首相、大臣和著名政治家，东京大学被日本人称为"最高学府"。

赤门和安田讲堂，是东京大学的标志性建筑，因为它们见证了东京大学的发展历史。此外还有一处著名的"心字池"，日本文学家夏目漱石曾经在小说《三四郎》中描写过它，所以人们又叫它"三四郎池"。东大还培养出另外两位诺贝尔文学奖获得者——川端康成和大江健三郎。我仍然是从那古老的赤门进去的，所有的建筑基本还是我十多年前见过的模样，除了药学部等，传统的文科学部基本是"重复昨天的故事"。安田讲堂那斑驳的暗红颜色的墙，还是让我想起在 20 世纪 60 年代它曾经被学生占领的故事。

值得一提的是东京大学的博物馆。据说，它原是东京大学保存研究资料的仓库，在这儿工作的 17 名教师，虽然各自的研究领域都不一样，但彼此间的互相交流和学科间的交叉，使得他们有机会开拓了许多新的领域，并将研究成果介绍给社会大众。作为日本最早建立的一所大学博物馆，它收藏从江户时代到现在的东京大学的历史资料和 240 万件研究标本。博物馆尽量收藏每个研究所的研究成果和资料，以记录东大的研究历史。大学的精神与作为这些精神的载体，在这里得到了永恒。

我们来到教育学院，还是 13 年以前的模样。那时我经常在这里查找资料。教育学院的图书比较陈旧，王教授对我说，东京大学的学术傲气甚至影响到他们对于图书的选择。他们对国外的、经典的图书比较重视，而对于流行的畅销书则不买账。所以，我们没有在这里找到想要的最新教材。

在东京大学的学生餐厅用完了简单的午餐，我们就乘车去著名的神保町街。日本教育会馆离这条街不远，王教授告诉我，日本教育会馆是由日本教师联合会（日语称"日本教职员组合"，又简称"日教组"）创建的。在 1945 年第二次世界大战后，面对军国主义教育的祸害与战争的残忍破坏，在各地陆续成立了以"校园民主、教育重建"为宗旨的教师组织，并于 1946 年结合成为全国性的团体。他们以"不再送学生上战场"为目标，主张以民主教育为基础，重新建构教育体系。日教组对于和平的追求与对民主的坚持，使得他们在教育改革上有着一贯的理念与明晰的方向，形成对文部省主导的教育改革方向的强大监督与制衡，尤其是对国家主义、能力主义、管理主义的强烈批判与反抗，对维护教师专业自主与提升教师专业能力的大力呼吁，使它在教师中曾经享有非常崇高的威望。据说，在 20 世纪 80 年代以前，经常有右翼分子在日教组的大楼门口游行示威。

但是，现在的日教组，已经风光不再了。大楼内外的宁静根本无法让人想象它昔日的辉煌。我们在它的教育图书馆里度过了两个多小时，抄录了一些资料。看看时间不早，外面的雨也没有要停的迹象，就决定去逛书店了。

东京的神田是书店集中的地方。自明治时代创立明治大学以来，许多大学相继在这里落户，使它成为一条著名的学生街。此外，下町的神保町有许多旧书店，是老师、学生经常光顾的地方。20 世纪 60 年代，许多大学迁往郊外，学生人数减少，但街道没有变，仍保留古旧书店街的传统风格。这里有关于中国问题的书店，其中"东方书店"和"内山书店"比较有名，有从中国大陆进口的中文书，也有从香港与台湾地区进口的中文书，还有日本人写的研究中国问题的书。我们拿着雨伞，从一个书店看到另外一个书店，从旧书店看到新书店，找到一本有意思的书就会兴奋好一会儿。我买到了一些日本学校开展读书活动的书，还有日本学者推荐的教育名著解读。非常有意思的是，在日本的书店里，适合我们的新课程倡导的综合实践活动的指导图书也非常多。

在书店的时间过得特别快，一晃三个多小时就过去了，天也渐渐暗了下来，我们的腿也酸了。于是找了一个咖啡店，喝了几杯茶；又找了一个复印店，上了一会网，一个下午就这样过去了。

晚上 7 时，我们在新宿的一个叫作"元"的日本料理店与日本华人教授会的朱建荣会长等见面，王智新是这个学会的副会长。我非常想了解华人在日本的地位与现状，所以放弃了金泽市政府东京办事处的送别宴会，专门与这些在日本的华人知识分子精英见面。8 时左右，他们才分别到齐。他们都是不同学科的专家，都有非常稳定的工作和比较可观的收入。但是能够感觉到，他们要真正地融入日本的主流社会，几乎是不太可能的。我劝他们回国发展，他们也有难言之隐，因为习惯了这里的生活，待遇当然也有太大的差距。但是，他们对国家的关注，那种浓浓的祖国情结，是能够深切地感受到的。他们的这个组织，当然一方面是一个联谊的机构，同时也是一个互助的团体。

晚上 10 时多，在我的提议下，我们的宴席散了。新宿的夜景很美，霓虹灯仍然是那么闪亮，但人气已不如十多年前，只有脚下的路，依然默默地向前延伸。

（2004 年 10 月 12、13 日清晨草于东京，
10 月 25 日晚修改于苏州）

第二章　热情桑巴——南美教育印象

2003 年，我与苏州体育局的同志去巴西、阿根廷和秘鲁考察体育。当时的梦想是想引进一支南美足球队包括一名优秀教练。这是我最近的一次旅程，也是一路记录最完整的一次旅程。每到一地，我最关注的仍然是学校，是教育。与大使馆的同志交流，谈的也是教育。虽然也看了一些风景，但是也是带着文化与教育的问题，带着城市管理的视角来观察与思考的。这一路拍摄了许多学校和孩子们的照片，遗憾的是无法收录在这本书中。

把今天看成最后一天——南美行之一

一开始就听外办的同志说，这将是一次非常疲劳的旅行。在飞机上，要度过将近 30 个小时。说句实在话，对于乘飞机，我向来很有一些担心。像前文中说过的，虽然飞机的安全性是所有交通工具中最高的，但它的毁灭性也最大。据说有许多人不到万不得已绝对不会乘飞机，包括民航的有些领导在内。因此，每一次乘飞机，我都有一点"慷慨就义"的感觉。谁晓得飞机会发生怎样的意外。

把今天的旅行看成是人生的最后一天，虽然有点浪漫的悲观，但也是一个不争的事实。其实，人生就是如此，天有不测风云，人有旦夕祸福，谁知道会发生怎样的事？对于一个正常的人来说，如果真正把每一天作为自己人生的最后一天，也许会生活得更加坦然一些。怀着这样的心情，我早晨 4 点半起来，向"教育在线"的网友们说了一声再见，6 点 20 分坦然地踏上了路途，11 点 10 分坦然地登上了飞机。

上了飞机，心里还在想：万一飞机有问题怎么办，"教育在线"的朋友们会有怎样的反应？其实，我同时也知道，这个地球少了谁都会照样转。"教育在线"不是还有李镇西吗？李镇西不在，还有王镇西、刘镇西，还有冯卫东、张卫东，怕什么？那么多伟大的人物都走了，日子还不一样地过？当然，我之所以担心，是因为我的人生目标还没有实现，新教育实验才刚刚起步……

还有，朱墨明年考大学……话说回来，担心又有什么用呢？这样一想，心里才真正地安宁起来。

中国国际航空公司的座位小了一些，为了给国家节约一点钱，也为了与同行的人有更方便的交流，我选择了经济舱。但是，从上海浦东到德国的法兰克福，整整14个小时的飞行，几乎无法活动，也是很吃力的。幸亏我带上了一大包报纸，可以从容地看，比起平时只看标题无疑要有收获得多。

在当地时间下午5点到达法兰克福机场。第一件事是想为家人和"教育在线"的朋友报个平安，但是手机打不通，机场又没有网络。一行四人于是叫上德国啤酒，吃起了从祖国带来的下酒菜，有意思的是，机场的白开水与啤酒的价格是一样的，三杯咖啡花了9美元，两杯白开水倒花了8美元。外国的开水都比中国的贵，外国的月亮怎么不比我们的圆呢？真是气死人也！

好不容易熬到晚上11点半，才登上了巴西航空公司的RG8745M航班，又开始了漫长的空中旅行。由于时差的原因，从北京到德国都是白天，所以无法入眠，而从德国到巴西，则是一路黑夜，所以很快进入了睡眠状态。居然一觉醒来，天空已经开始发白了。这11个小时的飞行，虽然谈不上舒服，但是睡眠如麻醉，在没有感觉的过程中终于到达了地球的另外一面——里约热内卢。

在飞机着地的时候，机舱里响起了一阵阵掌声。我知道，这不是为了感谢航空公司的小姐（应该说是大姐，因为都是"空嫂"级的），而是为了庆祝自己的安全到达。今天终于不是自己的最后一天了！

（2003年9月25日写于法兰克福——里约热内卢途中）

为宁静后院寻觅激情——南美行之二

这次出国访问的主要任务是考察足球教育与发展足球产业，为苏州建立自己的足球学校和足球队伍做准备。

文化是一个城市的灵魂。现代城市的文化，如果离开了足球，可能就要大打折扣。因此，建立自己的足球队伍，一直是苏州的梦想，也是苏州人民的期盼。作为中国文化的"宁静的后院"，苏州太需要一种激情。苏州的传统与现代需要完美的融合，足球可能是一个很好的载体。怀着这样的梦想，我们来到了地球的最南端。

在抵达里约热内卢以后，在机场休息了将近两个小时，我与苏州体育局的王局长一行马上搭乘 RG8610 航班飞往阿根廷的首都布宜诺斯艾利斯。又飞行了近四个小时，我们终于到达了第一站。据说，这也是世界上所有航空公司的终点站，因为这是所有飞机的目的地。这里距离南极只有 2000 公里，可以说是地球的最南端了。如果不是公务在身，真想到南极去过一把瘾。

接站的谢先生告诉我们，阿根廷的面积 278 万平方公里，人口只有 3700 万。阿根廷与巴西都是足球的王国。虽然足球人口的数量比不上巴西，但是对足球的狂热一点也不比巴西逊色。在阿根廷，一个人可以不信教（阿根廷 87% 以上的人信天主教），可以不参加党派，但是不可能没有自己支持的球队。阿根廷曾经两次获得世界杯的桂冠，也造就过像马拉多纳这样的著名球星，是世界为数不多的足球强国。据说，足球和咖啡始终是巴西与阿根廷两个国家互相讥讽和争吵的话题。

一下飞机，我们就开始考察阿根廷的足球。在博卡俱乐部的球场，我们看到了许多在踢球的儿童。谢先生告诉我们，如果博卡队在训练的话，这里一定热闹非常，拥挤不堪。球场的附近有许多博卡俱乐部的活动场所，还有不少出售纪念品的商店。谢先生给我们每人一枚博卡的纪念章，幽默地说，你们现在开始就是博卡的球迷了！

沿着博卡俱乐部所在的一条街道，我们来到了这个城市最早的旧港口（Obelisco Boka）。这是一个并不起眼的老港口，过去的旧船还陈列在这里，显示出昔日的辉煌。这里的街道五彩缤纷，保持着往日的颜色。据说，这是过去的船员在用完了所有的金钱以后，不得已用船上仅有的油漆去换取一时的享乐而形成的风景。而著名的探戈，也在他们的享乐过程中逐渐形成发展起来。差不多所有的商店，都在用探戈表演来招徕顾客。

阿根廷有一个著名的"开发区"，本地人称它为"精致的商业区"（Puerto Madero）。考察这个区域，是我们行程的重要内容。早在 20 世纪 20 年代，政府在这里就规划建设了一个非常漂亮的公园，作为城市计划的重要组成部分。后来由于经济不景气，这里成了一片废墟，杂草丛生。1994 年，索罗斯用低廉的价格（每平方米 2.6 美元）从政府的手中购得了这片土地，进行了精心的规划，现在已经使它的价格飙升了几百倍（每平方米 1500 美元）。因此，我国的所有开发区几乎都把它作为重要的学习样板。前不久，上海浦东的代表团在这里整整调查了一天，写下了一大堆考察报告。

阿根廷的教育也颇具特色。这是一个高福利的国家。所有的人享受医疗保险、失业保险、养老保险，所有的人享受免费的教育。由于是免费，所以公立学校的设施就比较一般，大多数学校没有自己的运动场，基本上是在附近的公园里从事各种活动与运动，许多学校是两班制的，下午一部分学生不上课，而是进行各种活动。阿根廷有 81 所大学，其中 50% 左右是公立大学。谢先生告诉我们，这里有一所全世界最大的大学——布宜诺斯艾利斯大学，现在的一年级新生就有接近 10 万人（谢先生甚至说可能是 22—24 万人）。当然，它有许多的校区。由于公办学校的质量比较一般，私立学校的发展也有很大的空间。

阿根廷是一个资源丰富的国家。据说在 16 世纪以前，这里居住的是印第安人。这里有 70 多万平方公里的肥沃的草原，气温年平均 16℃，降雨量也非常充沛，不需要施肥和灌溉就可以丰收，被称为世界的"粮仓肉库"。1535 年，西班牙人进入阿根廷，这里成为西班牙人的殖民地，也成为西班牙的粮仓肉库。1810 年，阿根廷爆发了著名的"五月革命"，反对西班牙的统治。1816 年正式独立。在 19 世纪中叶，大量的意大利人、英国人进入西班牙，这里成为欧洲贵族的乐园。在著名的贵族坟墓区域，我们感受到当时贵族的风光与权威。其实，现在的阿根廷依然保持着欧洲贵族的许多气质与习惯，依然是欧洲贵族的后裔控制着议会和政府。其他族裔，包括华裔，很难在政治上有太大的作为。因此，阿根廷的成功与失败，也许都与这个气质密切相关。

阿根廷是一个美丽的国家。在首都布宜诺斯艾利斯市，许多精致的建筑让我们流连忘返。无论是著名的科隆歌剧院（可以容纳 8000 人，有 5 吨重的银幕，工作人员最多时达到 1500 人）、有粉红宫之称的总统府、国会广场、世界上最宽的"7 月 9 日大道"，还是"五月广场"、英国钟以及在它对面具有讽刺意义的马岛战士纪念碑，包括 1913 年建设的地下交通，都让我们感觉这似乎是欧洲的国家。欧洲的建筑、欧洲人的后裔、欧洲人的理念，造就了一个特别欧洲化的阿根廷。

在这样美丽的国家，我始终没有忘记我们更加美丽的"教育在线"。我先后两次登录"教育在线"，第一次是在网吧，能够看中文，但是无法写。我用英文写了许多，期望懂英文的老师翻译。但是因为中文名字无法输入，又白忙了半天。晚上在饭店，登录后发现全是乱码，只好作罢。不知道什么时候能够把我的游记与大家分享？

（2003 年 9 月 26 日写于飞机飞行途中）

撩开冰的面纱——南美行之三

在我们的行程中，阿根廷湖的冰川是一个重要的考察对象。这不仅是因为它是世界著名的八大奇观，被联合国列为世界自然遗产，同时更因为我们想学习、了解阿根廷政府保护遗产的做法。

早晨 6 点，福门的杨小姐就到宾馆来接我们了。她是一个已经有三个孩子的母亲，16 年前旅游时随丈夫到了阿根廷，因为这里的风光，也因为这里的高福利政策，他们留了下来。她告诉我们，冰川是 100 多年前发现的，1937 年阿根廷政府就颁布了法令，在冰川所在地建立冰川国家公园，进行非常严格的保护。阿根廷政府捧着冰川这个金饭碗讨饭，在全世界借了 1000 多亿的债务。这个小镇的人口只有 2000 多人，每年的游客也只有几万人。所以，当我们到达如此美丽的景点时，根本感觉不到一丝嘈杂，只有冰川自己开裂的隆隆声，打破了它特有的宁静。

从布宜诺斯艾利斯到加拉法特，飞机大概需要飞行三个小时。为了完成每天的作业，我一边欣赏着窗外的风景，一边书写着昨天的游记。时间就这样被欢快地打发了。到达机场时，一个个子很高的金发女郎在等候着我们。这是一个不懂中文的向导，英文名字叫 Gaby（Gabriela 的简称），但她能够熟练地讲英语、德语、西班牙语和意大利语。趁另外的人在拿行李的时候，我们用英语交谈起来。她告诉我，她是第三代的移民，爷爷在 20 世纪从奥地利来到阿根廷。（我没好意思问，也许是战争时期的德国军人？）14 年以前，她还是一个小姑娘的时候就来到这里，为这里的自然奇观所震撼，现在她已经是两个女孩子的母亲，每天和游客们一起看冰川，仍然是百看不厌。

我们下榻的饭店是当地最好的四星级饭店，论设施，可能比不上国内的招待所，但是它环境的淡雅，树木的葱郁，格调的古典，是我们的宾馆无法比拟的。饭店的名字叫 Hotel de Campo Kauyatun，一个典型的欧洲建筑，像我们的农家小院。

在饭店里简单吃了午餐，我们便乘车前往莫莱诺冰川国家公园。非常有意思的是，我们所在的小镇坐落在一个四面没有多少树木的地方，怎么看都显得荒凉。汽车开了 30 分钟以后，才看到一些成片的树林，但是，这些树木似乎没有太强的生命力。许多已经开始腐朽断裂。越是靠近冰川，树木越是有精神，越是有活力。在快要到达目的地的时候，我们才真正感觉到春天的气息。我在猜想，可能在 100 年以前，这个小镇就坐落在冰川的边上，当时这里也是树木葱葱，景色如画。大概由于气候的变化，冰川逐步后退，这些适应了寒冷的植物也开始衰老，丧失青春。很快，向导Gaby 证实了我的猜测，我心里好不得意。就像在布宜诺斯艾利斯市参观地铁时，谢先生给我们出了一个智力测验题目：当时许多文盲，连 1234 这样的数字也不认识，车站用什么做标记？我一眼看到了站台上的不同颜色的边框，得到了谢先生的肯定，他说，很少有人能够猜中。

一上车，向导就交给我们每人一个口袋，说这里不允许丢弃任何垃圾，请大家配合。这个时候，我才想起，为什么途中我们看到好景色的时候，司机不肯停车。环境第一的观念已经扎根在他们的心中。当然，Gaby 说，真正的好景色还在后头。

汽车行驶了一个多小时后，我们看到了更加美丽的景致：蓝蓝的天空，茵茵的绿草，银白的雪峰，湛蓝的湖水上面漂浮着晶莹的冰块。正当我们惊叹这样壮观的场景时，汽车已经停在一块大草坪上面。抬头一望，正前方就是那著名的莫莱诺冰川！

莫莱诺冰川气势非凡，正面的宽度大概有 4000 千米，高 60 多米，长度则大约有 34 千米。许多年以前，冰川从雪峰沿着山谷向下游推进，一直伸进到湖水中间。大约在 50 多年前，湖水被冰川一分为二，截成两个部分。据说，人们曾经试图用炸药去炸开那坚固的冰坝，但根本无法撼动它。

人们没有能力做的事，大自然用它的鬼斧神工可以完成。在湖水水位升高后，水的压力增加，冰川的底部被水冲刷出一个涵洞，随着水流的冲击，涵洞越来越大，洞顶终于倒塌下来，湖水又恢复正常。但是冰川仍然坚持不懈地向前推进，每隔 4 年左右又会形成新的冰坝。冰川就是这样不断重复着过去的故事。

由于交通不方便，这里两年以前刚刚通飞机，加上阿根廷政府似乎有意把它深藏闺阁，所以来的游客不是很多，冰川的宁静与神秘始终没有被真正打破。

今天，我终于撩开了她的面纱！明天，我还要再次走进冰川，从另外一个侧面了解冰川世界。

（2003 年 9 月 27 日写于 El Calafate）

小口袋装出大自然——南美行之四

今天的任务是深入冰川的内部，考察阿根廷保护自然遗产的做法，当然，观光同时也是重要的内容。有人也许会说，你们是在用纳税人的钱游山玩水。其实，我认为这样的"游山玩水"对于一个城市的领导是必需的，眼光和视野，需要这样的零距离接触。读书与行路，都是智慧和经验的来源。

著名的安第斯山脉从南到北贯穿整个南美大陆，一直到阿根廷的境内。到达南部的圣克鲁斯省时，虽然山的高度已经只有 2000—3000 米，但是由于山所在的纬度比较高，山峰依然是终年积雪，山谷之间是星罗棋布的大小湖泊。湖泊一般是与河流相通的，可这里的湖泊却与一道道凝固的河流——冰川，联系在一起了。

大约在 200 万年以前，地球处于第四冰河期，陆地的表面大部分被厚厚的冰层覆盖着。现在我们看到的冰川，大部分是那个远古时代的遗迹。或许，只有在冰川面前，我们才能想象，人类的历史远远不如冰川。我们应该用一种崇敬的心态对待冰川。

冰川是阿根廷湖的独特风景。阿根廷湖的面积达 1500 平方公里，许多冰川与阿根廷湖相连。今天，我们就是从阿根廷湖畔的一个小镇 Puerto Bandera 的码头出发的。我们的船很大，可以容纳 200 多人。船离开码头不久，我们就看到了许多错落在湖中的冰川巨块。这些冰川巨块使我想起了去年在哈尔滨看到的冰雕。所不同的是，哈尔滨的冰雕是艺术家们用冰刀刻成的，而阿根廷湖中的冰雕，则是大自然的鬼斧神工雕刻而成的。整个湖泊好像就是一个天然的冰川雕刻博物馆，陈列着无数精美的作品：有气势非凡的城堡，有正在航行的巨轮，有憨态十足的大象，有造型别致的欧洲建筑。至于形态各异的动物，更是到处皆是，从恐龙到鲸鱼，从野兽到飞禽，让我们感叹不已。最高明的艺术家其实就是大自然本身！

一路航行，一路欣赏，不知不觉几个小时就过去了。当我们的轮船到达乌普萨拉冰川的脚下时，全船的人们都发出了欢呼声。这是一个比莫莱诺冰川更加壮观的杰作。乌普萨拉冰川的宽度比莫莱诺冰川宽一倍，高度也比它高30米，是阿根廷湖最大的冰川。它的气势并不亚于世界上任何一座雄伟的发电厂的大坝。与世界上所有的冰川一样，莫莱诺冰川和乌普萨拉冰川都属于不断生成又不断消退的冰川。一方面，冰川不断从雪峰上倾泻下来，不断补充着原来的冰川；另一方面，冰川又在不断地消退，崩裂的冰块不断地漂入湖中，形成了自然的冰雕博物馆。当然，随着地球的不断变暖，冰川的景象也许会出现一些新的变化，不知道什么时候，人类会与冰川说再见。

回程的途中，我们专门到 L. Onelli 岛进行了考察。这是一个值得一看的岛，完全自然的生态环境，上岛前每人又发了一个口袋，不允许丢弃任何垃圾，不允许在岛上抽烟，不允许拿走岛上的一草一木。岛上尽可能保持自然的状态，树木任其自然生死。我们看到了许多腐朽的树木，也看到了许多老死后留下的牛的遗骨。据说这是一个名叫欧讷里的人发现的，所以小岛、岛边的小山、湖泊都命名为欧讷里。岛上有2000头左右的野牛，由一个西班牙人带来，由于1937年建立冰川国家公园，所有的人都搬迁出去，留下了几十头牛任其自然地生存下去。没有想到，这些牛具有顽强的生命力，不但生存下来，而且不断地繁衍、野化，现在已经成了大学生物、畜牧专业研究的对象。我自然联想起我们苏州的西山岛，如果也像 L.Onelli 这样，采取强有力的保护政策，也许同样会成为一个真正生态意义的小岛。

人类对待自然的态度，也许是人类文明程度的象征。

在返回的路上，我们看到了许多旁若无人的动物，有狐狸、野天鹅、野鸭，还有许多我叫不出名字的飞禽走兽。Gaby 小姐提议我们去湖泊周围的一个野鸭王国，这里不计其数的野鸭成双成对地嬉戏着，据说它们是同生死共存亡的，在这样一个属于它们自己的天国里，在这样一个一路都备有口袋带走垃圾的纯净自然里，演绎着属于它们自己的生活。我想，它们应该是快乐的。

（2003 年 9 月 28 日写于返回布宜诺斯艾利斯市的途中）

在"银子"里呼吸着好空气——南美行之五

今天上午是自由活动的时间。本来想好好睡一觉，扫除路途的劳顿，但是这让我欢喜让我忧的生物钟再次发威，把我从舒适的大床中赶了起来。

"阿根廷"在西班牙语的意思是银子，而首都布宜诺斯艾利斯则是好空气的意思。不妨就出去捡捡"银子"，呼吸呼吸好空气吧！其实，小镇的空气比布宜诺斯艾利斯市要好得多。出门沿着饭店两边的白杨树散步，看到几匹悠闲的马儿也与我一样在散步，而早起的鸟儿已经开始它们每天的晨练，歌声也是那样地悠闲。空气中似乎还有冰川的味道，清新中有几分凉爽。

阿根廷人也是悠闲的。据说，欧洲贵族来到这里的重要目的，就是享受这一份悠闲。他们并没有带来许多财富，但是他们用武器征服了当地的印第安人，按照欧洲城市的样式把阿根廷划成了许多地块，做起了吃地租和房租的老板。因此，他们的词典里没有劳动、工作的概念。接受这种观念熏陶的阿根廷人大概也因此变得很悠闲，而得天独厚的自然环境，播下种子就可以收获的日子也强化了他们的这种悠闲。

从第一次世界大战开始，阿根廷就成了发战争财的国家，一轮船的粮食可以换回一轮船的银子。阿根廷成了财富的象征。战争结束的时候，阿根廷又成了战败国家军官逃亡的天堂，许多德国的将军就隐姓埋名在这里定居。经常听到犹太人抓到什么人的消息。战争结束后，代表工党的军人政府上台，贝隆和夫人爱娃实行全面的国营化，爱娃自己当上了全国工会的总头目，施行劳工至上的政策。劳资纠纷于是成了阿根廷一道独特的风景线。接待我们的谢先生说，他几乎每天都要去处理工人的官司。而已经破产的邓先生则告诉我们，二十年左右的时间里，他打了接近 3600 个官司！所有的官司劳工都不需要付账，一律由政府买单，而且劳工的胜利占所有官司的 90% 以上！这样的环境怎么可能吸引投资者？因此，不少著名的大公司离开了阿根廷。

阿根廷的经济因此开始进入衰落的时期。但是，阿根廷人的悠闲似乎没有改变。继续实行全民高福利的政策（政治家很清楚，选票对他们是第一位的），没有钱怎么办？借！因此现在阿根廷政府已经欠下了高达 1700 亿美元的债务！

阿根廷人可以悠闲，我可不能太悠闲！散步回来，马上就来到我的精神家园——"教育在线"。许多朋友已经在上面了，虽然不能用中文与大家交流，但是彼此似乎可以听到呼吸的声音。真是"天涯若比邻"！小易的短消息说：网络真好！我是体会其中的真趣了。

上午的剩余时间如何安排？听不懂西班牙语，而且这里的英语水平比较差，我几乎成了"聋子"，而饭店的报纸几乎也是清一色的西班牙语，我又几乎成了"瞎子"。于是，开始了我自己的读书计划。这次带来的是刚刚出版的《教育研究方法导论》，是美国著名的研究方法的教材。1995 年我访问美国得克萨斯理工大学教育学院的时候，蓝云博士曾经送给我这本书。2000 年美国宾夕法尼亚州立大学的严文藩教授又向我推荐了这本书。于是我组织苏州大学教育学院和外语学院的老师开始翻译这本书。先后用了 3 年的时间，请了 4 位教授和博士一起校对，才正式出版。作为这本书的总审校，我还是不放心，准备再次通读一遍。这是由梅雷迪斯·高尔等合作撰写的，第一版在 1963 年发行，我们翻译的是第六版。几乎在所有的美国大学，这本书都是学生的参考书。这本书全面讨论了教育研究的本质，介绍了制订研究计划、文献综述、教育研究中的伦理，法律，人际关系，统计方法，选择抽样，利用测验和自我报告方法收集研究资料，问卷与访谈，观察与内容分析，定量研究与定性研究，历史性研究与评估性研究等。这本书的最大特点是把教育研究的科学化与人性化完美地结合起来，通过大量案例来阐述研究的过程。在阅读的过程中，我经常忘记自己的角色，投入地读了起来。翻译是再创造的过程，不仅要忠实于原文，而且要用中文创造性地表达。整个上午，只读了 50 多页，就被同行的人叫上了汽车，我们的冰川之行就这样在并不悠闲的读书中画上了句号。

在飞机上，我继续读这本《教育研究方法导论》，一口气读到第四章。抬头看看窗外，一片银色的世界，雄伟的雪山排山倒海地从眼前闪过，山与山之间，是蓝色的湖泊。又飞行了一些时间，似乎进入了沙漠，光秃秃的土地上，星星点点地有一点小草，荒芜得没有人烟。正在这个时候，飞机的广播响了，说我们马上要中途停靠火地岛。这里是全世界最南面的城市。我往窗外再看，果然已经又是郁郁葱葱，在一条宽大的河流旁边，一个简易的飞机场，远处一个小城市隐约可见。航空先生告诉我，这个城市的名字叫乌苏哈伊（Usuhaia）。大部分旅客在这里下了飞机，我们也顺便到机场外面拍了两张照片。但是，工作人员很快把我们叫上飞机，因为飞机马上就要起飞，飞往我们的目的地布宜诺斯艾利斯市了。

又过了两个小时，我们终于回到了布宜诺斯艾利斯市的国际机场。接我们的邓先生，是一位非常健谈的人。他会四个国家的语言，出生在日本，美国加利福尼亚州读的博士，台湾学的中文，最后定居在阿根廷。他最初做贸易，后来又办工厂，由于经济不景气，加上劳资纠纷，最后只好关门了之。在一个名叫锦江饭店的小饭馆，我们吃到了真正的中餐。老板骄傲地告诉我们，有中国国家领导访问阿根廷的时候，他们还送过早餐。

晚上 10 点，我们去欣赏阿根廷的又一个特产：探戈。剧院是 100 年前的老式房子。门口站着一个身着 100 年前服装的老人，他那优雅的动作使我们仿佛成了 100 年前来欣赏演出的贵族。剧院的名字也是 100 年前的，叫 La Ventara，中文可以翻译成现在很时髦的名字：窗口。整个演出精彩纷呈，从探戈的起源到现代的发展，中间加上歌剧的片段、阿根廷北部印第安人音乐和舞蹈、连续 18 次获得世界手风琴比赛冠军的老人组合，使剧场的气氛高潮迭起，真是此舞只应天上有，人间哪得几回瞧！

两个小时的表演，很快就结束了。我仔细看了看舞台，布置还是那么陈旧，旧的墙壁、旧的楼梯、旧的灯具。在回饭店的路上，我们看到，几乎没有风风火火的行者，人们的步态仍然是那样地悠闲。邓先生告诉我，晚上 12 点才是阿根廷人夜生活的开始。像这样的剧院，在布宜诺斯艾利斯市就有 100 多个。一部分是窗口这样的老式的，从形式到内容都尽可能保留传统；另一部分是现代的，加了许多迎合年轻人口味的东西。人们各取所需，各得其所。阿根廷人的悠闲，在表演者的脸上和欣赏表演的人的脸上，我们多少也可以读出几分。

我不由得产生几分羡慕：何时自己能那么悠闲？

（2003 年 9 月 29 日夜至 30 日晨）

与现代文明隔河相望——南美行之六

到阿根廷，南美的威尼斯"老虎洲"是一定要去的地方。尤其是对于我们来说，就更有特殊的意义。主人知道，我们来自东方的威尼斯——苏州。

从饭店驱车到老虎洲，大概一个多小时的路程。过去，老虎洲仅仅是一个有钱人度假的地方。这是一个由巴拉那河和乌拉圭河，以及流入阿根廷境内的银河所形成的三角洲区域，共有 220 平方公里，人口只有六千左右。三角洲四面环水，河道纵横。阿根廷的首都曾经暴发过流行的疫病，有些人逃到这里躲避。后来，人们发现了它的价值，开始作为旅游度假的胜地，富人们在这里建了不少别墅。

三角洲有大量的木材，许多年以前，国家专门兴建了小火车，运输那里的木材。后来由于环境保护的原因，木材砍伐受到限制，小火车也就停止运行了。1992 年，一个由西班牙人和阿根廷人合作的公司收购了这条线路，别出心裁地修建了 11 个车站。每个车站有一个特殊的功能，有百货公司、跳蚤市场、咖啡酒吧、博物馆……2 元阿根廷币就可以在 11 个景点玩上半天甚至一整天，一时间成了阿根廷首都的人们度周末的好去处。结果，公司投资的 3 个亿三年就收回了成本。后来，公司又在终点站三角洲兴建了大型游乐场和赌场，使这条铁路成为真正的游览线路。我们购票专门体验了这一列化腐朽为神奇的火车，来到了三角洲的码头。

为我们开船的是一位 70 多岁的老人。他是目睹老虎洲沧桑变化的见证人，无论是繁华还是萧条，他的任务始终是"普度众生"。三角洲与城市之间的水面并不是很宽，也就是二三十米的距离。与我们现在的各种大桥相比，简直是不值得一提。当地的政府没有为了"方便"岛上的居民而建设桥梁，而是开辟了许多交通的船只，有专门收集垃圾的船只，有专门供应百货的船只，有专门接送学生的船只，还有固定时间的公共交通船只。许多年轻人不适应这样的生活方式，离开了三角洲，但是也有许多老人喜欢这里的悠闲，长期在这里生活。更有许多慕名而来的人，专门到这里来度假。老虎洲创造的财富可能比阿根廷任何一块同样面积的土地都要高得多。而且，老虎洲上那样的生态，那样的景致，恐怕是任何人为的努力都难以达到的境界。这里与现代文明隔河相望，有自己选择生活方式的自由。凡事不匆匆去决定，且看且行，潇洒从容，岂不是一种更"现代"的方式？

我曾经在市政府的一次会议上建议，把整个苏州古城 12 平方公里用护城河包围起来，进入城市要换乘公共船只，船只是古城的主要交通工具。许多人大笑，认为这是天方夜谭。看来也不尽然。如果不是说我们是东方的威尼斯，阿根廷的老虎洲是南美的威尼斯，而是说威尼斯是西方的苏州，老虎洲是阿根廷的苏州，那将会多么有意思！苏州古城有困难，西山岛如何？可惜西山也已经被"雄伟"的太湖大桥连通了。那么，太湖中的其他小岛呢？其实，当初的周庄就应该还它一个真正的水乡。历史是无法重现的，但是我们的视野会使我们的决策更有历史的价值。

教育虽然不是这次考察的任务，但是我的教育情结，网友们交给我的任务，都使我尽可能挤出时间来关注教育，让一起出访的体育局长嫉妒不已。返回的路上，我们专门去访问了全世界"最大"的大学。当地人称布宜诺斯艾利斯大学为大学城，其实只是一个大学而已，而且还只是一个大学的部分学院，因为它实在是太大，大家就叫它为大学城。这里主要是自然科学的学区，只有两幢很大的楼群，由于学生多，采用的是三班制，上午 7—12 点是"早班"的学生，下午 1—6 点是"中班"的学生，晚上 7—12 点是"晚班"的学生，学校里停满了汽车，仅公共汽车就停了十多部。大学招生先进"预科"，所谓的 10 万新生，实际是预科的学生，大学一年级大概淘汰 50%，真正毕业的学生在 30% 左右。由于是三班学习，大部分学生都一边工作，一边学习。

大学在城市的边上，虽然很大，却只有两个出口，据说这是为了防止学生闹事，只要警察在出口的地方一控制，就不会有太大的麻烦。在阿根廷，不仅学生闹事，老师也经常"罢教"，特别是中小学老师，由于待遇比较低，工资也不能保证正常发放，所以经常有抗议的行动。这样，学校，尤其是公立学校的教育质量就难以保证，私立学校的发展也就有了空间。

我们还专门看了两所中小学，大部分的公立学校都是一幢楼，所有的教室、办公室都在那里，也有学校是两班制的。上午是中学生，7 点 30 分上课；下午是小学生，2 点上课，这样也同时解决了小学生上学太早的问题。当然，主要是政府的教育经费紧张。阿根廷曾经是世界上经济最发达的国家，教育的情况如此糟糕，是我没有想到的。到现在，阿根廷还有 4%—5% 的文盲，其中 60% 是外来的移民，边远地区的人们也占了很大的比例。

下午 5 点，我们又要出发去一个更加神秘的地方——秘鲁。晚上 7 点 25 分，我们搭乘阿根廷航空公司的 1364 航班。我的这篇文章的前半部分，就是在飞机上完成的。这次出国，竟然形成在飞机上写作的习惯，也是一个重要的收获。

在和阿根廷说再见的时候，不知为什么想起了《贝隆夫人》的主题曲："阿根廷别为我哭泣，事实上我从未离开你，即便在我狂野不羁的日子里，我也承诺不离开你……"这与我说再见似乎没有任何关系，但关于阿根廷的故事的确还没有讲完……

（2003 年 10 月 1 日清晨写于中国大使馆
附近的海豚饭店——Los Delfines Summit）

异乡土地上的祖国——南美行之七

中国大使馆在我们下榻的饭店的斜对面。打开窗户，可以看到鲜艳的五星红旗迎风招展。不知道什么原因，我已经在心里把它看成是真正的祖国。总是想，只要走几步路，我们就回家了。

到达秘鲁的第二天下午，我们就来到了我们心中的祖国——中国大使馆。估计是刚刚搞完国庆的庆祝活动，大使馆显得有点冷清。大使官邸空无一人，只有几个工人在外面的广场（草坪）上收拾一些表演结束后的设备。

趁着王参赞还没有到，我们就先"参观"起大使馆来了。大使馆的建筑比较漂亮，装潢也比较考究。整个建筑"外洋内中"，即外面的风格是秘鲁的，内部的情调是中国的。尤其是从国内运来的各种字画、瓷器、手工艺品，把大使馆的内部装点得非常"中国"。

下午 4 点，中国大使馆的王世申参赞准时来到。我们开始了比较深入的交谈。从他那里，我们对秘鲁有了进一步的认识。晚上，向导又送来《公言报》和《秘华商报》等中文报纸，使我们更加全面地认识这个神秘的国家。

秘鲁位于南美洲的西北部，也是南美古代文明的重要发祥地。这里的地理面貌非常有特色。西部有非常美丽的海岸线，长达 1500 海里。安第斯山脉高达 6788 米，由于高山的阻隔，沿海地带雨量稀少。由安第斯山流下的雪水，灌溉了海岸平原少数的耕地，而山脉的东部则终年炎热潮湿。海岸地区因太平洋板块的冲击，常会有地震和间歇性的火山爆发。西部沿海区海岸沙漠地带占总面积的 1/9，气候干燥少雨，此区是秘鲁人文荟萃之处，也是工商业集中的区域。中部山区安第斯山从南向北绵延中部，山势雄伟，悬崖峭壁多断层，这个区域也是印加文化的发源地。大部分的印第安人居住于此，从事农耕和畜牧业。东部丛林区占全国总面积的 40%，是热带雨林区，气候潮湿炎热，原始森林茂密。因此，秘鲁既有丰富的人文景观，又有壮丽的自然风貌，是旅行的重要目的地。秘鲁有如此丰富的资源，但是经济发展并不好，因此王参赞说，秘鲁是坐在金板凳上的叫花子。

1532 年，西班牙人弗朗西斯科·皮萨罗（Francisco Pizarro）率领 168 名士兵在秘鲁登陆，他面临的是一个庞大的印加帝国。但这时的印加帝国，正因为天花夺去了皇帝卡珀克的生命，许多大臣和皇帝的继承人也先后死于天花，两个兄弟为争夺王位陷入了一次内战的浩劫。结果，阿塔瓦尔帕打败了他的兄弟当上了印加国王。与此同时，西班牙人在印第安人中散布起太阳神将派遣高大白神来人间的谣言，首先搞起了心理战。印第安人看到他们从没见过的火枪、帆船和西班牙人时，真的以为是"神仙下凡"。因此，当皮萨罗邀请阿塔瓦尔帕见面时，阿塔瓦尔帕丝毫没有防备。皮萨罗在卡哈马卡城摆下了"鸿门宴"，当国王和随从到达时，伏兵四起，阿塔瓦尔帕成为俘虏。印加人寻遍全国的黄金白银要赎回自己的国王，但是狡猾的皮萨罗在得到赎金后却吊死了阿塔瓦尔帕。接着，西班牙人攻克了库斯科，将这个伟大的城市洗劫一空，毁坏了神庙和艺术作品，印加帝国也随之瓦解。

在用武力征服了印第安人之后，皮萨罗沿里马克河建立了一个新的城市——利马（Lima），在以后的几百年间，利马凭借它以开采贵金属为基础的商业活动迅速发展，成为西班牙人在南美的政治和军事中心。1821 年，利马成为秘鲁的首都。在所有的南美国家中，原住民文化与欧洲文化之间都有着严重的分隔，而秘鲁是其中最严重的，这大概也是因为秘鲁拥有最为丰富的印第安文化。印第安人的活动范围始终是在高地上，而利马则越来越欧洲化。2002 年，秘鲁全国统计与信息所对家庭经济状况的调查表明，秘鲁的贫困人口仍然有 54.3%，赤贫人口占 24.4%。秘鲁的贫苦人群与富裕人群的差距非常大。

像大多数拉美国家一样，秘鲁的经济发展一直受到政局动荡的影响。1990 年，日裔总统藤森上台，开始着手经济改革和国家建设，打击恐怖势力，加大基础设施的建设，尤其是加强学校的建设和教育的投入，秘鲁开始了一个长期稳定的发展阶段。2000 年 7 月，他第三次当选总统。从当地华侨的反映来看，大家对藤森执政的时期还是非常怀念的。但是，在藤森执政期间，由于使用高压政策，国内政治矛盾重重。在他第三次任总统后的两个月，新闻媒体公布了藤森的亲信、总统顾问兼国家情报局总管弗拉迪米罗·蒙特西诺斯收买反对党议员的录像带。"录像带丑闻"使得蒙特西诺斯逃往巴拿马寻求政治避难，也引发了全国政治危机，藤森因此被国会罢免，后来借出国之机逃到日本避难，现在仍然受到日本的保护，拒绝引渡。

秘鲁的教育水平在南美处于比较落后的水平，在全世界的发展中国家，也处于倒数第三的位置。据说，全国中学生的 51.7% 有饮酒的经历，50.9% 有抽烟的经历，4.9% 的中学生吸过大麻，2.1% 的学生曾经吸可卡因膏，2.4% 的学生吸过可卡因。秘鲁既是毒品的生产大国，又是毒品的消费大国。秘鲁与许多南美国家一样，公立学校都是采用两班制。公立学校的教师由于待遇比较低，经常罢课，学生不能正常学习。因此中产阶级一般选择私立学校。我们在秘鲁期间，正好得到秘鲁教育部部长宣布从今年 11 月底开始实施国家教育紧急计划的消息。这个计划要达到"改善国家教育现状，全面提高教育质量，提高全国人民对于教育的认识和重视程度"的目的。教育部部长说，这个计划有希望得到国家财政预算的支持。秘鲁的大学有 60 所左右，其中公立大学 20 所左右，利马的秘鲁天主教大学（PUCP）是目前最好的大学。公立的圣马科斯大学是历史最悠久的大学，建校的历史已经达 452 年，出了许多总统。它学科比较齐全，收费也比较低。但是现在面临着财政的困难，最近学校的外事部门给各国大使馆写信，邀请大使与校长共进早餐，其目的无非也是想让大家给点钱。

南美大学一般有预科，由于中学，尤其是公立中学的教学质量不高，各种补习班就很发达。补习班也可以发高中文凭。私立大学的学费很贵，学完一个专业需要 1 万美元左右。私立大学的教师工资大约为 300 索尔，合人民币 2.4 万左右。很有意思的是，私立大学是按家庭收入收费的，穷人只需要交 1—200 索尔，富人则要交 1200 索尔，甚至要交 2000 索尔以上。如果发现不真实提交的情况，就要交两倍的费用。中小学的学费也不一样，相差 30% 左右。甚至连水电费用也是按区收的，贫民区与富人区最大的要相差 10 倍！这也是控制贫富不均的措施吧。大学的传统医学、考古等专业有一定的水平，也非常愿意与中国的大学进行合作。

我们与王参赞也谈起秘鲁的体育。他告诉我们，秘鲁的体育最辉煌的时候也是藤森时代，许多日本公司给予赞助。秘鲁的女子排球曾经有比较高的水平，现在已经不如从前了。政府的体育设施也比较落后，私人的体育俱乐部倒是有不少，但主要是为富人服务的。不知不觉，我们竟然谈了接近两个小时。会谈结束的时候，我又提出了一个小小的请求——发文章回国。王参赞爽快地把我们带到他的办公室，打开计算机，有中文的软件，如鱼得水。我乘机向他详细介绍我们的"教育在线"，介绍了我们的优秀老师在网络上成长的故事。王参赞当着我们的面把"教育在线"放进了收藏夹，也许，王参赞这个时候正在我们的"教育在线"访问呢！

而我，终于发出了我在南美的第一篇游记——《把今天看成是我的最后一天》。

（2003 年 9 月 30 日秘鲁初稿，10 月 22 日清晨修改）

博览大地必须翱翔天空——南美行之八

秘鲁是一个神奇的国度。它是南美古代文明形成最早的国家，有着许多人类历史和自然之谜。其中最有价值而且至今仍然没有解开的主要有以下三个：

第一是秘鲁的金字塔。秘鲁和美国考古学家曾经在秘鲁北部太平洋沿岸的一座大型金字塔内发现了 3 个古墓，其中 2 个墓穴内有 2 具"巨人"遗骨。这座金字塔高达 91.44 米，而在金字塔墓穴中发现的这两具"巨人"遗骨则更加非同寻常，其骨架长度均在 1.8 米以上，而生活在这一地区的古代莫切人男性身高平均还不到 1.5 米。"巨人"从何而来？

第二是马丘比丘古城。古城的遗迹在库斯科市西北 112 公里，高达 2460 米。三面被乌庞巴河环绕，断垣绝壁的顶上筑有神殿、宫殿、祭坛、澡堂、一千级的阶梯、梯田、梯园等石造建筑。小山丘上有块硕大的长方形石头，表面非常平滑，称为"拴日石"。因为古代印加人崇拜太阳，希望能以这块石头留住太阳。拴日石还有一个功能，可以依日影变化确定季节，编制农历。当时的印加文化没有使用任何坐骑或轮子，但竟然将这么多的巨石运送到马丘比丘，而且堆砌的巨石间没有任何材料黏结，上下左右都互相契合，其密合程度连刀片都无法插入。这座"空中的要塞都市"，是何人、何时所建？城市的居民又是什么原因突然消失的？

第三，是纳斯卡的大地画。在方圆五百平方公里的土地和沙丘上，有许多巨型的动物及其他图形，都是用石头堆成，其线条之整齐、图案之宏大，使人根本无法相信这是人类的作品。那么，是谁来画的？为什么画？由于是顺便走访，时间很紧，我只能选择寻访这个最有神奇色彩的谜。

清晨 4 点就早早地醒了，不知道是因为即将寻访的兴奋，还是因为房间网络的开通，我难以再入眠，干脆一不做二不休地起来写日记。

今天正好是国庆节，我在地球另一面，打开计算机，首先是祝贺祖国母亲的生日，同时问候"教育在线"的老师们。国庆节的长假对于教师来说是很好的休整机会，本来我也做了安排，这次正好出国考察，原来的写作计划（包括讨论新教育实验的问题、新世纪教育文库的书目等）受到了影响，但是由于这次访问的时间相对比较长，利用休息的 7 天来工作，心里更坦然一些。

6 点，服务员准时送来早餐；6 点 30 分，我们乘车前往纳斯卡。这又是一次长途的旅行，汽车需要行驶整整 6 个小时。同行者说，仅仅为了那惊心动魄的 30 分钟，值得吗？我反问道，德国科学家为它投入了毕生的精力，值得吗？

纳斯卡是一个小镇，位于首都利马的东南方 500 多公里。同行的吴太太说，由利马到纳斯卡，途中须翻越一片世界上最干燥的沙漠，当然也可以观看沙漠的风光和太平洋沿岸的景色。

离开首都利马不久，我们就进入了沙漠地区。没有什么吸引我眼球的风景，甚至没有一草一木。我利用这段时间打盹休憩了一会儿。在有人烟的地方，我们则下车休息了几次。农村几乎都是当地的印第安人，黑黑的脸上一双大大的眼睛，淳朴而友善。农村是贫瘠而荒凉的，低矮的简易房屋，我不知道他们靠什么生存。据说，沙漠上面可以自由地居住，因此聚集了一些贫穷的人。但是显然没有经过规划的贫民区，到底能存在多久？我们沿途就看到了许多荒废了的鸡棚和房屋。

经过了长途的汽车旅行，我们终于到达了纳斯卡。纳斯卡原本和其他的秘鲁小镇一样默默无闻，大地画使它一夜成名，吸引了成千上万的观光客到此造访。这里不能不感谢一个名叫玛丽亚·雷奇（Maria Reiche）的德国籍数学家兼考古学家。玛丽亚·雷奇于 1940 年随一名德国外交官到达秘鲁，当时她是这个外交官儿子的家庭教师。当她第一次看到壮观的纳斯卡大地画时，心灵受到了强烈的震撼，进而投入毕生的精力研究大地画。她开始测量这些几何图形的尺寸，清除干扰图形的杂石，为保护图形免遭人为破坏不遗余力。她虽然没有最终破译大地画的密码，但是她主张大地画是巨大的天文历法，认为那些线条是依天文行星的运行路径及星群的状态，画出来供农夫栽植农作物使用的。玛丽亚·雷奇于 1998 年逝世，享年 95 岁。她将毕生精力投注于纳斯卡巨大图形的研究中，因此被尊称为"纳斯卡女士"（Lady of Nazca）。

在小镇附近，我们访问了"纳斯卡女士"当年工作过的地方。这里曾经是当地合作社存放水果的房屋，由于他们被雷奇女士的工作精神所感动，就把房子送给这位为纳斯卡大地画无私奉献的人，作为工作的场所。这样，她就不需要每天从很远的地方到现场。房屋现在已经被作为纪念雷奇的博物馆，里面陈列着她的生平、她当时工作的情景以及她的发现。不知道什么原因，在她的坟墓面前，我竟然控制不住自己的泪水。这样一个普通的科学家，为了一个可能永远解不开的谜，花费了自己后半生的所有精力，甚至把自己的家人都一起"赔"了进来——和她埋葬在一起的，还有她的妹妹。在这个院子里，我看到了万紫千红的花朵，我叫不出它们的名字，但是我知道，这是为雷奇而盛开的。

离开纪念馆，我们来到了专门为观看大地画而建设的小型飞机场。这时，我们为到底上不上飞机产生了分歧。我知道，他们是为了我的安全。我给他们说了我的第一篇游记，其实也是我的宣言。大家似乎真有点"慷慨就义"的感觉。这是一架只能够容纳4个人的小飞机，驾驶员是一个会说英语而且很幽默的西班牙人，看见他，我们的心里踏实了许多。上了飞机，突然之间的升降和左右大幅度的倾斜，开始让我们不太适应，沈处长甚至开始呕吐起来。我在驾驶员的边上，全神贯注地看飞机的右侧，我知道，这是为了让我们清楚地观看大地画。

纳斯卡大地画是一系列动物的几何图形和鸟类的素描，包括一平方公里的巨大台形、三角形、翅膀长达120米的鸟、70米长的鳄鱼、50米长的鱼、46米的蜘蛛、猴子、狗、鹦鹉、蜂鸟、漩涡、人形等，并有许多的花卉图案，图形的尺寸可达300米。由于这些图案都很大，在地面上根本无法感觉出这些图形，只有搭乘飞机从空中鸟瞰，才能看清楚它的真正面目。看到一个个图形，我们的心灵被震撼了。如此壮美的大地画，让人越发谦卑。有多少事物，我们自以为懂得，其实只是盲人摸象，如同在地上观赏这大地画。难怪有人怀疑这不是人类的手笔，认为这是一种神奇的力量，甚至有人认为这是天外来客的作品。

飞机安全降落时，我们再一次鼓掌。这一次，不仅仅是为了安全地降落，更为了这神奇的作品。

（2003年10月1日夜至2日清晨写于Hotel Paracas）

万物以自身歌唱——南美行之九

从大地画归来，我们在当地一家小餐馆用餐，吃的是当地的家常饭，有海鲜和土豆、玉米一类的土特产，喝的是当地的印加可乐。一个印第安人热情地为我们伴奏，大家一边品尝当地渔家菜，一边欣赏土著的表演，充满了情趣和温馨。一个当地的小男孩一定要为我们擦皮鞋，通过翻译，我们了解到，小孩只有12岁，小学五年级，家中有7个兄弟姐妹，他是老大。每天上午放学到中午1点，他都在各个饭店为客人擦皮鞋，每天可以收入7美元左右。在秘鲁，这样的小孩很多，许多人小学毕业后就不再念书了。我们给他喝可乐，三大杯竟然一饮而尽。不知道怎么的，刚才吃饭时的情趣在这个可爱又可怜的小孩清洁皮鞋的过程中已经荡然无存了。

饭后，我们开始返回。经过依卡市，我们参观了古老的葡萄酒酿造工艺，这个葡萄酒工厂生产的酒在自己的工厂出售，品牌就是这个小城的名字——皮斯科。简单用餐后，我们来到皮斯科附近的一个小镇——帕拉卡斯小镇。我们下榻的饭店就位于这个小镇的边上。小镇本来也是一个并没有多少名气的地方，开车只需三分钟就能转遍。但是小镇对面的海上有一座鸟岛，还有皮斯科湾的大型壁画，这使小镇出了名，同时使这里成了著名的旅游胜地。许多度假村和饭店兴建了起来。

一天的疲劳在凉爽的海风吹拂下很快得到消除，在计算机面前工作了两个小时后，我很快进入了睡眠状态。

第二天（10月2日）早晨5点半，一阵阵悦耳的鸟叫声把我从睡梦中唤醒。推开窗户，可爱的小鸟已经在辛勤"工作"了。我走出房间，大口呼吸着从海边吹来的清新空气，在郁郁葱葱的树木丛中伸了一会儿懒腰，就跑回房间开始了我的工作。也许是这种特殊的环境让我有强烈的写作冲动，两个小时，竟然写了不少的文字。

吃完早饭，8点整上船，今天的活动是探访神秘的烛台与鸟岛。在饭店的游船码头，我们登上了专门供客人们使用的小汽艇。穿上救生衣，立即便进入了角色。海洋与天空都是无限的，也容易使我们产生许多无限的遐想。

汽艇的速度很快，在蓝色的海面上画出了一道道美丽的弧线。不一会儿，我们就到达一个小岛的附近。抬眼望去，只看见在一堵很高的石壁上，覆盖着厚厚的黄沙，上面刻着一幅巨大的图案。陪同我们的导游说，从欧式烛台的造型看，不像印第安人创造的。据猜测，可能是当年圣马丁将军带兵来时，手下的欧洲士兵所为。其实，这只是一个传说。这个烛台究竟是何人所为？为何所用？至今仍然是谜。这个烛台不同于纳斯卡大地画，入侵的西班牙人很容易从海上看到这个图案，因此有人认为可能是供西班牙人识别的标志。还有人把这个烛台看成是一个三叉戟飞机的图案，因为在西班牙人的眼中，三叉戟是三位一体的艺术象征，是鼓励征服和转变异教徒的标志。他们甚至猜测，这里是为纳斯卡大地画指明方向的路标！"不管建造者的意图是什么，这个图案在空中比在海上看得更清楚。而且，就像是指向某处的路标似的，人们清楚地发现，这个三叉戟的中戟直接指向纳斯卡山谷！"那么，大地画莫非就是古代宇宙飞船的一处巨大"机场"？没有人知道这幅大型壁画的创作时间，但是它在面临海岸的岛屿上存在了千百年，竟然没有受到怎样的破坏，也是一个奇迹。这个古老的秘鲁，留给我们多少谜语、多少感慨！

汽艇继续前进，大约 35 分钟的时间，我们就看到了著名的鸟岛。鸟岛四面环海，岛屿上栖息着数以万计的海鸟，各种海鸟潇洒地鸣唱着他们自己的歌曲，自由地飞翔着，或者悠闲地在岛上散步。岛上一片白茫茫，全是鸟粪造成的景观，当船离岛还有 100 多米远时，一股恶臭的鸟粪味便扑鼻而来。

鸟粪中含有大量的磷，是非常好的肥料。现在岛上还有收鸟粪的工场。据说，100 多年前，秘鲁主要靠出口鸟粪来换取外汇。当年大批的中国苦力被拐骗到秘鲁后，其中相当一部分人便被送到岛上挖鸟粪。鸟岛是少有植被的岩石山，远离陆地，风餐露宿，工作条件非常艰苦，很多华工在皮鞭下从事超强的体力劳动，不堪虐待，便面对祖国家乡的方向，纵身跳下了大海以求解脱。现在，由于生态环境的影响，也为了少惊动鸟儿的正常生活，收集鸟粪的工作已经基本停止，一年收集一次，工人 24 小时工作，为了提高产量和效率，据说老板甚至不惜使用毒品。

鸟岛既是海鸟的世界，也是海豹的乐园，在汽艇经过的礁石上，常看见海豹在懒洋洋地晒太阳，黑色、棕色的毛皮在太阳的照耀下显得灿烂无比。当汽艇绕岛而行，转到岛背后的山谷前时，我们被山谷下长长的海滩上的海豹群震惊了。在那个不大的海滩上，黑压压地聚集了几千只海豹，导游开玩笑地说，那是一个大型的海豹妇产科医院，女海豹们的生产就在这里进行。所以大大小小的海豹聚居在这里，密度之高，使人难以置信。而海豹们此起彼伏发出来的吼叫声，听起来像是高音喇叭在放"爵士乐"。那个成千上万只海豹盘踞的海滩，大概没有游人敢涉足，不要说那些海豹为了保护它们的孩子可能会咬你、挤你，仅凭那排山倒海的吼叫声所形成的超高分贝噪音，也会使你应声倒下。我甚至想，如果海豹们愤怒起来，向我们的汽艇攻击，不知道会出现怎样的情形？

鸟岛上的鸟的种类非常多，大部分我叫不出名字。但是偶尔有几对只有在寒冷地区才能生存的企鹅格外引人注目，它们成双成对地依偎着，也许是舍不得这里丰富的鱼资源而乐不思蜀吧？

无论是神秘的烛台、潇洒的海鸟、吼叫的海豹，还是甜蜜的企鹅，万物在这自然中，都在以自己的方式歌唱，展示自己的存在。

（2003 年 10 月 3 日草，10 月 6 日中午修改于圣保罗—伊瓜苏途中）

会唱歌的宝石——南美行之十

今天是个比较宽松的日子。因为预订的航班 RG8819 改为 VP4261，中午 11 点 55 分从圣保罗出发，所以整个上午就空了下来。最近一直睡眠不足，好好地补了一觉。真正上了飞机，又全然没有睡意了，于是继续拿出笔记本开始工作。每天的日记是写了，但是还没有整理成像样的文字。"教育在线"的朋友还在等着呢！

中间停靠了一个叫 Conrila 的地方，飞机在下午 2 点半左右到达 Iguassu Falls 国际机场。接机的李小姐非常热情，马上带我们去用了简单的午餐，就直奔今天的主题——伊泰普水电厂。

伊泰普（Itaipu）原是一个小岛的名称，就像三峡坝址处有一个岛叫中堡岛一样。据说，"伊泰普"的葡萄牙文意思就是"会唱歌的宝石"，虽然它有一个非常好听的名字，但是长期以来并没有受到人们的重视，直到建成伊泰普水电厂。

据说，1995 年，在伊泰普这座世界上最大的水电厂完成发电的时候，由美国最杰出的土木工程师组成的协会（ASCE），曾经把伊泰普与英法海底公路隧道、荷兰北海道控水工程、美国帝国大厦、加拿大国家电视塔、美国旧金山大桥、连接大西洋和太平洋的巴拿马运河一起，列为现代世界七大奇迹，称为人类惊人的工程壮举。他们的评价标准主要有三个：工程的艰难程度，工程所花的时间，工程所应用的科技以及因为工程而发明的科技。这次评价的结果在美国的一本著名杂志《通俗技术》（*Popular Mechanics*）发表后，伊泰普开始成为全世界关注的地区，对游客的吸引力也因此大大增加。到目前为止，已有来自 168 个国家超过 1100 万人的游客。

伊泰普是目前世界上最大的水电厂（这个纪录还可保持到2009年，到那时将要被装机容量1820万千瓦的三峡水电厂所替代）。它的建设有许多非常有意思的资料：第一，伊泰普的建筑速度相当于每55分钟可以建设一栋20层高的大楼；第二，伊泰普所用的混凝土总土方量，可以建筑210个巴西里约热内卢足球场；第三，伊泰普的水坝从底部到坝顶，高达65层楼房；第四，伊泰普所用的钢铁重量，比380个法国巴黎埃菲尔铁塔还要重；第五，伊泰普的最大泄洪量相当于伊瓜苏瀑布平均流量的40倍；第六，伊泰普每天的发电量，相当于43.4万桶石油的发电量；第七，伊泰普所挖出的泥土，可以堆成里约热内卢两个以上的面包山。

现在伊泰普已有18台70万千瓦的机组正在运行，根据巴西和巴拉圭两国政府在1997年年初的约定，目前正在原电站厂房的预留机坑扩建2台70万千瓦的水轮发电机组，全电站总装机容量将由现在的1260万千瓦增加到1400万千瓦。从第一台机组发电至今已近15年，它每年发电接近100万亿千瓦，是全世界第一。它所提供的强大电力，占巴拉圭全国用电量的95%，占巴西全国用电量的25%，发挥了巨大的经济效益。有人说，伊泰普大坝本身就是一座巨大的丰碑。

在一份介绍材料上说，伊泰普本身就是"一个因结合而成为共同团结的历史"。伊泰普建筑在流经巴西与巴拉圭两国之间的巴拉拿河上。从20世纪60年代开始，巴西和巴拉圭政府就不断开会协商如何利用这个共同的资源。两国政府于1966年6月22日签订了《伊瓜苏联合声明》。1967年2月，两国成立技术委员会，随后与巴西国家电力公司（ELETROBRAS）和巴拉圭国家电力管理局（ANDE）达成合作协议，对技术经济可行性进行评估。1970年5月经过国际招标，美国旧金山国际工程公司（IECO）和意大利米兰电力咨询公司（ELC）组成的合营公司一举中标，负责进行可行性研究。研究成果表明，在伊泰普这个地方建设一座水电站可以综合利用两国共有的水力资源。1974年5月17日，两国成立了伊泰普联营公司，负责整个工程的建设。1975年动工。1984年5月5日，主发电机房的第一台发电机组开始发电；1991年4月14日，18个机组全面完成发电。在建设的过程中，巴西和巴拉圭严格根据声明和条约，共同成立公司，以公平的价格优先购买对方的剩余电力，因此合作非常愉快。

还值得一提的是，伊泰普公司非常重视年轻人的教育与培养。他们在1988年开始实施一个叫作PITT的计划，为巴西的所在城市福斯市和巴拉圭的所在城市古里提巴的 16—18 岁的学生提供培训，经过培训的学生可以留在公司任职。挑选学生有两个条件，其中之一就是家庭贫困。培训的所有费用全免，包括吃、住、医疗、服装等。伊泰普希望成为"年轻人的目的地"。他们的这个计划，获得了巴西政府青少年福利部的最高荣誉奖。

更值得一提的是伊泰普工程的环境保护意识。在工程建设立项前后，伊泰普就制订了一个代号为 Mymba Kuera 的环境保护计划，计划涵盖范围广泛，包括文物与古迹的迁移、保管与维护，包括稀有濒危植物的养育、移植，包括珍稀动物的繁殖和保护。现在，伊泰普的湖里已经有 170 多种鱼类，每年的产鱼量超过 1600 吨。伊泰普公司还额外征用了水库周边平均200 多米宽的土地作为环境保护带，以保护水体本身，以及陆地的自然生态系统。在这个总面积达 6.3 万公顷的环境保护带内，已栽种了 1400 多万棵树苗，建立了 7 个自然生态保护区或生物庇护所。在这个区域内，400 多种鸟类和 62 种哺乳动物得以生存。在伊泰普水库（湖）内，还建成了多处人工海滩，来自巴拉圭和阿根廷以及其他国家的游客可以在人工海滩寻到乐趣。

漫步在伊泰普，在绿草如茵的"地毯"上，你一定会心旷神怡。在左岸边的观景台，你可以远眺滑雪板式的溢洪道。当泄洪时，那腾起的高大水雾，蔚为壮观。再往左前方走，你会看到，在一片宽约 30 米、长约 150米的红土地上，一棵棵精心维护的幼树在和煦的春风中摇曳，树干上挂着一块块小牌子，写着这棵树的名称和种植者的姓名。我们的国家领导人江泽民、李鹏、朱镕基等都曾前来参观，并种下了象征中巴友好的常青树，留下了他们的亲笔签名。我还听说，凡是在伊泰普建设过程中工作了 15 年的建设者，都有资格在这里亲手种上一棵树苗，挂上一块纪念牌子。这样的做法也是很有意义的。这些普通工作者的名字，与那些著名人物的名字同在一个园地，他们共同创造了历史！

看完伊泰普，天色已经开始变暗了。我们又去了阿根廷、巴西和巴拉圭三国交界的地方。三国国旗颜色的界标在各个国家的小山上屹立着，而建设在巴拉拿河上的南美共同市场会议厅，它红色的圆顶似乎把各个国家都融合在了一片蓝色的水面上。

晚上，我们在著名的烤肉店 Churrascaria Rafain Show 一边用晚餐，一边欣赏三国的民俗风情舞蹈表演。来自世界各个国家的游客都汇集在这里，大厅可以容纳 1000 人以上。台上台下的互动以及南美人特有的热情奔放，使表演的气氛非常热烈，两个小时一晃而过。其实，这样的文化秀，我们苏州完全可以做得更好。

（2003 年 10 月 7 日清晨写于伊泰普附近的 Bourbon，Iguassu Golf）

扼住"魔鬼咽喉"——南美行之十一

清晨 4 点半，我又一次在鸟鸣声中醒来。这次下榻的是一个高尔夫球场的会馆，与国内的高尔夫球场不同的是，这里还有大片的自然森林。精心修饰过的人造景观与未经雕琢的原始风貌，在这个饭店里是那样协调。有人说，世界上 50% 的新鲜空气在巴西，我岂能放过这个呼吸的机会？打开窗户还不过瘾，干脆到外面走一走！散步 15 分钟左右，回到房间，打开笔记本电脑，完成了昨天的日记——《会唱歌的宝石》。

今天的任务是参观 1986 年被列入世界自然遗产名录的伊瓜苏瀑布国家公园。这也是国外权威媒体票选的人生要去的 50 个地方之一。

我曾经参观过我们自己国家的庐山瀑布、黄果树瀑布，也领略过美国与加拿大交界的尼加拉瀑布。我感叹大自然的神奇力量以它鬼斧神工的创造力形成了许多雄伟壮观、景色瑰丽的瀑布。当然，从地理学的角度来说，这是地质构造运动和火山熔岩活动的结果，它为瀑布提供了基本的地形条件；而水流、冰等对地壳的侵蚀和溶蚀作用，也为形成瀑布的崖壁等形状产生了作用。因此，瀑布是地表不断变化的结果。

据说，世界上较大的瀑布有 1000 多处，半数在北美洲，非洲、欧洲各有 150 多处，亚洲、南美洲各有 100 多处，大洋洲约有 50 处。但是，世界上最大的并且最有魅力的瀑布，却是位于伊瓜苏瀑布国家公园内的伊瓜苏瀑布。据说，伊瓜苏瀑布是全世界最宽的瀑布，长达 4 千米（一说 2700 米）。雨季时，瀑布水位猛涨，平均流量达每秒 1 万多立方米；旱季时，水位降低，由许多岩石小岛分隔成 275 个大小不一的瀑布。这些瀑布有着各种各样的名字，如"情侣""亚当与夏娃""圣马丁""魔鬼咽喉"等，分属巴西和阿根廷，其中大都在阿根廷一侧。有意思的是，这里的瀑布是为对方存在的，它们相对而泻，若要正面欣赏自己一方的瀑布，必须要过河出国到另一方去。所以，虽然阿根廷的瀑布数量多而且质量高，却必须在巴西来观赏它们的风姿。

公园位于阿根廷米希奥内斯省及巴西巴拉那州，地处一个横跨两国边界的玄武岩地区。阿根廷境内的伊瓜苏瀑布国家公园由一个 492 平方公里的国家公园和一个 63 平方公里的国家保护区组成。巴西的伊瓜苏国家公园面积 1700 平方公里，是巴西最大的森林保护区。

我们今天就驱车从巴西的国家森林公园进入目的地。国家森林公园的动植物极为丰富，是世界上珍贵的自然博物馆。李小姐告诉我们，巴西 40% 以上的药材就产生在这里。为了防止森林中各种虫子的叮咬，我们在公园门口涂上了一种特殊的药水，效果很好，许多飞来的虫子马上择路逃跑。然后，我们乘上了专门运送游客的敞篷车，往伊瓜苏河的一个码头开去。一路上，工作人员向我们介绍各种珍贵的树木和草科水生植物，我们看到，兰花与松树、翠竹与棕榈、青藤与秋海棠生长在一起，色彩斑斓，格调鲜明。由于环境保护的力度不断加大，公园的生态非常好，我们随时可以见到果子狸、猴子、蛇等各种动物。据说，其中还栖息着一些濒临灭绝的动物，如巨型水獭、短嘴鳄和山鸭，以及当地特有的动物，南美洲最大的陆地哺乳类动物貘、食蚁兽、蜜熊、吼猴、南美浣熊、美洲豹、美洲豹猫和美洲虎猫等，都极为稀有。为了体验自然的生活，我们放弃了吉普车，而改为徒步行走，在这样一个天然的氧吧里，在这样的一个真正意义上的动物和植物王国里，我们作为一种有生命的物体，与周围的一切是平等的。

20 多分钟以后，我们来到了伊瓜苏河边的码头，准备乘汽艇与瀑布"零距离"接触。昨天我们一行为这件事进行了"讨论"，因为说明书上说，这是一项"探险活动"，而且费用自理。因为有了上一次大地画的经验，大家似乎坦然了许多。能够领略这堪称世界第一的"魔鬼咽喉"，冒一点"牺牲"的风险又何妨？当然，革命烈士是评不上了。李小姐告诉我们，驾驶员都是退役的飞行员，从来没有出过任何问题。于是，我们穿上救生衣，"勇敢"地登上了汽艇。

在平静的河面上，还没有看到远处的急流和瀑布，但是未见其貌，已闻其声。瀑布的轰鸣声已经从不远处飘来。很快我们就驶进了瀑布密集的区域，开始看到星罗棋布的瀑布群。驾驶员娴熟地操纵着汽艇，或快或慢，在急流的漩涡中巧妙地前行。偶尔，还来几个大回旋，让我们感到既刺激又担心。抬头望去，只见几百股飞流像一个半环形水帘，从三面垂直而下，跌入深谷中。当水流从悬崖上飞落时，溅起的水花高达几十米，汇成连绵一片的巨大水帘，水雾弥漫。激流坠落时爆发出雷鸣般的响声，震动山谷。在阳光的照耀下，那些瀑布犹如飞花溅玉，七彩纷呈。

最刺激的是穿越"魔鬼咽喉"。这是一处非常险要的地方，在瀑布密集的弯角之地，群水集聚的涌动喷口，涛声如雷，雾气弥漫。我们的汽艇在"魔鬼咽喉"喷口附近冲进瀑布，刹那间全身被瀑布灌得湿淋淋的，几乎每一个人都发出了尖叫声。惊险刺激一番，高潮过了以后，就显得非常轻松了。任凭驾驶员怎样展示、卖弄驾驶技巧，侧面倾斜到水面，大家也一点不害怕了。

上岸以后，我们继续从不同的角度欣赏这神奇的瀑布，在最精彩的一处，公园搭建了一个供游客观赏的平台。在平台上，最近的瀑布只有100米左右，与瀑布面对面，让瀑布溅出的水点打在脸上，好舒服。瀑布给我们的印象是惊心动魄的，而穿越"魔鬼咽喉"的刹那，将成为我们永远的记忆。

中午，我们在瀑布附近的餐厅用了简单的午餐。在去机场的路上，我们参观了中南美洲最大的鸟园。这其实是一个专业的动物园，也是一个鸟的博物馆。世界上的鸟在这里几乎应有尽有。当然最吸引我们的还是南美的特有鸟类，如巴西的国鸟大嘴鸟、巴西鹦鹉等。在这里，我们还遇到了从巴西的其他州专门赶来的小学生，他们兴趣盎然地在鸟园嬉戏着，好不自在。

下午3点半，我们搭乘GR2250航班，飞往巴西的"嘉年华圣地"——里约热内卢。本来一个小时的航程，竟然飞了4个多小时（中间还要停靠圣保罗），原来是为了节省经费，买的便宜机票。8点半左右，我们终于到达圣保罗国际机场。晚餐后，我们又马不停蹄地去观看具有民族特色的桑巴舞蹈表演。这是几乎每个到里约热内卢来的人都要看的节目。其实，舞蹈是南美文化中非常普遍的艺术表现形式，它既是体现各个南美国家和民族文化特点的载体，又是南美风情的最佳展示。由于昨天在Rafain Show已经欣赏了这些大同小异的节目，我们已经没有太大的热情。但是来自全世界20多个国家的游客却一个个兴趣盎然，与演出的演员们一起载歌载舞，演唱各个国家的歌曲，好不热闹。这样，忙碌而紧张的一天就过去了。

（2003年10月9日上午10时完成于巴西Paulista Plaza）

圣保罗印象——南美行之十二

圣保罗是巴西最大的城市，也是全国的工业中心和金融中心，圣保罗州的首府。

据说，圣保罗最早是印第安人的村落。1554年1月25日，葡萄牙殖民者来到这里，发现其地理位置非常好，便开始在这里兴建城镇。因为这一天恰好是天主教纪念圣徒保罗的日子，便将这座城镇命名为圣保罗。1711年圣保罗设立市。1822年，巴西在这里宣布独立。到1880年，圣保罗仍只是一座面积2平方公里、人口4万的小镇。19世纪末期，因附近地区大面积种植咖啡和外国移民大量涌来，城镇开始迅速发展，1940年城市人口已超过130万，现在，圣保罗的人口已经达到1140万。有关报道认为，圣保罗是世界上发展速度最快的城市。其实，与我们的深圳相比，它的速度还是小巫见大巫了。

圣保罗不仅在巴西举足轻重，在整个南美也是特别重要的城市。它是拉丁美洲最大的工业中心，工业门类齐全，产业工人接近200万，有"南美的芝加哥"之称。近一二十年来，圣保罗的石油工业、汽车工业和电子工业有了突飞猛进的发展。全国最大的炼油厂就设在圣保罗，它同时是巴西的电子工业中心和汽车工业基地。据报道，这座城市每分钟生产2辆汽车，每天生产2800辆。圣保罗的咖啡产量大约占全世界的1/8，是世界最大的咖啡产地和出口地。圣保罗所创造的财富约占全国的1/5。

圣保罗也是巴西的文化体育重镇。它是巴西足球运动的两大中心之一，拥有第一流的足球队桑托斯队，该队曾11次获得洲际比赛的冠军，2次获得世界俱乐部杯赛冠军，一代球王贝利曾是该队的主力队员。圣保罗拥有著名的圣保罗大学、天主教大学、医科大学和美术、经济、音乐、教育等高等专科院校以及著名的波尔特拉、曼格拉、萨尔格罗、贝雅洛等桑巴舞学校。圣保罗市有491家图书馆，其中圣保罗图书馆藏有150万册书。圣保罗还有许多著名的科学研究机构，其中最有影响力的大概就是建于1901年的巴吞吞毒蛇研究所了。这里饲养和陈列着2000多种数万条的各类毒蛇，每年生产解毒血清2.85亿支和预防伤寒、破伤风、百日咳、白喉等传染病的疫苗2500万支，是世界公认的毒蛇研究中心，前来参观的国外游客就达到30多万。

圣保罗也是一个著名的博物馆之城，市区博物馆众多，其中著名的有18世纪王宫博物馆、圣保罗美术博物馆、巴西美术博物馆、家具博物馆、航空博物馆、科学博物馆、印第安民间艺术和手工艺品博物馆等。这些博物馆建筑别具一格，藏品丰富，对游客具有很大的吸引力。10月4日，我们参观了位于巴西独立纪念公园后面的王宫博物馆。据说，它是由意大利著名建筑师 Tomasso Gaudenzio 设计的新古典建筑。博物馆成立于 1893 年，1895 年开馆，1963 年开始由圣保罗大学管理。我对这样的管理模式非常感兴趣，因为像博物馆这样的文化设施，如果交给大学管理，不仅可以降低政府的管理成本，而且可以让大学的研究有自己的基地。这个博物馆有10000 多件古董，其中我最喜欢的，则是从巴西各地取来的河水，密封在一个玻璃的器皿之中。这个地方的第一位市长的铜像，就在这个器皿的上方。在博物馆的正前方，是为纪念巴西独立而建立的独立公园，它实际上也是纪念巴西独立的博物馆，园内立有伊比郎加纪念碑。当年在巴西的葡萄牙王子佩德罗由于不满葡萄牙的统治，在伊比郎加河畔宣布巴西独立，这个纪念碑因而得名。碑下是皇家小教堂，里面安葬着佩德罗一世皇帝和皇后的遗体，陈列着巴西独立时期的地图、家具、古硬币、历史文献等文物。

圣保罗是一座种族的大熔炉。这里有许多不同的民族，日本人、德国人、葡萄牙人、西班牙人、意大利人、中国人和黎巴嫩人，或者他们的后裔。据报道，圣保罗共计有 60 个国籍的居民。因此，这里就有许多不同文化色彩的街道。我们吃饭一般都要到著名的东方街上，那里青石板铺路，庭院假山比比皆是，尤其是日本式的庭院随处可见，中国餐馆随着华人的增加也日益生意兴隆。

圣保罗市风景宜人，又有许多各具特色的公园。其中最大的是伊比腊普埃拉公园。这座公园是 20 世纪 30 年代为纪念圣保罗建城 400 周年而建的。园内设有博物馆、天文馆、儿童游乐场、自行车跑道等文化体育设施，还有大型的足球场地。据说，公园最负盛名的是每两年举行的，在国际美术界驰名的圣保罗双年展，但是我们最感兴趣的是它的体育功能。我们的汽车到达公园，由于是星期六，前来锻炼者的汽车早已经把所有能够停泊的车位都占领了，根本无法进去。我们只好围绕在外面看公园的风景，看锻炼的人群，尤其是那些踢足球的成人的精彩表演。在南美，这样的风景很多，但是我们看不够。

许多文章都说："圣保罗是一座不断变化的城市。"一所房子建成 20 年后，就被认为是陈旧不堪了，可能被拆掉而重建更符合当今潮流的建筑。有的大街刚修成三五年之后，又得重新加宽、延伸。摩天大楼愈来愈高，市区许多建筑物高达三四十层，如圣保罗州立银行高 32 层，在 160 米的楼顶建有一座电视塔；意大利大厦高41层，顶端建有餐厅和瞭望台。有的人说："当你一觉醒来，第二天早晨，城市又变了样。"这句话虽然有些夸张，但也反映出圣保罗的一个侧面，即"变动"已成为圣保罗市的特点。

在圣保罗，我还想看的就是著名的"新娘街"。为什么？因为在苏州的虎丘，也有一条这样的"新娘街"。这是一条专门经营新娘礼服、新房用品的商业街。根据资料的介绍，这里沿街店铺里挂满了各种各样的新娘礼服，橱窗里的"新娘"更是装扮得妩媚动人，有的商店还同时出售各种结婚饰物和新房用品，整条街充满了婚礼的喜庆气氛。据说，这条街在40多年前是一条并不起眼的小街，当时，有位黎巴嫩籍商人在此开了一家经营布料的店铺，他发现店里的白色布料经常被人成批买走，但不知其中缘由。一次偶然与顾客攀谈，才得知这些布料是买去做新娘结婚礼服用的。店主受此启发，开始尝试做嫁衣出售，并在自己小店的橱窗里摆上些穿结婚礼服的新娘模特儿。谁知小店生意由此而更加兴隆，订单源源不断。从此，这条街出现了许多类似的商店，最多的时候发展到700多家。有意思的是，这里的情况与我们苏州虎丘非常相似，商店之间的竞争也十分激烈，有的以款式新颖见长，有的以做工精细取胜，有的则以价格优惠招徕顾客。新娘礼服便宜的每件30—50美元，质量好的、款式时髦一些的可以卖到300—500美元，而最华丽高雅的则高达上千美元。陪同告诉我们，因为巴西经济的萧条，现在的"新娘街"已经没有什么看头了，加上又不是5月的"新娘月"，一般不安排参观。但是我还是要求汽车带我们从这里经过，我们的眼睛证实了陪同的介绍。我不禁在想苏州婚纱一条街的命运：怎么保持长久的生命力？

（2003年10月4日初记提纲，10月31日早晨完成于滴石斋）

巴西遭遇铁将军——南美行之十三

巴西是我们南美之行的最后一站，也是最重要的一站。

巴西对我们许多人来说并不陌生。咖啡、足球和狂欢节，罗纳尔多、桑巴舞和烤肉，我们几乎都是耳熟能详。如果你上网查询，会发现1750万个以上的条目。

巴西是南美洲东部最大的国家，东濒大西洋，除智利和厄瓜多尔外，几乎同所有的南美洲国家接壤。

1500 年 4 月 22 日，葡萄牙航海家佩德罗·卡布拉尔抵达巴西时，竖立了一块刻有葡萄牙王室徽章的十字架，给这块陆地取名为"圣十字架"，并宣布为葡萄牙所有。由于殖民者掠夺是从砍伐巴西红木开始的，"巴西"一词逐渐代替了"圣十字架"，沿用至今。16 世纪 30 年代巴西正式沦为葡萄牙殖民地。1822 年 9 月 7 日，巴西宣布独立。1889 年 11 月 15 日，巴西废除帝制，成立共和国。

巴西是南美最大的国家。人口超过 1.6 亿，居拉美首位，世界第五。巴西的人种比较混杂，其中白种人占 55.2%，黑白混血种人占 38.2%，黑种人占 6%，黄种人占 0.4%，印第安人占 0.2%。印第安人是巴西的土著民族，共有 35 万人，分属 215 个族，讲 170 种不同的语言，生活在国家设立的 561 个印第安人保护区（92.9 万平方公里）内。巴西曾有过几次大的移民浪潮，仅 1884—1962 年间迁居巴西的移民就达 497 万人，主要来自葡萄牙、西班牙、意大利、德国、法国、波兰和阿拉伯国家。黄种人多来自日本、朝鲜和中国，其中有 130 万日本人，25 万华人，主要集中在圣保罗和里约热内卢。据说，日本人是有计划地组织移民的。日本把对南美的移民，作为自己国土扩展的重要战略。

巴西的国土面积为 854.7 万平方公里，约占南美洲总面积的 46%，仅次于俄罗斯、加拿大、中国和美国，为世界第五大国家。巴西虽然幅员辽阔，却没有一般大国常见的大片沙漠，也没有常年冰雪覆盖的冻土带，大自然赋予巴西的是茂密的原始森林、广袤无垠的天然牧场和丰富的地下宝藏。铁的储量居世界前列。位于米纳斯吉拉斯州的伊塔比拉"铁山"是世界储量最大的优质铁矿之一。锰的储量也很大，是世界四大产锰国之一。其他矿物有镍、铬、铌、钽、铍、锡、钨、铝、铜、金等。森林面积约占全国面积的 52%，盛产红木等木材。其实，整个南美洲，尤其是我们这次访问的国家，都是属于资源丰富的国家。这是上帝的馈赠，也多少造成了他们悠闲甚至懒惰的性格。

9 月 25 日，我们从法兰克福飞往里约热内卢，但是只是转机而已，并没有真正走进巴西，心里想象着这个伟大而神奇的国家，还是有几许激动。10 月 4 日，我们从秘鲁再次来到这个国家，真正地与它"零距离"地接触了。从内心来说，除了这次的主题——足球，我最关心的当然是教育。每到一个城市，我都要认真地考察教育，走访学校，以致随行的体育局局长都有点妒忌我们没有来的教育局局长。

巴西的教育体系大体上分成两个层次：基础教育和高等教育。同时还运用一些不同的教育方式，以完善这一体系。巴西的高等教育统一由联邦政府主管（约 52 所公立高等院校），中等教育由各州政府管理，幼儿和小学教育由当地市政府管理。实际上，除了一些比较好的公立大学，大部分学校的教育质量并不太高，基础教育阶段尤其明显。所以，各层次的教育都还有相当数量的私立学校。

享誉国际的圣保罗大学（Universidade de São Paulo）是我此行的重要目的地之一。10 月 5 日，我的这个愿望得以实现。学校在城市的郊区，由于学校太大，巴西本地人说它是大学城。当我们来到校园的时候，因为是周日，门口的保安人员竟然不让我们进去。非常有意思的是，星期一到星期五，学校是可以自由进出的。如果想破坏或者搞恐怖活动的话，平时不是照样吗？我不理解他们的思维方式。陪同人员说，车子上有中国来的市长，他们照样无动于衷。陪同又说，车上有中国大学的教授，他们竟然同意了。于是，我们进入了这个巴西最大的高等学府的校园。

圣保罗大学的校园很大，有 400 万平方米，是南美最大的教学与研究中心。一共有五个校区，由 33 个学院、科研所组成，共设立 19 个基金会、4 座博物馆和 2 所大学附设医院。共计 95 个本科课程、263 个硕士研究生课程，以及 224 个博士研究生课程。

圣保罗大学的教授每年在各种学术期刊公开发表论文 15000 余篇，创校以来，已经培养了超过 21000 名硕士，以及 12000 名博士（目前全巴西约有 20000 名博士）。圣保罗大学在巴西享有崇高的学术地位，大部分学科皆居国内领先地位。圣保罗大学属于圣保罗州的州立大学，主要经费来源于州政府的拨款。圣保罗大学的学科比较齐全，有许多学科是我们国内的大学不太设立的。

由于是周末，校园里面静悄悄的，只有一些跑步锻炼的老师和学生。在门口广场的草地上，伫立着学校创办人的铜像。我们到接待中心要了学校的地图和有关资料，然后就根据地图找到了教育学院。但是，铁将军把门，星期天没有人办公。无奈之中，我们匆匆离开了校园。后来，我们在里约热内卢又参观了一所小学，对巴西的教育有了一些感性的认识。在关于里约热内卢的文章中，再向大家介绍吧！

附：

圣保罗大学专业设置一览

传播学院（FAC）　　　　　　建筑暨都市计画学院（FAU）

视听暨出版系（DAP）　　　　新闻学系（JOR）

计画中心（CEPLAN）　　　　建筑设计系（PRO）

建筑技术系（TEC）　　　　　建筑史暨理论系（THAU）

医科学院（FSD）　　　　　　生物科学学院（IBD）

外科学系（CLC）　　　　　　内科学系（CLM）

护理系（ENF）　　　　　　　营养学系（NUT）

妇产科学系（MOR）　　　　　牙科学系（ODT）

病理学系（PTL）　　　　　　小儿科学系（PDA）

公共卫生系（DSC）　　　　　细胞生物系（CEL）

植物学系（BOT）　　　　　　自然科学系（CFS）

生态学系（ECL）　　　　　　植物病理学系（FIT）

遗传繁殖学系（GEM）　　　　动物学系（ZOO）

农业经济暨兽医学院（FAV）　法律学院（FDD）

教育学院（FED）　　　　　　体育学院（FEF）

方法论暨技术系（MTC）　　　计画管理系（PAD）

基础理论学系（TEF）　　　　奥林匹克中心（CO）

工科学院（FTD）　　　　　　艺术学院（IDA）

土木工程系（ENC）　　　　　电机工程系（ENE）

森林工程系（EFL）　　　　　机械工程系（ENM）

Cênicas 艺术系（CEN）　　　视觉艺术系（VIS）

音乐系（MUS）　　　　　　　应用社会研究学院（FAD）

理科学院（IED）　　　　　　行政管理系（ADM）

行为科学系（CCA）　　　　　资料文件科学系（CID）

计算器科学系（CIC）　　　　统计学系（EST）

数学系（MAT）　　　　　　　人文科学学院（IHD）

政治学暨国际关系学院（IPR）　经济学系（ECO）

哲学系（FIL）　　　　　　　地理学系（GEA）

历史学系（HIS）　　　　　　社会服务系（SER）

政治学系（POL）　　　　　　国际关系学系（REL）

社会科学学院（ICS）　　　　　地质科学学院（IGD）

拉丁美洲暨加勒比区域研究中心（CEPPAC）

人类学系（DAN）　　　　　　社会学系（SOL）

地质总体应用学系（GEO）

地质化学暨矿冶资源系（GEM）　矿藏岩石学系（GMP）

地震观察站（SIS）　　　　　　文学院（ILD）

心理学院（IPD）　　　　　　　外国语文暨翻译系（LET）

古典文学系（LIV）　　　　　　理论文学系（TEL）

基础心理学系（PPB）　　　　　心理治疗系（PCL）

心理学发展系（PED）　　　　　劳动社会心理学系（PST）

心理学研究中心（CAEP）　　　物理学院（IFD）

化学学院（IQD）

（2003 年 10 月 5 日晚初稿，10 月 30 日修改）

雨中游里约——南美行之十四

有人说，不到里约热内卢，就等于没有到巴西。就像苏东坡说过"到苏州而不到虎丘一游，乃憾事也"一样。也有人曾经开玩笑说，如果世界上有一个男人的天堂，那一定不是泰国，不是越南，而是拉丁美洲，并且首选巴西的里约热内卢。因为"这儿有着白人、印第安人和黑人三种基因的混血姑娘，几乎天生就具有了所有女性美丽的必备要素：性感的身材、健康的肤色、浓密的披肩长发、美艳的脸庞……更重要的一点是，她们拥有巴西民族特有的热情奔放，她们的美是一种洋溢着活力和快乐的美"。

其实，吸引我们到里约热内卢的，不是里约热内卢的姑娘，也不是里约热内卢的风景，而是那世界上最大的足球场。当然，既然到了里约，随便看看风土人情，也是很有必要的。

天公不作美。昨天晚上里约就下了一场大雨。这是我们这次南美之行的第一次下雨。在阿根廷，天气一直是出奇的晴朗；到了秘鲁，我们根本不用担心下雨；而在我们即将离开南美的时候，雨却真的来了。中国有一句俗语：春雨贵如油。巴西的春天刚刚到来，不知道春天的雨是否也那么宝贵？也罢，雨中的风景肯定也是别有情趣的。我们不妨就来个雨中看里约吧！

里约是里约热内卢的简称，是按葡萄牙语发音的中译名。1500 年 4 月 22 日，葡萄牙航海家佩德罗·卡布拉尔发现了巴西；1502 年 1 月 1 日，他又发现了位于里约市的瓜纳巴拉海湾，误认为是一个河口，就把它命名为"一月的河"，里约热内卢由此得名。里约是巴西的第二大城市，1822—1960 年间曾经是巴西的首都。里约热内卢州的面积不大，仅占巴西国土面积的 0.5137%。但是，里约的地位非常重要，它不仅是巴西乃至南美的重要门户，同时也是巴西及南美经济最发达的地区之一，素以巴西的重要交通枢纽和信息通信、旅游、文化、金融以及保险中心而闻名。

里约也是巴西乃至世界著名的观光旅游圣地。耶稣山、面包山、尼特罗伊大桥、马拉卡纳体育场、植物园、海滩、比基尼、桑巴舞、狂欢节……一切的一切，让我们充满着憧憬。

由于下雨，我提出先看一所学校。因此，我们来到了饭店附近的一所名叫 Roma 的公立小学。学校不大，就是一栋三层楼的房子。校长正在开例会，匆匆向我们做了简单的介绍。她告诉我们，学校一共有 800 名学生、60 名老师、5 个工人。学校分两班，从早晨 7 点到下午 5 点，教师则分周一、三、五和周二、四、六两组。我们详细参观了学校的教室、食堂等设施，应该说相当于我们国内的一般水平。整个学校的建设，远远不如我们苏州农村的中心小学。学校刚刚搞完 38 周年的校庆活动，学校大厅布置了许多照片，在醒目的地方还有学校的荣誉榜。学校没有大型的球场，只有一小片 50 平方米左右的活动场所。因为下雨，又没有学生在学校，我们就匆匆告别了。

然后，我们就开始去看山。里约有两座山比较有名气，其一是基督山，另一个就是面包山了。其实，这两座山与中国的名山大川相比，根本不值得张扬，但是因为在南美的巴西，而且在海边的城市，身价自然就高了不少。面包山的高度只有海拔 400 米，但是站在山顶往下看，里约热内卢的市容以及戈巴卡瓦那的十里海滩还是尽收眼中。据说，当年葡萄牙殖民者的航船快要到达里约的时候，远远地看见了面包山，因其山的形状有些像面包，船员们便高呼"面包，面包"。大概他们是饿坏了，所以"望面包而止饿"吧！面包山看上去很陡峭，我们花 12 巴币乘坐缆车直接通达山顶。雨越下越大，在山顶几乎无法看清楚远处的景观，朦胧之中只看到烟雾缭绕的基督山的轮廓。于是，我们很快返回，去看世界上最大的足球场。

里约素有足球城之称，这里有世界最大的足球场地，据说可以容纳 20

万人以上。我们一进入这个足球的王国，马上就感受到它浓厚的足球气氛。门口有人在表演各种高难度的足球动作，当然，前面有一个放钱的帽子。如果您开心的话，不要忘记给一点小费。边上有一片巴西历史上足球明星的脚印，我们在贝利等球星的脚印面前留了影。进入足球场，许多雕塑树立在内，大厅是一个国际足球博物馆。这座博物馆于 2002 年正式开放，用各种现代化的手段展示和保存着各种图片、奖杯、徽章等展品，其中很多是稀世珍品，向公众介绍自中世纪以来的足球史，当然，也展示着巴西的光荣与骄傲。除常设展览外，博物馆还设有图书馆、影片资料馆、研究室和可容纳 300 人的影视厅，用于珍藏与足球有关的各种书籍、影片和录像，并开展与足球有关的各种活动。

乘电梯上去，我们直接进入足球场地的内部。一个高大魁梧的黑人正在给另外一个团队讲解。我们的向导告诉我们，他是从足球场建设开始就在这里的元老。足球场刚刚修理完毕，新安装了座位，所以现在只能容纳 15 万人左右了。但是这丝毫不影响它在全世界足球场地中的霸主地位。我们还详细参观了运动员的休息室等设施。出来的时候，商品部琳琅满目的东西吸引了我们，足球产业的运作让我们也感叹不已。从运动员的球衣，到各种手工艺产品，可以说应有尽有。当然，价格也是不菲的，一件著名运动员的球衣，要卖到 70—80 美元。而在大门口的小摊上，五分之一的价格就可以买到了。

参观完足球场，已经是下午 1 点钟了。我看外面的雨渐渐小了起来，恐怕下午再下大雨，临时决定先去参观世界上最大的耶稣像。耶稣像在著名的基督山上，据说是为纪念巴西独立运动而修建的。我们的汽车从山脚下慢慢地向上盘旋前行，周围是一片茂盛的树林。树林似乎并没有多少人工修饰的痕迹，而更有原始的趣味。不知名的花儿静悄悄地开着，偶尔有一些小动物出没其中。大概 20 多分钟的光景，我们就到达了接近山顶的一个小平坡。然后再乘小型电梯，直接到了山顶。整个山峰海拔约 700 米，耶稣的像就高达 30 多米，双臂伸展，如同男子体操吊环中的十字支撑。抬头看耶稣，人显得那么的渺小；但是居高望山下，人又觉得有点伟大。无论是抬头还是临下，感觉都很好。围绕耶稣像转一圈，便可观看到里约城的大部分，包括马拉卡纳体育场，也是清晰可见；城市中的大型跑马场等，也尽收眼底。尤其是那著名的戈巴卡瓦那的海滩，沿线绵绵，海水蓝蓝，人群点点，沙滩柔软，天水相连，真是蔚为奇观。

当我们从基督山下来的时候，已经是下午 2 点 50 分左右了。匆匆吃完"午餐"，我们又去参观了全世界最大的宝石制作中心 H.Sterm 公司。宝石是精美的，服务是周到的，只是囊中羞涩，饱饱眼福而已。下午 6 点左右，我们来到里约的国内机场，准备返回这次南美之行的最后一站：圣保罗。这时，雨越下越大了。我们在雨中告别了这个全世界最热情的城市。

（2003 年 10 月 7 日晚草于酒店）

足球的王国——南美行之十五

谁都承认，南美是足球的世界，而巴西则是足球的王国。

巴西的一个总统曾经说过，巴西人什么都可以没有，就是不能没有足球；巴西人什么都可以接受，就是不能接受自己的球队输球。在巴西，上到总统，下至黎民，一个足球就把整个民族联系在一起。据说，巴西全国有 30 万以上的人在从事与足球有关的产业，职业足球队有 2000 多个，还有 20 多万个登记注册的足球队和无数的球迷俱乐部，注册的球员则高达 58 万人。他们分别代表着 1.3 万支足球队进行各种比赛。巴西每年的体育产业生产总值为 60 亿美元，其中足球创造的财富大概占三分之二。

巴西的足球社会学研究中心的一项研究表明，在巴西的 5507 个城市中，一般都有三种建筑是不可缺少的：教堂、监狱和足球场。但是，事实上，每个城市的情况可能不同，有的没有教堂，有的没有监狱，但绝对不会没有足球场地。据说，在巴西，能够容纳 5 万人左右的足球场就有近 30 个，其中拥有世界最大的足球场马拉卡纳。这个足球场的周长达 940 米，高达 32 米，有 300 个包厢，最多可以容纳 20 万人观看足球。世界第二的足球场也在巴西，可以容纳 13 万观众。

在巴西，足球渗透到社会的每一个细胞，各种媒体的头条新闻经常是足球，总统要拉选票必须要大谈足球，许多总统都亲自观看足球，并且为足球队做拉拉队员。据说，有一次国际比赛，巴西队遭受失败的命运，总统不以成败论英雄，照样发去热情洋溢的电报："竞技场上无常胜，失败中孕育着胜利的希望，一次世界杯赛虽然已成为历史，但无数的新的世界杯赛在等待着你们。丢掉悲伤，迎接新的太阳。"在巴西的文学作品中，足球甚至也取代了爱情，成为永恒的话题。有人说，巴西的足球是用大西洋的海风、亚马孙河的乳汁和原始森林的生气塑造和滋养出来的。大概是有点根据吧！

由于时间的关系，我们不可能全面考察巴西的足球，而是认真解剖了一只麻雀——克林希安（Corinthians）足球俱乐部。10月9日，我们拜访了俱乐部的领导群体和俱乐部的全国总部。这是一个体育的王国，门口有威武的保安，一栋办公大楼大概有两万平方米。穿过大楼，是宽阔的广场，广场上有一尊克林希安足球俱乐部创始人的塑像。再往前走，我们看到了大型的游泳池、跳水池、自行车场地和各种球类训练场地。陪同人员告诉我们，这里的所有设施都是面向会员的，包括餐厅和商店，也不对外面开放。所以，成为俱乐部的成员，是非常"光荣"的。甚至许多工作人员，也都是俱乐部的成员义务去承担的。

克林希安俱乐部的现任总裁叫 Alberto Dualib，是一位 80 岁的老人，依然精神抖擞。他向我们骄傲地介绍了克林希安俱乐部的基本情况。克林希安已经有 93 年的历史，这是一支英国球队的名字，1910 年他们到巴西打球，球队的名字从此留在了这里。克林希安俱乐部成立以来，先后获得过 25 届州冠军、3 届巴西锦标赛冠军、2 届巴西杯冠军、5 届州际冠军。2002年，克林希安获得了全世界 FIFA 的冠军。克林希安在巴西拥有 2500 万球迷，占全国人口的 15.8%。总裁的孙女卡拉为我们详细介绍了球迷的构成，其中女球迷占 55%。许多球迷对待克林希安的态度比对待宗教还要疯狂。

我们详细考察参观了克林希安的训练机构，从腿部训练室到力量提高房，从营养配餐厅到体能恢复室，从运动员的房间到他们的电子游戏厅（内容是足球），所有的设施一览无余。这是一个精心缔造的足球世界。我们还碰到了一些著名的球星，他们是真正的大腕，但对总裁的孙女，他们还是比较尊敬的。昨天晚上，我们看了克林希安与另外一支队伍的比赛。因为多名重要的球员在之前的州际比赛中受伤或者被罚停赛，以部分主力出战的克林希安失败了，但是我们仍然充分领略到了克林希安的球迷的热情与疯狂。

最近，巴西的足球甚至南美的足球都受到了严重的挑战。由于经济发展不景气，球队的收入比较低，最优秀的球员都被卖到了欧洲的豪门俱乐部，巴西自己国内的比赛水平严重降低，足球产业的发展也受到很大的影响。所以，许多俱乐部开始考虑海外市场的开拓和发展，卡拉自己就成立了一个体育市场公司。我们也想利用这个机会抓紧与巴西的合作。这次，我们与巴西的亚洲商会中心签订了全面合作的协议，准备在苏州共同建设一个克林希安足球学校，聘请巴西的优秀教练和体能训练教师，从小培养我们的学生，通过几年的努力，把苏州的足球水平提升到一个新的境界，也把苏州这个城市打造成一个充满激情的城市！

（2003年10月10日初稿于回国途中，28日清晨定稿于苏州）

再见，南美——南美行之十六

10月9日晚上10点20分，我们登上了巴西航空公司的RG8720航班回国。这又是一个漫长的旅行，我们必须先用11个小时的时间飞往巴黎，在巴黎机场停留4个多小时，然后改乘中国国际航空公司的航班飞往北京，再从北京换乘回上海，最后从上海回苏州。外事办公室的同志初步统计了一下，这次我们的飞行距离，可能达到8万公里！过去讲读万卷书，行万里路，现在看来读万卷书不容易，而行万里路则是很方便的事了。

在即将离开南美这片神奇的土地时，我当然写不出徐志摩《再别康桥》那样富有诗意的名句，但是心中的感慨还是很多。

应该说，上帝对南美的这三个国家是偏爱的。无论是阿根廷还是巴西，甚至是秘鲁，都有着广袤而肥沃的土地，这里只要播种，就可以丰收；这里的物产之丰富也是许多国家无法比拟的。

南美的开发是西方殖民化的过程。无论是西班牙还是葡萄牙，最初都是为了掠夺财富而开发南美的，他们用武力征服了这片土地，又用武力残酷杀害了大量的土著印第安人。如阿根廷，西班牙人为了保持人种的"纯洁"，不仅大量屠杀土著民族，而且把非洲的黑奴也几乎斩尽杀绝。因此，我们现在只能在各种表演的"秀"中才能看到土著的文化，那只是为了满足"高贵民族"的感官刺激而已。

南美的两极分化是非常严重的，而且有逐步扩大的趋势。在这三个国家，尤其在秘鲁，我们都看到了富人区与穷人区截然不同的生活，看到了许多流浪街头的卖艺人、兜售小食品的儿童、帮助擦皮鞋的老人。教育上的不均衡现象更加突出。尽管南美国家大部分是义务教育，甚至是12年的义务教育，但是政府提供的公共教育产品是低质量的。学校基本上是两班制，学生只上半天的课。如果遇到教师罢课，就无法正常上课。所以，几乎所有的中产阶级都选择了私立学校。我们认识的华人，几乎百分之百地在私立学校读书。这样，实际上又进一步扩大了两极分化。当然，客观上也为重视教育的华人提供了发展的机会。

南美也有许多值得我们学习的地方。如对于环境保护的重视，全社会强烈的文化、体育意识等。除了我在前面的文章中提到的悠闲，南美人重视体育锻炼给我们留下了深刻的印象。在三个国家，我们每天都可以看到如潮的锻炼人群。在阿根廷，许多公园的周围都有供自行车锻炼的车道；在巴西，几乎所有的绿地，甚至街头巷尾都有人在踢足球。

南美的文化融合也是值得研究的问题，除阿根廷以外，巴西和秘鲁差不多就是民族的熔炉。不同民族的通婚非常普遍，所以"牛奶加咖啡"的皮肤特别多。特别是巴西，据说曾经被评为全世界最友善的民族，里约热内卢被认为是最热情的城市。

两个星期的时间是短暂的，虽然是走马观花、蜻蜓点水，但是这毕竟是我自己亲自经历的东西。我还是属于我自己的祖国，属于我自己的城市。他山之石，可以攻玉，我先将这些与朋友们分享，如果有时间，我会陆续将这次的照片发表出来，并且进行解释与评论。这些更有现场感的资料，希望大家能喜欢。

我正在巴黎的戴高乐国际机场，笔记本的电池很快也将用完。在这里，我为这次南美之行画一个句号，我轻轻地离开了您，但是我会永远地关注着您！

再见，南美！

（2003 年 10 月 10 日下午 6 点 20 分完成于巴黎国际机场起飞前）

第三章　童话之境——欧洲教育探寻

我曾经多次去过欧洲，先后去过德国、英国、法国、摩洛哥、意大利、芬兰、荷兰、瑞典、丹麦、拉脱维亚等许多国家。虽然每一次考察的内容不同，有时是为了考察体育，有时是为了申办项目，有时是为了研究文化，但是，教育始终是我不变的关注主题。所以，经常在途中看到学校就下车参观，经常与当地接待方协商增加教育的内容。甚至在晚上自己外出到大学校园呼吸一点教育的空气。许多国家的考察手记只写了一部分，许多国家的手记还没有来得及形成文字。所以，这里收录的文章，只是欧洲教育考察的一部分。希望有机会能够续写，与大家一起分享。

不眠之日：连接与跨越的一天——北欧行之一

北京时间 2005 年 9 月 18 日上午 9 点，此时此刻，我正在北欧的一个城市的宾馆里写日记，这里当地的时间是 18 日凌晨 3 点，中国与北欧有 6 个小时的时差。

说 9 月 17 日是连接与跨越的一天，因为无论是时间还是空间的意义，17 日都实现了连接与跨越的功能。从时间上来说，16 日与 18 日对我来说都是有意义的日子。16 日不仅是我的生日，而且是我非常开心的一天。在参加完下午的政府公务活动以后，我来到苏州观前街附近的一个咖啡店，等候事先约定的三批重要朋友。下午 4 点多钟，干国祥与成都新教育书店的陈浩先生首先到达，他们拿着厚重的行囊，显然是刚刚从长途汽车下来。一杯清水，就开始了我们的谈话，主题当然是"教育在线"的人和事。不久，袁卫星、韩军、苏静以及无锡灵山集团的文化部长一行也专门赶到，我们就灵山集团支持"新希望工程"的项目进行了详细的讨论，明确由王胜与干国祥具体负责实施。大约 6 点，"教育在线"的老版主"军辉""守护者"等也先后来到，俨然是一个"教育在线"的新老网友会。有朋自远方来，不亦乐乎！你说我开心不开心？

17 日早晨 5 点，我的生物钟响起。于是起床洗漱，收拾行囊。简单准备了一些衣物，就上网打开"教育在线"，看了昨天晚上发的帖子，与几个朋友用短消息问候了一下，同时发布了向大家请假 10 日的信息。6 点 30 分，开始批阅昨天带回家的文件，有一些是昨天下载的网上群众来信，一直到 7 点多。夫人不在家，匆匆喝了一杯牛奶、吃了一点馒头，就赶到会议中心，集中出发去浦东机场。

这次出国访问的任务，主要是考察北欧的文化与教育。说起北欧，我们的印象往往是冰雪皑皑的北国风光和安徒生童话故事里的世界，是高税收、高福利的地区。其实，最近几年北欧的科技教育发展的情况，非常值得我们关注。例如，人口只有 518 万的芬兰，不仅缔造了诺基亚的手机王国，而且在世界竞争力和科技成就指数的排名榜上超过美国，名列世界第一。丹麦不仅是世界上比较早实施义务教育的国家，而且以著名物理学家玻尔为代表的哥本哈根精神，成为现代大学与科学研究一直追求的境界。挪威和瑞典对于自然资源和环境的保护，成为世界最适宜人居的"天堂"的许多做法，也一直是我想考察的内容。因此，访问北欧，一直是我的心愿。

上午 10 点 15 分，我们的汽车按计划到达浦东。12 点 15 分，我们乘坐荷兰皇家航空公司的 K1891 航班准时离开上海。

事先知道，在飞机上要度过 11 个小时，比我前年去南美的 30 多小时是小巫见大巫了，为了打发路途上的这些时光，我还是带了不少报纸与书刊。因此，在飞机上三点一线的模式形成了：读书—吃饭—睡觉。不过，11 个小时中间，读了不少，吃了三顿，却没有多少睡意。不知不觉之间，飞机飞过了北京的上空，飞过了欧亚大陆，在当地时间 17 日下午 5 点 40 分到达荷兰的阿姆斯特丹机场，离开飞机，抬腕一看，差不多正好是北京时间零点。

在机场穿过很长的候机楼与商店街，办理完入境的手续后，我们换乘同一家航空公司晚上 7 点 15 分的 KL1139 航班飞往丹麦首都哥本哈根，晚上 8 点 35 分（北京时间凌晨 2 点 35 分），我们终于到达了北欧之行的第一站——丹麦。

下了飞机，接站的小刘告诉我们，由于哥本哈根最近有许多大型展览，又是纪念美人鱼 200 周年（其实是安徒生诞辰 200 周年），十多万人聚集在这里，我们将不得不再乘一个多小时的汽车，20 多分钟的轮渡，去瑞典的一个小城市赫尔辛堡（Helsingborg）住宿。

没有办法，客随主便。到达我们下榻的宾馆 Radisson SAS Grand Hotel 的时候，已经是当地时间晚上 11 点。办理完手续，第一件事情就是上网。谁晓得房间没有办法上，说是无线的，而且要收费。我的电脑是中国带来的，一下子也无法入网。去宾馆的机房，没有密码，无法进入。技术人员已经下班，服务员折腾了半天，也没有解决问题，只好回到房间。这个时候已经是北京时间 18 日的早晨 6 点。想想已经 24 小时没有好好睡觉，赶紧上床休息。

18 日是中秋节，是中国人团圆的日子。手机里的短信开始不停地跳出来，有朋友说："偶尔的繁忙，不代表遗忘；秋天的到来，愿你心情舒畅；曾落下的问候，这次一起补偿；所有的关心，凝聚这条短信，祝你中秋快乐！"有朋友说："明月捎去问候，清风带来祝福，中秋快乐！"一个个温馨的问候让我感动不已，无法入眠。于是，起床写下了这些文字。

是的，今天是连接与跨越的一天，不仅是时间的连接与跨越，枯燥疲劳的旅行连接了两个开心温馨的日子；同时也是空间的跨越，从中国大陆来到了北欧，又从北欧的丹麦来到了瑞典。这个不眠的日子，也许会永远铭记在我的心中。

（2005 年 9 月 18 日清晨，写于瑞典的小城）

在童话的故乡寻找教育的诗意——北欧行之二

（一）走进神秘的丹麦

我们是从哈姆雷特城堡开始进入丹麦的。而认识丹麦，是从安徒生开始的。今天，我就要正式走进这个对于东方人来说有些神秘的国度。

丹麦的全称为丹麦王国（The Kingdom of Denmark），位于欧洲北部波罗的海至北海的出口处，南部与德国接壤，西部濒临北海，北部与挪威和瑞典隔海相望，是西欧、北欧陆上交通的枢纽，所以被人们称为"西北欧桥梁"。丹麦是一个著名的岛国，由日德兰半岛的大部分及西兰、菲英、洛兰、法尔斯特和波恩荷尔姆等 406 个岛屿组成，面积 43096 平方公里，同时托管格陵兰和法罗群岛。丹麦的人口大约为 540 万，其中丹麦人约占 95%，外国移民约占 5%。

丹麦人经常为他们的国旗而自豪，不止一次地有人告诉我，丹麦国旗是世界上最古老的，被称为"丹麦人的力量"。据说，在公元 1219 年，丹麦国王瓦尔德玛·维克托里斯率军与爱沙尼亚异教徒征战。在最激烈的 6 月 15 日隆达尼斯的战斗中，丹麦军陷入困境。突然，一面带有白色十字的红旗从天而降，并伴随着一个响亮的声音："抓住这面旗帜就是胜利！"在这面旗帜的鼓舞下，丹麦军奋勇作战，转败为胜。此后，白色十字红旗就成为丹麦王国的国旗。而这面旗帜，也奠定了整个北欧各国国旗的风格与基调。丹麦的首都在哥本哈根，它是北欧最大的城市，原意为"商人港口"，有自由港和航空港，是世界交通的枢纽之一。

尽管丹麦的国土面积不大，人口也并不多，但是它却孕育了无数杰出英才。从童话家安徒生到作曲家卡尔·尼尔森，从原子物理学家尼尔斯·玻尔到雕塑家托瓦尔森，从哲学家、神学家克尔恺郭尔到舞蹈家布农维尔与建筑家雅克布森等，许多世界文化名人都来自这个神秘的国度。丹麦在天文学、生物学、环境学、气象学、解剖学、免疫学、光速计算、电磁、血清和核物理等许多领域处于世界领先地位，仅 20 世纪就有 12 位丹麦人获得了诺贝尔奖。丹麦的文化艺术在世界上也享有很高的声誉，丹麦皇家芭蕾舞团经常在世界各地进行巡回演出，丹麦不仅是世界电影事业发展最早的国家之一，其影片还曾连续两年荣获美国奥斯卡最佳外语片奖。哥本哈根因其丰富的艺术与文化特点，在 1996 年被评为欧洲文化之都。

丹麦也是体育的国度，足球是丹麦的国球，游泳、划船、骑车、垒球、手球、长跑也非常流行。为了鼓励骑自行车，甚至丹麦的交通信号灯一般要比其他国家多两个装置：一是专管公共汽车的横竖道信号灯，二是专管自行车的小型红绿灯。按照交通规则，在路口，公共汽车和自行车享有先行权，其他车辆必须礼让，否则就是违反交通规则。

不多说了，这些从导游与书本中贩卖来的知识，只是关于丹麦的沧海一粟。还是随我一起继续考察吧。

（二）感受童话的故乡

在首都哥本哈根的安徒生大道的树荫下，在市政厅建筑物旁边面向蒂沃里（Tivoli）公园的角落，矗立着一尊身穿西装长袍、戴着高帽的男士塑像，他就是著名的童话作家汉斯·克里斯汀·安徒生（Hans Christian Andersen）。

安徒生 1805 年 4 月 2 日生于丹菲英岛欧登塞市的贫民区，父亲是个穷鞋匠，当洗衣工的母亲在他尚年幼时就改嫁他人。安徒生从小就为贫困所折磨，先后在几家店铺里做学徒，后在哥本哈根皇家剧院当配角演员，因为嗓子出问题而被解雇。塞翁失马，焉知非福。这反而使他走上了作家的道路，写下了《美人鱼》《卖火柴的小女孩》《皇帝的新装》《丑小鸭》等 150 篇不朽的童话故事，他的作品被译成上百种文字，为世界亿万儿童编织了美丽的童年。我们中间的许多人，都是在安徒生的童话中长大的。

作为把童话献给全世界儿童的大师，安徒生却终身未婚，没有自己的孩子。据说他几度情场失意，甚至被人误认为是同性恋。安徒生的晚年相当悲惨，情绪消沉，70 岁时因肝癌在朋友乡间的屋子里去世。他大概永远不会想到，自己不仅成了世界童话大师，自己写的童话也早已是全世界的精神财富。现在，在人潮熙攘的大街旁，他左手拿着拐杖，右手握着书本，头部朝左微微抬高，惆怅地侧望着"梦的工厂"蒂沃里游乐园，脸上似乎流露出"时不我与"的神情。

与许多游客一样，我们站立在安徒生的铜像前，一边瞻仰大师的面容，一边在脑海里回顾大师笔下那一个个曾经让我们的童年丰富多彩的人物形象。当然，与大师拍照留念是少不了的作业。

说到安徒生，不能不提起已成为丹麦的象征的美人鱼。在哥本哈根，看美人鱼铜像，几乎也是每一个参观者的必修课。据说，美人鱼铜像是丹麦嘉士伯啤酒厂创办人出资，邀请丹麦著名雕塑家爱德华·埃里克森于 1912 年根据安徒生童话故事《海的女儿》中的主人公铸塑而成，1913 年 8 月 23 日被安置到现在的哥本哈根朗厄里尼港入口处。

今天是星期天，丹麦人大概都去了教堂，道路上几乎没有汽车。我们来到这个静静的港湾的时候，只见姿态优雅的美人鱼孤独地坐在海边一块巨石上，正午的太阳照在身上。美人鱼羞怯而安详，以若有所思的神情望着大海，显露出少女纯真的美。我们都读过安徒生的作品，在他的笔下，小美人鱼是海王最小的女儿。15 岁的时候，一位王子所乘的船触礁沉没，她救了王子并倾心于他，为他求助巫婆，化为人形，忍受失声的痛苦。但是，王子却与误认为救了他的女子结婚，小美人鱼没有杀掉王子挽救自己，她离开了他，化为泡沫。据说，雕塑家埃里克森本来想聘请丹麦皇家剧院的明星芭蕾舞演员埃伦·普赖斯作为模特，但是遭到拒绝，他只好让自己的妻子充当裸体模特。铜像大约 5 英尺高，同真人一般大小，整个人鱼直到小腿都是人形，只是脚变成了鱼鳍。

从 1913 年 8 月 23 日铜像被安置起，美人鱼可以说是屡屡遭受厄运：1961 年，有人用白颜料给美人鱼画上胸罩；1963 年，美人鱼全身被刷了一层红色；1964 年，铜像被"割去"了头部（幸好雕塑家埃里克森保存着模具，又重铸了一个头像）；1984 年，美人鱼雕像右臂被人锯走一截；1998 年，美人鱼雕像头部又一次被人盗走。2003 年 9 月，美人鱼青铜雕像被炸药掀翻。丹麦的许多少女自发地成立了美人鱼协会，义务地来充当临时的美人鱼。

美人鱼的传奇故事和她的历险记录，文学家和雕塑家的完美结合，使她成为哥本哈根最富有吸引力的景点和城市的象征。选择不同的角度，我们和这条美丽的美人鱼合影留念，也把哥本哈根永远留在记忆之中。

在距离美人鱼雕塑不远的地方，还有一座非常壮观的"杰芬喷泉"（Gefion Fountain，又称"神农喷泉"），它的历史比美人鱼铜像的还要长还要早，建于 1908 年，也是丹麦嘉士伯啤酒厂捐助建成的。雕像表现的是有关哥本哈根所在的西兰岛形成的神话故事。传说女神杰芬得到国王戈尔弗的许可，同意在他的地盘上（如今的瑞典）挖一块地给她，但国王只给她一天一夜的时间。于是，杰芬把自己的四个儿子变成四头牛，奋力将挖出的土地拉往海上，形成了如今的西兰岛，而瑞典失去土地的地方就成了维特恩湖。我们来到这里的时候，只看见夕阳照在一个花环形的水池上，在水池中央，有一座巨大的圆石墩，石墩底部的四周喷射出瀑布似的泉水，不时地变换着弧度与方向，水的颜色如彩虹一般，使雕塑更显得五彩缤纷。在石墩上面，耸立着一位半身袒露的女性，右手用力挥舞着长鞭，头上发辫在疾风中飘扬，面部表情显得严峻、刚毅而果敢。在她的前面，四头强壮的牛正用尽全力地拉引着。据说，雕塑的作者是丹麦另一个著名的雕塑家彭高。在哥本哈根市内，以安徒生童话和丹麦神话为题材的青铜雕塑非常多，使这一古城充满了诗情画意。其实，这未尝不是一种教育的氛围。

（三）访问哥本哈根大学

访问哥本哈根大学是我此次行程中重要的计划。作为教育研究者，我清楚地知道，它不仅是北欧最古老的大学之一，也是哥本哈根精神的发祥地。因此，我是来朝圣的。

　　陪同人员告诉我们，哥本哈根大学的各个学院非常分散，大学的总部在 Frue Plads/Noerregade 10 号，位于繁华的市中心，只有几幢老楼。许多院系在新区和城市的其他地方。我们决定先去市中心的大学行政总部。

　　在喧闹的市中心，竟然有这样一块净土。两幢红色的建筑之间，坐落着两排青铜塑像，所塑的大概是学校的创始人和历任校长。由于是星期天，学校的行政楼紧闭着。一群从欧洲来访的游学者聚集在大门前，听一位导游的讲解。我们正好在边上听"戤壁书"（苏州人听评弹的用语）了。我们因此知道，哥本哈根大学是丹麦最早的大学，也是北欧最古老的大学之一，建立于 1479 年。现在大概有教师 2000 人，学生 28000 人。哥本哈根大学建校初期属天主教会管辖，至 1537 年转归丹麦路德会（Danish Lutheran State Church），其主要功能是为国家培育神职人员。直至 17 世纪，德国的大学模式被引入丹麦，哥本哈根大学的教育系统才产生重大的变革，渐渐建立学士、硕士、博士的学位课程，以及有关的考试和实习模式；课程越办越多，尤其在医科和法学方面，发展非常迅速，学院亦渐具规模。同时，哥本哈根大学亦陆续兴建图书馆、教学医院等重要项目，成为丹麦高等教育及科研中心。进入 20 世纪，哥本哈根大学把发展战略移向哥本哈根市的北部新区，在那里成立新的大学医院、新的图书馆、理论物理中心、自然科学中心。著名的物理学家玻尔就曾经在那里工作。

　　尼尔斯·亨利克·戴维·玻尔（Niels Henrik David Bohr，1885—1962 年）是丹麦物理学家，哥本哈根学派的创始人。1885 年 10 月 7 日生于哥本哈根，1903 年入哥本哈根大学并在数学和自然科学系学习，主修物理学。1907 年，玻尔以有关水的表面张力的论文获得丹麦皇家科学文学院的金质奖章，并先后在哥本哈根大学获得科学硕士和哲学博士学位。玻尔随后去英国，先在剑桥 J. J. 汤姆逊主持的卡文迪许实验室工作，后又转赴曼彻斯特，参加了以 E. 卢瑟福为首的科学集体的研究团队，从此和卢瑟福建立了长期的密切关系。1913 年玻尔任曼彻斯特大学物理学助教，1916 年任哥本哈根大学物理学教授。1917 年，年仅 32 岁的玻尔当选为丹麦皇家科学院院士。1920 年，玻尔亲自创建了哥本哈根大学的理论物理研究所并且担任第一任所长。1922 年，玻尔荣获诺贝尔物理学奖。据说，1937 年五六月间，玻尔曾经到过我国访问和讲学。1939 年玻尔任丹麦皇家科学院院长。第二次世界大战期间，丹麦被德国法西斯占领。玻尔先是逃往瑞典，后又去美国参加和原子弹有关的理论研究。1947 年，丹麦政府为了表彰玻尔的功绩，封他为"骑象勋爵"。1952 年玻尔倡议建立欧洲核子研究组织（CERN），并且自任主席。玻尔对于原子科学的独特贡献，使他成为 20 世纪与爱因斯坦齐名的最伟大的物理学家之一。

玻尔的另一个巨大贡献是创建了著名的"哥本哈根学派"。1921 年，在玻尔的倡议下成立了哥本哈根大学理论物理学研究所。玻尔领导这一研究所达 40 年之久。这一研究所培养了大量的杰出物理学家，在量子力学的兴起时期曾经成为全世界最重要、最活跃的学术中心，而且至今仍有崇高的国际地位。著名的"哥本哈根精神"也诞生在这里。说到哥本哈根精神，人们一般会讲起玻尔与两位年轻人——海森堡和泡利的故事。1922 年 6 月，玻尔应邀赴德国哥廷根讲学，德国一些著名的学者都前来听讲，盛况空前（后被称为"玻尔节"）。当时年仅 20 岁的大学生海森堡（后来成为德国著名物理学家，诺贝尔物理学奖获得者），也随其导师索末菲从慕尼黑专程赶来聆听玻尔的演讲。玻尔每次演讲总有一段时间供大家讨论、提问。有一次，当时在大学里只读了四个学期的海森堡，对玻尔的一些看法提出了异议。玻尔慧眼识才，当天下午就邀请海森堡到附近山区散步，以便能对问题深入讨论。在讨论中，玻尔充分肯定海森堡的很多想法，同时承认自己"今天上午说得不够小心"。最后，玻尔邀请海森堡到哥本哈根工作一段时间。海森堡后来回忆说："我真正的科学生涯是从这次散步开始的。"泡利也是索末菲的学生，比海森堡大一岁。他是一个天才的批评家，对于大师敢于提出非常尖锐的批评，后来成了近代物理学界最著名的评论家。在玻尔的邀请下，泡利也来到哥本哈根大学。玻尔让他做一个真正的批评家，评论研究所的各项工作，并高度评价泡利的作用，不管大事小事，总要去找泡利聊一聊。虽然研究所里很多人都害怕泡利的批评，但是大家都十分珍视和欢迎泡利的批评。在泡利离开哥本哈根大学之后，他的每次来信都被看作一件大事，信件在所内广为传阅。玻尔与海森堡、泡利之间的合作，对量子力学的发展起了不可估量的作用。正是他们，形成了哥本哈根学派的核心，奠定了哥本哈根精神的基础。

现在，我们大概可以了解哥本哈根精神的精髓了。玻尔的挚友、著名物理学家罗森菲尔德认为，这种精神就是：完全自由的判断与讨论的美德。澳大利亚物理学杂志编辑罗伯逊的看法是："哥本哈根精神或许可以被很好地表征为玻尔给人的一种鼓舞和指导，它与聚集在周围的青年物理学家的才华相结合，体现了领袖与群众的互补关系。""玻尔依靠他的洞察力和鼓舞力量，把他周围的人的聪明才智充分发挥出来。"传记作家穆尔则指出，哥本哈根精神是"高度的智力活动、大胆的涉险精神、深奥的研究内容与快活的乐天主义的混合物"。可见，哥本哈根精神的基本内涵，就是学术平等自由，尊重青年人才，鼓励不同意见。这恰恰是我们中国大学中非常缺乏的。各种各样的评价与审查，形成了许多"学术权威"；沿台阶而上的规定，让许多有才华的年轻人熬成了白头；关系至上的游戏规则，形成了学术腐败的风气。如果不尽快改变，我们的科技创新与教育振兴，可能还有漫长的道路要走。

（四）参观"小阿姆斯特丹港湾"

参观完哥本哈根大学本部以后，我们又驱车前往位于运河新区的哥本哈根大学的东亚系。由于没有预约，东亚系的大门也是紧闭着的，想找几个学生交流的计划也落空了。陪同人员告诉我们，北欧人休息时间是绝对自由的，没有特别重要的原因，是不可能接待客人的。

大学看不成，我们提出去看中小学。正好，在哥本哈根大学东亚系的不远处就有一所中学，走近一看，似乎完全不像我们概念中的校园，只是一个由三幢楼房组成的一个小学校。因为是星期天，学校里面空无一人。我们从教员办公室的窗户外面勉强看了一看里面的"风景"，与国外的中学没有什么不同。这时，从楼上走下来一个大汗淋漓的青年人，我们说明来意，想参观一下，他告诉我们去三楼看看。以为是学生在上体育课，我们兴冲冲跑上楼一瞧，才知道是一个健身俱乐部。从学校的这些情况来分析，大概是一个私立的中等职业学校。

出学校，离返回的时间还早，我们去了"小阿姆斯特丹港湾"。据说，这是丹麦的国王因为喜欢荷兰的阿姆斯特丹港口，而在哥本哈根模仿建造的。这里也是丹麦的著名旅游区，由于风格迥异、颜色不同的各种建筑而享有盛誉。在这些建筑的中间，有一个不宽的港湾，港湾中停泊着不同形状的船只，船上的桅杆与两岸的建筑相映成趣，吸引着人们在这里合影留念。我们看到，许多胸前挂着国际会议牌子的人或者徜徉在港湾附近，或者在街头的商店购物，或者悠闲地在咖啡店前的椅子上欣赏风景。

陪同人员建议我们参观位于港湾的一个琥珀博物馆。我们知道琥珀是丹麦的著名特产，当然非常乐意。博物馆的名字叫"丹麦琥珀屋"，由丹麦著名的琥珀收藏家范艾南先生于1933年创建。据说，丹麦人把琥珀看成是世界上最美的东西——琥珀是欧洲人眼中的"玉"。丹麦是世界上第一个发现琥珀的国家。在丹麦沿海发现的琥珀是史前北欧的松树脂化石，年代在2000—5000万年前或者更早，这种琥珀松已经绝种。由于气候与地壳的变化，琥珀松被淹没在海水之中，琥珀则被海水冲到岸上，在偶然之间，人们发现了这一瑰宝。14世纪丹麦强盛时期，波罗的海沿岸国家大都为丹麦所统治。那时，琥珀作为北欧货币在市场上流通，同时也作为最珍贵的宝石饰品进贡给显赫的罗马帝国，一块琥珀约等于一个奴隶的身价。而希腊人则发现琥珀经过摩擦可以产生静电，又称琥珀为 elektron（在拉丁语中改写为 electrum，"电"的单词源于此）。作为琥珀的发祥地，丹麦人开辟了世界历史上有名的琥珀贸易之路，并骄傲地称之为"琥珀之路"。琥珀屋的资料记载，"琥珀之路"从丹麦北部的日德兰半岛，经由波罗的海口岸，一直到达地中海、波斯、印度、中国和更远的地方。据说古代西方人向中国皇帝赠送的礼品就是琥珀。

琥珀屋的一楼是商店，博物馆在二楼，陈列着许多精品。在灯光的照耀下，每一个琥珀都显得晶莹剔透，尤其是包裹在琥珀内部的各种生物，无论是蚊子还是蟑螂都栩栩如生，时间仿佛凝固在几千万年前它们生命的最后一刻。

商店开博物馆固然是为了赚钱，为了增进销售而宣传琥珀的价值，但是这同时也是在实施科学知识的普及教育。其实，这样的做法在我们国内也值得提倡。教育工作需要全社会的共同努力与配合，时时处处有教育，只要我们用心去做。

（五）探觅丹麦教育的风景

这次北欧教育考察的主要对象是芬兰，其他国家的教育状况只是走马观花地看看，没有作为重要的官方活动进行安排。但是，我们还是尽最大努力收集资料并进行现场考察。由于经常不打招呼"闯"入学校，还闹了不少笑话。

与北欧的许多国家一样，丹麦是世界上社会福利最好的国家之一。丹麦1814年就宣布实施7年义务教育，是全世界实施义务教育比较早的国家之一，1973年起又将免费义务教育的时间延长到9年。丹麦也是成人教育比较发达的国家。1844年，在著名教育家格隆维的建议下，丹麦创建了世界上第一所为成人设立的民众高等学校，为世界各国的成人教育提供了范例。

丹麦的教育由国家、县、市（地方当局）和法人团体负责，小学和初中教育由地方当局管理，高中归县领导，大学和其他高等教育机构主要由国家管理。民众高等学校、农业学校等由法人机构管理。国家向县、市和各类私立学校发放补助金，并承担认可学校的全部和部分行政费用。

在丹麦，小学和初中教育主要在"国民学校"中实施。国民学校是为7—16岁儿童而设立的九年一贯制的综合学校。国民学校的目的是与家长协作，使学生获得知识和技能，从而促进他们各方面的发展。其基本课程有丹麦语、初等数学、历史、地理、生物、音乐、体育、艺术和宗教，第六学年起开设自然学科和外语（英语），准备入文科中学（高中）的学生在第九学年可选读第二外语（德语）和高等数学。

在丹麦考察期间，我们曾经参观了一所社区里的小学，学校并不大，只有一幢五六层高的主楼，但是设施比较齐全，设计比较精致。一群小学生在快乐地踢足球，看到我们，竟然用中国话对我们不停地说"你好"，大概这也是他们会的唯一一句汉语。

在接受完义务教育后，学生可以有三个选择：一是进入为期三年的文科中学。基本课程有现代语和古典语、数学、自然科学、社会科学、艺术和音乐等。文科中学分文理两门主科，目的是为了升大学或参加"高级预备考试"。二是进行学徒训练或3—4年的基本职业训练。三是就业或进行在职训练。1975年，丹麦政府规定，在读完小学和初中以后，学生可选读第十学年。读第十学年的学生，主要是不能确定自己的最后选择，于是再通过一年的学习，观察自己的特长以做最后的决定。

丹麦的大学和其他高等教育机构主要由国家管理。现在的丹麦约有20多所大学，其中最著名的有哥本哈根大学（建于1479年）、奥胡斯大学（建于1928年）、丹麦技术大学。丹麦的大学学习年限一般为5—8年，没有本科教育，直接获得硕士或者博士学位。据说从2006年开始，欧盟准备统一大学的学制，把五年的学习分为前三年的本科和后两年的硕士。丹麦的大学入学考试不是十分困难，但是大学的淘汰率非常高，大部分丹麦的大学生是不能按时完成他们的课程而毕业的，甚至一些专业有高达60%的学生由于学习上遇到困难而中途退学。

丹麦的教师教育比较传统。幼儿园的教师由教育学院培养，国民学校的教师由师范学院培养，文科中学和高等学校预备班的教师由大学培养。大学生在学完本科课程后，必须经过6个月以上的教育理论和实践的专门训练，才可以获得相应的教师资格。

成人教育是丹麦的一个重要特色。民众高等学校是成人教育的主要形式，它一般是私立的，由法人团体或机构开展，同时接受政府的补助。在第二次世界大战前几年，约有 1/3 的农村和城镇居民进入这类学校。民众高等学校的学制长短不一，学习内容主要有丹麦语（丹麦文学）、历史、社会事务、外交事务、外国语、心理学和音乐欣赏等。入学和结业均不用考试，也不发给结业证书。

2002 年 5 月，丹麦颁布了一份名为《更好的教育》(*Better Education*)的政府文件，该文件明确提出了未来丹麦教育的五个目标：(1) 资格和能力——强调所有的教育项目都必须包含牢固的职业资格和能力基础；(2) 弹性——各个教育项目必须确保每个人终生学习的可能性；(3) 创新和企业家文化——教育领域必须比今天的更广泛，确保工商界得到的是有效的知识传递者；(4) 自由选择——加大学生的自由选择权；(5) 输出管理——给教育机构巨大的自由度，以及更好发展质量的框架。这个计划认为，丹麦人民的福祉要得以保障和扩大，关键是教育质量必须得以保障。为了迎接和面对全球化的世界，教育必须要符合国际标准，创造良好质量。需要不断地去调整教育的结构与内容，尤其是进一步加强高中教育、高等教育、成人教育，增强学生的知识掌握熟练程度和应用能力。

今天是中秋节，朋友们问候的短消息从清晨持续到半夜，近百条短消息让我沉浸在感动与友情之中。由于时间方面的问题（当然也由于在国外发短信太贵），我只回了两三个朋友的短消息，其中干国祥的一条消息让我无法拒绝。他说：朱老师，你能否对在线的网友说几句，我帮你发到网上。大概 10 秒钟的光景，我回了这样一句：

> 我在童话的故乡寻找教育的诗意，
> 我在异国他乡想念"教育在线"的伙伴
> 和中国的月亮。

（2005 年 9 月 18 日晚写于瑞典的小城赫尔辛堡，
9 月 22 日修改于海盗号游船，10 月 2 日定稿于姑苏滴石斋）

那片狂野而宁静的森林——北欧行之三

（一）又一次穿越海峡

早晨 7 点 30 分，我们考察团一行四人又一次穿越海峡。不过，这一次不是乘轮渡，而是直接从连接哥本哈根和瑞典第三大城市马尔默的厄勒海峡大桥去哥本哈根机场。

从我们下榻的赫尔辛堡到马尔默大概只有 30 分钟的车程，而跨过厄勒海峡大桥也只需要 20 分钟。所以，许多人宁愿选择经过厄勒海峡大桥去哥本哈根机场。厄勒海峡大桥是一座公路和铁路两用桥，全长 16 公里，包括 4 公里长的海底隧道和约 1.5 平方公里的佩伯霍尔姆人造岛。海底隧道的建设主要是为了保证飞机的航线视线不受影响，以及大型船只的顺利通过，因此不惜成本而建。大桥的建造工程始于 1995 年，1999 年 8 月贯通，耗资近 30 亿美元，是近年欧洲继丹麦大贝尔特桥和英吉利海峡隧道后的第三大桥梁工程。厄勒海峡大桥完工后，它所连接的丹麦东部地区和瑞典南部地区已经成为北欧及波罗的海地区国际性都市群最密集、经济最活跃、文化交流最频繁的地区之一，为泛欧交通网络的形成添加了浓重的一笔。据说，欧盟为厄勒海峡大桥支付了设计研究、环境调查和交通分析的费用。

一路上，离开了城市的繁华与喧嚣，我们看到的是瑞典农村的风光。大片的草地上点缀着零星的别墅，偶尔有几个群居的农庄。我们不由感叹起北欧的这种恬静与美丽。正当我们陶醉在这绝色的风景中时，司机开始播放起中国的相声，身在异乡的中国情结便不由自主地泛滥起来。不知不觉之中，我们的汽车就到达了机场。抬起手腕一看，正好 8 点 30 分，与从赫尔辛堡乘轮渡过来需要的时间完全相同，而且我们节省了从对岸去机场的时间。

10 点 5 分，我们乘坐斯堪的纳维亚航空公司的 SK2876 航班，飞往挪威的历史文化名城——卑尔根。在飞机上，我们对于挪威有特别的期待，因为许多朋友告诉我，挪威是全世界最美丽的国家。所以，一路上，我没有读书，也没有休息，眼睛一直盯着飞机的舷窗，不放过机翼下的每一个风景。进入挪威的国境以后，尤其是飞机开始下降的时候，呈现在我们眼前的是一片绿色，而且是不同层次的绿色，从浅浅的淡绿到深深的墨绿，非常好看。一个多小时以后，我们就顺利抵达卑尔根机场，开始了我们北欧之旅第二站的行程。

（二）走进挪威的森林

说到挪威，头脑里首先跳出来的是森林，尤其是那部流传世间的经典之作《挪威的森林》（*Norwegian Wood*）。20 世纪 60 年代，著名的甲壳虫乐队让《挪威的森林》成为流传不衰的经典。1987 年，日本作家村上春树的同名小说又使《挪威的森林》声名远扬。如果说我们中的许多人是通过安徒生认识丹麦的话，那么我们更多的人可能是通过同名的小说与音乐认识挪威及其森林的。

传说，挪威的森林是一片大得会让人迷路、人进得去却出不来的巨大原始森林。其实，挪威虽然森林密布，但是并不如我们想象的那样壮观。挪威多山，山间有一些星星点点的大小村落，村和村之间就是森林。这些森林与传统的原始森林不同，不那么高大、苍劲、宏伟而充满诡秘，大部分是由细细密密的白桦和冷杉组成的。

挪威的森林之所以能够如此茂密完好，与挪威人热爱森林的习惯有很大的关系。挪威的法律规定，不管是公有还是私有，砍伐了树木之后，限期之内必须补种幼苗。挪威没有太多的像我们国内的大型广场，他们去森林，就像我们周末去广场。在闲暇时间里，人们到森林里散步，呼吸新鲜空气；到森林深处去钓鱼，采蘑菇，摘野果，增添生活情趣；或者去森林进行爬山、滑雪等各种运动，强身健体。还有一些浪漫的人，干脆就到森林里过夜。据说，在挪威森林的深处，往往可能建有那么一间小木屋，屋门口有一个信箱，过夜的人把钱投入信箱就可以住下。离开的时候，人们都会把房间打扫干净，再采上一束野花，摆放在客厅里，迎候着下一位客人。挪威人酷爱大自然，许多人都是户外运动俱乐部或协会的成员。

如果我们打开世界地图，就会发现，挪威差不多位于地球的最北部。"挪威"（Norway）一词的意思就是"通往北方之路"，传说古代北欧人来往斯堪的纳维亚半岛，有一条沿岛北部海岸而行的"北路"，故得名。挪威位于斯堪的纳维亚半岛西部，西濒挪威海，东部以斯堪的纳维亚山脉为界与瑞典相邻，北部毗邻芬兰和俄罗斯。陆地面积约 38.5 万平方千米（包括斯瓦尔巴群岛、扬马延岛等属地）。人口 450 万左右，其中 97% 为使用日耳曼语系的挪威人。

挪威王国的形成经过了一段漫长的历史过程。公元前 8000 年左右，人类开始在此活动，以狩猎、捕鱼为生。经历了新石器时代、青铜器时代和铁器时代，一些日耳曼人部落开始迁入挪威。8世纪末，处于氏族社会末期的挪威人开始渡海侵袭爱尔兰。公元911年，挪威海盗联合丹麦海盗南侵欧洲大陆，在塞纳河流域建立了诺曼底公国。1028年，丹麦克努特大帝兼领挪威国王，挪威成为"北海大帝国"的一部分。1035年"北海大帝国"瓦解后，挪威陷入了争夺王位的长期纷争动乱之中，至13世纪中叶，统一的挪威封建国家才正式形成。1380年，丹麦女王玛格丽特（1353—1412年）让她的儿子兼任挪威国王。1397年，斯堪的纳维亚联盟（又称卡尔马联盟）成立，丹麦国王成为丹麦、瑞典、挪威三个王国的君主。1814年5月17日，挪威临时行政委员会在埃兹沃尔召开国民议会，通过宪法，宣布挪威为独立的君主国，实行君主立宪制。然而独立未能实现。丹麦在同年签署的《基尔条约》中将挪威割让给瑞典。1905年，挪威议会单方面宣布解散瑞挪联盟。1905年8月31日，瑞典、挪威在卡尔斯塔德进行谈判，正式宣布废除《瑞挪联盟法》，挪威重新获得独立。

经过100多年的发展，挪威已经成为典型的发达国家，不仅风景秀丽，而且社会和谐，被国际社会公认为民主化程度最高、人民生活最舒适、社会最有活力的国家之一。目前，挪威的人均GDP已经达到4万美元，在世界各国中名列前茅；人类发展指数居世界第二位，仅次于加拿大。在联合国开发计划署2005年公布的"人类发展指数"（Human Development Index）的排行榜上，挪威连续五年高居177个国家及地区的榜首，蝉联全球最适宜居住国家的荣誉。

统计数据表明，挪威是世界上地区之间和人民之间收入差距最小的国家。2001年，挪威的东部地区、西部地区和北部地区的户均税后年收入分别为314300克朗、302600克朗和287400克朗，没有太大的差距。同年，常住人口在2000人以下的乡村居民户均年收入为256900克朗，而常住人口在5万人以上的市镇居民户均年收入为316900克朗。也就是说，大城市居民的户均年收入与乡村居民的户均年收入相比仅高出23%。考虑到城市居民消费支出大于乡村居民的情况，挪威城乡居民的实际消费水平可以说基本没有差别。

挪威的各种社会人文发展指标都名列世界各国的前茅。其中综合入学率达到100%，成人识字率达到99%，出生人口预期寿命接近80岁（女性82.22岁，男性76.15岁）。即使是在居民完全散居的乡村，服务半径在5

公里以内的文化体育类公共服务与休闲设施，就包含了综合商社、电影院、游泳池、垂钓中心、滑雪场和足球场等。

挪威的文化艺术生活比较丰富，许多艺术家都具有相当高的国际水平。尤其是著名戏剧家易卜生为我们许多人所熟悉，他的《玩偶之家》《人民公敌》等脍炙人口的作品在我们国内也有众多读者和观众。

在我们推进和谐社会建设，以及支持西部大开发、振兴东北老工业基地等政策或战略的时候，挪威是一面亮堂堂的镜子，可以让我们找到自身的不足，可以为我们展现发展的前景。

（三）在卑尔根考察世界文化遗产

挪威是一个标准的山水国家，也是一个充满崎岖地形的美丽国度。除了高山峻岭、大海湖泊，很难看到大片的平地。所以，出了这个非常小的机场，我们还得继续乘汽车往卑尔根市进发。

大约 12 点左右，我们到达卑尔根的一家名叫"川粤楼"的中餐馆，虽然是中餐馆，其实已经完全北欧化了，门口的招牌告诉人们，这里还可以喝咖啡。端出来的菜肴也是不川不粤甚至不太"中"的东西，看到旁边的外国客人一边喝咖啡一边吃中餐，简直让我们哭笑不得。

从中餐馆出发，我们用 5 分钟的光景就走到了市中心。尽管卑尔根是挪威的第二大城市，其实也只有 20 多万人口，比我们苏州最小的太仓市还要小许多，其中 10 所大学就占去不少人口。从城市中心放眼望去，就可以发现它是一座建于山丘上的城市，靠山面海，周围是高山与峡湾。卑尔根的挪威语意为"山中牧场""山城"。根据历史文献记载，卑尔根这座城市系 1070 年由国王奥拉夫三世建立的，在 12—13 世纪的时候，曾经是挪威的首都，也是挪威国王最早举行加冕典礼的地方。在 19 世纪奥斯陆崛起之前，卑尔根一直是挪威最重要的城市。

卑尔根市区濒临毕湾（Byfiord），有 7 座高山散落市区周围，故有"七山之城"之名。由于受墨西哥暖流影响而生的暖风，在山间碰上冷空气，两者交互作用，卑尔根成为多雨的地区，据说这里的年降雨日数在 201 天以上，基本上是一座细雨纷飞的港城。所以，雨伞等雨具在该城销售量颇大，也是游客到卑尔根的必备物品。在飞机上与我们邻座的老外就是卑尔根人，他告诉我们，他不喜欢这个潮湿的城市，因此一直在新加坡工作了25 年。他虽然退休了，现在还与夫人居住在新加坡。

卑尔根是著名的历史文化名城，也是北欧比较古老的城市。卑尔根的主要建筑物在港口附近，其中最著名的是北部留存的中世纪汉萨同盟时代的古老建筑，即所谓的"布里根（Bryggen）街区"。

布里根，也就是河岸岸壁之意。过去称为"德国岸壁（Tyskebryggen）"，战后便改称为"布里根"。诸多并列的小木屋可以追溯到14—16世纪汉萨同盟最繁荣的时代，当时欧洲各国对鳕鱼的需求量比较大，而卑尔根是北海鳕鱼业的集散港口，因此从同盟都市赶来的德国商人，在此大量采购鳕鱼，晒干后运到各地出售。这些房屋就是当时德国商人的住屋、仓库或办公室。

卑尔根历史上每50—100年就有一次大火，因此现在的这些小木屋基本上都是18世纪典型的民房，据说都是1702年卑尔根大火后重建的，有300多年的历史。在这排木屋的最前方，有一个屋顶上插有旗帜的建筑，据说是市内最老的建筑物，也是16世纪商人的仓库，现在已经作为汉萨博物馆（Hanseatic Museum），陈列着汉萨同盟时代卑尔根的历史文物。在博物馆门前的广场上，竖立着一块黑底白字的石碑，上面刻着联合国教科文组织的标记以及世界文化遗产的标识。

仔细打量，布里根街区并不大，100多米长的街道，60多幢老房子，这些房子多为三层建筑，狭长的窗户、陡峭的屋顶，绝大多数木制建筑都镶加了保护板，并在面向通道的一边修有外楼梯和走廊。每座建筑都有一个或两个院落，还有石砌的地下室。很多房子的木板已经斑驳腐蚀，显得摇摇欲坠的样子。走近一看，才知道有各种加固的措施。一些房子依然在做商业的用途，一些房子用作历史文物的展览与陈列，一些房子是前店后坊的艺术品加工厂，其中50多个房间现在是艺术家们的工作坊。古井、石子街、木板地，加上十七八世纪的装饰，仿佛让我们回到了汉萨同盟的时代。

在离街区不远的地方，有一个著名的鱼市场。其实，只要有大海和海港，就会有渔人码头，有鱼市场。市场不大，名声却是不小。虽然只有30个鱼摊，同时还有少数卖菜及卖花的摊位，甚至卖各种动物皮毛的摊贩，但是它500多年的历史不得不让人多了几分崇敬。渔市场贩有鳕鱼、鲑鱼、龙虾及螃蟹等，种类不多，但非常新鲜。鱼市场实施的污水处理等已经完全到位，所以显得比较整洁。

在鱼市场的北边，有一座海拔300多米的弗洛扬山，放眼望去，可以看见红顶白墙的房舍点缀在碧绿的森林之间，若隐若现；如果从山顶鸟瞰，则可以看到远处的大海碧波浩渺，游艇穿梭，白帆点点。

在鱼市场的南面，就是城市的中心——挪威奥勒·布尔斯广场。奥勒·布尔斯广场是以作曲家奥勒·布尔斯的名字命名的，并且被公众亲切地称为"蓝宝石"。这个用简洁的石料铺地的广场中间有一个巨大、粗犷的石头雕塑，表面饰以来自巴西的巴伊亚州阿苏尔山的蓝石，是广场的点睛之作。卑尔根是欧洲九大文化名城之一，洋溢着非常浓厚而独特的文化气氛。同时，由于当地居民早期与英国、德国的交往非常频繁，卑尔根人往往具有很强烈的自主意识，他们经常自称"卑尔根人"，而不是挪威人。的确，卑尔根的文化是丰富的，它不仅养育了被称作"北欧的巨人""北欧的莫里哀"的文学家路德维希·霍尔堡，产生了以挪威风光为题材、为世界创作出优美乐曲的作曲家爱德华·格里格等众多人才，还是连续变换群的创始人——著名数学家 M. S. 李的故乡。每年五、六月间的卑尔根音乐节期间，这里的格里格音乐厅都要举行盛大的音乐会，众多世界闻名的乐队和独奏、独唱音乐家汇聚这里，演绎他们精彩的乐章。

据说，卑尔根至今仍保存着许多中世纪的城堡，其中最有名的为卑尔根胡斯城堡，传说系挪威海盗王宫，建于 1261 年。此外，还有 13 世纪维京人举行宴会的霍昆厅、罗马式的圣玛丽教堂（St. Marien）、全部木结构的范托夫特教堂等，也都是比较出名的古建筑。由于时间的关系，我们没有一一细看。但是，就是这短短半天的考察，我们也足以领略到卑尔根对于历史文化遗产的重视。他们的许多做法，对于苏州古城的保护，尤其是平江历史保护区和山塘街的建设与保护，具有非常重要的借鉴意义。

（四）峡湾——冰川雕蚀的自然奇迹

在出发前，许多朋友就告诉我，北欧的风景在挪威，挪威的风景在峡湾，狂野而宁静的峡湾就是挪威的性格。

可以说，"到挪威不看峡湾乃憾事也"，正如苏东坡所言："到苏州不游虎丘乃憾事也。"匆匆参观完古城卑尔根以后，已经是下午 2 点左右。知道下一个节目是参观峡湾，我们一行的兴致顿时高了起来。因为我们知道，如果说卑尔根的布里根街区是挪威的著名历史文化遗产的话，那么，峡湾则是挪威最著名的自然景观遗产。2004 年，美国《国家地理》杂志曾经将挪威峡湾称为"世界最佳未受人为影响的自然旅游胜地"，而著名的《芝加哥论坛》则将挪威峡湾作为世界七大自然奇迹之一。联合国教科文组织发现在每年来自游览者的评比中，挪威峡湾都位居首位，2005 年 5 月，联合国教科文组织正式批准挪威峡湾加入"世界遗产名录"。而同年的 8 月 29—30 日，联合国教科文组织和挪威旅游局还联合在著名的盖朗厄尔（Geiranger）峡湾举办了全球旅游和世界遗产会议。可见挪威峡湾在世界的影响与地位。

据说，这是挪威第一处被列入联合国教科文组织的"世界遗产名录"的自然景点。之前，挪威已经有 5 处文化圣地被列为"世界文化遗产"，它们是：布里根、12 世纪的奥尔内斯（Urnes）木板教堂、阿尔塔（Alta）岩画、采矿小镇勒罗斯（Rios）以及维加群岛（Vegan Archipelago）等。挪威峡湾虽然是最晚的一个，但是"Last is best"，又是最值得去寻访的一个。

峡湾是冰川雕琢的自然奇迹。挪威峡湾就是在冰川时期覆盖在欧洲大陆北部的巨大冰川（超过 3 千米厚），在成千上万年的时间里以每一千年半米的速度侵蚀形成的。那些巨大的冰川在陆地上缓慢而有力地移动摩擦着，犁出了几百公里长的深沟，一直连通到大西洋。在冰川融化后，海水倒灌，就形成了世界上绝无仅有的峡湾风景。联想起我们前年在阿根廷看的冰川世界，我不禁在思考，几百万年以后，那里的冰川是否也会形成一个峡湾的风景呢？沧海桑田，时间是最伟大的设计师，而大自然则是最伟大的雕刻家啊！

经过一个多小时的行程，我们来到了轮船码头。下午 3 点半，我们搭乘的"峡湾一号"（Fjord 1）准时出发，开始了我们的峡湾旅行。游客不多，主要是中国人和韩国人，因此轮船分别用挪威语、英语、汉语和韩语进行广播，帮助大家认识峡湾以及峡湾两岸的风景。

通过广播的介绍以及轮船上免费分发的《峡湾与沿岸》（*The Enchanting Magic of the Fjord and Coast*）英文小册子，我们对峡湾有了初步的了解。尽管我们的游船在松恩峡湾（Sogne Fjord，也有人翻译为"松娜"）平缓地前行着，似乎与我们在太湖上泛舟没有不同，但是我们知道，挪威的峡湾之长之深，几乎是不可思议的。尤其是形成于第四纪冰川期至今已有 250 万年历史的松恩峡湾，长达 204 公里，最深的地方接近 1308 米，体积达 5400 立方千米。毫无疑问，它是世界最长、最深的峡湾。早在 19 世纪，就开始有"游客"来寻访峡湾的风景了。

据说，峡湾的四季有不同的风景。秋天的峡湾，色彩斑斓，红叶胜火；冬季的峡湾，白雪皑皑，银装素裹；春天的峡湾，新芽吐绿，一片生机。我们来的时间，正好是夏末秋初，旅游的旺季刚刚结束，夏日的茂盛与秋日的清风交融在一起，非常惬意。我们在游船上欣赏着岸边的风景，只见峡湾在群山间蜿蜒回转，一幅幅或壮观或秀丽的图画映入眼帘。一会儿是高山静泊，一会儿是森林飞瀑；一会儿是绿色牧场，一会儿是古老村庄；一会儿是白雪覆盖的山峰和冰川，一会儿是悠闲吃草的羊群与牛群。更有几百年历史的教堂孤独地注视着不断经过的游船与过客。俯览清澈的海水，偶尔可以看见海豹和海豚在峡湾中畅游；仰望蓝色的天空，时常会发现鹰和其他鸟类展翅翱翔。是的，有人曾经说过："挪威的峡湾，给人带来的不仅是视觉冲击，更准确地说是心灵的震撼。"这是一种人与自然和谐交融的天人合一的境界，也从一个侧面反映出挪威社会对于自然保护的重视。

更令我们惊讶的是，挪威政府不仅不竭泽而渔，不从峡湾收取各种费用，而且加大投入的力度，决定每年为峡湾增加 3000 万挪威克朗的资金，主要用以保护峡湾环境，增加峡湾的游览魅力。

经过 2 个小时左右的航行，我们的"峡湾一号"顺利抵达一个名叫弗洛姆的小镇。下船以后就是我们下榻的饭店——Fretheim Hotel，这是一幢三层楼高的建筑，据说已经是当地规模最大的一家饭店了。晚上在饭店用完自助餐以后，我们相约一起到小镇散步。街上空无一人，我们根本无法相信这是一个著名的旅游风景区，依山而傍水，宁静而安详，没有闪烁的霓虹灯，也没有嘈杂的叫卖声，只有一个火车站、一个旅游信息中心和几个供游人住宿的饭店。朦胧的夜色伴着阵阵凉风，一只猫的叫声，竟然打破了它的宁静。

（2005 年 9 月 19 日晚初稿于 Fretheim Hotel，

10 月 7 日修改于姑苏滴石斋）

从弗洛姆到奥斯陆的剔透之旅——北欧行之四

（一）乘高山观景火车

早餐以后，我们 8 点准时离开下榻的饭店，准备搭乘 8 点 35 分的高山观景火车。到了车站一看，谁晓得从 9 月 19 日起，挪威的旅游进入相对的淡季，火车出发的时间改为 9 点。

火车站的广场上有一座铜像，陪同人员告诉我们，这是弗洛姆铁路的建造者，也是火车站第一任站长的塑像。怀着崇敬的心情，我们在塑像前合影留念。

这时，外面的雨大了起来，我们只好到附近的信息中心躲雨。虽然这是一个 400 人的小镇，其信息中心却不亚于我们的许多城市。在这个信息中心，有供游客查询的计算机，有卖旅游纪念品的专门商店，有方便游客的洗手间，还有一个免费供应旅游信息材料的服务柜台。在这里，我竟然找到了用中文和日文出版的《在弗洛姆徒步旅行》地图，而且中文是用繁体与简体两种标明的。同时，还有图文并茂的用挪威文、英文、日文和中文等五种文字出版的《挪威缩影》。

9 点整，一阵汽笛声响了起来，我们的火车准时出发。这是一条不同寻常的铁路。从海拔 8 米的小镇一直开到海拔达 886 米的高山米达尔，虽然只有 20 公里的路程，但是它是全世界普通轨道坡度最为陡峭的火车，有 80% 的轨道坡度达 55 度角，差不多是 1 : 18 的坡度。从弗洛姆山谷，经过陡峻的山边，到达山上的米达尔高原，建造一条铁路，在 80 年前是一件难以想象的事情。20 公里的路程有 20 条隧道，隧道的长度一共达 6 公里之多。其中的 18 条隧道是人工开凿的，当时一个工人每个月只能够开凿一米左右。同时，这里又是雪崩多发的地区，为了避免经过这些经常发生雪崩的地方，在河上以及山谷的底部，工程要以交叉的方式，分三次迂回绕过雪崩的区域。让我们惊叹的是，施工人员并没有架设桥梁，而是开凿了一条隧道，使河水在铁路底下流过。

弗洛姆铁路是奥斯陆到卑尔根的铁路的组成部分，于 1923 年开始施工，1936 年基本完成隧道开凿等基础工程，1940 年 8 月 1 日临时开放，1944 年开始行驶电气火车。一条 20 公里的铁路，修建了 20 多年，我不由得想起西方有些教堂修了几个世纪的故事。是的，如果像某些盲目赶工、急于求成的工程，规定在什么时间必须完成，甚至不管建筑的内在规律，这不产生"豆腐渣工程"倒是不正常的。

也正是由于工程的特殊性和艰巨性，同时由于沿途的自然风景的美丽绝伦，弗洛姆铁路在挪威成为与峡湾齐名的旅游名胜，拥有为全世界最让人叹为观止的铁路景观。

这条铁路列车的车厢竟是全玻璃的，晶莹剔透，四周景色尽收眼底。列车缓慢地前行着，车窗外的风景也不断变换。一会儿是河水在幽深的峡谷中欢快地跳跃，一会儿是瀑布从陡峭的高山上奔腾而下，一会儿是白茫茫的冰雪世界，一会儿是绿茵茵的森林灌木。列车在一个大瀑布前戛然而止，车上的游客纷纷下车拍照留念，我们自然也没有放过这个来之不易的机会。

四五十分钟的光景，我们顺利到达米达尔车站。等候了 10 分钟左右，我们又换乘开往奥斯陆方向的火车。火车开始从高山开往平原，虽然没有刚才的风景那么壮观，但是秀丽依然，尤其是大片的湖泊及湖泊中偶尔出现的小岛，远处高山的倒影在湖水上面徜徉，近处不知名的野花在岸边羞答答地开放。一个小时多的时间，我们到达盖罗火车站，司机已经在车站等候。他告诉我们，距离目的地还要驱车 3 个小时左右。

虽然我们一行已经非常疲惫，但是挪威的森林和一路的风景还是让我们的眼睛无法抵抗诱惑。的确，这是地球最美丽的景致之一。没有城市与乡村的反差，没有"水泥森林"的恐怖，一切是那么和谐。在半路的中国餐馆用了简单的午餐后，我们继续上路。

下午 3 点左右，我们到达挪威的首都奥斯陆。为了安全的考虑，司机坚持要把行李放到饭店，所以我们过城市而不入，又开了 10 公里左右，终于到达市郊的彩虹饭店（Rainbow Hotel）。

（二）奥斯陆风情

在饭店稍事休息以后，我们开始走进奥斯陆，打量这个美丽的城市。

据说，"奥斯陆"的意思是"上帝的山谷"，但在挪威语中，它指"林间空地"。在 19 世纪 90 年代的时候，画家蒙克曾经绘制了一幅奥斯陆的城市风景，画面上的人都穿着黑色的衣服，苍白的脸色毫无生机。画家甚至称它为发"地狱之城"。20 世纪 80 年代开始，奥斯陆的文化再生现象引起了全世界的关注，随着石油利润的增加，对于城市建设和艺术的投入也开始增加，大批艺术家回国开创自己的事业。加上奥斯陆本身就是著名的风景秀丽的城市，依山傍水，既有山的伟岸又有水的灵动，既有海滨城市的旖旎风光，又有依托高山密林而具有的雄浑气势。城市面积的 75% 为森林和耕地，人均绿化面积居欧洲各国首都之冠。所以，奥斯陆很快就发展成北欧城市的典范。现在，奥斯陆已经成为挪威的首都和最大的城市，人口近 50 万，面积 457 平方公里，是挪威王室所在地和国家的政治、经济中心。

奥斯陆港还是一个世界闻名的不冻港，码头总长 13 公里，水深 20—50 米，可停泊多种类型的船只，据说全国一半以上的进口商品都要经过这里转运。同时，奥斯陆也是挪威的工业中心，工业产值占全国总产值的 1/4

以上，主要工业部门有：机械、化工、电器、冶金、建筑材料等。奥斯陆还是世界裘皮加工与出口中心之一，被誉为"裘皮之都"。另外，奥斯陆还以"世界滑雪之都"闻名于世，有许多著名的滑雪场所，如荷门克伦滑雪跳跃场等。

我们首先来到位于峡湾附近的市政厅，市政厅又被称为拉德哈撒特（Radhuset），是一幢暗红色的建筑，据说是 1950 年为了纪念奥斯陆建城900 周年而建造的。这里有直径达 8 米的欧洲最大的时钟，有许多挪威神话中的人物与象征物的造型与壁画。市政厅不仅对市民开放，也对游客开放，可惜我们到达的时候已错过了开门的时间。

市政厅的南广场有许多反映挪威劳动者生活的雕塑，据说是著名雕塑大师维吉兰的作品。沿着南广场前的峡湾走，我们登上了中世纪阿克什胡斯郡的费斯特宁城堡。从城堡上居高临下俯视大海，颇有一夫当关万夫莫开的感觉。在冷兵器时代，它的防御能力是非常厉害的，曾经成功抵御了许多海上的攻击。在第二次世界大战期间，纳粹军队占领了这个城堡，并且在老弹药仓库旁边枪杀了若干个抵抗者。战后，挪威的傀儡首相也在这里被处死。所以，附近建设了一个抵抗运动博物馆。

我们在市政厅北广场不远的一个中餐馆用了简单的晚餐后，就去参观挪威的皇宫和挪威最大、最古老的综合性大学——奥斯陆大学。皇宫与大学都在老城的中心地区，从主干道卡尔约翰大街一直往西，走到一个斜坡的尽头，就是一幢粉黄色的四层楼建筑——建筑是那么普通，完全不像我们想象中的金碧辉煌、雄伟壮观，而皇宫前的广场还是沙土地！几个头戴黑色高帽、肩扛长枪的士兵在皇宫的门口来回巡逻，在落日的余晖中显得有些滑稽。

在皇宫的正前方有一尊挪威独立后的首位国王卡尔·约翰的雕像。只见他身披戎装，跨骑高头大马，神态威武英俊，两眼炯炯直视前方，仿佛仍在指挥着千军万马。

皇宫的附近就是皇家花园，参天大树随处可见，绿色草坪间于其中，是非常难得的城市森林。

离开皇宫，我们驱车去今天的最后一站——奥斯陆大学。大学位于国家剧院的附近，是挪威最著名同时也是在欧洲非常有影响的高等学府。学校没有大门，主建筑是典型的欧式风格，三幢用白色的大理石做立柱的暗红色的楼房把学校围成了一个广场。

我们简单参观了几个有关的学院和图书馆，了解了学校的基本情况：它成立于 1811 年，现有 36000 名学生，教员 2500 名。奥斯陆大学共有法学院、社会科学院、教育学院、文学院、神学院、牙医学院、医学院等 8 个学院 56 个系，还有许多诊所、研究中心和博物馆。奥斯陆大学的科研力量比较雄厚，曾经培养了 4 名诺贝尔奖得主。奥斯陆大学的学生数几乎相当于其他大学的总和，排名第二的卑尔根大学（University of Bergen）和第三的挪威科技大学（Norwegian University of Science and Technology）拥有学生约 7000 名。另外当时 6 个比较有影响的大学分别是挪威农业大学（Agricultural University of Norway，已于 2014 年并入挪威生命科学大学）、挪威兽医学院（Norwegian College of Veterinary Medicine，已于 2014 年并入挪威生命科学大学）、挪威经济学院（Norwegian School of Economics）、挪威体育大学（Norwegian University of Sport and Physical Education）、挪威国立音乐学院（Norwegian State Academy of Music）和奥斯陆建筑学校（Oslo School of Architecture），这六所大学加起来也就差不多 7000 名学生。由于挪威高等教育基本是免费的，所以吸引了许多国外的学生。在奥斯陆大学，来自世界各地的学生大约有 2000 名。大学里讲课用两种语言，其中用英语上课的硕士课程就包括理论与人权、海事法、信息与通信技术、公共国际法、经济学、环境论与发展经济学、国际公共卫生、北欧海盗与中世纪文化、西藏语与佛教学、神学、信息系统、传媒、环境地质学、石油地质学与地球物理学、心理学、发展地理学、和平与斗争、文化与环境等 20 个学科。

据说在学校的附近还有一个小公园，是学生活动中心，里面有蒙克的著名壁画奥拉，由于天色已晚，明天还要赶路，我们就匆匆结束了参观，回到郊外的宾馆。

（2005 年 9 月 20 日于挪威奥斯陆）

用生命完成的关于生命的雕塑——北欧行之五

由于在挪威没有安排参观考察中小学的内容，早晨出发的时候请陪同人员带我们去看看中小学。他想了一会儿说：在我们今天的途中可能没有学校。车子开了一阵以后，我们看到一群似乎是高中生模样的学生，便让司机"跟踪追击"，不一会儿就拐进了一所学校。

学校的建筑很别致，以一个中心雕塑为原点，形成一个四合院形状的大楼。没有书声琅琅，倒是出奇地安静。尽管学校图书馆有许多人，但几乎听不见任何声音。正当我们好奇地参观时，来了一个警察模样的人请我们出去。我以为是学校的保安，便给他介绍我们是中国的文化教育考察团，想看看挪威的学校。谁知道他马上要我们拿出证件，同时详细询问我们的情况，似乎担心我们是来自国外的间谍。最后他告诉我们，这里是警察学校，除非经过特别批准，不允许参观。我们只好无奈地离开了校园。

离开警察学校，我们赶往今天的目的地——佛罗格纳公园。因为这里陈列着挪威著名的雕塑大师维吉兰的大量雕塑，所以人们更愿意称它为"维吉兰雕塑公园"。

维吉兰雕塑公园占地 32 公顷，以绿地、湖泊为自然背景，通过"生命之桥""生命之泉（生命之树）""生命之柱""生命之轮"四个主题，用铸铁、铜和花岗岩三种材料雕成了 192 座雕像和 650 个浮雕，栩栩如生地展现了一个人从生到死的生命旅程，反映了作者对于生命无常的理解。这些雕塑的设计全部出自挪威著名雕塑家古斯塔夫·维吉兰之手，耗费了艺术家近 40 年（1906—1943 年）的心血。

一走进公园的大门，首先看到的就是著名的"生命之桥"，又被称为"维吉兰大桥"。桥上面安放了 58 尊男女老少的铜像，他们或父子，或母子，或兄妹，或情侣；一个个神态逼真，或相拥，或嬉戏，或悲伤，或欢娱：这些青铜塑成的生灵仿佛是真人的凝固。其中最吸引人的是一个小男孩的雕塑，只见他双拳紧握，单脚站立，面部肌肉抽搐，嘴巴大张着，像是在怒吼着，似乎每个细胞都透露着愤怒。据说，这个题为"愤怒的小男孩"的作品是整个雕塑公园中唯一的一件由维吉兰亲自设计和雕刻，花了接近 30 年的时间才完成的雕塑。

走过"生命之桥"，经过一个玫瑰花园，眼前出现的是一个巨大的喷泉——"生命之泉"。从荷叶型的水罐中央源源不断喷涌而出的泉水，形成了一圈流动的水幕。六个高大的青铜巨人高举着水罐，他们有着不同的年龄和不同的表情，代表着生命的发展与周期；而不断喷涌而出的泉水，则象征着生命无休止的循环与轮回。

水池周围还有 20 棵造型各不相同的青铜大树，这就是所谓的"生命之树"。在水池的外壁上，还有精心雕琢的 60 幅浮雕，它们表现的是生命的多样性、人类与其他动物的关系。孩子们与鱼儿在一起嬉戏，女人们害怕地躲避着各种动物，男人们则与狼群英勇地搏斗。

从生命之泉拾级而上，在一个数百平方米的巨大平台上，我们看到了一个类似中国古代华表的石柱，它就是著名的"生命之柱"。"生命之柱"高达 17.3 米，直径 3.5 米，重 270 吨。柱上雕有 121 个神态各异的男女，他们扭曲的身体盘绕着石柱，情态不同，首尾相接，似乎在奋力抗争着，向着光明追寻。据说，这根柱子是由三名石匠根据作者塑造的模型，用 14 年时间雕刻而成的。

登上 35 级台阶，在中轴线最北端，便是生命系列的最后的作品——"生命之轮"，是一组环型的人物雕塑，似乎是由人形成的圆圈在动态地跳着舞蹈。整个雕塑似乎象征着人生生老病死圆满循环的过程，展现了人类世代繁衍、生生不息的发展轨迹。在这个意义上看人生，人又似乎是不死的。这个时候，我的耳边似乎响起了贝多芬的《英雄交响曲》，对于生命的思考乃至人生的态度，似乎都有了新的感受。

到奥斯陆，海盗博物馆也是应该参观的地方。古代挪威人被称为"维京人"，而说起"维京人"，就会联想到凶狠的海盗。挪威人甚至认为，海盗是勇敢者的化身，是不畏艰险、大胆进取的象征。海盗博物馆所陈列的展品基本上是从奥斯陆峡湾地区维京人的墓穴中发现的，其中最为壮观的是三艘世界上保存最完好的建于公元 9 世纪的木制海盗船。海盗船首尾细长，两头向上翘起，气势雄伟，造型美观大方。博物馆中还展示了维京人的许多出土用品，包括马车、炊具等。

在海盗博物馆的附近，还有航海博物馆、民俗博物馆等，因为要赶路，我们没有过多逗留，简单用了午餐以后就开始前往斯德哥尔摩。6 个小时的车程，我们似乎并不十分疲惫，因为车窗外面的湖光山色是那么精彩。一路上，我们不时请求下车，或者在湖边上漫步，或者在小镇上溜达，打量这个陌生的世界。

晚上 8 点左右，我们才到达下榻的 Quality Hotel，这是位于 Centralbokning 的一个工业园区，周围没有什么中餐馆，我们只好在饭店就着牛排喝点啤酒，应付着把胃填满。

（2005 年 9 月 21 日于挪威奥斯陆）

一段旅程，两种人生——再访欧洲之一

昨天（2006 年 6 月 13 日）晚上在研究室与营总、孙校长讨论"教育在

线"网站的发展问题，然后与研究生讨论论文开题的问题，回家已经很晚了。匆忙收拾了一下行囊，就休息了。

早晨 5 点半起床，简单洗漱以后就开始上网，准备向总版主请假。没想到，镇西已经在线上了。他经常在清晨"摸你"（morning），不知道有多少朋友在早晨被他"摸"过。我告诉他，我今天要出国申办世界杯啦！镇西惊诧，我说：是机器人的，哈哈。然后在"教育在线"发帖，希望 2008 年能够有"北京奥运会，苏州世界杯"的精彩。

早晨 8 点半，我们准时出发。工作人员告诉我，最近上海在召开六国首脑峰会，机场的检查非常严格，希望早一点去。所以，虽然是下午 1 点 15 分的飞机，我们还是早早往浦东国际机场赶了。

11 点左右到达机场，办完手续，吃碗面条，就到了登机的时候。因为事先知道许新海要带海门东洲小学的机器人代表团到德国不莱梅参加比赛，所以我有意等他们一起上飞机。他们是中国小学生机器人比赛的冠军队，所以由老校长与新校长共同带了三个孩子参加"世界杯"。东洲小学是我们新教育实验学校，新海是我的博士生。当中国足球还被关在世界杯门外的时候，我们的实验学校，而且是基层的学校，竟然作为中国唯一的小学代表队，参加"世界杯"的角逐，怎么不让人兴奋！这个时候，新海他们匆匆赶到了，他告诉我，在路上遇到检查，被耽误了三个小时，差一点赶不上飞机。

从上海浦东到德国不莱梅，中间要经过法兰克福转机，上海到法兰克福的飞行距离大概是 9000 公里，需要 11 个小时左右。为了打发途中的时间，我请新海把最近修订的《与理想同行——新教育实验指导纲要》的电子文本给我，我用了近 2 个小时的时间看了一遍，然后请新海一起讨论修改意见。我们从文稿讨论到新教育实验的事业，从现在存在的问题与困难，讨论到新教育未来的发展。我们相信，"帮助新教育共同体成员过 种幸福完整的教育生活"的理想一定会实现，"成为素质教育的一面旗帜，成为中国教育的一个学派"的目标也并不遥远。不知不觉，我们讨论了 2 个多小时。我开玩笑说，我们是"新教育之旅"。

正想打盹休息，苏州工业园区的一位朋友过来打招呼。她说在飞机上一直在看一本很有意思的小说《待遇》，是由肖仁福写的一本反映"官态民态炎凉世态，仕心隐心佛理禅心"的官场小说。讲的是一个叫冯国富的市委组织部常务副部长转为政协副主席以后的故事。最近几年一直没有时间看小说，我想今天可以"奢侈"一下了，正好也可以为以后"退休""转岗"做一点精神准备。因此，一本《待遇》陪伴了我飞往不莱梅的后半段时间，包括在法兰克福机场等候转机的时间。冯国富失去炙手可热的权力以后，他的人生境遇也发生了根本的改变，周围的人们开始疏远他、回避他，甚至嘲笑他、欺骗他，以往繁忙的手机再也没有人打，从讨厌的铃声变为期待的呼唤。他的心态也从志得意满到烦恼愤懑，最后走向安宁知足。

难得看小说，一看就投入。小说是小说，生活是生活，但是小说来源于生活。看完以后，似乎自己的心态也随着主人公的心态在不断调整，开始"安宁知足"了。

当地时间晚上 10 点半，我们顺利到达不莱梅机场。11 点到达下榻的 Park Hotel Bremen，办理手续，整理行囊，准备休息的时候抬腕一看，正好 12 点，北京时间早上 7 点，已经差不多 24 个小时没有好好睡觉了。有意思的是，飞往不莱梅的途中，恰巧是在新教育与"官场"的两种感觉中度过的，与我的生活轨迹是如此吻合。

躺在饭店的床上，不由自主地又想起小说作者的打油诗："有书万事足，无欲一身轻。秋高数落叶，春残听雨声。"

（2006 年 6 月 14 日清晨，写于 Park Hotel Bremen）

触摸"打开世界的钥匙"——再访欧洲之二

也许是时差没有完全调整好的原因，早晨 4 点就醒了。想起苏州广播电视报的《世界杯球迷手册》的一个题目"世界杯，我们集体失眠"，我这个非球迷，难道也跟他们一起失眠？

打开电视，似乎没有什么感兴趣的内容。索性起来写日记，与大家分享自己的所见所思。

写完日记，天已经放亮了。德国的夜似乎特别短，昨天晚上 9 点半我们从法兰克福起飞的时候，在飞机上还能够看清楚地面的风景与建筑。

打开窗户，看到饭店前面宽阔的大草坪和草坪附近茂盛的森林在晨曦中显得有些神秘。饭店门口的瑞典国旗和德国国旗以及世界杯的徽旗在微风中飘舞，旗帜下停满了不同国家的汽车牌照的车。据说，瑞典国家队就下榻在这里。

来德国以前查阅了一些关于访问城市的资料，了解了不莱梅的基本情况。不莱梅位于德国北部威悉河入海口处，不莱梅市和不莱梅港组成了一个单独的州，是德国最小的州，不莱梅市也是德国最小的三个直辖市之一，面积 404 平方公里，人口 68.4 万，规模与苏州的一个县级市差不多。

不莱梅历史悠久。在德国，它是除巴伐利亚外最早建立的一个小"国家"。不莱梅港建于 1827 年，是德国第二大港，也是欧洲最大的渔业港之一。作为德国的一个外贸中转站，不莱梅拥有世界上最大的集装箱水陆转运设备。德国的茶叶、咖啡、烟草和棉花都由此进入，并在当地加工上市。因此，不莱梅不仅是一个快速的货物转运地，也是当地经济的发动机，它的州徽就是一把钥匙——一把"打开世界的钥匙"。除了航运和造船业，不莱梅还拥有汽车、机械制造、电子及刚兴起的航空航天工业。著名的贝克啤酒也是不莱梅的重要特产。

不莱梅有许多著名的城市建筑及雕塑，如建于 1043 年的哥特式的圣彼特利大教堂、具有文艺复兴时期风格的市政厅、市政厅前矗立着的建于 1404 年的象征城市自由的光头披甲执剑的勇士及附近格林童话里的动物形象、市乐师纪念碑等。此外，不莱梅港作为德国极地考察中心，建有一座德国航海博物馆，那些在水面上起伏不定的老驳船和旧舢板很值得一看。

（2006 年 6 月 14 日写于不莱梅）

好运不莱梅——再访欧洲之三

别看不莱梅市很小，但在欧洲已经是大城市了。早在公元 8 世纪时，它是主教教区首邑，由于拥有市场特权而迅速繁荣。11 世纪时，它曾被称为"北方的罗马"。因此，不莱梅在一定意义上是一个宗教的城市。

由于今天下午 4 点国际机器人竞赛委员会正式投票决定举办城市，整个白天我们就安排了考察不莱梅大学（Bremen University）和一个历史文化小镇斯塔德。不莱梅市是一座既年轻又古老的大学城。尽管不莱梅的大学历史可追述到 200 多年以前，但今天的不莱梅大学正式成立于 1971 年。经过近 30 年的发展，不莱梅大学成为德国 63 所优秀院校之一，已拥有学生 18000 名，其中外国学生 1800 人、教授 318 名。

如同在 20 世纪 70 年代建立的其他德国高校一样，不莱梅大学是一所寻求教学与研究相结合的高校。它的教学特色即所谓的不莱梅模式，体现在跨学科性和与实践相结合的项目学期上。

不莱梅大学的另一特色是它的国际化。自 1987 年冬季学期不莱梅大学设立了首批 11 个国际化专业以来，该校现已有国际化专业近 30 个，学生 6500 人，约占学生总数的三分之一。在不莱梅大学，一半以上专业的学生要求到国外实习或学习。国外学期根据专业不同分为 1—4 个学期不等。据说，这一比例在德国综合性大学和应用技术大学中排第一位。我们在校园学生中心的圆柱形大柱子上面，看到了学生张贴的包括中文、日文、韩文、英文等 10 多种语言在内的各种广告。

学校似乎是在森林之中，一个北方的城市如此郁郁葱葱，让我们感到有些不可思议。学校的交通非常便利，有轨电车一直开到学生活动中心和教室的门口。我们看到了许多露天的水果摊和一个学生宿舍附近的幼儿园，陪同的王先生说，德国的许多女大学生是带着孩子上学的，也有一些是上学以后生孩子的，为了让她们安心，学校专门有这样的托儿机构。

不莱梅大学最漂亮的建筑是一幢建在水边的科学技术中心。它的形状像一条从水中跃起的巨型鲸鱼，又像一个巨大的贝壳，用一块块不锈钢装饰表面，远远望去，似鱼鳞在阳光下闪烁。中心的边上有一个"大西洋饭店"，看来那个不大的湖面就是不莱梅大学的"大西洋"了。饭店边上有一个方形的建筑，有许多企业家模样的人在里面喝咖啡。王先生告诉我们，这是一个产学研结合的机构。当我们准备离开的时候，在科学技术中心的门口聚集了许多中学生，看来，这里的大学科学研究机构对于中学生是开放的，或者里面本身就有科学技术的展览。

由于要赶往 100 公里以外的斯塔德古镇，考察历史文化名镇的保护工作，我们 10 点多就离开大学城上高速公路了。王先生告诉我们，古镇离汉堡更近，但是路没有从不莱梅去好走，而且今天的行程比较宽裕，所以就抓紧安排先去。

汽车大约行驶了 28 公里的时候，中国科技大学的陈小平教授来电话告急：投票的形势非常严峻，希望我们马上赶回机器人比赛的现场商量对策。我们紧急磋商，决定放弃考察古镇的计划，回不莱梅研究工作方案。11 点，我们准时到达展览中心的比赛现场与陈教授一行汇合。陈教授告诉我们，原来已答应参加今天晚上宴请的理事突然决定不来了，尤其是欧洲的理事和美国的副主席，可能都不来。怎么办？在正式投票以前，不能随意行动，否则可能弄巧成拙。因此，我们决定在比赛现场"守株待兔"，遇到理事尽可能"套近乎"。

　　但是，越是想见他们，越是看不见人影。我们只好在比赛现场到处转悠，在机器人舞蹈比赛现场，我们看到了来自中国上海的中学生，他们的机器人表演的西班牙斗牛师精彩绝伦；看到了日本大学生队的机器人地震废墟救援的表演，一双双手从废墟的各个角落伸出来，机器人要凭借他们的求生信号很快发现并且及时援救；看到了中国科技大学的学生在机器狗足球比赛中 4∶1 力挫对手；看到了东洲小学的小学生与德国小学生合作 12∶2 打败对方。

　　下午 3 点，奥地利的第二大城市在进行申办的陈述。焦急的陈教授一直等候在会场的附近，我们干脆回饭店，准备一有好消息就换好正装去会场庆祝。下午 4 点 40 分，我们的工作人员打来电话："申办成功！好运不莱梅！"

　　我立即给苏州市领导发回消息："2008，北京奥运会，苏州世界杯——我们成功申办了 2008 世界机器人世界杯的比赛！"阎立市长马上回短消息："OK，祝贺！"我把领导的问候告诉大家，大家都兴奋不已。回到比赛现场，我们正好遇到了国际机器人比赛委员会的主席浅田先生，他高兴地向我们表示祝贺，而我们也非常开心地向他表示了真诚的谢意。

　　晚上 6 点半，我们在下榻的公园饭店举行答谢宴会。国际机器人竞赛委员会的 8 名理事、2007 年美国机器人世界杯组织委员会的主席一行 3 人和浅田先生的学生应邀参加。我代表中国代表团致答谢辞，感谢国际机器人竞赛委员会对于中国的信任和对于苏州的支持，同时表示从现在起紧锣密鼓开始筹备 2008 年的机器人世界杯，并邀请他们参加今年 10 月在苏州举行的中国机器人公开赛。理事们非常开心，几乎所有的理事都发言祝贺并且提出了许多非常好的建议。答谢晚宴成了工作晚餐，中国机器人竞赛委员会主席孙教授、中国科技大学的汪秘书长和苏州工业园区独墅湖高教区的叶峰董事长也做了即兴发言。宴会持续了 2 个小时，最后大家相约：2008，苏州见！

（2006 年 6 月 15 日夜初稿，16 日清晨 5 时修改）

激情"足球秀"——再访欧洲之四

　　我在苏州市政府分管文化、体育、教育等工作。所以，按照原定的计划，在申办机器人世界杯大功告成以后，我们将利用几天的时间继续考察了解欧洲的文化、教育、体育等方面的情况。

今天的主要内容是参观明斯特大学城和观看在盖尔森基兴举行的足球世界杯。

早晨我们准时从不莱梅的公园饭店出发。从不莱梅到明斯特市约 150 公里，一个半小时就顺利到达了。明斯特是德国威斯特法伦地区的经济、文化和科学重镇，它始建于 1200 多年前，早期以宗教的教堂而闻名，现在已经是一座名副其实的大学城。

明斯特市大约有 28 万人，其中五分之一是大学生。明斯特大学拥有 100 多个专业，据说是德国最大的高校之一。它 1631 年正式建校，因为缺少资金，直到 150 年以后才正式开课。 1818 年，明斯特大学再次失去它的合法地位，原因是信天主教的威斯特法伦人反对普鲁士人的教育改革。20 世纪初，大学刚开始进入兴旺的快速发展时期，但是又因突然爆发二战而中断。经过战后几十年的努力，明斯特大学才开始发展成如今的规模。

经过城市中心的时候，我们发现这是一个自行车的"王国"。城市的每个角落几乎都可以看到自行车，大多数道路都非常适合骑自行车，甚至有些道路仅供行人和骑车人使用。有人说，明斯特的学生离开了自行车什么都干不了，他们把自行车称为"Leeze"。

之所以拥有"自行车之都"的称号，与大学本身的分散也有密切的关系。明斯特的大学虽然有一个主校区，但是它的校园是分散式的，各种设施分布在全城 200 多幢大楼里。例如人文科学系设在市中心，社会科学系设在亚湖边，自然科学系和医学系设在明斯特西区，大学医院的两个病房大楼则在新城区，许多从大学里发展起来的新兴企业也驻扎在那里——在欧洲的大学，产学研结合往往非常紧密。

我们的汽车在城市里转了一会儿，就到了明斯特大学的主校区。当我们准备在主校区附近的停车场停车时，一位工作人员马上前来说明，这是教师的免费停车场，其他的车只能在旁边的综合停车场停车。哈哈，教师在大学里还有点"特权"。下车以后，看到一座古老的巴洛克宫殿，一看就知道是学校的主建筑，大学管理部门就设在这里。门口是一个很大的辛登堡广场。我们在广场门口的草坪和石头路上漫步，似乎还可以想象它昔日的辉煌。通过主校区广场前的路，我们可以走到一个哥特式教堂和一条古老而幽静的小街。街上有大学生，也有普通的市民，一般人不知道哪里是大学的建筑，哪里是城市的建筑，你中有我，我中有你，大学与城市水乳交融，有 5 万多大学生散布在大街上、公共汽车里和图书馆里。大学是明斯特最重要的"雇主"之一和最具吸引力的地方之一，也恰恰是大学的教师与学生，使明斯特成为一座年轻而有活力的城市。我与同行的苏州工业园区独墅湖高等教育园区的董事长叶峰说，希望我们的大学园区也能够成为真正的大学与城市一体化的生态城区。

参观完明斯特大学城以后，我们便出发去盖尔森基兴看下午 3 点的球赛。下午 1 点，我们顺利到达比赛的球场，这时球迷已经开始云集了，他们或者穿着蓝白相间的汗衫，或者披着红、白、蓝三色的国旗，分别代表阿根廷和塞黑的支持者，许多人的脸上绘着国旗。因为离比赛开始还有不少时间，我们便去市中心简单用午餐。

用完午餐以后，我们回到球场。这个时候已经没有停车的车位了。盖尔森基兴是一个非常小的城市，这次世界杯之所以能够在德国众多的城市中间脱颖而出，与它的热情的球迷和一流的场馆有密切的关系。据说，这里的球迷是全欧洲最狂热的，而它的奥夫沙尔克球场更是高科技的结晶。它的球场顶部可以开启和关闭，南部的看台可以移动组合，而球场浇水的时候据说球场草坪还可以移出球场！

球场没有我们想象的壁垒森严，也没有我们想象的警察云集。管理非常井然有序，我们的票在红区第 5 排，其他入口一律不让进。大约在体育场走了 20 分钟的光景，我们到达入口处。检票人员认真检查每一个细节，让我们看到了德国人的外松内紧和严格细致。

找到位置 5 分钟以后，球赛正式开始。双方的首发阵容是：阿根廷的 1 号阿邦丹谢利、21 号布尔迪索、2 号阿亚拉、6 号海因策、3 号索林、22 号路易斯·冈萨雷斯、8 号马斯切拉诺、10 号里克尔梅、18 号罗德里格斯、7 号萨维奥拉和 9 号克雷斯波；塞黑的 1 号耶夫利奇、4 号杜里亚伊、6 号加夫兰西奇、20 号克尔斯塔季奇、15 号杜迪奇、11 号乔尔杰维奇、17 号纳吉、10 号斯坦科维奇、7 号利罗曼、8 号凯口曼和 9 号米洛舍维奇。

这是 2006 世界杯 C 组的第二轮比赛，在此之前，阿根廷首战力克科特迪瓦，全取 3 分，而塞黑 1 球小负荷兰。比赛之前，我们猜测这场比赛可能是一场硬仗，对于塞黑来说只有胜利才有机会出线，而阿根廷也想用一场胜利来率先突出重围。由于塞黑在小组资格赛的过程中以 10 场只丢一个球的好成绩顺利进入决赛圈，我们以为可能双方都不会有太多的建树。谁知道在第 6 分钟的时候，阿根廷队的萨维奥拉从左路直传空当，马克西·罗德里格斯跟进将球打进远角！ 1∶0！阿根廷队首开记录。

阿根廷的快速进球让许多人感到非常意外。几秒钟以后，场上的阿根廷球迷才开始爆发出雷鸣般的欢呼。塞黑的球迷也不甘示弱，高唱着他们的国歌，挥舞着国旗，甚至点燃了加油的火炬。由于火炬非常危险，很快被安全保卫人员拿出场外。

上半场第31分钟，阿根廷队左路再次发动进攻，萨维奥拉把球传到禁区前，坎比亚索顺势传到禁区，克雷斯波中路漂亮的后脚跟一磕，坎比亚索跟进劲射得手，2∶0！阿根廷队的球迷再次欢呼不已。10分钟以后，阿根廷队的布尔迪索后场一个长传，萨维奥拉前场将球抢断后切入禁区一脚打门，门将碰了一下，被罗德里格斯包抄破门，梅开二度，3∶0！上半场比赛，阿根廷3∶0大比分领先。这个时候，只看见著名球星马拉多纳在包厢的门口挥舞着阿根廷的国旗，跳跃不已，而观众席上的阿根廷球迷们，则随着马拉多纳的跳跃而不停地欢呼歌唱。

下半场一开场，塞黑队就做出了人员调整，2号厄尔吉奇替下了纳吉。第46分钟，米洛舍维奇禁区外大力发炮，幸亏被阿邦丹谢利果断将球扑出。第65分钟，塞黑队的猛将凯日曼在中场附近铲倒马斯切拉诺犯规，主裁判罗塞蒂出示红牌将他罚下，损兵折将的塞黑队看来是大势已去，一些塞黑的球迷也显得没有信心，开始退场。第75分钟，在西班牙踢球但是有阿根廷血统的天才少年梅西替下了进了两个球的功臣罗德里格斯。第79分钟，梅西左路突破被放倒，里克尔梅任意球直传梅西，梅西左路传中，克雷斯波后点包抄，将球打进，场上比分4∶0！这个时候，塞黑队看来已经完全失去了信心，有点心不在焉了。而场上似乎也成了阿根廷队表演的激情"足球秀"。第84分钟，特维斯左路拿球连续突破两个后卫的防守，在禁区左侧推射远角破网，5∶0！第87分钟，梅西禁区前妙传，特维斯左路打门被扑住，不久特维斯又投桃报李，梅西在禁区内劲射破门，6∶0！

阿根廷队的球迷们用人浪庆祝他们的偶像的巨大胜利，而塞黑的球迷们则无奈又愤怒地丢下火把，很快退出球场。本来我们担心球迷闹事或者足球流氓寻衅滋事，但情况却让我们感到非常意外，退场非常有序。52000名球迷，80%以上是身披阿根廷或者塞黑国旗的铁杆球迷，或开心或失落地离开了球场。出了体育场，倒是看到许多阿根廷球迷在广场或者饭店门口欢庆他们的胜利。球迷的狂热而文明给我留下了深刻的印象。

看完比赛以后，我们前往回不莱梅途中的小镇多特蒙德吃饭住宿。说是小镇，其实也不小，这里有德国著名的钢铁企业 Hoesch 公司的博物馆，有鲁尔地区最大的啤酒生产地的酿造博物馆，有欧洲最大的运河港，还有多特蒙德大学、技术公园等一大批近代的著名建筑。由于时间的原因，我们不能一一考察，在小镇的中心街区用完晚餐后，就回饭店休息了。

（2006 年 6 月 16 日晚，写于 Hillon Dortmund）

命运仅需一票之差——再访欧洲之五

早晨 8 点，我们准时从多特蒙德小镇出发，前往著名的联合国教科文组织的世界历史文化遗产地——古都吕贝克。

吕贝克位于德国东北部，距离多特蒙德小镇 300 多公里，大概需要 4 个小时的时间。再从吕贝克经过不莱梅到汉堡，又有 160 多公里，所以今天大部分时间是在车上度过的。

从多特蒙德上高速公路，沿途的自然风光非常美，绿化不是那么刻意雕琢，显得生动活泼；森林丛中若隐若现的住房，点缀得体，颇有野趣。当我对此赞叹不已的时候，陪同的王先生告诉我，这里曾经是德国著名的鲁尔工业区，污染非常严重，以至于一个德国的诗人曾经写道：这里找不到一块白色。通过几十年坚持不懈的治理，才逐步恢复了它的生态。是的，西方国家用几十年的代价和努力才得出的结论，我们不能重复走人家"先污染再治理"的老路，而必须坚持科学发展、可持续发展，才能更快更好地发展。

苏州是中国的历史文化名城，最近几年，市委市政府加大了对于历史文化名城和古镇的保护力度，正式启动了申报世界文化遗产的工作。因此，作为此项工作的负责人之一，我自然特别关注国外有关城市的相关情况。王先生说，其实，在欧洲虽然也重视文化遗产的保护，但是也没有像我们那么"大动干戈"，一切是那么自然，保护的意识已经渗透到每个人的骨髓。论中国的历史与文化，比许多欧洲的历史文化遗产城市应该丰富，但是他们的保护意识与技术要比我们先进得多。1987 年被联合国教科文组织列入"世界遗产名录"的德国古城吕贝克就是如此。

据说，吕贝克始建于 1143 年，早期属于丹麦，1226 年成为帝国自由市，由于它很少受封建制度的束缚，加上适逢商业航海蓬勃兴起，体制和区域的优势使它迅速成为当时非常有影响力的大城市，这一点与明清时代的苏州有相似之处。13 世纪起，以吕贝克为首，上百个城市联合起来组成汉萨同盟。同盟以拓展和保护商业为宗旨，拥有海上武装和金库，控制了西起伦敦东到俄罗斯诺夫哥罗德之间广大地区的贸易，曾打败海上强国丹麦。同盟总部设在吕贝克，那时候吕贝克被誉为"汉萨女王"。哥伦布发现新大陆后，贸易重心移向大西洋沿岸，波罗的海贸易锐减，吕贝克失去了它最初的优势，犹如 20 世纪初叶上海崛起以后苏州成为它的后花园。1871 年德国统一，吕贝克与汉堡、不莱梅等一起作为自由市加入帝国。1900 年，随着易北—吕贝克运河的开凿，这里的造船和机械等新型工业蓬勃发展，又给吕贝克带来了生气。现在，它以历史文化名城的品牌在全世界闻名。

一进入城市，首先看到的就是著名的霍尔斯腾门。据说，它建于 1464 年，城门上有两座庄重的塔以及圆锥形的塔顶，已经成为吕贝克甚至德国的象征，原来的 50 马克钞票上就印着这座城门的雄姿。霍尔斯腾门与中国的城墙、城门一样，最初的作用都是防御，但是自从 1478 年建成以后，城楼从未发射过一箭一弹。让人感慨的是，1863 年，当时的市议会仅以一票之微，否决了把这座已摇摇欲坠的城门拆除的建议，现在，它已经成为德国甚至欧洲最美丽的城门之一。

我不由得想起苏州城门的遭遇，当时同济大学的专家一致认为应该保护，但是行政部门决定拆除。如果当时能够躲过那一劫，苏州的城门应该比这里更壮观。

霍尔斯腾门后来经过多次维修和重建，并且作为吕贝克市历史博物馆的馆址。我们到达的时候，城门正在维修之中。这是我见到的最好的维修工地，整个古城楼用巨型的幕布包围着，幕布上面绘上了城门的摄影图画，远看上去与原来的城门几乎没有什么区别，能以假乱真。在城门前面的广场上，公示了所有的维修部门和赞助单位，甚至还介绍了维修采用的技术与材料，以及工程的详细进度。我们看到，德意志银行和霍尔斯腾门保护维修基金会是这个工程的重要赞助与责任单位。

从城门出发，经过一个小桥，就是吕贝克的历史文化街区。虽然也有许多现代的建筑，但是基本与历史建筑的风格差不多。王先生告诉我们，这里最有代表性的是市政厅广场，市政厅是德国最美、最古老的市政厅之一，建于 13—15 世纪，为砖结构哥特式建筑，巍峨壮丽；市政厅广场附近集中的 7 所教堂也是非常有特色的建筑。从街道往左拐不远，我们就到达了吕贝克的市政厅广场，广场的游客非常多，但是不像我们许多中国的游客那样匆匆忙忙，而是悠闲地在广场喝着咖啡，或者聆听舞台上钢琴师的表演，或者在广场附近的小街徜徉购物。市政厅的广场仍然是几百年前的石头建成的，除了人的装束，一切尽可能贴上历史的标签。

广场附近有一个著名的圣玛丽教堂，是一座从 1250 年开始一直建到 1350 年，用了 100 年的时间才建成的哥特式大教堂。波罗的海沿岸的城市里，有不少教堂都是以它为模板建设的。教堂门口右侧，有一个十字架的纪念碑，是为了纪念两次世界大战而建的。教堂工作人员给我们的资料上显示，1942 年的一个星期天，教堂在英军的空袭中被毁坏，两座塔底下的钟因战争破坏而陷入地面，如今依然保持着那样的状态，因此在这刻碑纪念以表达人们对和平的祈愿。1947 年重新修复以后，这个教堂一直是到这个城市访问的人必来的圣地。

教堂还因为拥有世界上最大的管风琴（共有音管 8512 根）而闻名。据说，著名作曲家和管风琴演奏家布克斯特胡德（1637—1707 年）曾在此任管风琴师近 40 年。大音乐家巴赫年轻时，曾长途跋涉 300 公里，专程前来聆听他的演奏。他十分欣赏布克斯特胡德的演奏，曾为此擅自延长了休假，到教堂去听琴声。

由于时间的关系，吕贝克还有许多值得一去的地方我们没能参观，如亨利、托马斯兄弟纪念馆（又被称为"布登勃洛克之家"）以及木偶戏剧博物馆等。但是，短暂的考察已经让我们收益非常大，吕贝克在古城保护方面的许多工作是值得我们学习与借鉴的。

下午 4 点多，我们开始从吕贝克赶往另一个与苏州有许多相似之处的城市——汉堡。

（2006 年 6 月 18 日清晨，写于汉堡 Renaissance 酒店）

异乡水乡——再访欧洲之六

6 月 17 日下午 3 点 40 分左右，我们顺利到达德国的另一个城市汉堡。

提起汉堡，不知道为什么头脑里会跳出"汉堡包"，或许大多数中国人都会有这样的"第一反应"。其实，这是两个根本没有关系的词。汉堡与苏州倒是有不少相似的地方。

汉堡（Hamburg）是德国第二大城市，人口 170 万，是一个有着一千多年历史的水城，位于易北河、阿尔斯特河与比勒河汇流处。汉堡是德国最大的商业港口，年吞吐量超过 0.6 亿吨，有"德国通向世界的门户"之称。一条悠悠的易北河从城中穿过，把汉堡一分为二。众多的河流湖泊则把这座城市分割成若干星罗棋布的小州，使汉堡成为一座典型的水乡城市，而架设在这些湖泊河流上的 2000 多座风格各异的小桥也为汉堡增添了无穷的魅力。特别是面积达 166 公顷的阿尔斯特湖，湖畔绿树成荫，湖上帆船点点，沿湖的建筑典雅高贵，景色美不胜收。虽然这与苏州的小桥、流水、人家的风景不尽相同，但是水乡的神韵是相似的。

我们下榻的饭店离市中心非常近。由于同行的团员有为同事配眼镜的任务，而德国的商店又有晚上 8 点关门的规定，我们便一同前往。王先生告诉我们，在德国，晚上 8 点以后以及星期天，商店是不允许开门经营的，否则就是不正当竞争，是违法行为。

到了眼镜店，我们真正领略了德国人的认真细致和德国职业教育的严格规范。眼镜店的每一个人分工非常明确，决不越俎代庖。技术问题是由专业技师来做的，其他人再空闲也决不插手。同事有一个以前在德国检验的存根，德国的技术人员还不满意，要求提供更为详细的个人资料，包括身高的情况、两眼的眼距等。看到如此认真的技师，我也动心了，决定也配一副，体验一下德国的服务。

检查的过程比国内要复杂得多，仅仅视力的验光，就花了近 20 分钟，在翻译的配合下，技师用不同的眼镜片反复调试，不是一看到你说清楚就结束，而是反复比较多次调试的结果才最后确定。为了防止镜片与镜框的偏差，技师为每一个人专门拍照保存档案。三副眼镜，配了整整三个小时。最后，我们准备把镜架带走的时候，技师又坚持要把镜架留下，他告诉我们，最后的装配是关键的技术，必须根据我们拍照的资料进行调试。

离开眼镜店，我们一行都赞叹不已。王先生说，这是德国职业教育的功劳。目前，德国大约只有 30% 左右的适龄青年上大学，那些不能或不愿上大学的中学生绝大多数都接受了不同形式的职业教育，其中 70% 的学生接受"双元制"职业培训。

所谓"'双元制'职业教育"，就是整个培训过程是在企业（包括各类行政部门与社会机构）和国家的职业学校进行，以企业培训为主，企业中的实践和在职业学校中的理论教学密切结合。在接受"双元制"职业培训以前，学生必须与某一企业签订培训合同，明确培训内容及双方义务等，接着在为期三年左右的职业培训中，他们每周约有 3—4 天在企业里作为"学徒"受训，余下 1—2 天则到职业学校作为学生上理论课及一些文化课。德国几乎所有的职业岗位，都要经过这样的训练，眼镜店的技师也不例外。

说到"双元制"职业培训，就要谈到德国的教育体制。德国是联邦制国家，由十六个州组成，各州在文化教育领域享有比较充分的自治和自主权。联邦虽然设立教育部，但其职责主要是管理高等教育原则问题和企业范围内的职业教育、科研及学习资助等。为保证全国教育的统一性，各州文教部长组成文教部长联席会议，共同协商各州以及各州与联邦在教育制度和教育发展方面的合作。

德国的教育体系按照时间顺序可分为学前教育、初等教育、中等教育、高等教育和继续教育。

学前教育是非强迫性的。3—6岁的儿童可入幼儿园就读，幼儿园有多种办学机构，如社区和个人等，经费由家长和政府共同承担。幼儿园不分大、中、小班，不同年龄的儿童混成一班上课，每班不超过20人。

初等教育即小学教育，一般有四个年级。主要课程有阅读、写作、算术、艺术、音乐、体育等。小学三、四年级开设有外语课，以英语为主。另外还有德育、计算机教育、技术教育、体育、环保与健康教育以及一些自然科学方面内容的教育。多数州的小学毕业生，在四年后根据学生本人成绩，由小学教师建议，分流到不同类型的中学学习。

在中等教育阶段，一般把五、六年级作为试读阶段，在读完六年级后，根据学生学习能力与成绩再做一次调整。中等教育分初中阶段和高中阶段。初中阶段教育包括三类不同中学：普通中学，学生主要接受的是"双元制"职业教育，成为技术工人；实科中学，学生有资格进入各种全日制职业教育学校，成为中级技术人员和管理人员；文理中学，学生主要是为进入高等学府深造作准备。高中阶段教育主要是实施普通教育和各种职业教育。

在高中教育基础之上实施的师傅培训和技术员教育属于继续教育阶段，国家不承认其高等教育学历，但根据国际标准可被划入专科层次的高等职业教育。

德国高等教育历史悠久，最古老的海德堡大学成立于1368年。目前全德共有高校344所左右，其中综合大学92所、师范学院6所、神学院16所、艺术学院46所、应用技术专业学院152所、行政管理学院31所，在校生约180万。

德国没有全国或全州的高校入学考试，13年制或相当于13年制完全中学的毕业生，在其中学毕业的同时即获得普通大学入学资格。按各州达成的协议，高校有义务接受所有取得这一资格的年轻人上大学。接受职业教育的学生也有上大学的机会，但必须在职校毕业后再上一年的职业高级学校，以获得应用技术专业学院的入学资格。如今，应用技术专业学院以其学制短、学习内容实用性强以及就业方便等特点吸引了许多具有上大学资格的年轻人来此就读。

我问陪同的王先生，他的孩子准备报考什么学校？他毫不犹豫地说读文理高中。这也是许多华人的共同选择。我又问：德国的高考竞争激烈吗？他回答说，远远不如国内。第一，经过"双元制"职业训练的学生就业非常容易，甚至在学校早就被"预定"了，大学生的就业就比较困难一些；第二，参加文理高中的学习是非常紧张而痛苦的，如果学习成绩比较差，会非常不适应。所以，父母往往会根据老师的建议和孩子的意愿，选择不同的学校。

从眼镜店徒步出去不远，就是一条步行街。由于是德国举办足球世界杯期间，部分商店被允许营业到晚上 10 点，街上的人还非常多。我们在足球比赛的专卖店简单采购了一些小纪念品以后，就匆匆走到步行街的西头，准备看一下汉堡的市政厅。这个时候，坐落在市政厅以西的圣米歇尔教堂（St. Michaelis-Kirche）进入了我们的视线。据说这座始建于 17 世纪、高达 132 米的教堂，是德国北部最重要的巴洛克风格的教堂，它的尖塔是汉堡市的标志。

从教堂边走 2 分钟，我们很快就到达市政厅的广场。因为汉堡是承办世界杯的城市之一，在广场临时搭建了一个信息中心。我们想进去找一些中文的介绍材料，结果非常让我们沮丧，几乎世界上主要国家的文字都有，亚洲的日本、韩国也有，就是没有中文的说明。是中国的游客不够多，还是因为中国足球又一次被挡在了世界杯的大门之外？

广场的北边是通往阿尔斯特湖的河岸，岸的左侧是一幢长廊式的建筑，临河的咖啡店有不少休闲的人；岸的右侧是参加世界杯国家的国旗，在晚风中习习飘展。河里的白鹅与广场边的鸽子，大胆地与人嬉戏着。

这个时候，已经是晚上 10 点多了，在一家德国餐厅里，我们一边啃着美味的德蹄，一边享受着电视机屏幕上精彩的足球比赛，度过了一个难忘的汉堡之夜。

第二天一早，我们在赶往机场前抓紧去了港口参观。有意思的是，这次我们的行程中，几乎每个城市都有港口。据说，汉堡港口的鱼市非常有名,每逢星期天早上,不论天气如何,赶早市的人们都会不约而至,甚至还有很多人是从柏林、不莱梅驱车赶来的。人们穿过悠悠的浮桥,来到装满海鲜的渔船上购买鲜鱼。正好是星期天,但是我们没有时间看鱼市,而是在游船码头领略这个水乡城市的另外一种风情。我们看到,两辆准备出发的游船已经坐满了来自世界各地的游客,游船的设施虽然比较先进,但是在尾部仍然有一个红颜色的大风车作为动力的象征。对岸的树木郁郁葱葱,如森林一般。远方海面开阔,许多船只的桅杆高低错落地点缀着港口的景致。

有水则灵。汉堡的港口与湖泊,让它成为真正的水乡,也让城市真正地灵动起来。

(2006 年 6 月 17—18 日写于 Hotel Sheraton 以及汉堡机场)

中国斗牛士——再访欧洲之七

6 月 24 日清晨 6 点,想起今天要回家,颇为兴奋,没有一丝睡意。起来补记昨天的日记,整理行李。

上午 10 点,离起飞的时间还有 5 个小时,我们决定再看几个地方。首先是马德里的城市博物馆,陪同人员告诉我们,他来马德里六年多,从来没有到过这里,也没有代表团要求来参观过。虽然我不分管城市规划与建设,但是我一直关心这方面的动态。苏州的规划展示馆也正在建设之中,我一直建议应该按照城市博物馆的思路进行运作。所以,在资料上看到有马德里的城市博物馆,我就建议大家去考察一下。

城市博物馆是一幢五层楼的建筑,全天免费开放。底层是一个开放式的大厅,陈列着国王和王后以及城市历任市长的照片。二层是一个临时展厅,3—5 层是城市博物馆的主体,分别陈列着马德里城市发展的图片与实物,包括城市的自来水、煤气、电力、道路、警察服装、街道、重要建筑等,内容非常丰富。甚至还有城市建设中挖掘出的各种地下文物,以及各种版本的关于马德里的历史、地理图书。我知道国外许多城市都有这样的博物馆,内容比我们仅仅展示城市建设的规划博物馆更加丰富,又更加面向大众,这完全可以借鉴。

离开规划博物馆,我们提出参观一下马德里的斗牛场。在城市博物馆里,我们就看到了斗牛场的雄伟与壮观。这是一幢巨大的圆形建筑,有点像古罗马的竞技场，是由建筑师贡沙雷斯亲自设计的新穆德哈尔式的建筑，它以红颜色的砖头为材料，四层均布满了马蹄型的拱门，拱门上部是白色的瓷砖。据说，斗牛场可以容纳近 3 万人。斗牛场的广场上有两个关于斗牛师的塑像，许多游客在这里留影纪念。虽然西班牙的斗牛有些残忍血腥，陪同人员告诉我们这些年已经有 23 个斗牛师命丧斗牛场，但是作为西班牙的文化传统，每年 3—10 月的假日和星期天的晚上 7 点，还是继续在这里上演着这个残酷的游戏，每次 3 个斗牛师必须杀死 6 头 460 公斤、3.5 岁以上的猛牛。值得一提的是，目前的斗牛师中已经有了中国人的身影——一个叫李彪的河南人。据说他精通武术，担任一名斗牛师的助手多年，在斗牛师去世以后，他终于有机会继承衣钵。

在去机场途中的卡斯蒂利亚广场，我们还特地在一个非常特别的建筑前留影，它就是著名的"欧洲门"。它由两座外形完全一致、高 115 米、倾斜角度达 15 度的塔楼组成。两座楼各 27 层，每层面积达 1170 平方米，楼顶有两个直升机的停机坪。据说，它原来是科威特王储控制的一家公司投资建设，美国的约翰·布杰建筑研究院设计，1990 年 8 月开工，但是由于海湾战争而中断了工程，后来由马德里银行接管继续建设。它曾经被评为欧洲的年度最佳建筑。

12 点左右，我们开始驱车前往机场。下午 1 点，我们在飞机场办好了手续，简单午餐以后就到候机室休息。由于好几天没有上网，饭店的上网费用又太高，真的有点想我们"教育在线"的"家"了，因此用同行人员的国际漫游"回家"了一下，处理了几封电子邮件与短消息，在"李镇西之家"给大家留言问候。因为考虑费用太贵，便匆匆下线，虽然时间很短，但是看到我们的网站，看到熟悉的汉字，还是非常开心。回家的感觉真好！

下午 3 点半，我们搭乘德国汉莎航空公司的 4425 航班，飞往慕尼黑国际机场转机回国。下午 6 点，飞机到达慕尼黑国际机场。又经过三个多小时的等候，我们终于登上了飞往上海浦东的班机——汉莎航空公司的 726 航班。

在飞机上，我突然想起，自己已经是第三次来欧洲了。第一次是 1999 年，去了德国、法国、奥地利和意大利，主要是科技考察和招聘留学生；第二次是去年，去了丹麦、荷兰、瑞典等北欧国家，主要是考察教育与文化工作；这次来欧洲，主要是申办 2008 年机器人世界杯在苏州举办，同时考察欧洲的古城与文化遗产保护工作。虽然每次目标不同，但是多看、多想、多借鉴，是相同的。我不想用纳税人的钱"游山玩水"，总希望能够对自己的工作有所参考。其实，只要我们用心去看、去思考，即使"游山玩水"之中，也能够学习许多东西。见多才能识广，古人就有"读万卷书，行万里路"的说法，现在仍然是有道理的。

对于欧洲，我印象最深刻的依然是教育。从小学、中学，基本上全面实施了免费义务教育，有些国家甚至到大学还提供基本免费的教育。欧洲的国家特别重视职业技术教育，尤其是德国，可以说是职业技术教育的典范。欧洲的升学考试远远没有我们这么激烈，固然与文化的差异有关，但是与社会的分配机制也有密切的关系，各种接受过职业技术训练的人，包括工人、农民，与接受过高等教育的人在收入分配上没有非常大的差距。同时，随时为想接受高等教育的人提供机会，也在很大程度上避免了过分集中的竞争。

欧洲的社会教育机构给我的印象更加深刻。几乎所有的城市，都有无数的博物馆、美术馆。以西班牙的马德里为例，仅仅供儿童游玩的场所就有自然科学博物馆、蜡像博物馆、城市博物馆、铁路博物馆、水上公园、游乐园、华纳兄弟公园、动物园、水族馆、冰宫梦幻天地、天文馆等二十多个，大部分是免费的。儿童们尤其是小学生，几乎有三分之一的时间是在游玩。在玩中学，是欧洲中小学教育的一个重要特点。

欧洲另外一个值得学习的地方是全社会的医疗、社会保险。所有的人，甚至是没有取得国籍的居住者，都可以享受国家为全体居民提供的保险。在巴塞罗那，韩先生告诉我，有一次他腿上生疖，打了一个电话，医院的救护车就来了。到了医院，护士用手推车送他进病房手术，自己一分钱也没有花。其实，我一直认为，对于中国目前的城乡二元结构和城市居民与农民的收入差距过大的问题，对于城市部分居民的生活困难的问题，很重要的一个对策就是解决好教育、医疗、社会保险等这些最基本的公平问题。

如此观察、思考着国外已有的探索，并努力在祖国大地上去践行，就算历经挫折也不放弃——从某种意义而言，我们何尝又不是中国的"斗牛士"呢！

经过 12 个小时的飞行，北京时间下午 2 点 50 分，我们终于顺利抵达上海浦东国际机场。苏州工业园区的同志已经手捧鲜花在等候我们。两个小时以后，顺利回到苏州。见到夫人和孩子，看到中国的文字和苏州的报纸，喝到久违的稀饭，再上"教育在线"看到那熟悉的粉红颜色的屏幕，心里又在默默地说：回家的感觉真好！

（2006 年 6 月 24 日—25 日夜，分别写于慕尼黑机场和苏州滴石斋）

追赶太阳——拉脱维亚行之一

现在已经是北京时间 0 点 45 分了。我在荷兰阿姆斯特丹的 Schiphol 机场等候转机，机场的时间是下午 5 点 45 分。

身在异邦，心在故土。中国的月亮应该已经升在天空了，荷兰的太阳还没有下山。拿出笔记本，写今天的日记，思乡的情结似乎不需要等到佳节。

早晨起床，收拾行囊，上网。看到《成都日报》《成都商报》《成都晚报》和《华西都市报》等对我在成都的讲演进行了全面报道，感慨这个城市的媒体对于教育问题的关注。其实，许多报道是记者"借题发挥"，希望为中国教育寻求良方。由城市想到人，给镇西发消息，告诉他我马上出国。

说到出国，记得第一次出国，几乎准备了半年，买东买西，忙得不亦乐乎。回国也是。现在差不多已经不需要做什么准备了，拿几件衣服，一些早就在箱子里准备好的洗漱用品，再带上两本途中读的书，就可以出发了。是世界确实变小了，还是我们的心变大了？

8 点 10 分从家里出发。这次代表团很小，除我以外，苏州工业园区职业技术学院的单强院长与陈老师，加上市政府综合四处的李处长，只有四个人。因为还要去非洲，昨天一起去打预防针，才与大家见了一面。

在去浦东机场的途中，镇西发来短消息："到哪里游荡？"

我告诉他，访问友好城市里加等。

他回答说："请代向那里的人民问好！"一种武侯中学王国领导的腔调。

我只能用一个"喳"字来回答。

12 点 55 分，乘坐 K1896 飞机从浦东机场准时出发。

事先已经为 12 个小时的旅途准备了一大包报纸和书籍。一路读来，在飞机上的时间还是过得蛮快。《走读埃及》是北京作家协会策划的游记，《深入非洲》是湖南地图出版社出版的通俗读物，两本书也很快读完了。

于是与邻座聊天。旅行是非常有意思的过程。有时候，几句话就可以与邻座套上近乎，甚至成为好朋友；有时候三言不搭两语，各自忙自己的事情，以后天涯一方，似乎什么也没有发生。其实，我一直在想，任何人都是需要朋友的，任何人都是害怕孤独的。只要你能够主动伸出友谊的手，一般会得到回馈。问候是有艺术的。有时候，你直接问人家是干什么的，叫什么名字，人家以为你是"查户口"的，可能就不会理你。而自言自语讲天气，可能会引起话题。我曾经写过一本《交往的艺术》，就这个问题做过小小的研究。

今天的邻居是一个在荷兰留学两年、工作了四年的上海人。一拉家常，还是校友。她 1993 年在同济大学读建筑，我 1994 年在同济大学读管理，曾经同时在一个校园学习过。我们谈荷兰的教育，谈世界各地的建筑，她还演示了一个她们公司在成都设计的大剧院和展览中心。看来，中国真是一个大市场，也是一个世界建筑师的梦想剧场。

一路飞行，经过了北京、乌兰巴托、西伯利亚、圣彼得堡、哥本哈根等地方，近 12 个小时的飞行。到达阿姆斯特丹的 Schiphol 机场时，已经是北京时间次日凌晨了，仍然没有睡意。

同行的小李说：我们是一路追赶太阳来的！

追赶太阳！多么有意思的意境！据说，我们即将去的埃及，金字塔的建造，也是"追赶太阳"的需要。我们新教育人晨诵最喜欢的诗，也是《向着明亮那方》。

因为追赶太阳，我们没有了睡意；因为追赶太阳，我们多"收获"了 7 个小时。

在机场，看到了一个有意思的广告：A good idea travels faster than a plane. 大意说的是，一个好的思想，走得比飞机还快。其实，学习无时不在。

在机场等候了两个多小时以后，我们在 8 点 15 分搭乘荷兰皇家航空的 K11325 班机飞往拉脱维亚首都里加。

当地时间晚上 11 点 35 分，我们准时抵达里加。机场外面的气温已经在 0℃ 以下，飘起了雪花。热情的里加市的外办主任 Viktov Buls 先生亲自在机场迎接我们。机场离城市只有 20 分钟的路程，晚上的里加显得格外幽静，特别是进入道加瓦河右岸的里加古城，更加让人感觉是回到了中古时代。古城一般不允许汽车进入，城内的汽车必须划卡交费才能进入。

零点入住 Hotel Konventa Seta，这是一家位于古城之中的酒店，三星级，基本上是国内招待所的水平，但是非常干净。

办手续，洗漱完毕，已经是当地时间凌晨 1 点。此时，祖国的太阳已经升起在东方。

（2007 年 11 月 7 日于里加）

走近"欧洲美人"——拉脱维亚行之二

早晨的古城宁静安详。由于时差关系，一直没有睡踏实。推窗望去，晨曦中的里加，仿佛是一个睡美人。一个个尖尖的教堂，似乎在述说着这个古老城市的往事。

里加（Riga）是拉脱维亚的首都。在古代，它是利弗人的居民点，1198 年首次出现在历史文献中。1201 年建为要塞城市，1282 年参加汉莎同盟——一个德国北部城镇的贸易及政治联盟，同时也成为波罗的海最重要的贸易中心。13—16 世纪，里加是立陶宛的一个重要城市。17 世纪，里加先后被波兰和瑞典统治。18 世纪，里加被俄国人占领后归属俄罗斯帝国。1918 年拉脱维亚独立，里加成为首都。1940 年并入苏联，成为苏维埃社会主义共和国联盟的一个共和国首府城市。1991 年拉脱维亚独立后，里加又成为首都。

里加是波罗的海地区最大的枢纽城市及避暑疗养胜地。据说，古代曾经有里加河流经此处，城市因此得名。里加的地理位置十分重要，它处于欧洲西部和东部、俄罗斯和斯堪的纳维亚半岛的交叉点上，其港口具有重要的战略意义，被称为"波罗的海跳动的心脏"。由于里加濒河临湖，所以又有三河一湖之称，三河指道加瓦河、列鲁巴河、城市运河，一湖指吉士湖。里加的面积达 307 平方公里，人口逾 74 万，占拉脱维亚 235 万总人口的三分之一左右。

里加与苏州两个城市有着长期的交往与合作关系。早在 1989 年，苏州市代表团就应邀访问里加，就经济、教育、文化、体育和医疗卫生方面的交流进行了商讨。1990 年，里加市政府代表团回访苏州，双方签署了友好交流意向书。1997 年 4 月，苏州市中学生代表团参加了里加市举办的第十届国际青少年音乐节。同年 9 月，里加市政府代表团参加了苏州市举办的国际丝绸旅游节。1997 年 9 月 22 日，里加和苏州成为友好城市。此后，两个城市的交往一直比较活跃。2001 年，为庆祝里加建市 800 周年，苏州赠送了一座苏州古典园林风格的亭子，而里加在苏州博物馆举行了城市风光的展览，我曾经参加了展览的开幕仪式。今年 9 月，里加市长访问苏州，参加了我们的国庆招待会。我陪同博克斯市长乘游船游览了环城风光，并且参观了国际民间艺术节。

　　8 点半在饭店吃早餐。10 点半，里加外办的 Viktov Buls 来饭店接我们，安排参观里加的古城。同时来的还有一个导游与翻译。导游是一个老人，他的胸前挂着一张名片，写着他的电话号码，同时也告诉我们，他可以用四种语言进行讲解。老人非常认真，用英语事先准备了一个里加的历史发展概况。在饭店简单给我们上了一课以后，我们就出发了。

　　首先来到饭店后面的一座老房子。房子在地面以下还有好几米，老人说，那是 100 多年以前的城市地面。再往前，就是著名的圣彼得大教堂。据说，这是里加最古老也是最高的教堂，有 137 米高。圣彼得大教堂建于 1209 年，其间多次维修，塔顶已经是第六次重新修建的了。塔顶上有一只金光闪闪的大公鸡，这就是里加有名的"风信鸡"。相传，13 世纪末叶起，风信鸡就被里加居民认为是避邪之物，后来人们把鸡身两侧分别涂上金色和黑色，以辨别风向，所以里加的许多建筑顶上，都有一只金光闪闪的大公鸡。现在，风信鸡已经成为里加市的重要标志。

　　从大教堂往右拐，就是市政府广场。老人告诉我们，广场的所有建筑，在第二次世界大战中已经全部被炸毁了，现在的建筑都是根据原来的样子重新建设的。政府大楼是中世纪的风格，白颜色的建筑，楼上有一个阳台，据说是市长与市民见面时用的。政府大楼的边上是里加技术大学，是拉脱维亚第二著名的大学。大学的建筑有 100 多幢，这里是大学的主楼，是向里加政府用每平方米 0.1 拉元租借的。

　　政府大楼的对面有一个非常特别的建筑，富丽堂皇。老人告诉我们，这是著名的"黑头楼"，建于 1334 年，曾经是里加最漂亮的建筑，是当时的工商会。据说是里加最有钱的人的子女们为了与非洲进行贸易而建造的。原来有黑人在门口站岗，所以叫"黑头楼"。现在的楼是 1999 年重新修建的，也是里加为了成为世界遗产城市而努力的成果。这里有一个非常好的音乐厅，许多著名的乐团曾经在这里演出。

　　里加是一个建筑博物馆。老人领着我们在这个铺满一块块石头的露天博物馆里穿行，讲述着每一幢楼的故事。里加的建筑大部分是欧洲 19 世纪到 20 世纪初叶的风格，尤其是新艺术流派的杰作。在造型各异的教堂中，多姆教堂以其内部庞大的管风琴闻名于世，据说它曾经是欧洲最大的管风琴。由教堂的历史可以看到城市的历史，地面比城市现在的地面要矮五六米以上，有一年里加发大水，在多姆教堂都可以钓鱼。

　　在多姆教堂的对面，有一幢 19 世纪中叶的建筑，原先是银行，第二次世界大战以后成为广播电台。老人告诉我们，1991 年拉脱维亚居民与苏联士兵在这里发生枪战，房子上面现在还有许多枪眼。

还有一座"猫楼"，据说建于 1303 年。当时的主人因为被商会拒绝加入，就在商会的对面买地建造了一幢豪华的大楼，楼顶两侧放了两只猫，猫的屁股正好对着商会。

由于时间关系，我们不能看完所有的建筑。老人告诉我们，其他有名的建筑还包括骑士团城堡、大行会会所和小行会会所、中世纪的商人住宅和仓库等。另外，里加的新城也非常美丽，坐落在风景秀丽的城市运河河湾处，绿荫覆盖，花丛处处，有"欧洲美人"之称，里加人喜欢称其为"花城"。英国作家格雷厄姆·格林在 20 世纪 30 年代游览里加时，曾经写下了"里加，北方巴黎"这句名言，现在许多人把里加称为"小巴黎"。

因为事先的约定，上午 12 点，我们到达里加市政府。离会见还有一点时间，外办的 Baiba Camane 小姐带我们参观了政府与议会的设施。在市长的会议室外面，陈列着历任市长的油画像。在大厅中央，有一个象征着水磨的雕塑水池。在政府的外走廊里，还陈列着一棵有着 3500 年历史的巨大橡树树干。12 点 15 分，里加市市长贾尼斯·博克斯（Janis Birks）先生准时会见。博克斯上个月刚刚访问过苏州，因此是老朋友了。握手，拥抱，寒暄。我们就两个城市交流的情况进行了回顾，同时讨论了今后的合作与交流问题。

里加是一个发展很快的城市。目前工业基础比较薄弱，交通方面，没有通往亚洲的航线。但是，里加的地理位置非常优越，里加国际机场 2003 年只有 10 万游客，2010 年预计可以达到 500 万人。他们正在与苏州方面研究，在国际机场的附近，建设一个科技工业园区。明年 9 月，里加有一个关于世界遗产城市的国际会议，他们邀请苏州派人参加。同时，明年 7 月，里加有大型的购物节，也欢迎苏州派代表团参加。

下午 1 点半，里加市政府在 Kalku Varti 餐厅宴请。主人是里加议会的议员，教育、青年与运动委员会的主席扎克斯先生（Juris Zakis），中国大使馆的特命全权大使张利民先生、里加外办主任格拉乌和负责国际合作的 Baiba Camane，以及翻译小卡一起参加。扎克斯先生曾经担任过拉脱维亚大学的校长 13 年，是一位著名的物理学家，现在在一家私立大学讲授哲学。他的英语非常好，所以交流的时候拉脱维亚语与英语交替使用。

中午吃饭的时候，中央电视台评论部的编导谭芸发来短信，告诉我央视新闻频道《新闻调查》栏目，将于 11 月 11 日晚上，用 45 分钟的时间报道新教育实验。应该说，中央电视台在黄金时间用这么大的篇幅关注新教育，是值得新教育人骄傲的。可惜我在国外，无法收看，不知道网上有没有视频。

下午 3 点，参观拉脱维亚历史博物馆。这是一个反映拉脱维亚 1940—1991 年"被占领"时期历史的博物馆，其意义大概也是希望国人尤其是年轻人不要忘记过去屈辱的历史。博物馆是免费开放的，讲解员告诉我们，他们为了鼓励农村和边远地区的学生前来参观，甚至还提供交通费用。在博物馆陈列着许多当时被流放到西伯利亚的拉脱维亚人的物品，让人联想起当时的情形。据说，里加差不多三分之一的人口，都被流放到西伯利亚。第一批 1.5 万人是有不同政见的知识分子。这些被流放的人，没有姓名，只有编号。一年只允许写两封信，而且要用俄语写，要经过检查以后才可以寄出。

参观完博物馆，才下午 3 点半。本来是里加政府安排休息，我觉得应该充分利用时间，所以提出去翻译小卡供职的拉脱维亚大学参观。拉脱维亚大学是拉脱维亚最大的国立大学，有 1.4 万名学生。大学建于 1919 年。我们中午见到的扎克斯先生是戈尔巴乔夫时代民主选举的校长。1991 年独立以后，大学重新更换了校旗、校歌等，也重新任命了新的校长。

拉脱维亚大学的科学研究水平比较高，每年学校的科学家要参加 500 多项科学研究，参与 1000 多个国际会议，发表 700 多篇科学论文，学生也必须在拉脱维亚大学的年度会议上进行科学研究的报告。学校的图书馆比学校的历史还长，建于 1862 年，现在拥有生物学、经济学、物理与数学、教育与心理学、法学、人文科学、化学、社会科学、地理与环境科学等图书分馆，馆藏图书超过 200 万册。

学校没有围墙。主要的办公楼在通往火车站的路上，一个小小的黑颜色的校牌，根本不会引起人们的注意。各个学院分布在城市的不同地方。我们去了小卡所就读的现代语言学院，见了学院的一位女院长，然后去小卡的研究室和学校的图书馆。图书馆有几个书架的中文书，但明显是没有规则地采购的。

由此我再次想起书目的问题。应该有一个大学、中小学图书基本书目，这是经过专家认真研究的，从历史、语言，到各个学科的基本书目。古代学者与近代学者曾经做过这样的工作，我们为什么不能努力去做呢？作为一个在西方学习中文的大学生，在学习了基本的文字语法以后，他们有什么读物呢？全世界那么多的孔子学院，配置什么图书呢？

下午 5 点，在下榻的饭店晚餐。程序仍然是西方化的，前菜，蘑菇汤，主菜和甜点、咖啡。中午的东西还没有消化，几乎没有食欲。程序化的西餐，时间也是程序化的，没有两个小时不会结束。离歌剧演出还有 15 分钟的时候，咖啡还没有上来，我们只好告辞。

晚上 7 点，里加政府邀请我们欣赏歌剧《卡门》。四幕歌剧《卡门》是著名作曲家比才的作品，作于 1872 年，剧本由梅尔哈克和阿勒维根据梅里美的同名小说改编，1875 年在巴黎初次演出。歌剧的主人公是烟厂女工卡门，她是一个漂亮浪漫而性格坚强的吉卜赛姑娘。她爱上了军曹霍塞，运用自己罕有的女性魅力使霍塞陷入情网。霍塞不但因此舍弃了原来的情人——温柔而善良的米卡埃拉，而且因放走了与人打架的卡门而被捕入狱，后来甚至与上司祖厄加少校拔刀相见，不得不离开军队，加入卡门所在的走私贩行列。但此时卡门却早已与斗牛士埃斯卡米里奥海誓山盟了。于是导致霍塞与埃斯卡米里奥之间的决斗。决斗中卡门又明显地袒护斗牛士，更使霍塞难以忍受。随即盛大而热烈的斗牛场面开始了，正当卡门为埃斯卡米里奥的胜利而欢呼时，霍塞找到了她。倔强的卡门断然拒绝了他的爱情，最后终于死在霍塞的剑下。

我们看到的演出，是用法语演唱的，英文与拉脱维亚文的字幕在剧场的上方。显然，这是经过改编的歌剧，剧情的场景也移到了古巴。这是一部以合唱见长的歌剧，各种体裁和风格的合唱共有十多首。其中烟厂女工们吵架的合唱形象逼真，引人入胜；群众欢度节日的合唱欢快热烈，色彩缤纷。剧场没有扩音设备，但是音响效果非常好，演员的独唱也非常清晰。我不懂歌剧，因此是不懂装懂地看。第二场结束的时候，已经是晚上 9 点多了。看到那些身穿礼服的里加的观众听得如痴如醉，真的非常羡慕。估计至少 11 点以后才能结束，我们就提前悄悄地离开了剧场。

（2007 年 11 月 8 日于里加）

管中窥豹见里加——拉脱维亚行之三

天气一直阴沉沉的，昨天下午太阳出来露了一下头，就匆匆地一走不回来了。就是那个太阳短暂照耀的时间，让我们看到了里加的蓝天白云，看到了里加的明亮欢快。这几天，我们是在思念太阳的日子里度过的。

时差似乎调整了，晚上睡得还可以。不过早晨还是醒得很早，5 点就起床了。上网速度仍然如蜗牛爬行般慢。读英文版的《里加指南》。

上午 9 点，我们一行去邮局，准备买一些教育主题的邮票。一无所获。在寒风中散步于里加街头，认真打量着这个还没有梳妆打扮的城市。总的说来，城市是精致的。所有的细节，包括绿化，都是经过思考认真去设计的。

上午 9 点半，乘车去里加第十一小学。出古城，沿着道加瓦河，在新城的一片住宅区中，我们找到了第十一小学。里加教育局的技术专家和学校的校长，以及两位身着拉脱维亚民族服装的学生在门口迎接我们。里加教育局的技术专家告诉我们，里加是拉脱维亚最大的教育中心，23.29 万学生分别就读于 168 所中小学，另外有 155 所学前教育机构、32 所职业学校、11 所学院和 21 所高等教育机构。其中，学前教育的孩子近 2.3 万人，教师 2700 人；中小学生 211000 多人，其中高中学生 92400 人，教师 9000 人；职业学校的学生有 16600 人，在大学和高等教育机构学习的学生达 10 万余人。里加的学校采用拉脱维亚语和俄语，也有一些采用波兰语、乌克兰语的学校。里加有六个行政区，今天我们访问的是最大的行政区，有 33 所公立学校和 7 所私立学校。

里加第十一小学建立于 1898 年，是里加历史最悠久的学校之一。它有 269 名学生，33 名教师，14 个班级，每个班级的人数 15—27 人不等。它还有一个非常响亮的名字——Andreja Pumpura 学校，校长林德（Renate Linde）骄傲地告诉我们，Andreja Pumpura 是拉脱维亚著名的文学家，学校为了纪念他而采用了他的名字。林德校长曾经也在这个学校学习过，1994 年开始担任校长。她的丈夫是学校仅有的两位男教师之一，一直在旁边充当摄影师，他同时担任学生的生活与工艺课程教师。从小学五年级开始，男生必须学习木工、机械加工等课程，女生则要学习烹饪、编织等课程。

里加的中小学实行 9 年免费义务教育。有一些地区政府还负责午餐。教师最低应该是学士学位，但是收入不高，一般工作 10 年，每周上满 21 节课的老师，每月可以有 290 拉特的收入，相当于 2300 元人民币左右。有些老师为了增加收入，每周最多可以上 40 小时的课。学校对于每个年级的上课时间有严格的要求，其中一到七年级分别是 22、23、24、26、28、30 和 32 小时，八、九年级是 34 小时。

里加中小学实行教科书免费制度。一般情况下，课本需要循环使用5年。前面提到的音乐、美术、工艺、生活、体育等专门课程，基本上在专用教室进行，教科书就放在教室里供大家使用。其他专业课程，学生的教科书向图书馆借阅。我们专门到第十一小学的图书馆看了学生使用的各种教科书，非常有启发。只要努力去做，课本的循环使用应该是可以做到的！同时，图书馆的服务非常周到，我们看到，图书馆的老师为了配合各年级的教学，准备了许多参考书目，陈列在醒目的地方。

学校的学生活动丰富多彩。为了迎接我们，学校二、三、四年级的合唱团表演了节目。校长骄傲地告诉我们，他们有90多个学生参加学校的歌舞团，在每四年一次的全国学生歌舞节上，学校都有非常好的成绩。

上午11点10分，到达里加第二十五中学。中学也是一幢四合院式的大楼，加上一个操场，占地也就是15亩左右，建筑面积6530平方米。里加教育局的官员告诉我们，这个学校是里加最普通的学校，非常有代表性。我想，如果是这样的话，苏州几乎所有的学校都比它大了，里加的学校在苏州当然就不可能评为"教育现代化"的学校啦。

校长是一个牛高马大、精明强干的女性，说话像开机关枪，走路像跑步比赛。她是历史教师出身，已经担任了15年的校长。她告诉我们，学校现在有935名学生，70名教师，12个年级。学校有一个管理委员会，由学生、学生父母和教师代表组成，每年召开4次会议，研究学校发展的重大问题。另外有教育委员会和学科委员会，研究学校内部的具体教学问题。因为年级比较多，学校有6位副校长，分别管理不同的事务。学校有四个教学计划，其中高中部有三个不同的教学计划；学校开设三门外语，是英语、德语和俄语，其中英语是必修外语。9年级的学生毕业以后，有60%的学生留在本校，其他的就读职业中学或者另外的高中。学校教师中间有21%具有硕士学位，其余基本有本科文凭。

她领着我们敲开一个个教室，看他们的老师如何上课。在12年级的一个班上，我们还看到了用中文写的欢迎标语。学校的工艺教室给我们留下了深刻的印象。女生们正在上编织课，每人带着自己的毛线在老师的指导下编织自己喜欢的东西。教室的后面是厨房用具，每一个星期，学生们还要在这里学习烹饪课程。教室边上是存放课本的柜子，学生们不需要带这些课本回家。

最后，校长别出心裁地邀请我们与学生举行了一个沙龙。参加沙龙的学生基本上是高中部的，个个能够讲英语。学生会主席通过幻灯片展示了全校学生的"全家福"，给我们留下了非常深刻的印象。学生会的秘书长介绍了学生自治委员会的基本情况，她告诉我们，学生自治委员会的目的，一是为了让学生认识更多的新朋友，二是组织学生参加各种活动，三是为老师和学生架一个桥梁。他们还主动出击，向我们了解中国学生的学习与生活状况。

中午 12 点半，里加市政府副市长卢德维奇先生和外办主任格拉乌先生在一个名叫"Lidu"的餐厅与我们共进工作午餐。餐厅全部由巨型的木头建成，具有拉脱维亚的民族特色。里面的装饰也非常有情调，一个现场制造啤酒的大车间，两个巨型的啤酒桶，特别引人注目。里加市有三位副市长，卢德维奇副市长分管教育、文化和国际交流的事务。因为上午议会开会研究明年的预算，其中有教育经费的安排，所以他迟到了十分钟。副市长告诉我，里加政府的教育预算占政府总预算的 38%，还是尽可能向教育倾斜的。在工作午餐的时候，里加教育局的技术官员还告诉我，拉脱维亚有一个国家教育监督局，对学校进行各种检查评估，是独立于教育行政部门以外的。

下午 2 点，我们从新城区赶回老城，考察里加技术大学。里加技术大学的总部是一幢绛红颜色的大楼，坐落在市政府广场的一侧。里加外办的工作人员告诉我们，大楼是向市政府租借的，每平方米象征性收 0.1 拉特。

里加技术大学的校长 Lvars Knets 先生在他的办公室接待了我们。他骄傲地告诉我们，里加技术大学是里加第二大大学，有学生 17000 人。大学建于 1862 年，以理工学科见长。大学有 140 多幢建筑，这里的主建筑是学校的总部。大学有八个学院：建筑与城市规划学院、城市建设学院、计算机科学与信息技术学院、能源与电力工程学院、电子与通信学院、工程经济学院、材料科学与应用化学学院、交通与机械工程学院。学生分公费生与自费生两种，其中公费学生 6705 人，自费学生 8523 人。学生中间有拉脱维亚国籍的是 15228 人，其中来自里加市区和里加其他地区的分别是 5384人和 1176 人。在 1043 名教师中间，教授 121 人，副教授 96 人，助理教授210 人，讲师 205 人，助教 67 人，研究员 344 人，研究助理 102 人。

自费学生的学费比较高，每年 2000 美元左右，其中工程专业的学生最高达 5000 美元。硕士生学费是本科生的 1.5 倍，博士生是本科生的 3 倍。

在探讨苏州工业园区职业技术学院与里加技术大学合作的问题时，校长表示目前有两个大的困难：一是里加的产业结构问题，随着拉脱维亚的独立，整个国家的工业瓦解了，以前为苏联服务的行业基本没有了。没有了工厂，理工科的学生连基本的实习都非常困难，现在里加技术大学的学生实习，经常是被送到德国、瑞典等国家，教学的成本非常高。二是里加技术大学没有中文系，教学语言以拉脱维亚语为主，也有少量的英语课程。外国学生的语言是一个大问题。但是，校长还是对于苏州工业园区职业技术学院表示了浓厚的兴趣，尤其是非常羡慕苏州的工业基础。

会谈结束以后，校长还带我们参观了学校的荣誉长廊，其中有学校聘请的世界各个国家的著名教授名单，有在奥林匹克运动会上取得金牌的学生名单，有在全国获得各种奖励的优秀教师的名单，有学校历任校长的名单。其实，这就是一本浓缩的图文版学校发展历史。

下午 3 点 20 分，我们特别去看望了苏州在里加建设的一个苏州风格的亭子。凉亭坐落在 Kronvalda 公园内。Kronvalda 是拉脱维亚著名的文学家，这个公园是为了纪念他而修建的。而这个凉亭，则是 2001 年为了纪念里加建城 800 周年，由苏州市政府赠送的。园内古木参天，凉亭在这里还是比较协调的。美中不足的是，凉亭没有一个名字，亭子的圆柱上没有对联，这样就大大降低了它的文化含量。如果请书法家写两副对联，用烫金的工艺把书法刻在圆柱之上，一定会为里加增添一道文化的风景。

看完了亭子，我们去里加的中心邮局，继续寻找教育主题的邮票。结果仍然让人失望，里加竟然没有发行过教育方面的明信片。在二楼的纪念邮票柜台，我总算勉强找到了几张可以称为教育主题的首日封，特别是一张"儿童游戏"的邮票和一张读书主题的首日封，多少填补了我收藏的教育主题邮票的空白。

下午 4 点半回饭店休息。陪同了我们两天的翻译小卡和里加外办的 Viktov Buls 与我们深情告别，他们的敬业精神给我们留下了深刻的印象。

晚上 5 点半，我们应邀来到中国驻拉脱维亚大使馆。大使馆的张利民大使、杨建中参赞和周毅武官陪同我们共进工作晚餐。在使馆，有了回家的感觉。回想这一天走访的小学、中学、大学，虽是管中窥豹，但对于拉脱维亚这里的教育以及这个国家，也有了更加深刻的认识。

（2007 年 11 月 10 日于里加）

活着——拉脱维亚行之四

早晨 5 点 10 分，里加政府的车准时接我们去机场。20 分钟不到，就到了机场。办完手续，6 点 35 分，我们乘坐的 K11320 航班准时起飞。目的地又是阿姆斯特丹国际机场。

在飞机上仍然没有睡意。开始读余华的《活着》。这是从儿子的书架上临时取的书。早就听说这是一部非常深刻的写苦难的书，儿子也在书上做了一些批注。没有想到，它会如此吸引着我，几乎是两个多小时一口气读完的。

故事并不复杂。讲的是一个农民的苦难史，讲述了一个叫作福贵的人，如何从一个富家子弟，输光了家产成为穷光蛋；如何经历一次次失去亲人的痛苦，从儿子有庆、女儿凤霞、女婿二喜，到妻子家珍、孙子苦根，所有的亲人都先他而去。余华在韩文版序言中说，这本书其实讲的是一个人和他命运之间的友情，他们互相感激，又互相仇恨。他们谁也无法抛弃对方，又没有理由埋怨对方。它讲的是一个中国的农民，如何用一根头发去承受三万斤的重量。更重要的是，它告诉我们："人是为了活着本身而活着，而不是为了活着之外的任何事物而活着。"

读这部小说的时候，一开始有点责怪余华的"残忍"：为什么把这些苦难全集中在福贵一个人身上呢？仔细琢磨，慢慢地就会理解作者，他是想证明，一个普通的灵魂到底能够走多远，一个平凡的意志到底能够有多么坚强。

是的，生活就是这样，活着就是硬道理。当龙二被枪毙前说"福贵，我是替你去死啊"的时候，我们可能就会对福贵因为赌博把家产输给龙二，产生既愤恨又同情，甚至欣慰的感觉。而当福贵在亲人们一个个离开的时候说："我有时候想想伤心，有时候想想又很踏实，家里人全是我送的葬，全是我亲手埋的，到了有一天我腿一伸，也不用担心谁了。"能够从苦难中慰藉自己，能够从坏事中看到好处，这就是福贵的生活智慧。所以，他在看尽了世事沉浮以后感叹地说："做人还是平常点好，争这个争那个，争来争去赔了自己的命。像我这样，说起来是越混越没有出息，可寿命长，我认识的人一个挨一个死去，我还活着。"

读完小说，飞机也正好降落在阿姆斯特丹国际机场。不知道为什么，想起了"教育在线"的两位网友。他们曾经是那么幸福,一夜之间就恍然处在两个世界。我给这位朋友发去了短信:活着就好!最美丽的是生命本身!

记得前几年去南美的时候,我曾经写过一篇《把今天看成最后一天》的小文,感叹飞行的不确定性和人生的无常。在长途旅行的时候,总会有许多生与死的思考。

在阿姆斯特丹的机场,又看到了这样一句英语:"If you have no time to think, you think——let's talk about your future."是保险公司的广告语。其实,这也是在提醒我们生存的意义。我经常在想,应该怎样为我们的新教育,找一句精彩的广告宣传用语呢?

上午 11 点 20 分,在晚点一个小时以后,荷兰皇家航空的 K1565 航班开始起飞,又是一次漫长的旅行。近 8 个小时的飞行以后,晚上 9 点,我们终于顺利到达肯尼亚的首都内罗毕(Nairobi)。从飞机上走下来的时候,又想起了余华的小说,活着,就是最快乐的事情了。

机场的效率不高,办完所有的手续,已经是 10 点多了。来接我们的董先生坚持带我们去了一家江苏饭店接风,说来奇怪,在中国餐馆吃饭,我们的胃一遇到家乡的饭菜,就被俘虏了。我开玩笑说:"胃是最爱国的啦!"众人皆笑。吃完饭已经是晚上 11 点多了。

11 点半左右,我们到达 Safari Park Hotel,这是一家韩国人开的酒店,绿树成荫,鲜花盛开,仿佛置身在花园之中。可惜我们夕至朝发,没有时间从容地观赏这里的风景。

晚上 12 点,躺在酒店的床上,心里还在想着余华的小说。我非常赞成他曾经说的话,作家的使命不是发泄,不是控诉或者揭露,而应该展示高尚。这种高尚是对于人间一切事物理解之后的超然,是用同情的目光看待世界。其实,一部好的作品,应该是能够让人思考的作品,让人对于这个世界看得更深刻的作品。人在一定意义上是宿命的。每一位亲人和朋友的离去,总让我们感叹生命的无常。但是,如何把握好生命的每一天,如何让自己活得更有意义,这是我们在感叹"活着真好"的同时,应该努力去思去行的。

(2007 年 11 月 11 日于内罗毕)

第四章　两个世界——肯美教育手记

把肯尼亚与美国放在一起，有些不伦不类。这是因为在国外考察手记中，这两个国家相对写的内容较少，难以独立成章。其实，当时去肯尼亚是接着拉脱维亚的，拉脱维亚的考察手记放到欧洲部分了。关于美国的考察手记，则是我在 2010 年 7—8 月在哈佛大学学习时，完成的学习小结中的主要内容。一个是相对贫困的非洲国家，一个是世界上最富有的国家，放在一起比较一下，也不无价值。

为了穷人的好学校——肯尼亚行之一

早晨 4 点 50 分起床。整理了走访里加的教育手记，读《深入非洲》。

早晨 7 点，开门呼吸新鲜空气，一只大狒狒竟然旁若无人大摇大摆地跑进了我的房间。正在我担心它的破坏行为时，大狒狒突然闪电般地逃走了，原来是它觉察到饭店的保安已经来到门口。在肯尼亚，与动物这样亲密接触的机会实在是太多太多。

上午 8 点出发，离开纳库鲁国家公园，返回内罗毕。从下榻的酒店到公园的门口，整整开了 35 分钟的时间，可以想象公园的辽阔。一路上，仍然有许多动物的风景，但是忙于赶路的我们，已经没有时间停下来欣赏了。

沿途在修路。司机阿费里德告诉我们，由于议会否定了砍树修路的计划，只好把原来道路上的绿化全部保留，在原来道路的边上另外修建一条道路，今后可能是老路与新路作为双向的交通道路了。

今天的重要活动是考察肯尼亚的教育。事先做了功课，了解了肯尼亚以及肯尼亚教育的基本情况。肯尼亚是非洲东部的一个重要国家，面积 52 万多平方公里，人口 3150 万。据说，这里曾经出土过 250 万年前的人类头盖骨化石，因此被认为是人类可能的发源地。公元 7 世纪的时候，肯尼亚东南沿海已经形成了一些商业城市，15—19 世纪，葡萄牙和英国殖民者相继进入，1920 年成为英国的殖民地。1952 年开始，肯尼亚爱国武装组织"茅茅"运动领导人民开展了大规模的争取独立的武装斗争，1963 年 12 月 12 日正式宣告独立。

肯尼亚政府比较重视教育，教育预算支出占财政预算经常项目支出的30%。学校教育采取"8—4—4"学制，即小学 8 年、中学 4 年、大学 4 年。据联合国开发计划署的调查，肯尼亚的受教育率大约为 75%，现在有文盲和半文盲 400 万人左右。肯尼亚最大的学校是内罗毕大学，另外，莫伊大学、肯雅塔大学、埃格顿大学等也比较有影响。肯尼亚还拥有 30 个职业技术培训学校、3 所技校和 12 所私立大学。2003 年 1 月，肯尼亚新政府上台以后，开始实施免费小学教育。由于教育基础比较差，据说在实行免费小学教育的时候，政府要求学生父母自己带课桌椅到学校，帮助政府解决财政的困难。

上午 9 点多，我们到达了一个友谊中心幼儿园（Friends Centre Nursery School）。这是一个由教会创办的私立幼儿园，园长的名字叫奥曼荻（Denta Omandi）。这所幼儿园的宗旨是办成"为了穷人的好学校"（The good school for the poor），其实这个宗旨，又何尝不是所有教育人的心声呢！幼儿园接受 3—6 岁的孩子，其中 3—4 岁的小班有 30 个孩子，4—5 岁的中班有 43 个孩子，5—6 岁的大班有 22 个孩子。幼儿园建于 1975 年，现有教师6 人，管理人员 3 人，分半日制和全日制两种。其中半日制的学生每学期（三个月）学费（含午餐）1500 先令。作息时间是从早上 8 点到下午 4 点。

我们分别参观了大中小班的四个教室。首先看的是 5 岁的班级，教室基本没有多少教具，只有老师自己手绘的六个动物。我分别考问孩子们，他们都能够准确地用英语说出来。黑板上写着"今天是星期四"的英文，另外还有一些数学的加减法题目。感觉似乎知识性的教学比较多，而游戏性的活动比较少。在 3—4 岁的小班，孩子们非常拥挤地在一个小教室上课，老师用破的化肥口袋做了不少教具，虽然显得非常寒碜，但是毕竟增添了许多色彩。在 6 岁的大班，孩子们用英语唱起了《我很幸福》的歌曲，让我们感慨万千。

奥曼荻园长告诉我们，公办幼儿园的资源远远不能满足需要，而且许多公办幼儿园的班级人数太多，所以就有许多私立的幼儿园出现。

下午 1 点 45 分，我们一行来到位于内罗毕大学内的孔子学院。学院在大学一幢教学楼的三楼，早已等候在这里的刘凤臣老师接待了我们。刘老师告诉我们，这里的孔子学院是非洲第一所孔子学院，是与内罗毕大学和天津大学合办的。天津大学的萨德全教授担任院长。教育部每年拨款50万元人民币左右，学生每学期（三个月）收费25000—30000先令。学院开设的课程有汉语言、中国书画、烹饪、中国文化等。学生的学习热情非常高，第一届毕业生92人，许多人刚拿到毕业证书就被跨国公司聘用。

刘老师自豪地介绍，去年（2006年）胡锦涛总书记曾经访问过这里的孔子学院，那位用汉语致欢迎辞的姑娘，已经在天津大学留学；而那位为总书记写"中非友谊长青"的书法的学生，正是他的得意门生。胡总书记与孔子学院的学生们一起唱《好一朵茉莉花》的情景，他们至今难忘。

我们参观了孔子学院的授课教室、多媒体教室、语言实验室和图书馆。其中语言实验室是中方建设的，设施比较先进。授课教室比较大，可以容纳100多人，但是课桌椅显得比较破旧。多媒体教室正在上课的，是内罗毕大学的其他课程。在教室与走廊里，我们看到了许多关于中国文化的招贴画。应该说，在非洲，孔子学院能够办到这样，已经非常不容易了。但是，我想全世界的孔子学院应该向德国的歌德学院学习，应该有统一的管理模式，统一的教学配置，统一的文化氛围，统一的课程体系。

参观完孔子学院，我们接着去参观内罗毕大学。内罗毕大学有许多校区，孔子学院所在的校区是人文学院所在的校址，是市中心的主要校区之一。我们来到校区的办公室，只见墙上写着学校的价值观等内容。

学校的核心价值观是：做有责任心的公民；良好的企业管理模式；学术领域自由思想；追求卓越与职业技能；团队精神，创造与革新，适应变化的能力。

学校的使命是：成为学习和学术研究中心，为学生追求学业发展、职业发展、成就人生、成为有责任心的国际公民做准备，通过科研、创造性的工作和学术活动使学校处在知识的前沿，推进理论联系实践的文化氛围，为社会、经济和文化的发展做出贡献，通过智力性的成果提高肯尼亚以及全世界人民的生活质量。

学校的愿景是成为世界一流的非洲大学，拥有一个致力于促进研究领域的学术成就及追求卓越的学术共同体。

我们与人文学院的负责人进行了简单的交流，知道内罗毕大学的历史可以追溯到1956年，最初被称为皇家技术学院。1961年成为东非第二大学院，改名为内罗毕皇家学院。1964 年，又改名为内罗毕大学学院。1970 年，内罗毕大学学院成为肯尼亚第一国家大学，最终定名为内罗毕大学。

内罗毕大学共有六个校区，它们分别是：农业科学、建筑工程、生物与物理、教育、健康科学和人文科学校区。在这些校区中又拥有 13 个学院，如农业学院、艺术学院、教育学院、继续与远程教育学院、医学院、环境学院、管理学院、工程学院、法学院、物理学院等。这些学院的院长大部分都是在国外著名大学取得博士学位回来的，有着深厚的学术背景。因此，内罗毕大学的国际学术交流比较活跃，已经建立了 100 项国际学术联系与交流项目。大学有学生 36000 人，其中研究生 7000 人。教师 1330 人，其他教职员工 4000 人。从建校以来为肯尼亚培养了 90000 多人。

从内罗毕大学出来，我们来到位于市中心的城市广场。在城市广场的中央，耸立着被肯尼亚人民称为"国父"的第一任总统肯雅塔的青铜塑像。在塑像的左侧，是著名的肯雅塔国际会议中心。这是一组现代化的公共建筑群，由大会堂、宴会厅和行政大楼组成。被称为"蘑菇厅"的大会堂是按照肯尼亚的马赛民族的传统茅屋形状设计的，远远看去就是一朵大大的蘑菇。边上的圆柱形的高层建筑，楼顶是飞碟形状的设计，最高层是一个旋转式的餐厅。目前，这个会议中心已经成为内罗毕的地标性建筑。据说，肯雅塔国际会议中心的利用率非常高，因为肯尼亚是许多国际组织的成员，联合国环境规划署和联合国人类居住规划署等许多国际组织，都把总部或者办事机构放在这里。塑像的右侧，是内罗毕市议会的办公大楼，是白颜色的英式建筑，庄严而大方。塑像的正前方，则是国会的议会大楼。整个广场非常协调、流畅而美丽，是我们在肯尼亚看到的最有特色、最有城市特点和现代气息的建筑群。

走出城市广场，我们漫步在内罗毕的街头，心里开始发凉。先是去国家邮政大楼，竟然找不到一枚与教育有关的邮票。大楼的门口写着"闲逛者免入"的警告，让我们有一些紧张感。然后我们找网吧，几天没有上网，心里一直想念着"教育在线"的朋友们，想念着新教育小学的老师与研究中心的同事们。在这个肯尼亚最大的网吧中，我们用了近 15 分钟的时间，也没有打开一个中文网页。但是，网络电话倒算方便，我们花了 35 肯尼亚先令（不到 5 元人民币），竟然打了 3 个国际电话。在门口等候的时候，几位乞丐不停地来要钱物，这让我们有点恐惧。

晚上 7 点半，在 Safari Park Hotel 吃非洲烧烤。黑人的小乐队同时为我们表演肯尼亚的民族歌曲，欢快的《肯尼亚欢迎你》等歌曲，让我们陶醉其中，情不自禁地，我们也走上舞台，随着音乐的节拍扭动起来。烧烤的内容也是非常丰富，从猪肉、牛肉、羊肉、鸡肉，到鹅肉、鳄鱼肉、鸵鸟肉、骆驼肉，其实我们最习惯的还是普通的肉类。

晚上 9 点开始，大型的歌舞表演正式开始。具有非洲风情的演员们，在 55 分钟的节目中，充分演绎了非洲的激情与野性。最高潮的是那些具有中国杂技和中国武术元素的表演，几乎是把中国杂技与武术的许多套路原封不动地搬了过来，而且他们的动作似乎更加敏捷、干净、利索。跳绳、钻圈、叠罗汉，做得不亚于国内的专业演员。董先生告诉我们，这些演员是在中国经过正式培训的。

晚上 10 点半，我们返回下榻的饭店。11 点休息。

（2007 年 11 月 13 日于内罗毕）

富人区与贫民窟——肯尼亚行之二

早晨 5 点 50 分起床，写博客，继续读《深入非洲》。有时候，急用现学，活学活用，还是非常有效的学习方法。

早晨 7 点去拉马达饭店（Lamada Hotel）的商务中心试运气，看看能否上网。在纳库鲁的时候，饭店的商务中心每分钟需要 50 先令，实在太贵，又担心速度太慢，所以一直不敢花这个冤枉钱。今天运气不错，工作人员很快过来，让我连接上网线和电源，很快地我回到了我的精神家园——"教育在线"。首先迫不及待地看了干国祥转发的中央电视台《新闻调查》的《心灵的教育》的专题片的文字稿，我为我们的团队而感动。然后到自己的博客上面补发了两篇日记，第一篇《追赶太阳》有许多朋友看帖跟帖，他们一直在关注着我的行踪。然后上新浪网看新闻，再上百度搜索有关主题，发现在外交部的网站上已经全面报道了我们一行访问拉脱维亚的情况。最后再接收邮件，处理了几封急需处理的电子邮件。

上午 8 点半用早餐。早餐在饭店大堂的后侧，在一个小山坡的旁边。这里似乎是一个野生动物园，松鼠旁若无人地在我们的脚下窜来窜去，猴子在树枝上面跳上跳下，小鸟在丛林中间纵情歌唱。用完早餐以后请小陈老师帮助去结上网的账，竟然发现给我们免费了。

真是一个美丽的早晨！

上午 9 点 45 分出发去凯伦故居博物馆。这个时候，虽然内罗毕交通最拥挤的时间已经过了，但是我们还是体会到交通的不畅。驾驶员阿费里德努力赶时间，绕了一个好大的圈子，才避开了拥挤不堪的街道。在这样一个没有红绿灯、没有警察管理交通的城市，怎么可能有顺畅的交通呢？

坏事变好事。因此，我们有幸看到了非洲第二、肯尼亚最大的贫民窟。在占地只有 2 平方公里不到的地方，黑压压地布满了临时搭建的小棚子。董先生告诉我们，这片弹丸之地，竟然居住了 70 万人！这里没有水，没有电，没有下水道，没有任何城市的基础设施！这个贫民窟的名字叫"基巴拉"（Kibera）。据说，去年韩国的两个传教士到这里布道施舍，竟然被活活打死！

离贫民窟不远，就有许多漂亮的建筑，这些建筑既有花园式的别墅，也有气派的公寓。这样的建筑差不多占了内罗毕城市 50% 的土地。在这 50% 的土地上，我们根本想象不出，近在咫尺，还有如此贫穷的难民。

上午 11 点左右，我们终于到达了凯伦故居博物馆。博物馆位于凯伦区，这里是一个白人居住区，以凯伦的名字命名。

今天的凯伦故居"凯伦庄园"静悄悄的，几乎没有什么游客。据说，1985 年电影《走出非洲》一举获得奥斯卡 7 项大奖以后，吸引了成千上万的非洲迷来到这里参观。《走出非洲》是根据丹麦女作家凯伦的同名小说改编，也是在她生活了 17 年的庄园中实地拍摄的。现在，我们依然能够感觉到昔日的生活场景：几棵参天大树让我们还能够想象这里曾经是非洲原始森林的一个部分，绿黄色的草坪上展示了凯伦曾经在这里使用过的老式割草机、拖拉机等工具，红顶白墙的别墅，恍然觉得这里是一个真正的世外桃源。凯伦夫人曾经说，她这里可以举办 1500—2000 人的大型非洲舞会，看来是绰绰有余。

博物馆的讲解员告诉我们，凯伦是出生于丹麦的一个富家女，她美丽、聪颖、性情深沉、感情丰富，但虚荣心较强。为了博得一个男爵夫人的称号，她远离故乡来到肯尼亚，去寻找在这里定居的表哥、瑞典男爵布罗·布里克森，并和他结婚。1917 年，他们在这片非洲的原始森林中选择了现在的凯伦庄园这块风水宝地，当地的黑人雇员在莽莽林海中辟出了 6000 英亩土地，作为以种植咖啡为主的庄园。凯伦的贵族丈夫布罗是个不务正业的浪荡子，终日热衷狩猎和玩弄女人，因此婚后的凯伦生活得并不幸福。有一次，凯伦在行猎中，遇到一头猛狮，险被吞噬，幸得一名叫芬奇·哈顿的青年男子营救。寂寞、空虚的凯伦对他一见倾心，两人经常结伴狩猎，有时还露宿林中。后来，凯伦的丈夫因为负债累累离家出走，他们名存实亡的婚姻以离异而告终。凯伦开始一人独自经营庄园，1930年，她惨淡经营的咖啡园遭到火灾，几乎烧成灰烬。同时，她心爱的好友芬奇因驾机失事坠入山谷而丧生。在经济和感情的双重打击下，凯伦满怀哀怨惆惘地离开了她喜爱的非洲。回到丹麦以后，她把自己的亲身经历写成了《走出非洲》一书，秀美而深沉的文字感动了许多读者。而根据这本书改编的同名电影，更加展示了非洲壮阔野性的一面。

据说，电影获得了奥斯卡大奖以后，丹麦政府出资购买了这个故居，赠送给肯尼亚，肯尼亚则把它建设成为凯伦故居博物馆，供人们游览参观。故居基本上是根据凯伦当时生活的原貌陈列的，里面的物品、家具多数是凯伦曾经使用过的，部分是拍摄电影的时候留在这里的，老式的留声机、浴缸、咖啡壶、亚麻布的床单、带头的狮子皮地毯、书架上发黄的旧书，都在诉说着凯伦的故事。故居后面的花园，同样非常开阔。

看完凯伦故居博物馆，想着内罗毕城市中间富人区与贫民窟的巨大反差，我更加感觉到中国政府提出科学发展观与建设和谐社会的意义。

短暂的肯尼亚之行就要结束了，我们在这里吃最后一顿午餐，在印巴区的一个中餐馆江苏饭店，老板是江苏宿迁人，讲一口流利的英语。四菜一汤，虽然简单，我们还是吃得非常满意。

下午2点20分，我们到达了内罗毕国际机场，准备搭乘肯尼亚航空公司的KQ0320航班飞往埃及首都开罗。办完手续，到达候机处。登机牌上写着，我们是在8号登机口，下午4点15分关闭登机口，我们到服务柜台确认，也是这个结果。所以，我们在下午4点前就乖乖地检票进入候机室。但是，没有想到，一直等到下午5点，登机口也没有关闭。到了5点20分起飞的时间，也没有任何动静，没有任何关于飞机延误的说明。一直到晚上6点10分，才通知大家登机。

上了飞机，知道这是一次六个小时的飞行，所以就安心地休息了。没有想到，晚上9点左右，飞机着陆了。我们以为是外办工作人员把时间搞错了，稀里糊涂准备下飞机。走到机舱门口觉得不对劲，随口问了一句：这么快到埃及了？服务员告诉我们，这是苏丹。刚才广播的时候，我们都睡着了，差一点误了大事。但是，肯尼亚航空公司的服务水平，也让我们再次领教了一番。

飞机在苏丹的机场停留了 45 分钟以后再次起航。又是两个小时的飞行。开罗时间晚上 11 点 30 分，飞机终于到达开罗国际机场。接我们的是穆罕默德（Mohmmed Lbrahim Saied）和他的朋友，穆罕默德的中文名字叫"大海"，非常聪明伶俐的一个小伙子。他告诉我们，我们下榻的酒店是一个老饭店，建于 1846 年，就在尼罗河的旁边。如果我们有什么愿望，等一会儿到了酒店以后，就可以对着尼罗河诉说，明天早晨，我们的愿望就会变成现实。我们知道这是笑话，但还是为大海的机智而开心。大海还告诉我们，他有一个女朋友，是中国成都的一位姑娘。他的手机和钱包中间，都有这位姑娘的照片。他准备在埃及举行穆斯林的婚礼以后，再到中国举行一次婚礼。

半个小时的时间，在大海机关枪一般的介绍中很快就过去了。凌晨零点多，我们到达了 Shepheard Hotel。办完住店手续，来到房间，打开窗户，只见尼罗河上的灯光如繁星点点，河边道路上汽车川流不息。

我对着尼罗河轻轻地许了一个愿。

（2007 年 11 月 15 于回国途中飞机上）

走出非洲——肯尼亚行之三

凌晨 1 点半，在睡梦中被叫醒。2 点，乘车去开罗国际机场。

机场管理仍然是非洲式的，无序而松散。几百人早早地挤在一个候机室，差不多是关在鸟笼里，等候了一个多小时。行李也没有放在传送带上，堆放在办票的大厅里。早晨 4 点 15 分，终于登上了荷兰皇家航空的 K10554 航班，回阿姆斯特丹。

四个小时的飞行之后，我们又一次到达阿姆斯特丹国际机场。这已经是我们在一周内第三次来到阿姆斯特丹国际机场。在机场，想到了凯伦的《走出非洲》，1931 年，凯伦是带着眷恋与遗憾走出非洲的。那么，我们是带着什么离开非洲的呢？

在机场又是一场漫长等待。本来是七个小时的时间，因为机器维修的原因，又增加了两个小时。

在机场等待的时候，我请大家谈谈自己非洲之行的感想。单强院长说：非洲人是自然之子，未来的世界是非洲人的世界。他们在如此恶劣的生存环境中能够活下来，今后的世界可能比现在的条件更加糟糕，只有非洲之子，才能够骄傲地生存下去。

陈颖丽老师说：我们看非洲人很可怜，那是用我们的价值标准来判断，其实非洲人自己可能很满足，很有幸福感，他们整天笑啊、唱啊、跳啊，脸上充满了阳光。

李国锋处长说：非洲真是一个是非之洲。说它是，因为它的确有许多让我们称羡的地方，美丽的自然风光、热情好客的人民、四季如春的气候；说它非，也是因为它有太多让我们不满意的地方，无序的管理、环境的污染、效率的低下等。"房间里慢慢腾腾，房间外邋邋遢遢。"

他们三个人的思考各有道理。不管怎样，非洲是一片神奇的土地。这里孕育着人类的起源，这里产生了人类的文明。著名作家毕淑敏在她的埃及游记中曾经写道："古埃及文明是人类历史上最早和最辉煌的文明，当欧洲大陆还在原始社会徘徊的时候，甚至在我们伟大的中华民族还处在没有文字记载的史前时代，埃及人已经建造出了巍峨的金字塔，威风凛凛地俯瞰着整个世界。远游的中国人在许多文明面前都有潜在的优越感，但在金字塔面前，我们需屏气收敛。"我想，对于非洲，我们的确应该心存敬畏之意。

历史的更替是无情的。文明的变迁是神秘的。一个有危机感的民族，一个善于思考的民族，一个看得更远的民族，才能真正地把握自己的命运。非洲的空间很大，中国的空间也很大。

当地时间下午4点半，我们才登上荷兰皇家航空公司的K10893航班，赴上海浦东国际机场。机长是一位经验丰富的长者，飞机还没有起飞，他就给大家说明了延误的机械方面的原因，同时表示由于已经加足了燃料，可以飞得更快，预计可以追回一个小时左右的时间。飞机起飞以后，机长又告诉我们，从阿姆斯特丹到上海浦东，大约是8800公里，其中要经过北欧、俄罗斯、蒙古和中国北京的上空，经过哥本哈根、圣彼得堡、乌兰巴托、北京等城市。飞机的乘务长也向乘客嘘寒问暖，关心大家的问题。欧洲航空公司的服务水平与非洲航空公司也形成了非常鲜明的对照：一个是成熟的精致的管理，一个是不成熟的粗糙的管理。

在飞机上读英文版的《新闻周刊》，这是一期关于亚洲问题的专刊，主题是"为什么富人正在更加富裕"。其中关于伊拉克选举、关于亚洲社会移动的终结、关于日本的新的不平等文化等问题的分析，颇有意思。有两张关于中国问题的照片，一张是北京的高尔夫球场（似乎是练习场），另外一张是建筑工人在黑夜里劳动的场景。

在飞机上还看了一部《哈利·波特》系列的电影。我一直对《哈利·波特》的风靡感到不可思议，也没有时间阅读原著，这次看了电影以后，似乎找到了一些答案。作者充分满足了年轻人的幻想和探索世界的冲动，让年轻人在现实中无法实现的能量得到无限的发挥。同时，作者又不失时机地把自己对于人生的理解告诉年轻人，如"失去的东西总会回来"等。这样，也可以理解它不仅属于青少年，而且也属于成年人的原因了。

就这样，一部电影、一本杂志，加上 5 个小时的睡眠和 1 个小时的写作，在飞机上近 10 个小时的光阴非常充实地度过了。

16 日上午 9 点半，当飞机稳稳地降落在上海浦东国际机场的时候，我们真正感觉到自己的脚坚实地踩在自己的土地上，真正找到了回家的感觉，也真正地再次体验到"活着真好"的感觉。

（2007 年 11 月 17 日于苏州）

感受哈佛精彩——美国教育手记之一

2010 年 7 月 23 日下午，我与中国浦东干部学院常务副院长冯俊、国家国债管理中心副主任白伟群、湖北省黄冈市市长刘雪荣乘坐美联航 CO88 航班飞往纽约。到达纽约以后转机，于当地时间 23 日晚上 11 点半到达波士顿。25 日下午，完成了哈佛大学肯尼迪学院的各种报到入住手续以后，我们就开始了紧张的学习生活。

肯尼迪学院为我们的学习精心安排了丰富的课程和活动。这是一个专门为美国政府和世界各国高级管理人员设计的培训班。在为期三周的学习中，我们先后学习了领导与危机、结果管理、组织设计、政治管理、应用管理策略、政策发展、危机管理、政府伦理、领导与权力、沟通学、经济政策、转型期的领导、信息交流这十三门课程。聆听了美国著名改革家、原华盛顿市长托尼·威廉斯的讲演，了解了沙克尔顿爵士探险、三里岛、1996 年珠穆朗玛峰登山悲剧、美国森林局预算改革、华盛顿市政府绩效管理、中情局"鼹鼠"、纽约改善交通、印度 V 博士帮助 240 万白内障患者重见光明、尼克松政府家庭福利政策破产、通用电气公司人才培养、哥伦比亚号宇宙飞船、鲍勃·琼斯学院种族隔离、美苏谷物协定的政策制定过程、克林顿医疗改革计划流产、武器换人质事件、布什政府医疗保险政策与《清洁空气法》出台、美国海岸警卫队绩效管理、美国有色人种协会信任危机、"9·11"事件前后的纽约市长朱利安尼等 30 多个案例。同时，学院组织我们参观了哈佛校园、波士顿文化历史街区、肯尼迪图书馆和纪念馆，体验了波士顿最受欢迎的棒球运动。为我们了解美国文化和波士顿地区的情况，打下了非常好的基础。

肯尼迪学院为我们的课程选择了哈佛大学最优秀的教授团队。项目主管罗杰·波特（Roger B.Porter）教授，在美国政府和大型企业都有很长的工作经历，曾经担任过里根总统的白宫政策发展办公室主任、福特总统的经济政策局秘书长以及老布什总统的经济顾问。大卫·葛根（David R.Gergen）教授，担任过尼克松、福特、里根和克林顿四位总统的高级顾问，也是《美国新闻》《世界报道》等著名杂志的编辑，出版过《目击权力：领导的本质，从尼克松到克林顿》等畅销书。他也是美国政府创新遴选委员会的主席。古汉·苏巴拉曼尼安（Guhan Subramanian）是哈佛大学第一位商学院和法学院的双聘终身教授，他教授的沟通学课与合同法课深受学生欢迎。斯蒂夫·科曼（Steve Kelman）教授 1996 年当选为国家公共管理研究院的委员，2001 年获得了国家合同管理协会的最高成就奖。教授领导学和危机管理的杜奇·伦纳德（Herman B. Dutch Leonard）则是哈佛大学商学院和肯尼迪学院的双聘教授。他的课堂充满理性，逻辑严密，六块黑板的板书天衣无缝。还有教授政府伦理课的布莱恩·贺海（J. Bryan Hehir），讲课如行云流水，记录下来就是一篇学术论文。他热心社会事务，还兼任波士顿大主教之管区天主教慈善团体的主席以及社会服务的秘书长。讲授领导与权力课的汉娜·博勒斯（Hannah Riley Bowles）教授，是一位美貌精干的女教授，曾经获得过 2003 年度肯尼迪学院的杰出教学奖，是哥斯达黎加国家自然资源、能源和矿产部的技术顾问，她的研究特长是性别对于领导获得资源和机会的影响。她的课堂几乎就是心理学实验的组合，充满着诱惑。她每天换一套时装，像一个善于表演的模特儿、魔术师。总之，为我们开课的每一位教授都有鲜明的个性，都有自己的拿手好戏，都非常敬业，给我们留下了非常深刻的印象。

虽然行前我们在外交学院经过了为期三个月的外语强化训练，但是真正进入哈佛的课堂，加入小组的讨论仍然显得非常不适应。每天的课程安排得非常紧张，8 点开始是一个小时的小组讨论，9 点正式上课，一直到 12 点半。下午 2 点到 3 点半继续上课。每天的课堂基本上是围绕阅读材料展开的，一般有 3 个案例，100 页左右的材料。如此大的阅读量，连美国的同学也说不能够每天看完。

为了能够比较好地理解课堂教学内容和顺利参加小组讨论，我基本上每天晚上用 4 个小时的时间阅读，当晚上有活动的时候，就要读到凌晨 2—3 点才能够休息。我们几位中国的学员，还相约每天 7 点在从宿舍去学校的路上，交流大家阅读的情况和体会。

三周的学习，对于外语听说能力的提升是明显的，尤其是对于快速阅读英文材料，理解其大意，有了比较好的基础。哈佛肯尼迪学院的老师与中国填鸭式的教学方式完全不同，是建立在学生学习基础上，是假设学生已经完成了基本的阅读和思考的基础之上的，而我们国内的教学基本上是"上课记笔记，考试背笔记，考后全忘记"。由于是案例教学，我们不仅要了解案例本身的情节与内容，而且要了解案例发生的背景与结果，对于我们这些在另外一个文化体系长期生活的学员来说，是有难度的。但是我们能够尽可能地认真学习，向美国学员请教、交流，比较顺利地完成了学习任务。

三周的学习对于提高我们分析问题、解决问题的能力也很有帮助。除了以案例教学为主，哈佛的教授还非常注重课堂小实验、角色扮演等多种教学方法。如 8 月 9 日上午的两门课程。一位是讲授领导与权力课的副教授汉娜·博勒斯，她指导我们做了两个小小的游戏。其中一个是分钱的游戏。实验有分配方和接受方组成。分配方拥有 10 美分现金，可以决定自己留下多少；但是分配方又有红黄两种颜色，掌握红信封的分配方，无论怎样分配，对方必须无条件接受；而掌握黄信封的分配方，对方可以选择接受或者不接受。结果非常有意思，掌握红信封的分配方，分配往往大起大落，甚至不为对方留一分钱；而掌握黄信封的分配方，分配则相对合理居中。另外一位是讲授沟通学课的哈佛商学院和法学院双聘教授古汉·苏巴拉曼尼安，在课堂最后的沟通时间，四人一组，每人两张卡，分别用 X/Y 表示，每次只能够出一张卡，根据不同的 X/Y 组合有不同的积分标准。其中第 5、8、10 次的出示，分别增加 3、5、10 倍的计数。所以，如果事先沟通，根据标准每人出 Y，则分别可以得到 3、5、10 分。但是如果有人出 X，则出 Y 的要分别赔 3、5、10 倍。这个实验说明，真正的沟通，是多赢的。而只顾自己，往往是赔了夫人又折兵。另外，12 日上午的沟通学课程，则让我们六人一组角色扮演，分别是港口建设者、银行、政府、环境保护者、其他港口和工会。围绕是否建设新的港口进行利益的博弈。我的角色是其他港口，最低分应该保住 45 点的底线，结果我争取到了 53 分。而扮演环保主义角色的被淘汰了。我认为，这样的教学，把死的知识变成了活的知识，学习起来生动活泼，趣味盎然，对于培养我们分析问题、解决问题的能力，以及表达沟通能力都起到了非常重要的作用。

为期三周的学习，还有一个重要的收获，是同学之间的交流与合作。这次哈佛班共有 68 位学员，来自 16 个国家，我的室友就是奥巴马新闻办公室的国际交流主管，另外还有奥巴马安全事务主管、爱尔兰国会参议员、菲律宾妇女部副部长、阿联酋总理办公室政策顾问、尼日利亚媒体与公共事务部特别顾问、澳大利亚教育与儿童早期发展部的官员、瑞士能源部的首席经济学家、文莱国防部政策与发展主管、塞浦路斯议会教育文化委员会主席，以及美国空军、海军的将军等高级官员。这些官员学习认真，没有人带秘书随从，没有人外出参加各种应酬，上课没有人请假，发言举手，与普通学生没有什么差别。应该说，美国高级官员的基本素质比较高，他们对教师的尊重，对学习的认真态度，以及业余生活的安排等，有许多值得我们学习的地方。

大学是读书的天堂——美国教育手记之二

这次在哈佛大学肯尼迪学院的学习，让我们有机会近距离观察哈佛大学、肯尼迪学院，观察美国的教育尤其是高等教育。我们每天漫步查尔斯河两岸的哈佛大学，多次探访哈佛的自然艺术博物馆、图书馆以及商学院等，近距离地考察这所成立于 1636 年的美国最早的大学。

哈佛大学前身为剑桥学院。1636 年，马萨诸塞海湾殖民地议会决定筹建一所像英国剑桥大学那样的高等学府，拨款 400 万英镑。由于创始人中不少人出身于英国剑桥大学，他们就把哈佛大学所在的新镇命名为剑桥。1638 年正式开学，第一届学生共 9 名。1638 年 9 月 14 日，牧师兼伊曼纽尔学院院长的 J. 哈佛病逝，他把一半积蓄 720 英镑和 400 余册图书捐赠给这所学校。次年，殖民地议会决定把这所学校命名为哈佛学院。现在在哈佛大学的校园里矗立着的哈佛的塑像，成为许多来参观的人照相的景点。据说，哈佛捐赠的图书曾经在一次火灾中全部烧毁，但是由于有一位学生因为违反规定擅自把一本图书"偷"走，在火灾以后主动归还并且主动要求接受学校处罚。结果学校不仅没有处罚，而且修改了不允许把图书带出图书馆的规定。

哈佛大学拥有 10 个研究生院、40 多个系科、100 多个专业，18000 名研究生和本科生，13000 名非学位学生，教职员工超过 14000 人，包括超过 2000 名的教授和讲师。还有 7000 多名教员在所属的各个教学医院工作。哈佛大学被誉为美国政府的思想库和总统的摇篮，先后培养出 8 位美国总统、40 位诺贝尔奖得主和 30 位普利策奖得主，也培养了微软、IBM 等企业的精英。

我们学习的肯尼迪学院，前身是成立于 1936 年的哈佛大学公共行政研究生院。20 世纪 60 年代，美国已故总统约翰·肯尼迪家族成员与学院共同创立了政府研究所，1978 年学院正式以肯尼迪命名。学院现有教职工 800 多人，在校全日制硕士研究生和博士研究生超过 1000 人。学院迄今已培养了来自 120 个国家的 1.6 万名毕业生，新加坡内阁资政李光耀、香港特首曾荫权等均毕业于该院。

哈佛大学的各学院具有相对的独立性。哈佛历任校长坚持 3A 原则，即学术自由、学术自治和学术中立（这三个原则英文词第一个字母均是 A）。所以，我们举行的各种活动，哈佛大学的领导几乎未曾露面，不像我们国内的大学校长那样忙碌。肯尼迪学院提出，其使命是"通过培养服务社会的领导人，以及解决公共难题的学术成就，服务于公共利益"。学院要求学生必须掌握三项基本技能：分析（Analysis）、主张（Advocacy）、管理（Management）。学院的课程主要分为案例研究和基础理论两类，其共同特点是要求学生进行课前阅读，每天的阅读量甚至多达上百页。所有的讨论与教学都是建立在阅读的基础上的，这是课堂对话的基础。

没有阅读，就没有美国的大学教育，这是我在哈佛学习最大的感受。正因为如此，美国大学非常重视图书馆的建设。哈佛大学图书馆是美国最古老的图书馆，也是世界上藏书最多、规模最大的大学图书馆，据说，这里收藏有超过 1500 万册图书，550 万卷缩微胶卷，650 万份手稿，以及 500 万份照片、地图和录音带等研究资料。哈佛大学图书馆是一个系统，由近百个专业图书馆组成，包括收藏人文社会科学图书的威德纳图书馆、收藏中文与亚洲各国图书的哈佛—燕京图书馆，以及科学中心图书馆、S. 摩尔和 F. W. 希尔图书馆、安多弗—哈佛神学院图书馆、康特威医学图书馆、贝克商业管理图书馆、顿巴敦橡胶园研究图书馆（主要收藏拜占庭史和文化资料），洛布音乐图书馆、麦凯工程和应用物理图书馆、弗朗西斯·洛布设计研究院图书馆、法学院图书馆、肯尼迪学院图书馆、地质科学图书馆、比较动物学博物馆图书馆、生物实验所图书馆、化学图书馆、物理学研究图书馆、心理学研究图书馆、社会关系图书馆、妇女史图书馆、美术图书馆等。

哈佛的电子书籍收藏系统十分强大，与国内外 100 多家的计算机数据库建立了联系，热情周到地为师生提供各种资料。学生们几乎可以查看到每一期学术刊物的电子版本。在这里做访问学者的深圳公安局的潘学军先生告诉我们，图书馆的服务非常细致周到。当管理人员得知他从事移民问题研究时，很快为他建立了主题资料包，定期为他发送有关的研究资料。在哈佛大学，我也亲身感受到了他们高效率的工作。7 月 30 日，在哈佛—燕京图书馆讲演的时候，我赠送了新出版的《新教育》和《我的教育理想》两本小书。第二天，在图书馆的网上，就看到了这两本书的消息。10 卷本的《朱永新教育文集》和《我在政协这五年》也在图书馆的目录之中。

由于在哈佛大学学习期间正值美国学校放假，所以没有机会走访中小学。但是与波士顿教育局的官员等讨论了不少关于美国中小学教育的问题。总体来说，美国教育是以地方为主体的，因为各州的经济社会发展差别很大，教育政策也有很大差异。美国各学校享有比较充分的办学自主权。联邦政府、州政府及社区的法定责任是保障办学的经费，保障学校的办学权利，监督学校的教育质量。学校则是自主办学，面向每个学生开展适合其发展的教育。"保证教育质量，保证教育公平"是写在美国教育部门口的目标，也是美国教育追求的境界。

美国中小学的多元化办学给我留下了非常深刻的印象。这次专门与波士顿学区的特许学校学监哈里斯（Harris）进行了一次早餐会，讨论美国的特许学校（Charter School）问题。在美国，为了防止公立学校的品质下降，引入竞争机制，政府建立了特许学校的制度，这是一种以法律作保证，以政府经费作支持，以多元办学为主体，以面向学生提供优质教育为目的，以竞争为机制且获得政府及教育部门特殊许可的基础教育办学模式。这种办学模式发展很快。从 1991 年第一所特许学校建立，到现在已经发展到全美 40 个州和 1 个特区，共有 4300 所学校，120 万美国中小学生在此类学校就读，占美国中小学在校生人数的 3% 以上。在波士顿，特许学校发展也非常快，占公立学校的比例达到 5%。其实，在我们国家，完全也可以借鉴这一办法，对那些相对薄弱的公办学校进行"托管"，让优质学校的资源进一步扩展。

美国中学生的大学先修课程（AP）也是值得我们关注和学习的。在美国，许多中学都开设了 AP 课程（大学预科），大学课程在中学就可以选修。许多高中学校的教师取得了 AP 资格证书，就可以在中学里面选修大学的课程。我的一位在美国读高中的亲戚和其父母到哈佛来看望我的时候，他正在读一本长篇小说。他告诉我，这是大学先修课程的教材。大学先修课程的开设，对于满足不同学生的发展要求，对于培养孩子的职业兴趣和专业特长，具有非常重要的意义。这种大学教育与中学教育的结合，对学生在升学方面的指导也十分有效。

总的感觉，在我们向西方学习，教育进一步开放、自由的时候，美国似乎也在借鉴东方经验，向中国学习。如进一步强调纪律，强调评价等。2002 年美国政府出台了《不让一个孩子掉队》（*No Child Left Behind*）的法案后，各个学校都实行了教育的标准化，明确了学生的毕业标准，并按照标准制定了具体的保证措施。最近一期美国《时代》周刊封面文章《一所好学校的诞生》（*What Makes a School Great*）提出，美国正在见证一场可能是常识性革命的开端。有 7 个州已在制定消除隔绝学生学习进步与教师评价间障碍的法律。至少有 12 个州要求把学生学习进展信息作为评价教师工作业绩的一个标准。封面有一句话：一切的变革都是从教师开始的。

案例教学的启示——美国教育手记之三

哈佛大学商学院、法学院、肯尼迪政府学院培养优秀人才的基本方法是案例教学（Case Method）。案例教学由美国哈佛法学院前院长克里斯托弗·哥伦布·朗代尔（C. C. Langdell）于 1870 年首创，后经哈佛企管研究所所长邓汉姆（W. B. Doham）推广，并从美国迅速传播到世界许多地方的一种卓有成效的教育方法。它主要是通过模拟或者重现现实生活中的一些场景，让学生把自己纳入案例场景，通过讨论或者研讨来进行学习的一种教学方法。在实际的教学过程中，既可以通过分析、比较，研究各种各样的成功的和失败的管理经验，从中抽象出某些一般性的管理结论或管理原理，也可以让学生通过自己的思考或者他人的思考来拓宽自己的视野，从而丰富自己的知识。

肯尼迪学院最主要的教学形式也是案例教学，来到哈佛大学肯尼迪学院，我们收到的第一份材料就是《关于案例教学的说明》（*An Introduction to The Case Study Method*）。其中明确指出，案例本身只提供事实，不包括分析与结论。据说，肯尼迪学院是世界范围内公共领域最主要的案例编写者，有一个包括 5 名工作人员的案例项目小组，其中 2 人专职写作，另外的人员负责资料收集和案例使用版权事务处理。目前，肯尼迪学院现有将近 2000 个案例的案例库，除少数案例由任课教师自编以外，绝大部分案例都是由这个小组的专业人员编写。学院非常重视案例的更新，每年都要新编 30—40 个案例，发生在世界各地公共部门的最新实例都有可能会被编写为案例。这些案例广泛地运用在教学过程中，不仅对于提高学员分析问题、解决问题有重要的作用，对于学院了解案例发生的国家和地区也有重要价值。

从我们了解的情况来看，在哈佛的案例库中，来自中国的案例实在太少，大概只有中国苏州新加坡工业园区和中国萍乡的艾滋病防治的案例，据说正在编写汶川大地震的案例。总的来说，中国的案例还是凤毛麟角。根据我们的观察，大部分美国公民，甚至是我们这次接触的美国政界、军界的高级官员，对中国的了解也非常有限。

所以，我建议：一方面，国内著名大学如清华大学、北京大学，以及中央党校、浦东干部学院应该加强案例教学，形成具有中国特色的教学案例库，提高我们领导干部分析问题、解决问题的能力；另一方面，外交学院等出国培训机构，也应该把自己的教学模式改为以案例教学为主的方式，让学生学会快速阅读、大量阅读，能积极参与讨论；同时，国内大学等机构应该主动与哈佛大学商学院、法学院、肯尼迪学院合作，系统编写介绍中国情况的案例，供他们选择使用。随着关于中国的案例不断进入哈佛的课堂，对于中国的了解也会不断加深。

窗外的声音 ——美国教育手记之四

利用学习期间的两个周末，我先后考察了麻省理工学院、波士顿学院、卫斯理学院和马萨诸塞州立大学波士顿校区。7 月 30 日，我应邀在哈佛大学哈佛—燕京图书馆做了一场关于中国教育管理体制改革与创新的报告，受到了比较热烈的欢迎。报告场所从小会议室改为大会堂，达到近 100 人的规模，据说是近年来哈佛—燕京图书馆举行的剑桥沙龙规模最大的一次。8月8日上午，我应邀在马萨诸塞州州立大学波士顿校区做了一场关于中国新教育实验的讲演。与马萨诸塞州州立大学的常务校长、副校长、国际交流中心、孔子学院以及波士顿学区的特许学校学监等进行了比较深入的交流。

这次去美国，一个总的感觉是从普通民众包括一部分政府官员的情况来看，我们对于美国的了解，不亚于美国普通民众和政府官员对于中国的了解。但是，从决策智囊和研究机构的规模与水平来看，我们远远不如美国。如关于移民政策的问题，美国的研究汗牛充栋，而我们既没有研究机构，又没有研究人才，研究成果也非常少。

再如我比较熟悉的教育问题，我们虽然也出版了许多研究美国教育问题的著作，但90%以上都是关于历史问题的分析，而对于当代美国教育的研究，如美国的特许学校制度、美国中小学的课程难度、美国中学的大学课程先修制度、美国政府对于大学的资助制度、美国的科研经费分配制度等，则凤毛麟角。所以，我们经常是打着学习别人的旗号，其实完全是丢弃了真经，念了歪经。我们在北京师范大学、华东师范大学等为数不多的高校有外国教育研究所或者比较教育研究所，但是真正长期研究美国教育问题尤其是现实问题的专家并不多。对于日本、欧洲等国家和地区的研究则更加少。如为什么芬兰的科技创新能力如此强大？为什么丹麦等国家人民满意度和幸福感如此强？其背后的教育问题，没有人能够讲得非常清楚。

因此，我建议，应该在中国的"211"学校，尤其是外国语类大学，建立起国别研究所，对每一个国家的政治、经济、社会、教育等问题，展开全方位的研究。教育部应该有计划派出以研究美国教育问题等国别教育为主要任务的高级访问学者、博士生、硕士生，长期系统地跟踪研究。驻外使馆可以协调具体的研究领域与问题，驻外使馆的教育参赞，应该是懂得教育的业务技术官员。每年应该出版研究美国教育问题的年鉴或者著作。教育部的国际教育合作司，应该负责联系在世界各地研究教育问题的学者，及时通报有关情况，让中国教育具有全球视野。

教育是如此，政治、外交、金融、农业、资源、环境等许多领域，都可以采取这样的办法。

第五章　菊花与刀——比较教育研究

《菊与刀》本来是比较文化专家本尼迪克特的一本著作的名字。用"菊花与刀"作为这一章的名字，只是想表达"比较"的意义。本章收集了我在比较教育方面的研究成果，虽然是说比较，其实主要是我在美国和日本期间以及回国以后做的相关研究，这些作品大部分成形于 20 世纪 90 年代。那个时候，我担任苏州大学教务长，结合工作，重点考察美国与日本的师范教育、教学管理，成为我研究的主要方向。所以，这些作品并不仅仅是个人的研究成果，也折射出我国 20 世纪 90 年代的大学教学改革信息。

中美高等教育办学效率之比较

（一）问题的提出

近些年来，中国社会经济的发展已引起世界各国的瞩目。社会经济的发展对专业人才的数量和质量提出了许多新的要求。人才，尤其是高级人才的短缺，已成为制约中国经济进一步发展的重要因素。在目前中国由计划经济向市场经济转轨的过程中，能适应市场经济体系运作的人才更是严重匮乏。如对中国人民银行系统中行长教育程度的调查表明，市级以上银行行长中具有本科文凭的仅占 11%，初中以下程度的占 18%，县级支行行长中有本科以上学历的只占 3%，初中以上的竟占 23%，上海外贸系统专业人员中能掌握一门外语的只占 26%。

培养高级专业人才的任务是由高等院校来承担的。中国的高等院校如何满足社会对高级专门人才的需求，已成为迫在眉睫的现实问题。近年来，中国高等教育通过兴办新的大专院校，扩大招生及增加新专业学科等途径，在适应社会经济发展需要上已有了长足的进步。从 1981 年至 1995 年间，高等院校的总数由 700 多所增至 1000 多所，在校学生人数也由 128 万增至

260 万左右，高校教师人数由 25 万增至 40 万左右。但是，高等教育仍不能满足社会经济发展的需求，与其他国家相比也有很大的差距。中国每万人中只有大学生 60 人，大大低于发达国家每万人中大学生约 1000 人的比例，甚至低于某些发展中国家。

由国家投资兴办新的大学来解决人才匮乏的问题，固然是解决问题的途径之一，实际上也是中国高等教育办学的主要形式。但在现阶段要想快速地兴办新大学，不仅经济负荷甚大，而且学校质量也难以保证。在这样的背景下，发动社会办高等教育及充分发掘现有高校的办学效率，是发展中国高等教育的比较切实可行的方法。本文试图通过中美高等教育效率的分析比较，对中国高等教育的发展提出一些建议和设想。

（二）办学体制与办学效率

中国高等教育由中央和地方两级管理。中央一级的高等教育管理机构有国家教委（现为教育部）和中央政府国务院属下的各个部委。地方级高等教育管理机构包括省（市）级政府中的教委及与教育有关的厅局。在现有的 1000 多所高校中，国家教育部直接管理 36 所最具实力的大学，中央各部委所属有 289 所高等院校，其余的为地方高等院校。

除极少数近年建立的私立大学以外，上述 1000 余所高等院校全为政府所办。中国是世界上唯一由政府包办高等教育的国家。这种单一的办学体制已成为制约高等教育办学效率的重要障碍。政府包办高等教育造成经费的来源单一与短缺，使许多高等院校面临生存危机。尤其是近年来随着经济体制的改革，经济规划和发展逐步由中央向地方转移，更造成高校经费紧张。

以部属高等院校为例。由于政企分离的政策，中央部委的管理职能发生变化，从一些部委中分化出许多独立核算的专业公司或企业集团。国家对各个部委的投资方式也由拨款改为贷款。这样，部委所能控制的非经营投资，包括教育经费，大幅度缩减。据中国国家教育中心对 34 个部委所属的 218 所院校的统计，与 1985 年相比，部委 1990 年对所属院校的投资总额平均下降 26.6%。有三分之一的部委的教育投资下降 50% 以上。在 1991—1992 年期间，中央各部委对教育投资的计划数只相当于 1986—1990 年期间投资完成数的 76%。加之近年物价上涨等因素，不少部属院校已是带赤字运转。一些院校甚至为筹措教职员工的工资而发愁。连生存都不易，谈何发展?

解决教育经费短缺有两条途径。第一是要改变政府作为教育经费唯一来源的状况,在近十年的教育改革中,这一状况确实有了极大的改善。随着高校校办企业的建立和发展,以及自费生制度的引进和推广,高校的经费来源已基本由单一化变为多元化。据估计,目前高校经费预算中只有50%左右来自政府,30%来自学费,20%左右是校办企业的利润。 与美国大学教育经费来源所占比例比较,两者已十分接近。据美国教育部国家教育统计中心(National Center of Educational Statistics)最新统计,1991—1992年度,美国大学教育经费的三大来源是政府拨款(包括联邦、州政府和地方政府)、学费和学校创收(Sales and Services)。对公立大学而言,这三者在经费中所占比例是52.9%(其中联邦政府10.6%、州政府38.3%、地方政府3.7%)、17.1%和23.2%。对私立大学而言,三者所占比例为18.5%(其中联邦政府为15.3%、州政府为2.5%、地方政府为0.7%)、40.7%和23.3%。 经费多元化的改革在中国高校中已有了一个很好的势头。

解决教育经费短缺的另一条途径是改变政府是唯一的办学主体的状况。在这一途径上,中国政府几乎是一步未迈。自1993年在上海出现了第一家由国家教委批准颁发大专文凭的私立大学以来,私立大学的发展步履维艰。政府对各级各类学校的办学权久久舍不得松手,反而以政府政策法令(如不准外资独立办学、不准以营利为目的办学等)束缚了私人、企业或社会团体办学的热情。

如前所述,目前世界上政府包办教育,尤其是包办高等教育的现象非常罕见。在发达国家,私立大学在国家高等教育中发挥重要的作用。再以美国教育部国家教育统计中心的1991年统计资料来看,在美国3500所大学中,公立大学有1600多所,私立大学(包括营利性、非营利性及宗教团体所属大学)共1900多所,占55%强。从学生人数来看,1991年秋季,公立大学招生113万人,私立大学招收学生304.9万人,占全部大学生的21%左右。在美国大学工作的82.6万名教师中,58万人在公立大学,24.5万人(约31%)在私立大学执教。

从历史上来看,美国高等教育在20世纪七八十年代有一个较大增长,学生人数由1972年的921万人增至1982年的1242万人,10年间增长了35%,80年代至90年代增长比较平缓。1992年的在校人数为1449万人,与1982年相比增长17%。在这两个阶段的增长中,公立大学固然扮演了"主力军"的角色，但私立大学的作用也是不容忽视的。如1972年、1982年及1992年的三年，公立大学在学人数由707万人增至969万人，进而增至1138万人。增幅分别为37%（1972—1982年）及27%（1982—1992年）。同年度私立大学的在学人数由214万人增至272万人，进而增至310万人。增幅为27%（1972—1982年）及11%（1982—1992年）。尽管增幅不及公立大学，但也吸收了很大一部分学生。由此可知，像中国那样，当公立高等院校数目增长57%，在校学生人数增长98%的同时，而私立高等教育却呈零增长的状况，只能说明私立大学作为发展高等教育的资源完全尚未开发。

基于以上的对比，我们觉得在社会办大学的方面，中国的潜力极大。所以，政府方面要下决心卸"包袱"，将现有大学分别处理，国家只负责少数水平最高的大学，其余则下放给下级政府机构去办，或转公立大学为私立大学。各省市、部委也要集中力量办好少量高等院校，采取各种形式把高校的办学权交付出去。另一方面，要制定教育法令鼓励兴办私立高等院校。用各种政策吸引企业或法人、境外私人或社会团体及国内私人和社会团体办大学，争取民间办高等教育的比例有一个较大的增长。

（三）教师工作量与办学效率

如果说前面所讨论的办学体制是制约中国高等教育发展的宏观和外部因素的话，那么教师工作量则是制约中国高等教育发展的微观和内部因素。以国外的标准来衡量，中国高校教师工作量有极大的潜力可发挥。

中美两国教师工作量的不同首先反映在学生与教职员工的比例上。以双方可比的公立大学为例，1992年，美国公立高等院校在校学生为1238万人，教职员工（包括行政人员、教师、教学辅助人员及勤杂人员）178万人，生教比为6.4：1。中国高校的这一比例就低得多。尽管没有全国性的统计数字，我们仍可从几个个别的院校观其大概。如华东师范大学在校学生1万多人，教职员工3900多人，生教比为3.58：1。陕西师范大学在校学生11100多人，教职员工3300多人，生教比为3.29：1。在上海地区的50所高等院校中，在校学生总人数11.6万人，教职员工总人数为6.9万人，生教比更降低至1.68：1。可见中国高校的生教比大大低于美国高校。

工作量的不同也反映在高校教师的工作内容上。在美国的大学中，教授一般是集教学、科研及服务工作于一身。即除教学之外，教授仍负有做实验、发表论文、指导学生、参与校行政事务、提供对社区或专业集团的服务等职责。而在中国的高校中，教学和科研通常是由两组不同教师来承担。在国家教育部所属院校、中央各部委所属院校及省市重点高校中均有专门的科研编制。在高等院校中的研究人员不承担和承担极少量的教学工作。对他们的研究工作也没有严格的数量和质量的要求。而承担教学工作的教学人员则不从事科研工作。对他们教学工作的评定也尚未形成客观有效的方法。近年来由于在晋升及职称评定中偏重科学研究成果，更导致了高校教师中重科研轻教学的倾向。不少教师在评上副教授或教授后就放下教鞭，成了不教的教授、不讲的讲师。教学和科研职能的分离不仅造成人力资源的浪费，也不利于教师更新知识内容、在教学中向学生介绍本学科的前沿知识。

中美高校教师工作量的不同又反映在高校中学生管理工作的职能上。中国高校尚未实行指导教师制。教师一般不参与学生管理工作。大学中另有庞大的学生管理人员。在大学校一级的行政体系中，设有学生处、学生工作部、共产主义青年团委员会、德育教育研究室及心理咨询辅导中心等机构。在院或系一级的行政机构中，除主管学生工作的行政干部外，另设1—2名团委书记和副书记。同时配备若干名辅导员和班主任。这一批学生管理干部约占教师人数的四分之一，形成大学中教学、科研、管理人员三足鼎立的局面。

反观美国的高等院校中，学生管理是学校工作的一个重要环节，主要职能是为学生提供服务。但美国大学的学生管理工作、组织架构相对简单。如美国大学在校一级设有独立的学生事务处及其下属各办公室（如膳宿管理、法律顾问、心理咨询与就业、学习辅导等）。在院系一般不另设专职的学生管理行政人员。学生管理的很大一部分工作，如奖学金、助学金的发放、学生投诉的处理及优秀学生的提名及选拔，都是由各学院中3—5名教授所组成的学生事务委员会处理。教授在这类委员会中的工作是他们服务的一部分，并不因此而减少对他们在教学和科研方面的工作量要求。美国大学普遍实行指导教师制，每位教授需要负责指导数名学生的学业，这也是推行了选课制和学分制后中国大学可以借鉴的。

综上所述，中美大学中教师工作量的比较表明，即使不考虑建立新的高等院校，通过提高教师的工作量，现有高校在提高办学效率，发展高等教育方面也是大有潜力的。美国关于教师工作量的研究表明，一般大学教

师平均每星期工作 53 个小时。其中 30 个小时教学，8 小时科研，7 小时
行政事务，另有 8 小时用于其他与工作有关的活动，如提高业务水平，指
导学生团体的活动，校外咨询服务，或从事"第二职业"等。公立的研究
性大学的教授，每周平均工作时间更增至 57 个小时。其中教学 25 小时，
科研 16 小时，行政事务 8 小时，其他与工作有关的活动 8 小时。中国方
面尚未有相应的数据报道。但据我们在中国高等院校的经历及观察，我们
不认为中国高校的教师在工作上花费了与他们美国同行所花费的相同的
时间。

不过，在考虑增加工作量的同时，不可忽视增加教师待遇的问题。
中国教师待遇长期偏低，使不少大学教师不得不另谋生路，在专职工作
之外寻求第二职业，以兼课或兼职来弥补本职收入的不足。所以"中国
大学教师工作量不足"可能成为一个假象，遮盖了许多大学教师超负荷
运转的实际情况。如果不考虑这样的背景，一味强调提高教师的工作量，
很可能是以牺牲教师的实际利益为代价。较为妥善的办法是把教师校外
兼职兼课的活动纳入大学教育的体系。譬如，大学可以成立"成人教育
部"和"终生教育部"，提供社会所需的服务。所得收入用于提高教师的
待遇。这样教师的个人利益和发展高等教育不仅不相冲突，反而成为相
辅相成的部分。

我们认为，如果中国借鉴美国等发达国家的经验，融教学、科研及管
理为一体，取消中国高等院校中的研究职称与研究编制，使专职研究人员
重拾教鞭；精简现在的学生管理机构与体系，让更多的教师负担学生管理的
职能；在不影响教师利益的前提下提高教师工作量，中国高等教育的办学效
率将会明显提高。

（四）教师评估与办学效率

效率离不开评估，要提高大学的办学效率，一个对教师工作表现的客
观准确的评估方法是必不可少的。在这一方面可能中美两国都还没有找到
很好的答案。

中国高等院校目前尚未形成比较有效的教师工作表现评估系统。对大
学教师教学、科研、服务的全面评价工作尚未展开。部分大学运用问卷方
法收集学生对教师教学工作的评估。但问卷的设计及反馈信息的收取和积
累尚未标准化。对科研工作的评估比较重数量的统计，而对质量（如论文

发表刊物的水准）没有相应的要求。教师参与学生管理工作或社会服务现在都未成为评估的内容。由于评估方法的主观性及随意性，一些教师急功近利，热衷出版学术价值不高但被市场看好的论文或著作；一些教师不顾教学，尽可能把教学时数降至最低水准；一些教师不愿参与学生管理或社会服务。评估的不完善影响了高校的办学效率。

美国对高校教师工作的系统评定至少可以追溯到 1916 年当研究人员试图回答"大学教授一周应该工作几小时"的问题时。1958 年，联邦政府通过国家管理和预算办公室（Office of Management Budget）要求公立大学雇员报告他们在工作上所花费的时间与努力（Time-and-Effort Reports），以向选民说明联邦政府对高等教育投资是"资有所值"。1982 年，仍为同样的目的，联邦政府修订了通知（Circular A-21），要求公立大学报告雇员与工作有关的活动（Personnel Activity Report）。美国大学的行政人员和教授都不满意政府的这一指令。并非他们反对评估，而是他们认为评估方法没有反映出大学学术工作的特点，重视数量而忽视质量。不少学者近年来试图制定一个更准确有效的、兼顾了数量和质量两方面标准的方法来评估教师的工作。

尽管美国的教师工作评估方法并不完善，所建议的方法尚在试点阶段，其结果尚不太清楚，但美国大学在几十年的评估实践中积累了丰富的经验，问卷的设计、数据的收集和处理、评估结果的解释和应用，都形成了一套较为严密的体系。在这一领域，中美两国的教育研究者可以携手合作，制定出一套适合各国国情的评估方法来，使评估工作成为提高办学效率的有力杠杆。

（五）结束语

中国经济的迅速发展呼唤着高等教育的发展。不过旧有的手段使高等教育的发展困难重重。中国的教育工作者只有打破旧体制的限制，发动整个社会来办高等教育，同时改革学校内的旧体制，充分发掘现有大学的潜能，中国高等教育的发展才能突破其瓶颈，得以飞跃发展。

（原载美国《当代中国研究》1996 年第 1 期，与蓝云、李大壮合著）

国外高校教学管理模式初探

尽管国外在很早就出现了一定意义上的高等教育，如公元 425 年拜占庭创办了君士坦丁堡大学等，但真正意义上的大学却源于中世纪。随着工商业的发展和城市的兴起，对文化教育提出了更高的要求。为了适应这一需要，一种集体探索高深学问的机构也就应运而生了，最早的中世纪大学产生于 12 世纪的意大利，主要有萨莱诺大学、波洛尼亚大学。稍后成立的有法国的巴黎大学、英国的牛津大学等，到文艺复兴之初，欧洲的大学已达 80 所。此后，经过数百年的历程，世界各国已建立起比较完备的高等教育体系，形成了若干不同的高校教学管理模式。研究和分析这些不同风格的高校教学管理模式，对于构建我国的高校教学管理系统是有其积极意义的。

（一）美国模式

美国的高等教育历史比较短暂，从 1636 年成立哈佛学院起，经历了建立学院（1636—1776 年）、实验和多样化（1776—1865 年）、大学兴起（1865—1918 年）和扩充（1918 年至今）四个重要的发展时期。[1]经过 300 多年的努力，现在美国已建成了世界上最大的高等教育系统[2]，产生了一批世界最好的一流大学，如哈佛大学、麻省理工学院、斯坦福大学、普林斯顿大学、耶鲁大学等。在教学管理方面，美国也为世界高等教育做出了重要的贡献。

1. 基本特点

美国高校教学管理具有许多重要的特点，其中最主要的是它的开放性、竞争性和灵活性。美国卡内基推进教学基金会主席鲍伊尔（Ernest Boyer）在阐述美国高等教育的特点时曾说："我们已创造了世界上第一个普及化的高等教育系统。它向所有愿意入学的人敞开大门，并为他们提供几乎没有限制的学科选择。这个高等教育系统以其开放性、多样性和所取得的成就而享誉全球。"

---

[1] 马骥雄主编《战后美国教育研究》，江西教育出版社，1991，第 145 页。

[2] 20 世纪 90 年代初，美国共有 3638 所各种类型的高等院校，在校生达 1435 万人。

开放性在教学管理方面的表现尤为突出：首先是制度的开放性。美国高校教学管理制度是在兼收并蓄各国之长的基础上形成与发展起来的，如早期学习英格兰大学的教学管理制度，后来又学习法国和德国大学的教学管理方式，这种"拿来主义"使美国高校教学管理博采众长，始终处于较高的水平。其次是招生的开放性。美国的大学校门是向所有学生敞开的，学生只要修完中学的课程，就可以免试进入社区学院学习，而社区学院的学生毕业后又可以转入大学或独立的文理学院三年级进行学习。美国高校的开放性也吸引了大量外国留学生前来学习，仅 1988—1989 年度就有361200 名留学生，占美国大学生总数的 2.8%。[①]再次是教师队伍的开放性。美国的大学校门也向世界的专业人员开放，吸引了数以万计的国外专业人员到大学任教，著名的科学家爱因斯坦、费米、杨振宁、李政道等，都是移居美国并在大学任教的杰出代表人物。最后是学科的开放性。学生进校后学习什么专业，选修什么课程，完全由学生自主选择并可以自由变换。

美国高校教学管理的第二个基本特征是竞争性。美国哈佛大学文理学院前院长罗索夫斯基认为，竞争性是美国高等教育最不寻常的特点之一。[②]在美国，各种类型的院校都有成百上千所，它们之间每时每刻都在进行着激烈的竞争，这种竞争成为促进美国高等教育发展的重要杠杆。高校教学管理的竞争首先表现在争夺一流生源与一流师资。美国最好大学评估指标体系中有 4 项指标与生源质量有关：（1）入学新生 SAT/ACT（Scholastic Aptitude Test/American College Testing，学术能力性向测验 / 美国高校测验）的平均分数；（2）入学新生在 25% 和 75% 两个点上的 SAT/ACT 成绩；（3）高中学业成绩居班上前 10% 的新生比例（地区级大学和学院为前25%）；（4）接受入学申请的比例。因此，美国各大学尤其是著名大学都竭尽全力为招收最优秀的学生而竞争。同时，各大学也竞相招聘能干的青年教师与教育行政人员，并且努力从其他大学挖最优秀的教授。麻省理工学院在最好大学的评估中之所以名列前茅，其具有博士学位的教师从 1992 年的 90% 上升到 1993 年的 100%（与哈佛大学、普林斯顿大学、斯坦福大学并列），起了很重要的作用。

---

① 王英杰：《美国高等教育的发展与改革》，人民教育出版社，1993，第 148 页。

② 王义遒等：《美国高等教育的现状与发展趋势——美国大学访问见闻与思考》，《比较教育研究》1996 年第 1 期。

美国高校教学管理的竞争性不仅表现在大学之间，也体现在大学内部。学生为学习的名次，教师为续聘、晋升和终身聘用而互相竞争。在美国大学，要取得终身聘用的教职是比较困难的，通常要经历 8 年左右的试用期服务，以及对内部和外部竞争者的广泛考察才授予的，它是一个竞争性很强的选择过程。①

当然，教学管理的竞争并不排斥大学之间在教学方面的合作，如斯坦福大学和加州大学伯克利分校一方面是激烈竞争的对手，另一方面又是友好合作的伙伴，两校之间每天都有通勤车往来，学生可以相互选择对方的课程而获得本校的学分，教师可以相互兼课等。

美国高校教学管理的第三个基本特征是灵活性。虽然美国许多大学实施"宽进严出"的策略，淘汰率在 20% 以上，但教学管理同时具有相当的灵活性。尤其是占在校生总数 40% 左右的社区学院，学生毕业后既可就业，也可转入四年制大学继续深造；既可以白天听课，也可以晚上求学（如犹他谷社区学院的授课时间为上午 8 : 30—晚间 10 : 00）。美国高校开设的专业、招生对象、课程设置、学制年限、教学内容、授课时间等往往取决于市场需要和学生要求，因此显示出很大的灵活性。

2. 教学目标

美国高校教学管理非常重视教学目标的制定与实施。1986 年，哈佛大学校长博克（Derek Bok）曾提出了美国高校普遍认可的共同教育目标，并将它作为美国本科生教学的基本宗旨，这一教学目标是：获取广博的知识，在深度方面，擅长一个专门领域。在广度方面，了解几种不同的学科，掌握准确交流的能力和方法，至少精通一门外国语，思路清晰和具有批判思维的能力；熟悉主要的调查和思考方式，并运用这些方式掌握获得知识的能力和理解大自然、社会和本人的能力；具有理解不同价值观念、不同传统和不同制度下的其他文化的能力，经过多次探索之后，确定永久的智力兴趣和文化兴趣方向，具有自知之明，最终有能力选择未来的生活道路和职业生涯；通过与各类同学共同学习和生活，获得更多的社会经验，具有与各种人相处共事的能力。②

在这一共同目标下，许多高校进一步提出了本校的培养规格，作为

---

① 伍淑文编译《美国的大学何以出类拔萃》，《高教探索》1994 年第 3 期。

② 吴启金：《面向社会——当代美国高等教育的改革方向》，《外国教育资料》1994 年第 6 期。

教学活动的基本努力方向。如美国威斯康星大学史蒂文斯·波因特分校（UWSP）用 Wellness 来概括大学生的"良好状态"，包括六个方面的内容：社会发展、体力发展、智力发展、职业发展、情感发展和精神发展。

在社会发展方面，要求学生具有社会责任感，包括两方面的内容：（1）要认识自身在社会中的作用，以自己的行为影响社会，改造这个世界；（2）要认识自身与他人、社会的依赖关系，能协调人际关系，珍视友谊，为大家的共同利益做贡献。

在体力发展方面，要求学生具有健康的体魄。通过各种运动项目积极锻炼身体，注意饮食习惯和营养，重视轻微疾病的预防，不过量饮酒，不吸烟，不吸毒，预防艾滋病。

在智力发展方面，要求学生培养求知欲、兴趣爱好，不断扩大知识面；发展创造力，勇于探索，克服各种困难；在学业上攀登高峰。

在职业发展方面，要求学生为今后的职业选择做好准备，包括三方面的内容：（1）对职业的探究，了解各种职业的性质；（2）对自身的探究，正确评估自身的价值、兴趣、信仰和技能；（3）要求学生在校期间参加勤工助学、社会工作以及各种集体活动，培养锻炼自己的才干和能力，以适应职业选择的需要。

在情感发展方面，要求学生增强心理承受能力，包括两方面的内容：（1）对自己。要能够自由地表达并有效地控制情感，对生活持乐观向上的态度。（2）对他人。要善于理解接受他人的情感，互相信任并互相尊重，和他人保持一种和谐的关系。

在精神发展方面，要求学生不断思考人生的意义和目标，形成自己的世界观、价值观和人生观，并用以指导自己的行动。

这六个方面是互相联系、互为补充的关系，当一方面较强时，会加强并积极影响其他方面，取得同步发展的效应。美国许多高校已将 Wellness 融入相关课程，并将它从教室扩展到宿舍及学生生活的各个方面。与此同时，还建立了相应的 Wellness 评估体系。[①]

3. 教学内容

美国高校对于教学内容尤其是作为普通教育的公共课程体系非常重视。1903—1933 年在任的哈佛大学校长罗威尔（A. Lansence Lowell）创立了

---

① 蒋威宜：《美国高校学生管理模式述评》，《高等师范教育研究》1994 年第 5 期。

一个新的本科课程系统，从此成为美国高校的一种教学模式。这个系统的基本指导思想就是使每个大学生"对每一件事物都应当懂得一些，而对有些事物则应当懂得多一些"①。1979 年，哈佛大学又进一步建立了"核心课程"，以强化普通教育在教学内容中的地位与作用。哈佛大学认为，普通教育如手掌，五个手指如同多种专业兴趣——数学和科学、文学和语言、社会和社会研究、艺术职业教育，这些手指都从共同核心向外延伸。"所有的人，不管他们将来作何打算，都将从共同核心中得到约束。这是一个接受共同文化的公民的权利和义务。"②核心课程的目标是引导学生不断地"趋近于知识"，它的内容包括科学、历史、文学与艺术、外国文化、社会分析和道德推理六项，每个本科生必须从六项中选择 8 门课程，而每项中至少必须选修一门。哈佛大学每年都开出 200 多门关于六项内容的课程让学生选修，许多著名的教授都承担了核心课程的讲授任务。

在上述六项核心课程中，每项又有其自身的目标，如"科学"的目标是探究自然现象，观察与了解它们的手段，结合它们的理论与支持它们的方法论；历史课程是为了发展学生对于历史的理解力；文学与艺术课程是为了培养学生对于艺术表达的一种评论性领会；外国文化课程是为了拓宽大学生文化视野和范围，从而在自己的文化传统与设想的基础上提供新的观点；道德推理课程是为了讨论产生于人类经验里的精华与准则中意义深远与经常发生的问题。社会分析课程则是为了让学生熟悉社会科学的重要原理和方法，并指出这些研究如何能够增进我们对当代人类行为的了解。

在设计普通教育的教学内容时，美国高校比较注重课程的整体效应，即课程的根本目的，如卡内基教学促进基金会的报告指出："普通教育不是一些课程的简单组合，而是有着明确目标的修业计划，能以各种不同的途径完成的计划。尽管过程可以有很大的灵活性，但须有明确目标这一点是不可动摇的。"这一明确目标，就是所有的人共有的普遍经验，是共同的活动。没有这些经验与活动，人的关系就会减少，生活质量就会降低。

为了合理构建教学内容体系，提高教学质量，美国高校从 20 世纪 80 年代开始普遍关注本科生的教学问题，如哈佛大学投资 500 万美元加强大

---

① 袁运开：《美国著名大学本科公共课程的设置》，《上海高教研究》1995 年第 4 期。

② 哈佛委员会编纂《哈佛通识教育红皮书》（General Education in a Free Society），引自马骥雄：《战后美国教育研究》，江西教育出版社，1991，第 159 页。

学的教学中心建设，该中心对物理系的全部教学活动进行录像，然后进行分析评价，反馈给教师。哈佛大学还组织了由 100 人参加的"哈佛评价研讨组"，每月召开一次会议研究提高教学质量事宜。

（二）德国模式

在欧洲，德国是一个高等教育起步较晚，但又发展较快的国家。1348 年，德意志帝国在现捷克斯洛伐克领土上建立了第一所现代意义上的大学——布拉格大学。1386 年，又在德国境内建立了海德堡大学。这些大学基本上是以意大利、法国等国的优秀大学为蓝本复制的。但到 16 世纪时，德国已有 42 所大学，成了欧洲各国大学最多的国家。19 世纪初洪堡创办柏林大学后，德国高等教育达到了鼎盛时期，成为世界现代大学的楷模，德国的大学成了世界科学家朝拜的圣地，德国高校的教学管理模式也成为各国高校效法的对象，在世界各地的大学普遍推广。

1. 基本特征

德国高校教学管理最显著的特征是所谓"洪堡传统"，即主张教学与科研自由以及教学与科研统一。[①]联邦德国巴伐利亚州前文化教育部司长卡尔·伯克在北京大学的一次演讲曾把教学与科研比为德国高校的"建立在两根支柱上面的一个拱门"。认为只有两根支柱同样强大，才能使拱门承受能力增强，否则将会倒塌。[②]教学与科学研究自由是"洪堡传统"的支柱。洪堡认为，大学中的教与学只有通过教师与学生自己独立的精神活动才能进行。没有教师教的自由，就没有教师的独创精神，就不可能有出色的教学，而只能是照本宣科，人云亦云；没有学生学的自由，也就没有学生的独创精神，就不可能有出色的学习，而只能是死记硬背，消极应付。因此，在德国高校，给教师和学生以非常大的自由空间。教师的教学完全自由，可以自由开设课程，自由讲授他们想讲的一切学术思想与学科知识，自由地确定科学研究的课题与进程。学生的学习也完全自由，学生可以自由确定自己学什么，学多长时间，可以自由地选修自己喜欢的课程，选修课与必修课都可以自由听讲，还可以自由地从一所大学转到另一所大学。所以，在德国的大学经常可以看到："偌大的教室里坐着五六个学生喝着咖啡、吃着

---

①②　李其龙、孙祖复：《战后德国教育研究》，江西教育出版社，1995，第 171–172 页、第 174 页、第 200 页。

早点，而教授在讲台上津津乐道、慷慨陈词，并且丝毫没有被冷遇而难堪的感觉。"①当然，自由并不意味着放任，事实上它是与严格考试相联系的。德国大学的考试非常严格，被发现作弊一律为不及格，教授及其助手在阅卷时也毫不留情，经常有 30%—40% 的学生不及格，所以学生在校学习的时间普遍较长。

教学与科学研究统一是"洪堡传统"的特质。洪堡认为，大学的教学不是传统意义上的教学，而是与科学研究密切相关的教学。教师的"教"应当是对学生从事研究的一种引导，学生的"学"应当是一种独立的研究与钻研。基于这样的思想，德国高校反对把既成的可以看得到看得懂的教材在课堂上照本宣科，而主张把教师的研究，即自己的独创思想、研究方法、第一手资料等理论化、系统化地传播给学生。这样，可以使学生了解最前沿的科学知识与研究动态，激发他们的求知欲与探究心。

也正是基于这样的思想，德国高校规定每个学生都必须在实验室或研究所参加一定的科学研究工作，并把在此基础上撰写的毕业论文水平作为评价毕业生优劣的主要标准，在做毕业论文期间，学生有义务参加教研室（实验室）的各项学术活动，教师严格要求，一丝不苟，学生也不敢懈怠、马马虎虎。许多学生通过这一阶段形成了良好的科研能力与科研兴趣。

同样是基于这样的思想，德国高校普遍采用"习明纳"的教学形式。"习明纳"（Seminar）从拉丁文"Seminarium"而来，原意为"苗圃""发祥地"，后转意为学校中的学生在教师的指导下共同研讨学术。这种形式要求学生以主人翁的态度积极参与，往往要通过阅读大量文献、收集大量数据等准备工作，经过讨论、辩论和教师评价等环节，深化对某一学术问题的认识与理解。德国大学的"习明纳"分初、中、高三种。初级"习明纳"属于基础课阶段的教学活动；中级"习明纳"属于主要课程阶段的教学活动；高级"习明纳"是为博士生、还没有取得教授备选资格的博士和学术助理开设的，带有学术交流性质，这种"习明纳"也允许高年级学生自由参加。②

---

① 唐京建、顾济华：《德国高等教育管见》，《苏州大学学报（教学管理研究版）》1995 年。

② 国家教委教育发展与政策研究中心：《当代国际高等教育改革的趋向》，高等教育出版社，1988，第 196 页。

2. 教学目标

1976 年，联邦德国政府颁布了《高等学校总纲法》，对高校的根本任务做了法律上的界定："高等学校根据其任务通过科研和教学为维护和发展各种科学和艺术服务。高等学校为学生从事需要应用科学知识和方法或艺术创造能力的职业活动作好准备。"在此根本任务的基础上，明确提出了高校的教学目标：高等学校中的教与学应为学生今后从事某一职业打下基础，要传授给学生必要的专业知识、能力和方法，使他们能胜任科学或艺术工作，并树立对自己行为负责的责任感。[①]可见，"为职业活动做准备"，是德国高校教学目标的归宿所在。

为了实现上述目标，德国高校非常重视大学生的社会实践活动。如在大学招生时，许多高校规定学生在入学前应有实践经验证明，如医学专业要求学生在入学前至少有 8 周在医院工作过，建筑专业要求学生在入学前有 3 个月的实习证明，电工学专业要求学生有 6 个月的学前实习证明。大多数工科专业要求学生在学前和学习期间累计有 24 周的实习活动，药物专业甚至要求学生的实习时间累计达到 2 年。

在德国的高等专科学校中，有 1/4 时间用于教学实习，分别安排在第五学期和第八学期。第五学期的实习，要求学生自己寻找一个适合的实习场所。以电气技术专业为例，学校建议在以下场所实习：（1）企业中的电气技术部门；（2）工程师办公室；（3）供电所、电厂；（4）工业企业；（5）电气设备制造车间；（6）适合于实习的研究开发部门。通过实习，要求学生了解应用型工程师的职责。把在学校中学习的知识、能力、技术应用于实际。第八学期的实习要求结合毕业设计的准备进行。一般学生到企业申请课题作为毕业设计题目，在确定意向后送学校考试委员会审核，批准后与企业正式签订承担合同，这次毕业设计不仅要求出图纸，而且要出样机，并参与安装、加工、调试。毕业设计的答辩由企业和校方共同组织进行，通过答辩可授予特许工程师学位（Diplomingenieur-FH）。[②]

在上述教学目标指导下，德国高等教育的职业化倾向日益明显，其

---

① 李其龙、孙祖复：《战后德国教育研究》，江西教育出版社，1995，第 171–172 页、第 174 页、第 200 页。

② 沈纯道：《德国高等专科学校及其基本走向——"职教高移化"与"高教职业化"的典型范例》，《比较教育研究》1995 年第 5 期。

中最典型的就是将"双元制"（双重训练制）模式引入高等教育。在这样的模式中，青年学生不再分为大学生（Student）和学徒（Lehrling，AuSznbildende，Azubi），而成了两者的结合体"大学徒"（Azudent），"大学徒"一边在高等学校学习必要的专业和理论知识，一边以学徒的身份与企业签订培训合同，作为学徒在企业进行经常性的实习和技能训练。这样学习更有针对性，就业更有保障性，受到了学生与企业的欢迎，德国经济联合会称其是有效的"第三条路"，甚至有人称之为高等教育发展的未来模型。

中美师范教育课程设置的比较

（一）

发展教育，教师培养是关键。为了适应 21 世纪的挑战，中国需要培养大批优秀教师。他们不仅应掌握扎实的专业知识，而且要懂得教学，具有雄厚的教育理论基础。教师的素质决定着中国未来教育的质量。目前，中国师资的培养主要依靠各类师范院校。近年来，中国的师范教育的确有了长足的发展，仅高等师范院校已增长到 257 所，在校学生达 470186 人，每年毕业 167713 人。

尽管师范教育办学规模发展很快，但教育本身却存在一些亟待解决的问题。其中课程设置就是一个关键。它不仅影响师范院校所培养的教师的素质，而且也关系到教师将来的教学质量。本文把中国师范院校普遍采用的课程设置与美国得克萨斯州一所教育学院所采用的课程设置进行比较，然后分析存在的问题，提出参考意见。

（二）

从原则上讲，中国高等师范院校的课程设置应体现培养学生德、智、体全面发展的办学方针。1981 年 4 月颁发的《关于修订高等师范院校四年制本科文科三个专业教学计划的说明》阐述的培养目标，只是笼统地概括了德、智、体三方面，但对师范教育的职业特点和学生的职业道德及能力没有提出具体要求。这就使得师范院校的课程设置无"章"可循，很难体现师范教育的特点。

指导方针的不明确直接导致课程设置的偏差。很长一段时间以来，中国师范院校在课程设置上重视学科专业理论知识，忽视教育理论和教师技能的训练。教育方面的课程往往只局限于教育学、心理学和教材教法三门课。据有关统计，教育课程在师范院校平均只占总课程量的 5%—7%。不仅如此，教育课程还未受到应有的重视。不少学生往往视之为公共课，没有学科专业课重要，因而十分怠慢，还存在考试只要及格就满足的思想；师范院校的领导部门也重视不够。尽管教师们一再呼吁增加教育课程的课时，但还是常常被忽视。

师范院校重学科专业课、轻教育基础课的现象有其历史根源。早在 20 世纪 60 年代，就出现过师范教育应以师范性为主还是以学术性为主的争论。主张师范性为主的认为，优秀教师一定要具备扎实的教育理论基础和熟练的教学技能。不懂得教学，专业知识学得再多也不是合格的教师。主张专业性为主的认为，学术性应放在首要地位。优秀教师首先应具备扎实的专业知识。如果说不懂教学的教师算不上合格的教师，那么不懂专业的教师则算不上教师。争论持续至今。总的来说，目前还是学术性占了上风。除课程设置外，考核教师职称评定的标准主要是专业水平的高低，看发表过多少论文，出版过多少专著，主持或参加过多少科研项目等，而教学能力则被放在次要的地位。在毕业生分配问题上，专业知识也占明显优势：专业成绩优秀的学生往往考研究生或留校，成绩一般者则大多被分配到中学，稍好的还可能留城或分配到好学校。至于学生有无当教师的能力、教育课程成绩的好坏，这些却并不被看重。这种现象无疑影响着学生的学习倾向，对师范院校的课程设置也产生不良影响。

师范院校教育课程设置太少，使得师范教育缺少师范特点。表 5-1 所显示的是两所师范院校与两所综合大学中文专业课程设置的比较。可以看出，除教育学、心理学、教材教法几门课外，其他几乎一致。由于这几门课所占比例太小，因而尽管师范院校的培养目标有别于综合大学，但在课程设置上却难以看出区别。

师范院校教育课程的课时数不仅远远低于学科专业课程，就是与其他主要公共课相比，比重也偏低。如表 5-2 所示：在东北四所高等师范院校的中文和数学专业教学计划中，教育公共课所占的比例比政治、外语、体育方面的公共课都要低，有些甚至低很多。这种重其他专业、轻教育专业的课程安排无疑不利于师范院校师资培养目标的实现，也不利于师范院校自身的发展。

表 5-1　高等师范院校与综合大学中文专业课程比较

	四川师范学院	辽宁师范大学	吉林大学	辽宁大学
中国革命史	85	85	50	80
马克思主义原理	85	102	117	148
中国社会主义建设	85	85	66	88
世界政治经济与国际关系	46	64	48	70
法学（概论）	68		34	30
德育（思想品德修养）	68	102		60
心理学	51	51		
教育学	48	51		
外语	340	272	393	328
体育	136	136	128	
军事理论				60
文献理论	51			
语文教育学（教材教法）	64	68		
文学概论（文艺理论）	102	102	62.5	111
中国古代文学（史）	340	323		60
中国现代文学（史）	136	119		104
中国当代文学（史）	132	70	188	92
外国文学（史）	124	150	126.5	108
写作	102	136	221.5	
语言学概论	34	48	34	
现代汉语	170	128	101	104
古代汉语	136	153	150	111
逻辑学	48	42		
美学概论	50	48	34	
古代文学作品选				236

表 5-1　高等师范院校与综合大学中文专业课程比较（续表）

	四川师范学院	辽宁师范大学	吉林大学	辽宁大学
新闻采访与写作			58.5	
新闻事业概论			34	
新闻理论			68	
中国文学史			284	
社会语言学			66	
马列文选			54	
中国文学批评史			48	
西方文论			51	
中国传统文化			51	
影视艺术			36	
东方文学			36	
文秘写作				56
新闻写作				48
基本技能训练	68	（180）		
总学时数	3221	2775	3009	2628
必修课学时数	2569	2413	2540	2028
公共必修课学时数	1063	966	836	998
专业必修课学时数	1056	1417	1704	1030
选修课学时数	852	362	469	600

表 5-2　东北四所高等师范院校本科教学计划中公共课情况

专业	中文					数学				
课程类别	政治	教育	外语	体育	其他	政治	教育	外语	体育	其他
学时数	437.1	102.7	290	136.5	12.7	349.5	99.7	102.7	135.5	35
所占比例	44.3%	40.5%	29.4%	14%	1.3%	38.4%	10.9%	11.3%	14.9%	3.8%

教育课程的一个重要组成部分是教育实习。实习给学生提供了一个了解中学教学的机会，可以检验学生对教育课程所授知识和技能的掌握程度。中国的师范院校通常把实习安排在最后一两个学期。这个时候安排学生去中学实践是有益的。值得指出的是，教育实习时间大多不足，一般只有4—6周，而学生实际到课堂上实践的时间则更短，使得教育实习难免流于形式，走过场，并未真正达到实习的目的。

（三）

他山之石，可以攻玉。别国的经验大有裨益。在此，本文将分析美国得克萨斯州理工大学教育学院中学教师证书课程的设置，并探讨对中国师范院校的启示。得州教育主管部门对本州教师证书的颁发做出明确规定，要求所有打算获得证书的个人必须修完以下课程：

普通教育课程（不得少于60学分）。普通教育课程旨在使学生掌握那些被传统地视为大学教育基础的知识，包括自然科学、社会科学、人文科学、美术、语言诸方面。这些课程实际上不只是为准备获得教师证书的学生开设；所有在大学就读的学生都必须要修，类似于中国大专院校里的公共课。

学科专业课程（36—48学分）。这部分课程与学生将来从事的教学方向有关。比如：将来打算当化学教师的，就要修完36—48学分相关专业课。专业不同，学科专业课就不一样；不同的教师证书对课程的要求也不一样。这类课程相当于中国大专院校的专业课。

教育专业课程（18学分）。一般由三部分组成：第一，核心课程。为所有参加证书学习的学生开设，涉及教学过程、人的成长与发展、特殊类型学生的特点、职业道德与法律，还有美国尤其是得州学校的体制与管理、计算机、传播媒介和其他技术。第二，教学法。这类课程因不同年级而异，包括教学方法与策略、课程的组织、设计与评估、课堂管理等。第三，教学实习。包括见习和教学实践两个内容，时间的长短也有专门规定。得州教育主管部门的一系列规定为该州各院校的教师证书课程设置奠定了基础。下面再介绍得州理工大学（Texas Tech University）教育学院的具体做法。

得州理工大学是一所规模较大的州立综合大学，下属的教育学院专门培养师资和学校管理人员，具有颁发教师证书的资格。学院每年开设各种类型的教师证书课程；学生主要来自得州。经过一段时间学习，学生可获得幼儿、小学和中学教师证书。为了便于与中国高等师范院校进行比较，本文只介绍该学院对中等学校教师证书的颁发所做的有关规定。

依州教育主管部门的要求，该学院规定凡是准备获得中学教师证书的学生必须满足以下要求：

第一，修完 60 学分的普通教育课程。这些课程与学校为其他系和学院规定的课程一样，但须包括 12 学分的英语课、3 学分的计算机课，以及旨在使学生了解学校与社会多样性的课程 EDSE2300。

第二，修完 24 学分的专业教育课程。课程共设置五门，再加中学教育实习。五门课为：EDSE4322 多样性与课堂学习环境，EDSE4310 学习、认知与课程设计，EDSE2192 中等教育研究（选修），EDSE4311 课程设计、编制与评估，EDSE4320 教学方法或后面其中一门，EDSE4351 语法、写作、拼写、听力教学，EDSE4360 中学的社会学课教学，EDSE4376 科学课的教学法。

专业教育课程一般安排一年半时间（三个长学期）。其中五门课需两个学期，教育实习放在最后一个学期。专业教育课程本为 18 学分，但教育学院为加强教育实习，把实习的学分要求从 6 学分提高到 12 学分。这样专业教育课程部分学分增至 24 学分。尽管专业教育课程所占比例有所提高，但仍有教师认为这方面课程不足，建议增加课型和课时。

第三，修完有关的学科专业课程。学生根据未来的教学方向可有四种不同的专业课程选择。见表 5-3。

第四，通过相应的 ExCET 考试。考试每年举行，通过后可拿到证书。学生若想获得西班牙语教师证书则要通过得州的口语水平考试（TOPT）。

得州理工大学教育学院对课程设置的要求和安排明显不同于中国师范院校。突出的是，教育类课程种类要多于中国的师范院校，在总课程设置中所占的比例也高出许多（17%—19%）。由于课程安排多，学生有更多的机会和时间学习教育方面的知识与技能，同时学生也更加重视教育类课程。对选修课的设置也比较重视，增设了一些与教学密切相关且有实际价值和意义的选修课程。与之相比，中国师范院校很少安排教育选修课，学习教育理论知识只能通过两三门有限的必修课，学生的兴趣和主动性很难被激发。

值得一提的是，得州理工大学教育学院的课程设置重视学生实际教学能力的培养，教育实习时间长达一个学期，大大高于中国师范院校 4—6 周的实习时间。这使学生能在实践中更好地消化课堂所学知识，增长在课堂里和书本上难以学到的实际工作经验。与得州理工大学教育学院相比，中国的师范院校课程设置不利于教师素质的培养，造成与中学教学实际严重脱节，也反映出中国师范院校重学科专业理论，轻教育理论和训练，重知识传授、轻能力培养，重必修课、轻选修课，重理论、轻实践的倾向。它带来的后果是学生知识面狭窄，缺少特长和职业技能，实践能力和管理能力差，不善于进行教育科学研究，而且专业思想不稳。

造就合格的教师，仅使其掌握扎实的本学科知识是不够的，还必须具备诸如认知心理、动机心理、发展心理、教育技术、教育手段等方面的知识和技能。中国师范院校应有针对性地加强教育类课程的教学，增加比重。应跳出单纯传授理论知识的圈子，结合中学教学的实际，注意学生能力的培养。得州理工大学教育学院的做法值得借鉴。

表 5-3　得州理工大学教育学院中等教育教师证书学科专业选择类别

选择类别＼学科专业	选择一 6—12 年级教学，至少 21 学分的高年级课程，只需选一个方向	选择二 6—12 年级教学，至少 12 学分的高年级课程，需选两个方向	选择三 6—12 年级教学，至少 24 学分的高年级课程	选择四 6—12 年级教学，至少 12 学分的主科高年级课程
艺术			60	
生物	36—37	29—30		
化学	36—39	24—35		
计算机信息服务		25		
舞蹈		25		
地球科学	42	38		
经济学	36	24		
英语	36	30		
英语 / 语言艺术				48
体育		40—42		

表 5-3 得州理工大学教育学院中等教育教师证书学科专业选择类别（续表）

选择类别 学科专业	选择一 6—12 年级教学，至少 21 学分的高年级课程，只需选一个方向	选择二 6—12 年级教学，至少 12 学分的高年级课程，需选两个方向	选择三 6—12 年级教学，至少 24 学分的高年级课程	选择四 6—12 年级教学，至少 12 学分的主科高年级课程
法语	36	24		
地理	37	25		
德语	36	24		
政府管理	36	24		
健康	36	24		
历史	36	30		
新闻学		27		
拉丁语	36	24		
生命 / 地球科学	46			
数学	36	24		
音乐				
自然科学	36	28		
物理	36	24		
心理学		24		
科学				52—55
社会常识				63—65
社会学		24		
西班牙语	36	24		
特殊教育		18		
言语交际		30		
戏剧艺术		30		

资料来源:

[1] 安德鲁斯:《纳斯达克上市指导手册 1994-1995:美国教职人员认证与培训手册》(*The NASDTEC Manual 1994-1995:Manual on Certification and Preparation of Educational Personnel in the United States*),肯德尔亨特出版公司,1994。

[2] 沈安平:《中国的师资教育与国家发展》(*Teacher Education and National Development in China*),《美国教育杂志》,1994,第 57-71 页。

[3] 得克萨斯州教育局:《教师认证手册》(*Teacher Certification Handbook*)。

[4] 得克萨斯理工大学:《得克萨斯理工大学本科课程目录公告 1996-1997》(*Bulletin of Texas Tech University Undergraduate Catalog 1996-1997*),1996。

[5] 王邦佐:《中学优秀教师的成长与高师教改之探索》,人民教育出版社,1994。

[6] 四川师范学院、辽宁师范大学、吉林大学、辽宁大学:《教学计划》,1995。

英美师范教育实习的特点及启示

教育实习就是师范生根据师范教育的目的、任务和要求,在教师的指导下,通过亲自参加教育、教学和管理工作,检验自己所学的知识,提高自己的教育、教学及管理等工作能力的过程,也是师范生了解学校教育状况,熟悉学生,巩固专业思想,培养实际工作能力,初步掌握科学的教育教学方法的重要途径。它是师范生走向工作岗位前不可缺少的一个重要环节,因此,世界各国的师范教育,都十分重视教育实习这一环节。在这里我们以英国和美国两个国家的师范教育实习为例,对他们国家的师范教育实习特点作一分析,以期对我国师范教育实习有所启迪和借鉴。

第一,教育实习在英美整个师范教育中被予以了高度的重视,它被列为全面考核师范生培养的重要方面。

美国佛罗里达州早在 1918 年就通过了一项法律,规定了未来教师能力培养的三个方面,其中一个就是规定师范生必须完成州教育厅所建议的一年实习期,方能获得一张正式的证书,并把教育实习和实习教师的切身利益结合起来，把实习表现和就业考察结合起来。后来，在 20 世纪 70 年代 Gahanna-Jefferson 市学区与两所教师训练机构——喀比特大学（Capital University）和奥托宾学院（Otterbein College）密切协作，从教育实习的时间、内容、管理等许多方面，为专修教育的师范生制定了详尽的实习教师培养计划。在当代，英美国家更加认识到教师的素质和能力对教育质量的重要意义，在师范生培养中，更加注意教育实习这一块，并通过诸多法律、法规及政策的制定和实施，努力使师范教育实习取得良好的效果。

第二，英美师范院校注重加强教育实习的前期准备。

教育实习的前期准备包括基本教育理论知识和基本教育技能两个方面。英国在 1981 年 9 月，就开始实施了教师职前训练课程的新标准，新标准有三个要素：（1）合格教师的高等教育和职前训练至少应有两年时间用于学习专业课程，未来中学教师要学习一至两门将来要教授的专业学科，未来小学教师要学习与小学课程有关的较为广泛的课程。（2）职前训练应当充分重视教学法方面的课程，使学生知道怎样教好不同年龄阶段的、具有不同需要的与不同能力的学生，这类课程应成为职前训练的重要组成部分。（3）师范生的学习应该密切地与中小学的实际经验相联系，中小学教师要参与师范生的培养工作。在英美目前师范教育基本理论课程中，主要包括普通教育课程、学科专业课程以及教育专业课程。这三类课程在整个师范教育过程中占据着相当大的比例，且要求严格。具体来说，教育理论课分为必修和选修两大类，必修课一般包括心理学、社会学、教育哲学、儿童发展以及教育史等。必修课以后的选修课内容有比较教育、特殊教育、社区教育、多文化教育、教育行政等课程。各科教学法一般有"教材材料的准备""教科书的使用""教案的制定""教学评价方法"，等等。教学技能课主要包括"学校与课堂教学中的人际关系""学生个别差异的成因以及因材施教""语言交流的问题""学习环境、班级作业、小组作业、个人作业"以及"备课"等。除了通过课程学习来提高师范生的知识水平和技能，英美许多师范院校还通过许多实际的锻炼来提高师范生教育实习之前的教育教学技能，如美国师范院校中所采取的一种微型教学，它是让即将实习的师范生在微型教学实验室里向几个学生讲授几分钟的微型课程，以便表现出一种或多种特殊教学技能，由师范生指导教师以及其他同学对他的教学进行录像、重播并总结评价，它通常与方法课程同时进行。

第三，教育实习方式多样化。

在英美师范教育实习中，教育实习的方式并非固定统一的。其中在美国比较盛行的模式之一就是顶岗实习，即实习生完全深入学校，每月发一定数额的工资，工资为刚参加工作的教师的一半，实习生的学习因此会被耽搁，但他们可向后延续半年或一年毕业，实习生一般在假期就提前到实习学校，做备课准备，每周上两次课，师范院校的指导老师每月去实习学校至少两次。在英国的做法是，两人一组，深入到一个班级，并参加全部学校活动，但不领工资，师范院校指导老师每周去半天，通过顶岗实习的模式使师范生能深入实际，加强责任感，强化在实践中培养技能的动机，通过这种模式还能改变以往师范教育实习总是集中在城市较好中小学的惯例，可以把师范实习生分散到农村去，使其得到更多的锻炼。此外，美国还通过设立实习教师中心这一机构来加强师范生的实习工作，美国许多师范教育机构相当慎重地选择一个学区或相互之间距离很近的一组学区，用于教学实习。实习学生集中在一起，有利于他们之间相互切磋，同时也方便指导教师进行指导。在这样的教育实习模式中，还有利于提供和支持探索新的教学方法的环境。此外，在教育实习改革中，还出现了"临界实习"的师范教育实习方式，即小学教师实习生到幼儿园进行短期见习，初中教师实习生到小学进行短期见习，高中教师实习生到初中进行短期见习。这样一种教育实习方式，有利于实习生从学生身心变化过程特点去把握教学方法。另外，英美师范教育实习还通过让师范生到中小学参观、进行个人调查等其他途径进行。

第四，教育实习内容的丰富性。

在英美师范教育实习过程中，其内容并不仅仅限于纯粹的教学实习，还包括其他许多内容。在中小学，实习教师和在职教师要求相同，除课堂教学外，还参加一切校内外活动，如帮助准备开放日的教室布置，参加所有教职员会议和在职训练活动，出席家长—教师会议，以及根据课程委员会的安排去做其他工作。实习教师一年中至少要有两周时间全面负责其所任课班级全部教学活动的计划、实施和评价工作。而且，实习学校还鼓励师范实习生掌握多个年级的教学经验，在音乐、艺术、体育和特殊教育等方面有个人专长或兴趣的实习教师，也有机会在这些非自身专业学科进行教学，这样可使实习生能有机会接触各种各样的教学技术问题，并从中学习，以形成和发展自己的教学风格，让学生在多种教学实践中得到亲身体验，真正培养起师范生在制订教学计划，传授知识以及课堂组织管理等方面的能力，以适应教学实际，适当调整自我。

第五，在教育实习的时间安排上，一方面在总量上比较充裕，另一方面在方式上又体现出分散和集中相结合的灵活性。

在英美师范院校中，师范生一般要花 15 周时间在中小学的实际教学环境中进行观摩和实习教学等活动。实习期间，实习教师必须和正式教师一样，每周在校工作 5 天，每天 8 小时，完全参与学校生活。有了这样充裕的教育实习时间，英美国家的师范生便可以有更多的机会观摩有经验的教师上课，并亲自实践他们的教学技能。另外，在英美师范教育实习时间的安排上还具有分散和集中相结合的特点。在英国，部分师范院校在 1—2 年级时，学生每周安排半天到中小学见习，参加教育活动。在 3 年级或 4 年级时，进行一次集中顶岗实习，这样不仅解决了学生学习教育理论课感性经验不足的矛盾，又能解决实习时实习生对实习学校感到陌生的问题。

第六，教育实习管理的综合化。

教育实习管理的综合化一方面是指管理者构成的综合化，另一方面是指管理内容的综合化。在英美师范教育实习管理中，一般由地方教育行政部门成立教育实习工作领导小组，统一领导教育实习工作。小组成员由教育行政部门的视导员、师范院校派出的专职教育实习指导员和实习校代表组成。小组任务是制订教育实习计划、分配实习生、组织教育实习和实习评价等工作。每学期师范院校把实习学生名单提交给地方教育行政部门，由地方教育行政部门领导的实习工作小组负责全部工作。通过这样的管理方式，使地方教育行政部门、师范院校以及实习学校共同参与到教育实习的管理工作中来，有利于提高教育实习管理水平和教育实习的质量。

第七，师范院校与中小学具有密切的合作关系。

在美国，许多教育界人士认为："中小学与大学（师范）之间的协作是教育实习改革的最佳战略。"如马萨诸塞州的莱斯利大学（Lesley University），它是一所私立的四年制师范院校，它与波士顿地区各城镇的 132 所学校和 56 个社会机构建立了良好的合作关系，来作为学生见习和实习及教育活动的基地。另外，美国于 1911 年就开始建立了大学与中小学合作培养教师的联合体，即由师范院校的教师与中小学主讲教师合作，制定并实施教育实习计划。有了师范院校与中小学这样一种密切的合作关系，对于共同提高师范实习生的教育实习质量大有裨益。

与英美师范教育实习状况相比较，在我国的师范教育实习中，虽然师范院校和实习学校正在对师范教育实习工作进行不断的完善，但是可以发现，在我国的师范教育实习中仍然存在着许多问题，主要表现在以下几个方面：

第一，对教育实习的重视程度不够。许多师范院校只注重师范生的学术性，而忽视师范教育的师范性，没有充分认识到教育实习这一教育实践活动在提高师范生基本技能及全面素质中所起的作用。

第二，师范教育实习前期准备不充分。在我国的师范教育课程设置上，教育理论和教师技能课程严重偏少，课程内容一般仅限于教育学、心理学以及教材教法老三门，所占学时一般也只有160学时左右，在所有课程中所占的比例还不到5%。在教育技能的训练方面，机会则更少，使得许多师范生"三字一话"基本技能不能达到合格的标准。许多师范生在走上实习岗位时，由于缺少必要的理论基础和基本技能，而影响了实习工作的顺利进行。

第三，教育实习管理工作的单一化。在目前我国的师范教育实习中，实习生的管理基本上由师范院校全面负责，地方教育行政部门很少介入，这种管理模式还会在一定程度上导致师范院校与中小学之间的距离扩大，而两者之间的关系不融洽，就会使教育实习工作缺乏稳定的实践基地，给教育实习的安排及其他活动带来困难。

第四，我国目前在教育实习的时间安排上还存在很大的不合理性。在我国，目前师范生实习时间一般为4～6周，与英美等国家15周的教育实习时间相差甚远。另外，在时间安排的方式上，基本上都是在师范教育结束的最后一学期集中进行，这种时间安排方式，不利于实习生把理性的知识和感性的经验相互补充和相互结合，不能收到实习所应该取得的效果。

第五，我国师范教育实习还存在着教育实习内容的狭窄性及教育实习方式的单一性等方面的不足。目前我国师范生实习的内容基本上都是进行所学专业的学科教学以及一些简单的班主任辅助工作，而后者还要视实习学校的配合程度来定，实习生很少有机会参与学校的其他一些日常管理和活动。在教育实习的方式上也基本上采取实习生到中小学上课的单一模式，缺少创新性。

根据英美师范教育实习的特点和经验，对于我国师范教育实习中存在的问题，必须对其做进一步的调整与完善。首先要从思想上充分认识到教育实习在整个师范教育中所处的重要地位，从各方面努力提高师范生的水平和技能，为教育实习奠定良好的基础。同时在教育实习的管理过程中，要体现管理的民主性和综合化，时间安排上要根据师范教育实习的目的，在总量和安排方式上都要加以改革，并能采取多种教育实习模式，进一步增加教育实习的内容。通过师范教育实习改革，使我国的师范教育实习真正能在从师范生顺利过渡到合格教师的过程中，发挥其应有的作用和功能。

中日家庭教育调查的比较研究[①]

日本总理府情报室于 1990 年 6 月 14—24 日，对日本国民进行了一次关于家庭教育的任务、方法及家庭教育和社会关系的调查。调查对象为 15 岁以上的社会各阶层人士，样本数 5000 人，有效回收 3740 人，回收率 74.8%。[②]根据这一调查的内容和方法，我们在中国进行了相同的调查。

（一）调查目的

就家庭教育的任务、方法及家庭教育和社会的关系等，调查中日两国国民在家庭教育上的异同，为中日家庭教育的比较研究提供实证基础。

（二）调查项目

1. 家庭教育的方法；
2. 家庭教育的现状；
3. 有关家庭教育的学习；
4. 对国家及公共团体的期望。

（三）调查对象

全国 15 岁以上各种职业人员，样本数 5000 人，有效回收数（率）4434 人（88.7%）。其中男 2457 人（55.4%），女 1977 人（44.6%）。

（四）调查结果

1. 家庭教育的方法

（1）每日的生活信条

当问到你是怎样考虑度过每天的生活时，回答"为社会事业尽责"

---

① 本文发表于《教育研究》1992 年第 6 期。

② 日本总理府情报室：《家庭教育社会调查报告》，1990 年 11 月。

（33.8%）的人大大高于日本（5.9%）。日本回答"将来的事不考虑，快快乐乐过日子"的人最多（28.1%），大大高于中国（5.4%）。具体内容及人数详见表5-4。

表 5-4　每日生活信条

国家 生活信条	中　国	日　本
为社会事业尽责	33.8%	5.9%
不管别人干什么，按自己认为好的方式生活	25.1%	6.0%
不瞎折腾，有条有理过日子	20.8%	5.8%
将来的事不考虑，快快乐乐过日子	5.4%	28.1%
什么都说不上	2.1%	6.7%
其他	1.7%	0.7%

中国 N=4434　日本 N=3740

在回答你形成生活信条是受谁的影响时，回答"自己的亲身体验"者最多（58.3%），与日本的情况相近（54.5%）。其次是"受父母影响"（20.0%），日本也是如此（44.1%）。回答占第3位多数的是"受教师影响"（5.8%），日本则是"受朋友、熟人的影响"（25.2%）。日本还有一部分人的回答是"受亲戚的影响"（10.1%），这一项中国只有最少的人回答（2.2%）。（中国为单项选择，日本为多项选择。）

就性别、年龄来看，回答为"自己的亲身体验"的比例，较高的是男性（61.4%）和50岁以上的人（65.8%），回答"受父母影响"比例高的则是女性（23.1%）和30—39岁的人（21.9%）。与日本的情况完全一致。

（2）父母子女的相互依赖感

当问及："有人认为'最近父母子女间的信赖感变得淡薄了'，你是这样认为的吗？"回答"确实如此"的为13.3%，大大低于日本36.0%的比例。回答"并非如此"的为74.5%，大大高于日本57.5%的比例。

从性别来看，回答"确实如此"的男性比例高于女性比例，而日本恰恰相反。见表5-5。

表 5-5

回答 国家　性别	确实如此	不知道	并非如此
中国（N=4434）	13.3%	9.2%	74.5%
日本（N=3409）	36.0%	6.5%	57.5%
日本男（N=1475）	39.2%	6.4%	54.4%
日本女（N=1934）	33.6%	6.6%	59.9%
中国男（N=2457）	12.2%	8.8%	77.8%
中国女（N=1977）	14.7%	9.7%	70.4%

（3）家庭内应该让孩子掌握的重要东西

当问到，根据你的亲身经验，要健康、全面地养育子女，在家庭内应该让孩子学到什么？对于幼儿期（3—6 岁）的孩子，回答"学会收拾、整理、爱惜钱物，养成仪表端正，礼貌待人，尊敬师长，感谢别人的帮助等基本生活习惯"的，为 57.9%，低于日本的 72.9%。对于小学生（1—6 年级），回答"学会自己订计划做事情的自主性"的高达 61.4%，高于日本 45.5% 的比例。比例较高的另几项是：勤劳，经常从事劳动和工作（44.9%）；责任感，讲信用，对自己言行负责（44.0%）；忍耐性，坚忍不拔，有始有终（35.4%）；尊重、理解和尊重他人的人格和权利（32.5%）。这几项日本的比例分别为：40.7%、58.7%、48.6%、54.3%，说明日本的家庭教育强调孩子在责任感和尊重他人方面比中国明显。对于中学生（初 1—高 3），中国是回答"情绪的稳定"者最多（41.4%），日本这一项的回答较低（35.1%）。日本回答最多的是"尊重人权"（54.3%），第二是"自立性"（51.4%），第三是"宽容、合作"（46.8%），第四是"责任感"（41.7%）。中国回答这四项的比例分别是 33.4%、39.0%、28.4%、24.6%。

（4）家庭教育的重要性

当问到，有一种观点认为，"在今后的社会里家庭教育的责任将越来越重要"，你同意这种看法吗？中国方面给予肯定回答的为 86.5%，略低于日本的比例（88.9%），给予否定回答的为 7.5%，高于日本的比例（4.7%）。

对给予肯定回答的 3837 人问及这样认为的理由时，回答"因为对孩子人格的形成家庭有很大影响"的最多，为 54.0%，但大大低于日本的比例（86.9%）。以下依次为："因为孩子的教育不能只依靠学校"（25.0%，日本的比例为 37.0%），"随着改革开放中国文化传统的教育需依靠家庭教育"（20.8%）。而日本回答"因为信息化高度发展的社会里，家庭的独自性和主体性很容易丧失"的达 21.7%，回答"家族以外的人对孩子的影响正多起来"的达 20.6%，这两项回答在中国都在 3% 以下。（中国为单项选择，日本为多项选择。）

2. 家庭教育的现状

（1）家庭教育的自我评价

对 4119 名已婚并有 18 岁子女的人提问，就总体而言，在你的家庭里，你认为你的家庭教育很好吗？结果回答"很好"的占 11.7%，回答"还可以"的为 79.7%，而日本分别是 25.6% 和 64.5%。回答"不好"的占 5.5%，日本为 5.9%。见表 5-6。

表 5-6

国家 回答	中国（N=4119）	日本（N=1358）
很好	11.7%	25.6%
还可以	79.7%	64.5%
不知道	3.1%	4.0%
不好	5.5%	5.9%

（2）孩子参加劳动的情况

对 4119 名有 18 岁以下孩子的人问及在家庭内让孩子帮助干家务的情况时，回答"几乎不要子女参加"的为 28.1%，比例最高，日本是 25.2%，比例占第 2 位。日本比例最高的回答是"每日参加"（30.9%），而中国只有 14.4%，比例居第四。"每周参加 2—3 日"的中国是 21.3%，日本是 24.2%。"每月 1—2 日"的中国是 10.2%，日本是 5.4%。见表 5-7。

表 5-7

国家 回答	中国（N=4119）	日本（N=1358）
每日	14.4%	30.9%
每周 2—3 日	21.3%	24.2%

表 5-7（续表）

国家 回答	中国（N=4119）	日本（N=1358）
每周 1 日	21.3%	12.0%
每月 1—2 日	10.2%	5.4%
说不清	4.7%	2.4%
基本不参加	28.1%	25.2%

对让孩子参加家庭劳动的 2763 人问道是参加什么劳动时，回答最多的是"整理自己的房间和物品"（26.3%），日本这一项排第 2 位（61.8%）。日本回答最多的是"烧饭、吃饭前后的帮忙"（66.4%），这一项在中国排列第 4（8.5%）。中国其他几项是"帮助搞卫生"和"买东西"，比例均为 24.1%，这两项日本的比例为 34.0% 和 41.5%。

（3）让孩子参加劳动的重要性

当对上面 2763 人问道，你认为让孩子帮助重要吗？ 其结果是，回答"在现代教育制度下家庭中仍然是学习重要"的人最多（40.0%），而在日本正好相反，这一项回答的人最少（9.4%）。日本回答人数最多的是"做家务和学习同等重要"，高达 63.1%，这一项中国选择的人数只有 24.2%，排列第 3。中国排第 2 位的是"做家务对孩子人品成长更重要"（25.0%），这一项日本的选择比例为 18.1%，见表 5-8。

表 5-8

国家 回答	中国	日本
在现代教育制度下家庭中仍然是学习重要	40.0%	9.4%
做家务对孩子人品成长更重要	25.0%	18.1%
做家务和学习同等重要	24.2%	63.1%
没有考虑	10.8%	9.4%

（4）父母子女的相互接触情况

当问到，就父母子女的相互接触而言，你们经常一起去参加体育活动和消遣娱乐吗？ 回答"有时"的最多，占 70.4%，日本也是这一项回答比例最高（49.8%）。中国和日本比例第二大的也都是"几乎没有"，但日本尤甚，中国只有15.4%，日本是31.9%。见表5-9。

表 5-9

国家 回答	中国	日本
经常	11.8%	17.3%
有时	70.4%	49.8%
几乎没有	15.4%	31.9%
不知道	2.4%	1.0%

当向父母子女间有直接接触的3384人问及一起活动的内容时，回答"欣赏音乐电影戏剧"的人最多，为27.1%。其次为：跑步散步等轻运动（12.9%），乒乓球羽毛球等球类运动（11.0%），做游戏（8.3%），全家旅行（5.5%），学习文学历史和社会知识（5.2%），唱歌演奏乐器（5.2%）等。日本回答"一起旅行、野营"的最多，为53.3%，其次为：打棒球、打排球、网球等球类运动（44.9%），做游戏、打猎等（30.8%），游泳、滑雪、溜冰之类（26.7%），徒步旅行、携带地图和罗盘的越野旅行、骑自行车远行等（25.7%），一起唱歌、演奏乐器等（21.3%）。（中国为单项选择，日本为多项选择。）

（5）家庭内夫妇责任的分担

当对有18岁以下子女的家长问及家庭内夫妇责任分担的3个问题，即"孩子的日常教养""指导孩子选择学校和前途""孩子犯了错误后的教育"时，回答孩子的日常教养由父亲分担的为35.5%，大大高于日本的6.3%，由母亲分担的为47.0%，低于日本的84.2%。在指导孩子选择学校和前途上父亲起决定作用的为49.4%，日本为41.6%，母亲起决定作用的为23.3%，日本为23.0%。对孩子犯了错误后的教育，父亲负责的为42.0%，日本为46.1%，母亲负责的为32.8%，日本为25.8%。

（6）家庭内与父亲密切相关的问题

对3792名有18岁以下子女的家长问及与父亲密切相关的3个养育孩子的问题时，回答"做"（包括"经常做"和"有时做"）的人当中，"照料孩子"的为80.3%，高于日本的76.9%，"孩子的管教"为83.6%，与日本的86.1%相似，"辅导孩子学习"的为82.8%，高于日本的62.6%。

3. 有关家庭教育知识的学习

（1）因孩子的养育及人际关系而产生的烦恼和不安

当向 4119 人询问有没有因为孩子养育及人际关系（朋友、兄弟、姐妹等）、性格、将来的事业等感到烦恼和不安时，回答"有的"人为 55.8%，与日本的 54.6% 相仿，回答"没有"的为 38.0%，低于日本的 45.4%。

从性别来看，回答"有的"比例，以女性为高。女性的比例为 58.2%，男性的比例为 53.9%。日本的情况也是这样，女性高于男性（见表 5-10）。

表 5-10

国家　性别 回答	担心	没有担心
中国（女）N=1824	58.2%	35.6%
日本（女）N=822	58.2%	41.8%
中国（男）N=2295	53.9%	40.4%
日本（男）N=536	49.1%	50.9%

在回答感到不安与烦恼的 2298 人中，问及引起烦恼与不安的原因，回答为"孩子将来的前途"的占 22.9%，其次的原因是：为孩子的学习（16.5%），为孩子的生活能力、习惯和性格（14.1%），为周围环境对教育有不良影响（4.2%）。而日本回答最多的是为孩子的生活能力、习惯和性格（50.3%），其次为：为孩子的前途（45.7%），为孩子的学习（33.5%），为孩子的健康与身体（32.9%）（多项选择）。

（2）关于养育子女知识的学习

当对 4119 人问及，有没有通过一些诸如演讲会、讲座、书籍、电视等途径，学习养育孩子的知识时，回答"有的"人为 47.3%，日本是 56.2%，回答"没有"的人是 44.2%，日本是 43.8%。

从性别看，回答"有的"比例，女性为 46.2%，低于男性的比例（48.2%），与日本情况差异明显。日本是女性（66.9%）大大高于男性（39.7%）。

向经常学习的 1950 人问及，所学的内容是什么时，回答"儿童的心理、性格形成及教育方法"的为 21.5%，日本为 71.6%。其次是父母对子女的态度和作用（9.1%），学校教育和家庭教育的情况（8.6%），儿童的健康和身体发育（8.2%）。日本的比例顺序为：父母对孩子的态度、作用（44.8%），孩子的健康、身体的发育（39.1%），家庭教育的功能、家庭的人际关系（32.2%）。（中国为单项选择，日本为多项选择。）

（3）你打算向谁学习

当问到，为了养育孩子而进行必要的学习，你打算向谁学习时，回答向学校的教师学习的人最多（26.7%），日本是向父母、朋友等有经验者学习的人最多（51.8%）。其次是：报刊书籍（19.5%），家长会的交流（14.6%）。而日本的比例顺序是：家庭教育学习班、讲座、讲演之类（38.4%），学校老师（32.2%），电视、广播（32.1%）。

4. 对国家及地方公共团体的要求与希望

当问到在家庭教育方面，对国家及公共团体的期望时，回答最多的是希望在电视中增加有关内容（27.6%），其次是建立文化活动中心、图书馆（13.8%），编写和提供家庭教育的资料（11.3%），充实关于家庭教育的培训班讲座（10.3%）。日本回答最多的是"完善公民馆（日本市镇街道、村庄设立的开展群众性文化活动的场所）、图书馆的设施"（28.5%）。以下依次为：能提供一个场所，以便亲朋好友平时可以聚在一起，交流家庭教育的信息（26.3%）；充实家庭教育的学习班、讲座（25.5%）；提供家庭教育的咨询（25.1%）。

（五）提要与讨论

第一，中日两国虽然在社会制度、社会发展水平、家庭结构等方面存在很大差异，但两国国民对家庭教育普遍都十分重视，而且有相当多的人认为，越是社会发展，越应重视家庭教育。

第二，由于两国国民的生活信条有明显差异，因此在家庭教育的价值取向、教育内容、教育方法上很多方面表现出不同，但这种分歧中明显存在着相互吸取和借鉴的内容。

第三，两国国民对各自的家庭教育总体上讲都是比较满意和乐观的，但也都深刻感到家庭教育的不足和欠缺，感到有学习和补充家庭教育知识的必要性。中国人更趋向于更新家庭教育的内容和方法，接受现代的家庭教育观念和科学的家庭教育方法。

第四，中国有40.0%的父母认为"在现代教育制度下家庭中仍然是学习重要"，所以在安排子女的家庭生活时，大部分时间用于学习和辅导，

家庭生活比较单调，子女每月参加家务劳动的家庭只有 14.4%，而日本有
30.9% 的家庭中子女每日参加家务劳动。

第五，中日两国的家庭对子女基本生活习惯的培养都给予了重视。在
人格培养方面，中国父母特别强调了自主性、情绪的稳定性、勤劳等品质
的培养，日本父母则特别强调责任感、宽容与合作、正义感、尊重他人的
权利等品质的培养。

第六，中日两国的父母对国家及地方公共团体给予家庭教育以帮助和
支持寄予很大的期望，中国父母尤其希望能够通过电视学到有用而系统的
家庭教育知识。通过中日家庭教育的比较，我们得到一个启发，即创造条
件建立群众性的家庭教育信息交流处和提供家庭教育咨询，是十分必要和
非常有前途的。

日本教育发展与日本现代化[①]

英国历史学家威尔斯曾经说过，古代日本"隐遁的文明对于人类命运的一
般形成过程来说，贡献并不很大。她取之甚多，而予之甚微"。但近代日本却
以"惊人的精力和智慧，把他们的文化和组织结构提高到欧洲列强的水平。在
人类全部历史中，从来没有一个民族像日本当年那样阔步前进"。"它完全摈弃
了那种认为亚洲几乎是无可挽回、永无指望地落在欧洲之后的说法，而使欧洲
的一切进步，对比之下，显得相形见绌和踯躅不前。"[②]步入现代以后，日本的
发展更是突飞猛进、日新月异，被西方国家称为"亚洲的凤凰"。

因此，世界各国兴起了"日本研究热"，纷纷呼吁破译日本这个"谜"。
作为基本谜底之一，日本的教育理所当然地受到各国研究人员的关注。

（一）日本教育的发展历程

公元 3 世纪前，日本尚处于原始社会时期。虽然弥生时代的农耕技术
已比较发达，但仍无有组织的教育，生产经验与技能、生活与宗教知识均
在生产劳动过程中传授。

大约在公元 5 世纪，中国的儒学传入日本，汉学家王仁也应邀赴日

---

① 朱永新、王智新主编《当代日本教育概览》，山西教育出版社，1992。

② 赫伯特·乔治·威尔斯：《世界史纲》，人民出版社，1982，第 991–993 页。

本①，在宫廷里开办学问所。除皇太子外，皇族和宫廷贵族子弟也到此求学。所以，宫廷教育揭开了日本教育的新的一页。

公元 6 世纪中叶前后，大和朝廷内部的苏我氏与物部氏因崇佛与排佛而严重对立，结果崇佛论的苏我氏获胜。公元 592 年，第一位女天皇推古天皇即位，由圣德太子摄政。在圣德太子摄政期间，他一方面向中国隋朝派遣留学生，以汲取大陆的先进文化与制度；另一方面着意兴办私塾，发展私学，在开拓和创造日本文化教育事业方面起了重要作用。

日本的学校教育制度直到奈良时代才正式确立。大化革新（645—673年）以后，日本仿照唐代的教育制度建立了贵族学校制度。公元 701 年颁布的《大宝律令》明确规定，在京城设大学寮，在地方的"国"设"国学"。大学设大学头（相当于今日之校长）、大学助、大允、少允、大属、小属各一人，从事学校管理；设博士一人、助教二人、音博士二人、书博士二人、算博士二人负责教学，以学习儒家经典为主。国学以招收地方长官的子弟为主，如不满定额，可允许庶民子弟的优异者入学，教学内容与管理大致与大学寮相同。同时还规定设置典药寮（相当于医学与药学的专门学校）、阴阳寮（相当于天文、历法、算术的专门学校）和雅典寮（相当于音乐专门学校）等。这是日本教育走向法制化的开端。

公元 794 年，日本的首都迁至平城京（京都），开始了历时 400 年的平安时代。平安时代文化教育有两个重要特征：一是从唐式文化向国风文化发展，从文化的模拟走向文化的创造；二是从贵族教育向庶民教育发展，以空海法师创办的综艺种智院为契机，使教育逐步走向门户开放。

12 世纪末，源赖朝击败了平氏，在镰仓开设幕府并从天皇处获得了征夷大将军的称号，开始了封建武士掌权的幕府时代。幕府时代历经镰仓（1185—1333 年）、室町（1336—1573 年）和江户（1603—1867 年）三个时期，持续了近 700 年。封建幕府时代的教育也出现了一些新的特点：首先是武士教育的崛起。武家统治要求武士忠主孝君，信佛敬祖，崇尚武勇，重恩义轻生死，甘愿为主君和本家族的利益而捐躯。这就是所谓"武士道精神"。武士教育除灌输这种武士道精神外，还注重传授武艺与弓马之术，

---

① 关于儒学传入日本和王仁赴日的时间，学术界有不同看法，《日本书纪》和《古事记》中记载的是 285 年（应神天皇 16 年）左右，但根据朝鲜《三国史记·百济记》记载的纪年法，应神天皇 16 年应是公元 405 年。一般认为后者更为可信。

训练武士的职业本领。由于武家统治在日本历史上延续时间较长，武士教育也相应影响深远。直到今天，"事主不二"仍是日本式忠诚的特色，在日本文化中具有重要的地位。其次是寺院教育的兴起。在镰仓时代，官办的大学寮与国学已衰微，家庭与寺院成了武士教育的主要场所。武家子弟往往在寺院中接受启蒙教育，与日后拟做僧侣的儿童一起拜僧侣为师。寺院教育在日本教育史上有其重要的地位，因为它是教育平民化的真正开端。"寺子屋"——江户时代专门为平民子弟开设的初等教育机关，就是从寺院教育演变而来的。由于寺院的不断增设和寺院教育的日益发展，一些小的寺院逐步承担起专门教育世俗子弟的任务，在寺院之外也出现了类似的教育机构；"寺子屋"以平民的生活为背景，进行读、写、算（珠算与笔算）的实用教育，成为近代学校制度的前身。"明治维新后，日本普及小学，无疑是和幕末时期寺子屋的繁茂丛生密不可分的。它是中世纪教育历史上留下来的宝贵教育遗产。"[①]

　　明治维新（1868—1889 年）是日本历史也是日本教育的重要里程碑。在明治政府成立伊始，天皇就下达五条誓文：（1）广兴会议，万机决于公论；（2）上下一心，大展经论；（3）官武一途，以至庶民，各遂其志，人心不倦；（4）破旧来之陋习，基于天地之公道；（5）求知识于世界，大振皇基。试图进行包括教育在内的全方位改革。

　　明治政府在"废藩置县，奉还版籍"完成之后，立即设立文部省，作为具体策划与推进教育改革的教育行政机构。文部省于 1871 年 12 月组建了一个主要由洋学家参加的学制调查研究委员会，负责草拟"学制"方案。次年 8 月，颁布了包括学区、学校、教员、学生和考试、学费等五个部分的《学制》，并向各府县提出了实施《学制》的操作程序："（1）大力发展小学校；（2）迅速兴办师范学校；（3）一般的女子与男子平等地受教育；（4）在各大学逐步地设立中学；（5）学生升级应该严格；（6）务期彻底执行学生学业的规定；（7）兴办商业法律学校一两所；（8）如果新创建学校，务必力求完善；（9）积极发展翻译事业，编写新教科书。"其中小学的普及是重点。

　　《学制》的颁布虽然对促进小学教育事业的发展起了积极的作用，如学校数从 1873 年的 12558 所增加到 1879 年的 28025 所，教师数从 25531 人增加到 71046 人，学生数从 1145802 人增加到 2315070 人。但是，由于它缺乏

---

① 王桂编《日本教育史》，吉林教育出版社，1987，第 90 页。

对日本国情的把握和财政保障的缺乏，终因无法施行而于 1879 年废止。

同年，由文部次官田中不二麻吕制定的《教育令》取代了《学制》。《教育令》以美国式的自由主义为基调，主张废除学正制、弹性入学制、精简教学内容等。《教育令》颁布不仅没有解决教育上存在的问题，反而造成小学就学率的下降，所以不到两年又提出了《改正教育令》。《改正教育令》采取强硬的态度，主张国家干涉教育，如强调就学义务，适龄儿童如果不能入学须得到郡长或区长的批准。它直接压制了当时教育中的自由民权思潮，为日本的国家主义教育体制的确立奠定了基础。

1885 年，已从自由主义者转变为国家主义者的森有礼出任文部大臣，旋即制定并用敕令的形式颁布了包括"帝国大学令""师范学校令""中学令""小学令"等在内的《学校令》，国民教育制度基本形成。

1890 年 10 月 30 日，由天皇签署的《教育敕语》正式颁布，明确提出了尊王爱国的主张，全文如次：

> 朕，念我皇祖皇宗，肇国宏远，树德深厚，我臣民克忠克孝，亿兆一心，世世济厥美，此乃我国体之精华也。教育之渊源，亦实存于此。望尔臣民，孝父母，友兄弟，夫妇相和，朋友相信，恭俭律己，博爱及众，修学问，习职业，以启发智能，成就德器，进而广行公益，开辟世务，常嘱国宪，时守国法，一旦危急，则义勇奉公，以扶翼天壤无穷之皇运。如是，则不独可为朕之忠良臣民，且足以显彰尔先祖之遗风。
>
> 斯道，实乃我皇祖皇宗之遗训，子孙臣民俱应遵守，使之通古今而不谬，施中外而不悖，朕厥几与尔臣民俱拳拳服膺，咸一其德。[1]

这里实际上把天皇作为道德的化身，把教育牢牢地绑在"皇运"的马车上了。

在明治后期（1895—1912 年），随着国家主义教育的扩充与加强，在学校体系方面进行了一系列调整。首先是 1900 年废除小学征收学费的制度，实施免费的初等义务教育，1907 年将义务教育年限延长为六年。其次是改革中等教育结构，形成了普通教育与职业教育的双轨制。再次是扩展师范教育体系，规定了师范学校、高等师范学校和女子高等师范学校的制

---

① 王桂编《日本教育史》，第 170 页。

度，并通过国库补助制度提高小学教师的待遇。

1912 年 7 月，明治天皇去世，皇太子嘉仁继位，年号大正。大正时代虽然只经历了短暂的 15 年，但 15 年中世界与日本均发生了巨大的动荡与变革：第一次世界大战的爆发，苏联十月革命的成功，关东的大地震。在教育方面，1917 年设置了作为内阁总理大臣的教育改革咨询机关——临时教育会议，为适应日本政府经济发展的需要和对外侵略扩张的政策，在发展中等职业教育与实业教育、改革高等教育、加强理工科教育方面进行了一系列工作，企望以此来培养军工所需的熟练工人与科技人才。

1926 年 12 月，日本进入了昭和时代。它也是日本教育进一步走向军国主义、法西斯化的时代。日本军国主义先是侵占我国东北，继而扩大了侵华战争的规模，再加入德、意法西斯联盟，偷袭珍珠港，使战争愈演愈烈。在教育上也确立了军国主义教育体制，将教育沦为侵略战争的工具。他们在普通学校中配备现役军官，对学生进行军事训练，使学校变成了准兵营；他们镇压学生与教师运动，禁止学生从事社会科学研究；他们强制兜售武士道精神，强迫学生背诵"教育敕语"等；他们大幅削减学生的修业年限，组织在籍学生担负防卫、生产、运输等任务，实际上的学校教育已名存实亡，完全为军国主义教育所替代。[1]

1945 年 8 月，日本无条件投降。此时的教育机能及其物质基础已完全陷于崩溃的状态。美国占领军在着手政治、经济改革的同时，也进行了清算战时教育体制的工作，颁布了若干指令，同时，在美国教育使节团的帮助下，提出了具体的改革方案——《美国教育使节团报告书》。以报告书为基本方针，拉开了战后日本教育改革的序幕。

第一是在协助美国教育使节团的日本教育家委员会的基础上成立了教育刷新委员会，这个委员会先后提出了 35 次建议，成为战后教育改革的智囊团。

第二是先后公布了《日本国宪法》《教育基本法》《学校教育法》《教育委员会法》《社会教育法》《文部省设置法》等一系列法令，使日本教育走上了法制化的轨道。

第三是实现初中教育的普及化与初中教育的单轨制，使义务教育从 6 年延长至 9 年。

---

[1] 《战时教育体制与抵抗教育运动》，载国民教育研究所编《近现代日本教育小史》，草土文化，1990，第 162—200 页。

第四是制定出大学设置基准与研究生院基准，改组旧制高等教育机构，建立新制大学。

第五是实施教员培养与任用的开放制度，即一般综合大学具有培养教师的任务，实行教员许可证，并提倡在职进修。

第六是健全与完善社会教育的制度、体系与设施，建立了大量的公民馆、图书馆、博物馆、青年活动中心、儿童文化科学中心等社会教育设施。

在经过了七八年的经济恢复与教育重构之后，日本羽毛渐渐丰满，转入了以现代化为中心的经济高速发展时期。经济发展的要求向教育提出了新的挑战，1956 年以后，日本财团主动向政府提出了《关于适应新时代的技术教育的意见》《关于振兴科学技术教育的意见》等一系列要求，在池田内阁制定的《国民收入倍增计划》（1961—1970 年）中，也把提高人的素质与能力、振兴科学技术、确立教育及职业训练制度作为重要的保障体系。所以，教育界与财界密切配合，不断调整教育结构以适应经济发展的要求，为战后经济的起飞立下了汗马功劳。

进入 20 世纪 70 年代以后，伴随着新技术革命和日本社会的国际化、信息化、终身学习化，教育上暴露的问题再一次凸显起来，以 1971 年 6 月中央教育审议会《关于今后学校教育综合扩充、整顿的基本对策》的发表为标志，开始了日本历史上的第三次教育改革。迄今为止，这次改革仍在继续向纵深发展，可以预料，它将是日本教育史上不容忽视的篇章。

（二）教育与日本的现代化

从 17 世纪 30 年代到 19 世纪中叶，日本奉行"锁国"政策。1853 年美国佩里舰队强迫日本开放港口时，日本人还没有见过轮船，日本社会仍处于封建自然经济的状态。但是，经过明治维新后的日本，不到半个世纪，就走完了西方资本主义国家差不多用了 200 年的时间才完成的近代化历程。

1945 年 8 月 15 日，日本宣告投降。在第二次世界大战期间，日本被炮火夷为一片废墟，人民处于饥荒和通货膨胀的混乱之中，加上巨额的战争赔款，可以说是国破家亡，一贫如洗。但日本也只用了不到 20 年的工夫，就在废墟上站立起来，并超过了英、法、德等老牌资本主义国家，名列世界前茅。

现在，日本仍在不断地创造出令人惊奇的经济"纪录"，其人均国民生产总值由数年前的 1 万美元猛增至目前的 3 万美元。

日本现代化取得重大成就的原因，正如本章开头所说，尽管原因是多方面的，"但有一点是大家都承认的，那就是国家教育的高水平对日本经济发展的高速度做出了巨大的贡献"①。

下图（图5-1）表明，日本社会中经济发展与教育发展的总趋势呈现出高度的一致性，在校学生的人数与工业生产的指数是齐头并进的。尤其是在现代化过程中的两次经济起飞，教育起了重要的推动作用。

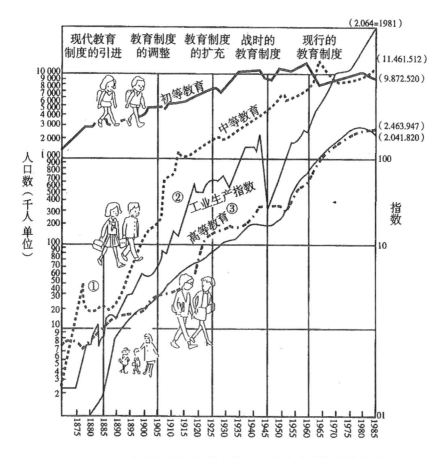

图5-1　日本各级学校入学人数与工业生产指数历史趋势

注:（1）根据1878年教育法规，在正规中等学校人数中一些不合格学校的学生未计算在内。

（2）高级小学的学生当作中等学校学生计算。

（3）1935年=100（工业生产指数）

摘自文部省编《日本教育图解》，晓星株式会社，1989，第19页。

① 小林哲也：《日本的教育》，徐锡龄、黄明皖译，人民教育出版社，1981，第78页。

曾任联合国教科文组织教育研究所主任的小林哲也教授指出："自从明治政府执政时开始，教育发展政策与工业发展政策之间有着密切的关系。这一关系使教育迅速发展，同时使日本能够迅速地工业化起来。日本并不是一个按计划发展的社会，但是，尽管这样，在国民生活的许多方面，特别是在学校和工业方面，是有相当的计划性的。"[①]

日本的经济发展与教育发展一开始就采取了与西方不同的模式。西方老牌资本主义国家是先有工业大革命，然后才有近代教育的；而日本则相反，是先有近代教育（当然是从西方引进的），后有现代化大工业的。如果把教育与经济的关系比喻为蛋和鸡的话，日本是用蛋孵出鸡的，日本的教育是牵引日本经济前进的动力。[②]

在 1868 年明治政府成立后不久，就明确提出了"求知识于世界"以及"邑无不学之户，家无不学之人"的主张。当时的主要领导人木户孝允已意识到"确立牢不可破的国基者唯在于人，而期望人才千载相继无穷者，唯在于教育而已"。所以，尽管明治初期国力微弱、财源拮据，但在教育投资上却毫不吝啬，文部省经费在政府各省（部）中为最高，1873 年为 143万多日元。

为了解决经济发展之急需人才短缺的问题，日本政府不惜重金聘用外国专家、技师做顾问，同时选送留学生出国深造。政府为外国专家支付的薪金和国费留学生支付的费用占去了整个教育预算的 32%。从 1880年起，留学生陆续回国，日本便逐年解聘外国专家，使专门人才逐步"国有化"。

明治政府在国民教育尤其是普及小学教育方面也竭尽心力。政府不仅在小学课本的课文中这样劝导："如不学习，就掌握不到任何技能。因此，人一到六七岁，均应入小学，学习一般的学问。小学校应当成为士农工商学习并传授技能的地方。"而且采取督学制度，有些地方甚至制定规章，强迫学龄儿童就学。尽管由于财政等原因，普及初等教育遭受了一些挫折，但效果还是非常明显的：1873 年学龄儿童就学率为 28.13%，1874 年为32.30%，1875 年为 35.43%，1876 年为 38.32%，1877 年为 39.86%，1884年为 52.92%。到 1912 年，学龄儿童就学率已达 98.2%。国民素质的提高

---

① 小林哲也：《日本的教育》，第 29 页。

② 朱永新、王智新：《日本当代教育学者大田尧的教育思想与实践》，《教育评论》第 1992 第 2 期。

为经济腾飞创造了良好的前提。

由于文部省的主要精力集中于普及小学教育与小学师范教育体系的建立，与经济发展直接相关的实业教育（职业技术教育）首先是由工部省创建的。1871 年 8 月，工部省就首先开设了"工学寮"，这是日本最初的工业学校。接着，农业学校、商业学校等也相继开设。1886 年，东京职工学校的校长手岛精一发表了题为《振兴实业教育》的论文，反映了产业革命的兴起对教育的新需求。所以，在井上毅上任文部大臣的前后，日本先后制定与公布了《实业补习学校规程》《徒弟学校规程》《实业教育国库补助法》《简易学校规程》等法令，从制度、经费、组织上保证职业教育的顺利发展。1900 年前后，日本的职业教育已颇具规模[①]，为企业输送了大批熟练工人与技术人员，在经济发展的过程中发挥了重要的作用。

战后日本经济的腾飞，教育也起了马前卒的作用。1947 年 3 月，文部省在教育刷新委员会起草的"纲要"基础上拟定的《教育基本法》和《学校教育法》正式公布和实施。它不仅以法律的形式肯定了教育在建设民主、文明国家以及为世界和平和人类福利事业中的地位与作用，而且在财政、校舍、师资等困难重重的情况下，毅然把普及义务教育的年限从战前的 6 年延长为 9 年，初中毕业生成为 1955 年以前社会劳动力的主要来源。

曾任文部省专门学务局局长的滨尾新曾说过一段值得玩味的话："在我们国家里……不是先有工业工厂然后再办工业学校，而是先办工业学校培养出毕业生之后再办工厂。"[②]这也揭示出日本教育超前于经济的独特之处。从 1950 年起，当日本经济稍有恢复之时，政府就开始逐年增加对教育的投资比重。1950 年教育总经费为 1739 亿日元，占国民收入的 5.1%。进入 1955 年以后经济发展期，教育投资比重进一步提高，到 1965 年已达到国民收入的 6 7%。教育经费的增加幅度超过了同时期国民生产总值的增长水平。如 1960 年至 1970 年间，国民生产总值增加 3.5 倍，国民收入增加 3.4 倍，教育投资总额则增加 3.7 倍。

---

① 到 1903 年，日本除有 340 所普通中学外，还办了 200 所中等职业技术学校，包括机械学校 28 所、商业学校 52 所、农业和水产学校 113 所、商船学校 7 所。还有工匠与艺徒业余补习学校约 200 所。另外，实施高等技术教育的有工学院 3 所、商学院 2 所、农学院 3 所以及设有工学院的帝国大学 2 所。

② 梅根悟监修《世界教育史大系》，第 32 卷《技术教育史》，株式会社讲谈社，1979，第 38 页。

　　教育投资产生了明显的经济效益。1962 年，日本文部省根据美国经济学家舒尔茨的"人力资本"理论，计算了日本 1905—1960 年期间的教育投资效益。他们得出结论：1955 年劳动力数量增长了 1.7 倍，物质资本增长了 7 倍，而国民收入则增长了 10 倍。国民收入远远超出劳动力和物质资本增加的部分，大部分应归功于教育资本的增加。再以 1955 年为例，该年度国民收入总额为 72985 亿日元，其中由于增加教育投资而增加的国民收入约为 18246 亿日元，而本年度国家与地方教育费总额约为 3720 亿日元，教育投资的经济效益为 1：4.9。[①]

　　在进入经济高速发展期之后，教育界不断调整自己的结构以满足产业界的需求。首先，针对普通高中过多而职业高中较少，高中毕业生满足不了企业需求的现象，文部省通过调整普通高中、职业高中和综合制高中的比例以及在普通中学设置职业课程的办法，加强职业教育，为企业输送文化层次较高的熟练劳动力。

　　其次，为了加速培养科技人才，改变过去重文、法科，轻理工科，自然科学和工程技术教育发展缓慢的状况，通过大幅度增招理工科大学生（从 1957 年的 16% 上升到占大学生总数的 30.5%）、创设工科高等专门学校，满足产业界对理工毕业生的需求。

　　再次，适应产业结构、就业结构的变化，不断地调整职业教育的内部结构。1950 年时普通科高中、农业科高中、工业科高中、商业科高中的学生人数比率为 65.2：9.4：9.3：9.5，而 1960 年则调整为 58.3：6.7：10：15.5，到 1970 年为 58.5：5.3：13.4：16.4，适应了经济发展对于工业、商业就业人员需求增加的趋势。

　　最后，确立了"产学合作"的教育体制。1956 年 11 月 9 日，日本经营者团体联盟在《关于适应新时代要求的技术教育的意见》中就提出了加强"产学合作"的意向："要使理工系统大学和产业界不断地紧密地联系起来，大学方面要确切地把握产业界的要求，并设法满足其要求。产业界对于派遣讲师、教授到现场参观实习等推进工业教育及其研究上，也尽可能给予协助。"此后，日本生产性本部与日本经济同友会分别成立了产学合作委员会与产学合作中心，文部省也制定了一系列措施，产学合作得以全面推开。仅就大学的产业合作方式而言，就有产业界提供财政资助（如 1961 年日立制作所向东洋大学工学部提供 3 亿日元作为设立资金）、大学接受企业或其他团体的委托研究、人员的派遣与交流（企业聘请大学教师任研究开发顾问或讲师，大学聘请产业界专家任教，招收企业在职人员学习等），大学举办开放性讲座及委托产业现场使学生受实地训练等。

关于教育对于日本现代化的作用，20 世纪 60 年代和 80 年代的先后两任日本文部大臣荒木万寿夫和森喜朗有两段切中肯的论述，现照录作为本节的结尾。

荒木万寿夫在 1962 年发表的《日本的成长与教育》一书的序言中说："明治至今，我国的社会和经济迅速发展，特别是战后经济发展的速度非常惊人，为世界所注视。造成此种情况的重要原因，可归结为教育的普及和发展。"

20 世纪 80 年代初任文部大臣的森喜朗在一次讲演中也指出："无论对哪一个国家来说，教育是它的国政的根本。这是无可非议的。我认为，日本也如此。在教育界人士和全体国民的长期不懈的努力之下，才使教育在人民当中显著地普及起来，尤其日本是缺乏资源的国家，它是用教育的作用开采了人的脑力和心中的智慧资源和文化资源的。这是今天日本经济上、社会上、文化上获得发展的原动力量。"[1]

（三）日本教育的现状

如前所述，1947 年颁布的《教育基本法》和《学校教育法》是日本教育的基本出发点。在此基础之上，日本建立了一整套教育法令，作为教育工作的准绳。

日本的教育行政机构由国家（文部省）和地方（县市教育委员会）组成。文部省向内阁和国会负责，提出教育经费预算、草拟教育法规等，并监督地方教育委员会的工作。

日本的学校制度由学前教育、初等教育、中等教育和高等教育组成，现行学制以及入学和各年级升学的正常年龄等如图 5-2 所示。

幼儿园接收 3—5 岁的儿童，并为他们开设 1—3 年的课程。小学至初中实行免费的义务教育，为了奖励入学，政府采取了免费发给课本、《日常

---

[1]　李永连:《战后日本的人才开发与教育》，河北人民出版社，1986，第 22–23 页。

生活保护法》规定的教育津贴①，对困难学生的特殊补贴以及负担特殊儿童
50% 的高中课本、文具、膳食、交通、游览和寄宿的费用等办法。

截至 1990 年 5 月，日本各级各类学校的学校数、学生数与教师数情况
如表 5-11。

此外，在保育所的幼儿大约有 157 万人（其中 3—5 岁 128 万人，未满
3 岁 29 万人），在教育委员会、公民馆、体育设施等参加各种培训与讲座的
达 2823 万人，参加大学公开讲座的 36 万人，在各种职业训练设施中学习
的有 41 万人，另外还有 136 万人在民间的文化中心等机构接受教育。

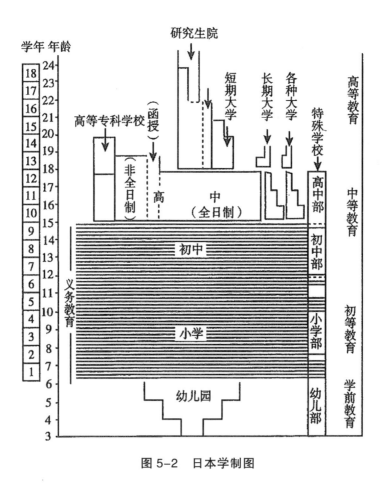

图 5-2　日本学制图

---

① 《日常生活保护法》规定了家庭维持最低生活水平的标准，低于此标准的家庭可以享受厚生省发放
的七种补贴，其中包括教育补贴。这笔费用包括学校设备经费、交通费、学校伙食费、鞋和雨具费等。

表 5-11　日本各级学校数、学生数与教师数①

学校	学校数	学生数	教师数	职员数
幼儿园	15076	2008069	100935	21077
小学	24827	9373195	444203	105972
初中	11275	5369157	286061	41390
高中	5504	5623135	285915	65009
盲学校	70	5599	3381	2020
聋学校	108	8169	4605	2280
养护学校	769	79729	36811	11049
高等专科学校	62	52930	4003	3382
短期大学	593	479390	20489	12620
大学	507	2133277	123838	160496
专修学校	3301	791462	31724	14946
其他学校	3438	425625	19310	8612

　　为了提高教育质量，政府为各级学校规定了总的标准。这些标准称为"设置基准"，具有法律效应。如规定幼儿园每班儿童须在 40 人以下（最近提出争取 35 人以下），各小学和初级中学每班学生数也不能超过 40 人。再如规定公立学校的面积标准，一所拥有 18 个班的标准规模的学校，标准总面积：小学为 4111 平方米，初中为 5207 平方米，高中为 5751 平方米。其中体育馆的标准面积：小学为 725 平方米，初中为 780 平方米，高中为 1080 平方米。

　　为了保证学生的健康，绝大部分学校具有保健和医疗服务的机构，配备有校医、牙科医生、药剂师和护士（护理教师）。文部省还出台了《学校午餐法》，规定了学校午餐设备的最低标准与卡路里标准、食物品种等，国家给予伙食补助和设备补贴，其余由家长支付。

　　日本中小学的教科书均要得到文部大臣批准后方可选用。供特殊学校用的所有教科书和一部分高中职业科教科书由文部省组织力量编写。教科书的出版与使用步骤如下：首先是由作者或出版社向文部大臣申请审批，文

---

①　根据日本文部省出台的《我国的文教政策》改编。

部大臣同教科书审议会商量，由审议会的兼职审查员与文部省的专职审查员对教科书进行审查，推荐出合适的教科书，经文部大臣批准后生效。其次是将被批准的教科书目由县教育委员会分送各学校，各校组织教科书展览会，便于教师选择；在选定教科书后将所需教科书的册数通过县教育委员会上报文部省，再由出版社根据文部省批准的册数和定价印制教科书。小学生和初中生都可以免费得到教科书，高中生则到指定的书店里去购买。1990年，文部省无偿负担的义务教育阶段教科书的金额达396亿日元，大约1479万中小学生领到了15100万册免费的教科书。为了进一步完善教科书制度，日本文部省正在就教科书的多样化、个性丰富化，以及教科书检查手续的简化等制定若干新的方法。

目前，文部省重点在以下方面进行了改革，以期进一步推进日本教育事业的发展。

第一，改善教育内容与方法。1989年3月，文部省对幼儿园教育要领和中小学学习指导要领进行了修订。新的学习要领强调发展学生的个性，力图改变过去偏重知识传授的情况；削减了社会科与理科的内容而增加了生活科内容；初中的选修课大大增加；在17所幼儿园、19所小学、17所中学和9所高中进行了教师周休二日制和学校周五日制的试验等。幼儿园的教育要领已于1990年实施，小学从1992年、初中从1993年、高中从1994年进行全面实施。

第二，充实与改进道德教育。新的学习指导要领对道德教育给予了特别的重视。在德育内容上，注意考虑学生的道德发展水平，认为小学低年级应以基本生活习惯为主，小学中年级以遵守日常生活的社会规范为主，小学高年级以为公共事业尽心尽职为主，初中则以人生观为主。在德育方法上，主张通过加强各学科的德育渗透来进行，并以家庭与社区的连携，研究开发乡土教材等，使道德教育形式多样，生动活泼。

第三，学生指导与升学指导的加强。近年来日本小学生逃学与退学的数量日趋增多，1988年高中生中途退学的有116000人；1989年逃学的小学生达7178人，初中生达40080人。针对这种情况，文部省一方面组织力量进行科学研究，寻求有效的对策；一方面大力开设学生指导与教育咨询的讲座。1988年由道府县开设的教育咨询机构或窗口达160所，专职教育咨询人员1076人，咨询件数达83544件。

第四，高中教育向多样化和弹性化发展。高中教育从1990年开始在石川、岩手、宫城、琦玉、长野、爱知、鸟取、宫崎、冲绳等9县13校进行学分制的试点，并进行了定时制与函授制高中学习年限的弹性化尝试，允许在三年以上修完高中课程。同时，从1988年始进行高中阶段的留学，已派遣3297名高中留学生。在职业高中的改革方面，新设了电子机械、农业经济、生物工学、国际经济等学科；并设立了琦玉县立越谷综合技术高中、北海道芦别综合技术高中等新型职业高中，进行跨学科的尝试。

第五，振兴特殊教育。日本的特殊教育事业发展较快，1990年5月的统计表明，接受特殊教育的学生达170643人，其中义务教育阶段的学生131830人，占同龄学生的1%左右。近年来比较重视各种障碍的早期改善与克服，心身障碍儿童的社会自立的职业教育，社会对心身障碍的理解与支持，在加强就学指导、提高特殊教育师资质量以及就学奖励、设备添置方面，也做了许多工作。

第六，进一步改善办学条件。中小学班级人数从1990年起逐步从45人减为40人；目前教师与学生比，小学为1∶22.7，初中为1∶20.3，高中为1∶18.7，较美、英、法、德高，所以拟进一步降低师生比，在中小学配备养护教师、事务员、学校营养职员，并实行校长和音乐、画图、体育老师的专任化，同时，着手增加校舍、体育馆、宿舍的面积，1990年小学生人均占有面积为8.6平方米，中学生为8.7平方米。绝大部分学校拟设置计算机教室。

第七，进一步提高教师素质。日本先后于1988年、1989年两次对教师免许法进行修订，在选用教师的方法上进行了若干改革。目前，除必须具有教师许可证外，许多县市都要采取面试和能力测试。1990年采取1次面试的县市有36家，2次面试的有32家，个性测验的有49县市，作文或小论文的有54县市，初高中教师还要加试英语的有46县市。此外，小学的游泳、音乐、体育、画图教师也要进行实际能力测试。1990年应试教师达152097人，录取33615人，约占1/5左右。对于教师的进修提高也逐步制度化，如新教师第一年至少每周2天用于校内进修，1天用于校外进修。

此外，在高等教育、社会教育等方面也进行了若干改革。

日本私立学校管理探析

（一）日本私立学校的管理制度

日本的私立学校是由学校法人开办、经营的，原则上不允许学校法人以外的任何人开设。但是聋哑学校、盲童学校、养护学校和幼儿园在目前阶段允许非学校法人开设。

1. 学校法人

学校法人是以开办学校为目的、根据《私立学校法》的规定而成立的组织。根据《私立学校法》规定，组织学校法人时可以接受捐款，但必须根据文部省的规定将设立学校法人的目的、名称及校名，私立学校的课程、系科，法人办事处所在地、组织成员、资产及财会规定等向文部省或主管部门申报。学校法人应有 5 名理事（包括 1 名理事长）、2 名监察，另外还要设评议会及评议员。

在不影响私立学校教学研究的前提下，学校法人可以从事目的在于增加私立学校经费的经营活动。但是，这一经营活动的种类应在听取私立学校审议会的意见后，由主管部门来决定并加以公布。如果学校法人违反法律规定，或不服从主管部门按照法律规定做出的处分，主管部门认为已无别的方法来达到目的时，主管部门就应下令解散该学校法人组织。在下达解散命令前，要给该学校法人理事有充分申辩、解释的机会，同时应召开私立学校审议会或大学设置、学校法人审议会来听取校方理事或代表的解释、申辩。除合并和破产外，学校法人在解散后，其剩余财产应按照有关捐赠法的规定，归还给法定接受归还者，如无法处理的话，应收归国库所有。收归国库所有的剩余财产，应用于对于私立学校的援助或无偿转让给学校法人。学校法人需要合并时也要得到主管部门的认可。学校法人除设立《学校教育法》中所规定的、进行法定学校教育的私立学校，也可以开设专修学校或各种学校[①]。当然，设立专修学校或各种学校者，可以组织开设专修学校或各种学校为目的的专门的学校法人。有关私立学校法人的种种规定，同时也适用于这些以开设专修学校或各种学校为目的的学校法人。学校法人以外的任何组织都不可以袭用这一名词。

2. 私立学校的主管部门及其权限

根据设立私立学校的学校法人的不同，主管私立学校的部门也不同。私立大学、私立高中以及同时设有私立大学、私立高中的其他私立学校、私立专修学校、各种私立学校及设置这些学校的学校法人等，均归文部大臣管辖。高中以下的私立学校，如私立小学、私立初中及设置这些学校的

---

① 各种学校，是日本的一种学校类型，与专修学校基本相似。

学校法人等，均属都道府县的知事管辖。

《私立学校法》中规定主管部门的权限主要有：

第一，私立学校的开办、关闭或经营者变更，招生人数、定员编制的变化，高中函授教育课程安排及学校有关规章制度的修订或变更。私立学校的开办或关闭包括高中的学科、全日制课程、夜校部课程及函授部的课程、大学的系科、专业及研究生院的专业、短期大学的专业、高等专科学校的专业以及聋哑学校、盲童学校和养护学校的小学部、初中部、高中部及幼儿部的设置和关闭及函授教育的开设和关闭。

第二，关闭私立学校的命令。当私立学校违反法律规定，或违反主管部门根据法令下达的命令，或是连续6个月停课时，主管部门有权下令关闭这所私立学校。除此之外，主管部门还可以责成私立学校提交有关教育的调查、统计数字及其他的报告。

第三，对学校法人的权限，主要有：对学校法人的捐赠进行认可，学校法人的解散进行认可或认定。审批和承认学校法人的合并。命令学校法人中止其营利活动。只有在学校法人从事的活动超出捐赠款所规定的范围、所获得的利润被用于私立学校以外的目的时，或是这一活动如继续下去将会影响到私立学校的教育时，主管部门才有权命令该校中止这一活动。如学校法人违反法律或违反主管部门根据法律所做出的规定时，在主管部门认为已无其他方法可以达到目的的情况下，可命令解散学校法人。

第四，主管部门行使权利时的步骤。私立学校的主管部门都道府县知事在行使其权限时，必须采取下列步骤：

首先，听取私立学校审议会的意见。都道府县知事在下达解散命令、行使上述权限时，事先必须听取私立学校审议会的意见。私立学校审议会是都道府县知事的咨询机构。主管部门在行使其权限时，必须注意不损害私立学校的自主性，做到准确、公正。根据《私立学校法》，各都道府县都应设立私立学校审议会，对除私立大学和私立高等专门学校以外的私立学校及私立专修学校和各种私立学校的各有关重大事项进行审议，并对都道府县知事提出建议。审议会应由10—20名委员或都道府县知事决定的人数组成。私立学校审议会委员中，至少应有四分之三是来自私立学校或私立专修学校、各种私立学校方面的委员，私立学校审议会委员应该是学识渊博者，由都道府县知事任命。委员的任期为四年，可以连任。

作为私立大学、私立高等专门学校的主管部门的文部大臣，在行使上述权限时，原则上应听取私立大学审议会的意见。

其次，私立学校法人的申辩、解释的机会。都道府县知事在命令学校法人中止营利的经济活动或下达解散命令、行使上述权限时，事先应给受处分的校方理事以申辩、解释的机会，让私立学校审议会召开会议听取校方的说明。学校法人理事或其代理人可直接向都道府县知事解释或直接出席私立学校审议会进行说明。

再次，事先与文部大臣协议。文部大臣所管辖的学校法人，由于各种原因转为都道府县知事管辖时，都道府县知事在正式认可之前应与文部大臣协商。

除了上述的各种事务，都道府县知事还要接受各种申请，接受本地区私立大学、私立高等学校呈交文部大臣的申请，编制学校法人名册等。

3. 私立学校振兴

国家和地方政府在认为有必要进行教育振兴时，可以对学校法人进行有关私立学校的援助，为了更好地进行援助，1975 年 7 月还专门制定了《私立学校振兴援助法》。援助私立学校的目的，在于提高私立学校办学条件，减轻私立学校学生经济上的负担，缩小国立、公立学校与私立学校之间的差距，强化私立学校的财政基础，进而促进私立学校健康发展。

国家负责对开办私立大学和私立高等专门学校的学校法人进行援助，学校法人设立的私立小学、初中、高中、聋哑学校、盲童学校及幼儿园则由都道府县进行援助（学校法人以外的个人设置的幼儿园也属于援助对象）。国家再对都道府县所支出的援助经费加以补助。具体援助的项目为私立学校的教学研究所需的日常经费，主要有教职员的人头费及教学研究所需的设备、器材费等。私立大学和私立高等专门学校的补助率为二分之一，学校经费的范围、计算方法及补助率等，《私立学校振兴援助法》实施条例都有具体规定。援助费是通过日本私立学校振兴财团来发放的，日本私立学校振兴财团是根据日本私立学校振兴财团法而建立的，专门负责进行对私立学校援助、发放贷款事务的特殊法人团体。除此之外，国家和地方政府对借贷助学金事务也进行援助，并采取免除纳税义务等优惠措施。

对私立大学等学校的经常性开支援助的形式分两种：一种是一般性补助，另一种是特别补助。一般性补助就是以教职员工数和学生数为基数，乘上补助单位数来求得倾斜分配数，即根据学生数的超编或不足，平均每个教员的学生数，学生交纳的学费等费用有多少用于教学研究方面的情况。

具体计算方法是：（1）招生情况正常，既无超编也无不足的为 A 点；（2）每个专职教员的平均学生数较少为 B 点；（3）学生缴纳的费用（收入）用于教学科研开支（即用于学生教育、教员科研经费）的比例较高的为 C 点。然后再根据这三点分数来决定一所学校的条件和经营情况，来确定补助金额（最高的与最低的之间的差距为 3 : 7，即最多可增加 30%，最少可减去 70%）。所谓的倾斜分配，也就是对条件好的私立学校少补或不补，对条件差的私立学校多补，乃至对同一学校也视当年经济情况而定，经营情况好的年份少补或不补，经营情况差的年份多补。特别补助就是根据各校的情况，在一般补助之上再增加的补助。也就是对在某一方面有特色的私立学校进行的特别补助，如在研究生教育上搞得好的，或是在留学生教育、国际交流方面有特色的私立学校，除了进行一般性的补助，还根据该学校的特点及由此而造成的开支增大部分，加以重点补助。1992 年又开始一种新型的特别补助，即对教学、研究有出色成就的大学研究生院，给予推进高度研究经费，配备专门为研究生服务的教师助手。

为了确保对私立学校的援助，日本政府做出了很大的努力，对私立学校的援助额逐年增长，如 1992 年就比 1991 年增长了 42 亿日元，为 3424.5 亿日元，1993 年达 3530 亿日元。

为振兴私立大学的学术研究及信息处理教育，提高高等教育的水平，从 1983 年开始，国家对私立大学、研究生院购置的 4000 万日元以上的大型教学研究设备，私立短期大学、高等专门学校购置的 3000 万日元以上的大型教学研究设备，私立专修学校购置的 2000 万日元以上的大型教学研究设备所需的经费进行补助。

为促进私立大学学术研究的发展，还专门设有私立大学研究设备补助金，购置基础性研究所需的机械、设备（价格在 500 万—4000 万日元之间）及 1000 万日元到 4000 万日元之间的信息处理设备，都可以接受二分之一（信息处理设备）至二分之一（研究设备）的补助。1992 年这项援助的金额为 235336 万日元。

私立高中、初中、小学及幼儿园的援助是由都道府县负责进行的。地方政府的援助金一部分是由地方交付税支出的，另一部分都道府县的支出费用由国家进行补助。1992 年的国库补助金为 823 亿日元，其中包括对人烟稀少的边远地区的私立高中的特别补助金。1992 年地方交付税的金额为 3756 亿日元。为鼓励私立学校进一步开展有个性、有特色的教育，根据各校现有设备、条件，都道府县对私立学校的援助也采取倾斜政策。此外对私立高中、初中和小学的信息教育设备费和教员进修费也进行补助。帮助这些学校将普通教室改建成计算机教学用的教室和购买教学用计算机的信息设备援助费，1992 年为 43300 万日元；教师进修援助费主要是补贴对中小学新录用教员进行的进修，1992 年为 9051 万日元。

日本私立学校振兴财团还对私立学校的校舍翻修和新建、土地购置、教学研究设备的购置等事项发放长期低息贷款，其利息是固定的，年息为 5.5%，偿还期为 50 年。财团的这一基本资金主要是国家拨款和财政金融投资资金等。由于这几年私立学校对资金的需求量比较大，1992 年的贷款额为 670 亿日元，比 1991 年增加了 50 亿日元。

对接受国家和地方政府援助的学校法人，主管部门拥有如下权限：

第一，有权让学校法人提交有关业务及财务情况的报告，向学校法人提问、检查账簿等。

第二，如遇有违反规定多招收学生或幼儿的学校或幼儿园时，可要求校方遵守规定，纠正错误。

第三，如学校法人的预算不符合援助目的时，可劝其对预算进行修改。

第四，学校法人干部如违反主管部门根据法令下达的命令时，可要求解除该干部的职务。

接受私立学校补助或援助的学校法人，应根据文部大臣所制定的基准，处理会计事务，编制有关资产表、收支计算表及其他财务账表。并要按期定时地将这些账簿表格呈送主管部门。对那些经营管理不良的私立学校，在主管部门认为补助无法达到预定目的时，可以采取制裁措施，中止对该校的补助。中止补助的期限原则上为 5 年，视其经营管理情况好转后再重新开始补助。迄今为止已有 5 所私立学校受到这一制裁。主管部门在行使上述权限时，事先必须听取私立学校审议会的意见，并允许当事的私立学校法人进行解释、申辩。

此外，私立学校教职员工共济会也是保证私立学校健康发展所不可忽视的组织。私立学校教职员工共济会是按照私立学校教职员工共济会法成立起来的组织，目的在于促使私立学校教职员工互相帮助，开展私立学校教职员工的福利事业。参加这一组织的成员本人或家属生病、负伤、残疾、死亡、出生、退职、遭灾或病休时，由这一组织提供一定的补助费，增进和提高私立学校教职员工的福利水平。共济会的资金一半是参加者每月缴纳的会费，另一半由学校法人负担，国家也进行一定的补助，都道府县负责本地共济会日常运转所需的日常办公经费。

鉴于私立学校所实行的学校教育的公共性，日本政府对私立学校还采取了一系列优惠政策，如对学校法人、私立学校的学校用土地、校舍、体育馆等用于教育方面的固定资产（不动产）实行免税，除从事贸易、制造、销售等有收入的活动以外，免除学校法人的法人税和事业税，对学校法人所从事的有收入的活动，只征收低于其他法人的组织税等。对学校法人进行捐赠、赠款的个人或法人都可以享受免税优惠，或是减免所得税优惠等。1991 年日本私立学校所得到的捐款为 1737 亿日元，比上年度增长了 1.3 倍，占当年私立学校总收入的 3.1%。

（二）日本私立学校面临的课题与对策

现在，日本的私立学校所面临的问题是十分严重的。首先是私立大学过于庞大，校风日趋颓废，学习气氛不浓，校园类似游乐场，校舍、设备老化。其次是私立学校的教员过于繁忙，疲于应付授课，无法对学生进行认真周到的辅导，以至有些一流的私立大学也被讽刺为：一流学生，二流设备，三流教师。私立大学教员与学生的比例在 20 世纪 70 年代时为 1∶30 左右，即平均每个教员要负责 30 个学生，到 90 年代这一情况虽然有些缓和，但仍在 1∶24，私立高等专门学校为 1∶18，私立短期大学为 1∶25.5。这要比其他非私立学校的比例高得多，国立大学的教员与学生的比例只有 1∶9.6，公立大学的比例为 1∶9.7。私立初中的教员与学生的比例是 1∶24，也高于公立初中的 1∶20。另外，平均每个学生所拥有的校舍建筑面积，国立大学和公立大学均为近 30 平方米，而私立大学只有其三分之一左右，约 10.8 平方米，可见私立大学的学习条件相对较差。

私立大学不但学习条件欠佳，而且收费昂贵，私立大学的学生每年缴纳给学校的费用，平均为国立大学的近 2 倍，约 105 万日元，这几年学费上涨得很快，有的学校一年要上涨 12.5%。

由于这些年日本经济萧条，加上一部分学校法人的内部纠纷，甚至出现营私舞弊的丑闻，影响到社会对私立学校的援助，几年来私立学校援助金的总额一直没有增加。对于那些没有把学生缴纳的经费充分用于教育和研究的私立学校，或是经营状态良好的私立学校，到底应该不应该加以补助，在最近也有不同看法。如何公正地进行分配、有效地使用私立学校援助、振兴费，促进私立学校教育研究的发展，是私立学校财政所面临的问题。

在基础教育完全普及、高等教育也日趋大众化的日本，私立学校如何进一步发挥自己的优越性，办出私立学校的特色来，这是事关私立学校生死存亡的大问题。尤其是人口出生率下降、少子社会的到来，对私立学校的威胁更大，如何提高教育研究质量，办出私立学校的特色来，这直接与能否确保生源有关。

面对上述课题，私立学校也在积极地进行各项改革。如增加教员编制；改善学校设备，积极引进新设备，促进设备器械的更新换代；加强与国外学校的交流，展开国际性的学术研究和教学交流；私立大学和私立短期大学、私立高等专门学校等都纷纷改革履修制度，实行单科目登记制和学科登记制，为已经工作的人提供学习的机会；采取多种形式来评价学习效果，展开自我检查、自我评估，以做到正确把握现状，时刻保持清醒的头脑；等等。

日本教育问题与前瞻

在 20 世纪后半叶，日本教育充当经济发展的先行官，带来了出乎意料的奇迹，连帮助日本建立现代教育体系的美国人也不得不对其刮目相看。近年来，我国教育界对日本教育问题的研究不断深入，并出版了许多颇具创见的论著。我们认为，日本的教育的确有许多成功之处，有许多可贵的经验值得我们学习。尤其是作为一个正在迈向现代化的发展中国家，借鉴日本的教育更有着现实意义。但是，学习并不意味着照抄照搬，而应有选择地吸收，尤其要注意警惕日本教育中的阴暗面，注意日本教育的发展走向。本文拟就上述问题做初步探讨。

（一）日本教育存在的问题与弊端

任何国家的教育发展都不是完美无缺的，日本也不例外，日本学者伊崎晓生就说过："日本的教育弊病有'考试战争'、填鸭式教育、管理主义教育、官僚体制、高学费等，期待着中国教育家能对此认真研究，从而在教育改革中加以克服。"东京大学的堀尾辉久教授也指出："日本教育有两大弊端：一是管理太严，国家干预太多；二是竞争太多，没有合作与友谊。中国在注意日本教育的长处时，应注意其缺点。"早稻田大学的铃木慎一在回答笔者的采访时也认为："中国教育应注意避免日本的如下弊病：（1）对于文化本质的省察有所懈怠；（2）在很大程度上忽视了儿童与青少年的主张和要求；（3）以真正的和平哲学为基础的教育尚未形成。"因此，认真研究日本教育存在的问题及与之有关的原因，也是应该加以重视的方面。

1. 军国主义教育的阴影

第二次世界大战中，日本对亚洲和世界人民曾犯下不可饶恕的滔天罪行。所以，战后日本教育的出发点是对战前军国主义教育的批判与反省。1947 年 3 月 31 日颁布的《教育基本法》中就明确指出："我们期望培养注重个人尊严并追求真理和爱好和平的人才，同时还必须彻底普及既有普遍性又富于个性的文化教育。"在此基础上，日本教育制度和内容都进行了若干改革，有效地提高了全体国民的文化、科技水平，保证了经济的高速发展和政治的民主化。但不可否认，战后日本教育中军国主义的阴魂一直不散，对和平与民主的教育构成了严重威胁。

1952 年秋，当时的首相吉田茂在战争的创伤尚未完全愈合时就说："必须从物心两面来巩固扩军的基础，在精神上通过教育来灌输为万国之冠的日本历史、美好的国土地理、作为扩军的精神基础的爱国心理。"1954 年，日本政府把和平教育称为"红色教育"，并镇压了被称为"和平民主教育堡垒"的京都旭丘中学 50 名教师；1963 年，家永教授撰写的《新日本文》教科书由于反对重演战争的悲剧，受到了文部省审定不合格的处理；1966 年，中央教育审议会发表了《关于后期中等教育的扩充与整顿问题》的报告，主张"在东方和西方之间的强国日本"的霸权主义思想。1982 年，日本文部省又强迫作者和出版社把中学教科书中的"侵略"改为"进攻"。一些限制日本军事力量的政策，如"无核三原则""武器出口三原则""军费不超过 GNP 的 1%"等相继被推翻。海湾战争中，日本的扫雷艇自第二次世界大战后首次驶出了本国的海域。在教育上，从 1986 年起又要求恢复升国旗和唱国歌的仪式。这一切，怎能不使人警惕呢？

值得欣慰的是，虽然军国主义的阴魂不散，但反对军国主义、坚持和平的教育仍是日本人民的共同呼声。早在 20 世纪 50 年代，日本教育工会就提出了"不再将学生送到战场上去"的口号，每一次军国主义的抬头（如最近的海外派兵），都有几百万甚至数千万人签名抗议、示威游行。在冲绳县，小学和初中仍抵制升国旗与唱国歌，只有不到 7% 的学校升旗唱歌。日本教育学会也成立了专门的"和平教育"研究会，日本人民正和世界各国人民一起，为拥有一个温馨、安宁的地球而奋斗。

2. 学历主义影响着教育的健康发展

所谓学历社会，是指一个人的学历在很大程度上决定着一个人的社会地位。日本就是这样一个奉行学历主义的学历社会。学历社会对于封建的等级身份制是一种否定，所以有其进步与合理的一面。它打破了家庭、财产、性别等的束缚，形成了社会尊重知识、尊重学历的风气，促进了教育事业的发展。

第二次世界大战后，日本高中的普及和高等教育的发展对学历社会提出了挑战。至 20 世纪 70 年代，高中入学率超过了 90%，大学入学率最高达 39.2%，高等教育的"大众化"，使日本进入了"高学历社会"。所以，企业对于学历的关心在性质上发生了重要变化，即从"纵向学历社会"到"横向学历社会"，从原来注重低学历与高学历的区别，转移到现在以注重高学历中名牌与一般大学的区别。社会导向也就产生了追求名牌大学的升学竞争。日本教育中的一系列问题也由此而产生。

具体来说，学历主义导致了教育中的"精英倾向"。以高考发榜为分水岭，人的优劣已被打上了印记。难怪联合国在 20 世纪 70 年代的日本教育考察报告书中说，一个人在 18 岁的某一天所取得的成绩，即可决定他的一生。学历主义也导致了学校教育功能的衰退。也就是说，人们不是为了追求知识、追求真理，不是为了发展能力、发展个性而升学，而只是为了象征着学历、象征着地位的"文凭"而升学。

学历主义对中学、大学的教育也产生了消极的影响，造成了学历与实力的脱节或背离。对于中学生来说，学校教育的内容往往着重于知识的传授，培养的是死记硬背的能力与应付考试的技能，用日本教育家麻森生诚的话来说，培养的是"矮小化的人才"与"考试英才"。对于大学生来说，一种人是进了"游乐园"，一种人是进了"强制收容所"。进入"游乐园"的大学生，往往利用这日本人一生中最快乐的时光，尽情享受，稍作喘息；进入"强制收容所"的大学生，又称为"非情愿入学者"，他们进入大学主要是受家长或社会的压力，而不是本人的好学上进要求，一旦考取后也就失去了压力和动力。

3. 偏差值升学指导与考试地狱

学历主义对学校的重要影响就是考试中心，学校为争取升学率而频繁地考查学生。为了准确地考查学生的成绩，以指导学生升学，60 年代起日本的高中在考大学前普遍实行偏差值的计算成绩方法，偏差值在中国心理学上译为标准分，即以统计方法反映学生考试成绩的数值。之所以用偏差值，是因为它比分数或排名次具有合理性与准确性。如果一个学生得 85 分，往往并不知道他该在班级的哪个位置上，是好还是差，如果一个学生考全班第 5 名，也不能知道他前后名次的成绩差异是多少。而用偏差值的分数往往可以清楚知道学生的成绩在整体中所占的位置。偏差值预测升学的指导方法，后来推广到全国的初中，甚至连小学的入学都要看偏差值的分数。

为了取得好的分数，家长们往往把孩子送进各种补习学校（塾）去学习，有条件的家庭则聘请家庭教师给孩子进行补课。根据 1987 年的调查，日本小学生中的 16.5%、中学生中的 44.5% 都要进"学习塾"补课。

偏差值升学指导引导家长与学生走着一条高分→一流高中→一流大学→一流企业的崎岖小路。在学习内容上，由于偏差值注重几门主要课程，学生们往往重点"突破"，忽视了其他副课，从而影响了学生的全面发展；在学习方法上，偏差值注重的是记忆为主的知识掌握，学生们往往丧失了创造性，压抑了独立思考与判断的能力。这样，学校对许多学生就失去了吸引力，学生退学、逃学、讨厌学校的情况屡见不鲜。

4. 学生的不良行为令人吃惊

日本教育的偏差值升学指导与考试地狱，导致了大量的悲剧，学生不良行为就是其中之一。在竞争名牌高中、名牌大学过程中失败的学生，往往成了不良行为学生的主力军，而一些大学入学率低的学校，则成了不良行为学生的滋生地。学生的不良行为主要表现在以下几个方面：

一是青少年犯罪。日本的青少年犯罪具有低龄化、集团化、粗暴化、女性犯罪增加和校内犯罪上升等显著特点。

二是性混乱情况趋于严重，尤其是女学生的卖淫，在社会上产生了不良影响。

三是欺侮现象时有发生，尤其是在中小学比较普遍。

四是校内暴力与家庭内暴力不断发生。

日本教育存在的问题与弊端还有过于强调团体性与统一性而忽视个性，强调国家的干预而忽视地方的自主性，注重发展大学的数量而忽视了质量的提高，高级人才（博士生等）就业难等。

（二）日本教育的前瞻

日本社会正在进入成熟化、信息化和新的国际化发展时期，为了弄清成熟化、信息化和新的国际化所带来的社会发展的可能性及所产生的问题，充分把握其给教育产生的影响，日本政府从 20 世纪 70 年代初就进行了第三次教育改革。到 1987 年临时教育审议会完成了《关于教育改革的第四次咨询报告（终结报告）》，内阁会议也决定了《关于当前教育改革的具体方略——教育改革推行大纲》，第三次教育改革正在向纵深发展和推进。

目前，日本的教育改革正在按照临时教育审议会的既定方案实施，但由于日本和世界局势的许多因素带有很大的不确定性，我们很难具体地预料日本教育的发展在多大程度上实现既定方案和目标，只能对其发展的趋势做一粗略的前瞻和展望。

1. 终身教育的体系进一步完善

终身教育是一种"从摇篮到坟墓"的综合教育体系。从纵向来说，它把幼儿教育、青少年教育、成人教育、老年人教育以及家庭教育、学校教育、社会教育有机地统合在一起；从横向来说，它既包括职业教育或专业教育，又注重智力、情操、美感、体质、个性的全面发展。所以终身教育是采取多种多样的教育手段、方法和形式，向社会的一切成员开放的全方位、多层次的教育体系。

21 世纪将是终身教育的时代。1979 年罗马俱乐部发表的《学无止境》的报告，已从理论上对终身教育的趋势做了展望，日本社会教育审议会也于 1981 年提出了终身教育在日本的课题，日本社会结构的变化既提出了对于终身教育的客观要求，也为终身教育的实施创造了可能。

在未来的发展中，日本社会将会有两个方面的巨大变化。一是人口结构与生活周期的变化。由于出生率的不断下降和老年人寿命的延长，日本已步入老龄化社会，据日本厚生省统计，21 世纪前半期非劳动人口将从 1985 年的 47% 增至 70%，男子的一生劳动时间则从 1980 年的 11.4 万小时减少到 9.2 万小时，闲暇时间从 16.2 万小时增至 18.8 万小时。因此，如何用教育活动充实人们的闲暇时间，丰富人们的生活，将是未来日本终身教育的一个课题。

二是产业与职业结构的变化。随着服务化、电子化、信息化的发展，日本社会的产业与职业结构将会发生一系列变化。事实上，在过去的 20 多年时间内，信息技术人员、电气、建筑、土木工程技术人员、医生等职业人员已有大幅度上升。据日本经济企划厅预测，2000 年日本需要专门技术人员 400 万以上，而学校教育仅能提供 283 万人。新的产业与职业部门还将大量涌现。所以，不仅要对成年人进行回归教育，而且对社会所有人开放门户的教育体系将会逐步形成。近年来日本政府已经把终身教育作为未来教育的根本方向和当前教育改革的基点，表现出很大的热情。首先，国会通过了有关推进和振兴终身学习的法律，并于 1990 年 7 月 1 日开始实行，文部省设立了终身学习局和终身学习审议会。其次，建立为终身教育服务的新型学校，如 1983 年 4 月成立的广播电视大学，目前已有 3 万人参加了学习，此外如学分制高中、专修学校、夜大学、函授教育等，也都有大规模发展。再次，通过设立大学教育开放中心，各地的公民馆、博物馆、图书馆，政府机关附属的公共职业训练中心，民办的私营企业内教育，报社、旅馆、银行、百货公司主办的文化中心等，逐步完善开放的终身教育机构。可以预料，日本政府会进一步加强家庭、学校、社会之间的联系，进一步充实各种各样的教育机构，为建立以"从摇篮到坟墓"的教育一体化而努力。由于以往社会教育相对发达，今后一段时间的重点可能是充实与提高家庭教育，并注重学校教育的门户开放性。

2. 教育的国际化进程将有所加快

早在前首相中曾根的智囊团拟定的《面向 21 世纪教育改革五原则》中，就把教育的国际化作为改革的第一原则。在临时教育审议会的第四次终结报告中也明确指出："我国的教育必须以面向世界，培养能生存于国际社会的出色的日本国民、出色的人为目标，不断积累经验，反复探索与国际化相适应的教育模式。"

日本的教育国际化问题的提出也是与日本社会发展的新格局相联系的。日本作为经济大国的地位已是既成事实，20 世纪末期，日本的 GNP 居世界第二位，人均 GNP 为世界第一，且为世界头号金融大国和资本大国。在世界 12 项尖端技术方面，日本有新材料和高性能半导体元件等 5 项超过美国；总体科技水平居欧洲之上。1989 年，日本在海外的投资达 1910 亿美元。美国经常收支赤字的 1/3 以上靠日本资金来补充，日本还承担了联合国经费的 11%。现在，日本正在力图使自己成为政治大国。1990 年 5 月，日本外务省事务次官栗山尚一在《外交论坛》发表了题为《激动的 90 年代与日本外交的新进展》的长篇论文，提出了大国外交的主张。日本的政界、舆论界也反复强调，日本必须"承担更大的国际责任""确立日本在世界的光荣地位""日本控制下的和平""日本的世纪"等。日本教育的国际化，无疑也是为这一总方针服务的。

近年来，日本在教育的国际化方面迈出了较大的步伐。在大学的课程和专业设置方面，冠以"国际"的越来越多，如国际关系、国际政治、国际经济、国际文化等，达48个学科之多，1990年比过去的10年就增加了4倍。在中学外语教学方面，日本把外语交往能力的培养作为国际理解的基础加以重视，1990年每周授课时数从1小时增至4小时，并聘请了2145名外国人充任外语教师。在国际交流方面，不仅有教师与研究人员的交流，还有青少年的国际交流，如总务厅的"世界青年之船"、国际协力事业团的"21世纪友谊计划"等，文化艺术与体育方面的国际交流也日益频繁。在推进留学生的交流方面，日本也在调整政策，采取更积极的姿态，仅1991年春天，来自中国的留学生总数就达40009人。1989年以"留学、研修、学习技术"为目的出国的日本人达113000人左右，比1988年增长了34%。此外，在加强日本语教育、充实海外子女与归国子女的教育等方面，也做了大量的工作。可以预料，随着日本经济、政治和社会国际化的发展，教育的国际化进程也会进一步加快。

3. 更加重视适应信息化社会的教育改革

在临时教育审议会的《关于教育改革的第四次咨询报告》中，明确提出了教育必须适应信息化社会的要求。报告写道："我们正在走向21世纪，迎来一个新的时代——信息化时代。教育改革必须使我国在今后能灵活地适应信息化的不断发展，成为物质生活和精神生活都很富有的社会。"

目前，日本的科学技术正在以电子、信息处理、材料、规划、加工技术等的迅速发展为背景，向着精细化、高性能化方向发展，并大幅度地由历来以硬件为中心的科学技术向信息化、智能化、综合化等软件比重高的方向转化。信息社会要求的不是所谓标准规格型、偏差值型的人，而是知识生产能力高的、具有丰富的情操和创造精神的人。

为了适应信息化社会，日本在教育方面采取了相应的措施，如从1985年开始实施"教育方法开发特别设备费补助"，用以充实中小学的计算机等与信息教育有关的仪器。据1989年的统计，日本小学设置计算机的占21%，平均每校3台；初中为44.8%，每校平均4.3台；高中为96.3%，平均每校25.5台。同时建立了利用电视、收音机等途径学习的体系，在岛根县、大分县设立了情报科学高中，在滋贺县建立了国际信息高中。大学中与信息有关的学科从 1975 年的 61 个增加到 1989 年的 236 个，学生从 3159 人增至 19896 人。专修学校的信息专业学生达 45841 人。据研究，到 2000 年，日本需要 230 万—300 万人从事信息技术工作，而其中需要学校教育机构培养 150 万—225 万人，所以到 1992 年，每年都在大幅增加招生名额。

与此同时，日本也在尽力防止信息社会给教育带来的一些不利影响。如"随着个人媒介的日趋发展，容易给人们造成一种机器万能的错觉，使人们养成不愿用自己的手去做事，不用自己的眼睛和思想去观察自然和社会的态度，使创造能力退化，只想依赖间接经验，回避与自然、人类、社会的直接接触"。所以在运用信息手段时，也注重培养学生"读、写、算"等基础知识与基本技能。

随着信息化社会的发展，日本社会计算机的大众化已是大势所趋，信息产业与信息行业会像雨后春笋般涌现，信息化教育也会上一个新的台阶。

4. 重视个性与教育的多元化将是改革的方向

日本临时教育审议会在教育改革的第一次咨询报告中就明确宣布：第三次教育改革的关键，就是要打破以往教育中根深蒂固的弊病——划一性、封闭性、非国际性，确立个人尊严、尊重个性、自由和自律、自我负责的原则，即重视个性的原则。

日本教育改革的两个基本出发点，其中一个是为了适应社会的变化，另一个即是为了矫正教育中存在的问题。纵观日本的教育，许多教育上的弊端，病理都在于教育的整齐划一，缺乏灵活性，压抑了学生的个性发展。

目前，日本对于教育的个性化与多元化的呼声愈来愈高。特别是第二次世界大战后"六三三四"的学制，由于学历主义、考试地狱和偏差值教育，学生必须应付小学升初中、初中升高中、高中升大学的三次考试，严重影响了创造性人才的培养。所以，改革单一的"六三三四"学制从 20 世纪 80 年代初已成为社会的广泛要求。由著名企业家松下幸之助担任座长的"考虑世界的京都座会"在 1983 年就提出了《重新研究现行学制》的提案，指出"现行的'六三三制'的划分方法，有一定意义，不应一概否定，但是，社会上不能只有唯一而绝对的学校制度，学制既有'六四制'，也有'六六制'或'五四制'，应由设立者自由选定"。所以，为了纠正中等教育的整齐划一和压抑学生个性的倾向，日本进行了新设六年制中学、学分制高中的试验。如东京都准备把六年制中学分为前三年与后三年两段，前期三年原则上由初中和高中低年级的内容组成，主要包括日语、日本文化、历史、自然科学、体育、情操、外语等，后期则按照学生的能力、适应性、出路、兴趣等，实施特定领域的扬长教育，以发展学生的个性与才能。学分制高中则采取门户开放政策，不进行入学考试，累积学分达到一定标准即可毕业，不仅家庭主妇可以入学，中途退学者亦可再度学习。

在高等教育领域，也进行着个性化与多样化的尝试。如通过修改大学的设置标准及批准条件，来排除办学模式的划一化；通过入学考试的多样化（如学力检查、面试、小论文、实际技能、能力与个性测试等），来强化大学的个性与特色；通过修改国家机构与企业人员的录用标准，纠正偏重学历和名牌大学的倾向等。

甚至有人公开打出了"教育自由化"的旗号，主张家长和学生应该具有选择学校、教育计划、教师的自由，把私塾和社会办的补习学校承认为正式学校，把以东京大学为首的国立、公立学校分期分批改为私立，撤销或改组文部省等。其目的是要把"竞争原理"引进教育领域，以达到国家少花钱而又能培养多样化创造型人才的目的。自然，在国家主义传统根深蒂固的日本，这些建议是很难付诸实施的，但个性化、多元化作为一种世界性潮流，在日本也会进一步发展，这是不可阻挡的历史趋势。

（原载《当代日本教育概览》第一章，山西教育出版社，1992）

第六章　聆听大师——教育思想分析

本章题为"聆听大师",因为收录的 7 篇论文,其实基本上是我的读书笔记。聆听,也是观察和学习的一种方式。马克思、恩格斯、列宁和达尔文都是伟大的思想家,他们在教育、心理学方面同样有着卓越的见解,值得关注和研究。我在苏州大学带教育哲学方向的博士生,所以,"西方教育哲学的历史演进"和"现代西方科学方法论及其对教育研究的启发",也是我努力学习西方教育哲学的发展历程与方法论的一点体会。当然,它在一定意义上也反映了我在教育哲学领域的观点。

马克思主义与心理学[①]

马克思的学说正日益为国内外心理学界所关注。研究马克思的心理思想及其对现代心理学的影响,对于分析和把握西方的精神分析心理学、人本主义心理学、辩证法心理学等派别以及苏联心理学,对于丰富和发展我国的心理科学,都有着极其重要的理论和实践意义。

本文拟就我们所接触的资料,对国内外心理学界关于马克思心理学的研究、马克思的心理思想及其对现代心理学的影响等三个问题,做一些初步介绍和研究,以期抛砖引玉。

（一）

在世界范围内,最早对马克思的心理思想进行研究的是苏联心理学者。十月革命后,马克思主义的理论对苏联心理学产生了重大影响。1923 年,苏联心理学家科尔尼洛夫撰写了《现代心理学与马克思主义》一书,首次

---

① 本文发表于《苏州大学学报（哲学社会科学版）》1983 年第 1 期。

提出要自觉地在马克思主义基础上建立心理学。随后在莫斯科出版的《心理学与马克思主义》（文集）和科尔尼洛夫的《从辩证唯物主义的观点阐释的心理学教科书》等著作，根据马克思主义的基本原理，提出了苏联心理学的主要原则，如"心理是人脑的特性和机能""心理具有反映环境的功能""动物和人的心理有本质的区别""个性原则""决定论原则"，等等。[①]但是，总的说来，这个阶段的研究还是较为朴素、粗略的，主要停留在一般的概念性解释上。

20 世纪 30 年代开始，苏联的许多著名心理学家如维果茨基、鲁宾斯坦、鲁利亚以及列昂捷夫等，比较系统深入地对马克思主义心理思想进行了研究。鲁宾斯坦在《心理学的原则和发展道路》一书中研究了《1844 年经济学哲学手稿》中"三个对心理学有决定意义的基本思想"：（1）承认人的实践活动、劳动在心理形成中的作用；（2）由人的活动所产生的对象世界制约着人的感觉、人的心理、人的意识的全部发展；（3）人的心理是历史的产物。[②]列昂捷夫在《马克思与心理科学》一文中指出："马克思对心理学理论的最大的发现就在于：意识不是在刺激物（作用于人脑的事物）的影响下人脑某种神秘的放射'意识之光'的能力的表现，而是人们所参与的并通过人们的头脑、人们的感觉器官和运动器官所实现的那种特殊关系即社会关系的产物。"[③]他还认为，在马克思的理论中，关于人的活动的学说，关于人的活动的发展及其形式的学说，对心理科学有着决定性的重要意义。

20 世纪末，西方心理学家如波利特采尔等也主张在马克思主义基础上建立心理学[④]，30 年代，奥兹本撰写了《弗洛伊德和马克思》一书，这本书把马克思与达尔文、弗洛伊德并称为"人类的革命的发现"之重要人物。奥兹本认为，精神分析学说充实了马克思主义的内容，"凡愿在观点和行为方面以革命者自任的，不应当仅通晓马克思主义的社会发展的定律，也必得把握弗洛伊德学派的心理现象的原动力，作为马克思主义的观点的一个

---

① 洛莫夫：《苏联心理学的起源与现状》，《美国心理学家》1982 年第 11 期。

② 谢·列·鲁宾斯坦：《心理学的原则和发展道路》，赵璧如译，生活·读书·新知三联书店，1965，第 195–200 页。

③ 胡德辉等编《心理学教学参考资料》，人民教育出版社，1981，第 6 页。

④ 阿·尼·列昂捷夫：《活动 意识 个性》，李沂等译，上海译文出版社，1980，第 2 页。

重要部分"①。这样一来，弗洛伊德似乎也是个马克思主义者了。

美国新精神分析学派的代表人物弗洛姆是一位长期研究马克思的心理学家。1961 年出版的《马克思关于人的概念》是他的主要著作之一，在这部著作中，弗洛姆论述了人性、人的自我实现等方面。他指出，在马克思看来，"人作为人是一个可认识的和可确定的实体；人不仅在生物学上、在解剖学上和生理学上可以被规定为人，而且在心理学上可以被规定为人"②。1968 年，他在为"卡尔·马克思对于当代科学思想的影响"专题讨论会所作的书面发言中指出，人们之所以忽视马克思对于心理学的贡献，原因有三："第一，马克思从未把他的心理学观点以系统化的形式出现。然而，如果把这些散见在他的所有著作中的观点收集起来，就显示出其系统化的性质。第二，一般人都错误地认为马克思仅仅关心经济现象或历史唯物主义的概念，按照这个观点，马克思认为推动人的基本力量实际上是经济利益，这就使马克思关于人的真实图画和他对心理学的贡献黯然失色。第三，马克思的"动力心理学"出现得过早而没有受到足够的注意。更重要的是，以实证主义为目标的实验心理学往往妨碍了人们对马克思心理学概念的理解"③。近年来，美国的辩证法心理学也对马克思进行了一些研究。他们认为："马克思主义辩证论者宁愿把辩证法停靠在内部生物与外部物理的物质基础上。但他们的企图到最后，似乎放弃了活动、劳动和努力的想法而喜爱商品、产物的结果。"④在第三部分我们将要说明，他们并没有真正懂得马克思。

法国心理学家瓦龙、赛夫等也对马克思的心理学思想做了不少研究。瓦龙运用辩证唯物主义和历史唯物主义的方法，解决了心理学上的许多基本理论问题，诸如意识与无意识、意识与实践、智力的辩证法、精神的起源等。赛夫在《马克思主义与人性》一书中指出，只有用马克思主义的观点，"从行为之间的社会关系的概念出发，才有可能理解个性深蕴结构的本质"⑤。此书到 1975 年已被译成 15 种文字。

---

① R. 奥兹本：《精神分析学与辩证唯物论》，董秋斯译，上海读书出版社，1940，第 15–16 页，。

② 艾瑞克·弗洛姆：《论人的本性》，张文杰译，《哲学译丛》1979 年第 2 期。

③ 艾瑞克·弗洛姆：《心灵分析的危机》(*The Crisis of Psychoanalysis*)，1970，第 68–69 页。

④ K. F. 里格尔：《辩证法心理学宣言》，王景和译，《自然科学哲学问题》1980 年第 2 期。

⑤ 吕西安·塞夫：《马克思主义与人性》(*Marxism and the Theory of Human Personality*)，1975，第 47–48 页。

20 世纪 20 年代末，我国的老一辈心理学者潘菽、高觉敷等开始介绍苏联辩证唯物论心理学派。30 年代，郭一岑、曹日昌、刘泽如等提倡用辩证唯物论的观点和方法研究心理学。50 年代以后，各地心理学者选编了多种有关马克思主义经典作家论述心理的选辑，并进行了一些专题研究。[1]近年来，我国学者对马克思恩格斯关于感知、思维、意识、个性的论述，以及马克思与人本主义心理学等问题，进行了若干研究。但是，迄今为止，我国还没有一部系统研究马克思心理思想的小册子，介绍性的文章也相当少，与其他学科相比，与国外的研究相比，我们的广度与深度是很不够的。因此，系统地研究马克思主义，并以它指导我国的心理学，是摆在我们每一个心理学工作者面前的迫切任务。

（二）

马克思在《1844 年经济学哲学手稿》中指出："工业的历史和工业的已经产生的对象性的存在，是一本打开了的关于人的本质力量的书，是感性地摆在我们面前的心理学。"如果只是从外表的效用方面来理解这部心理学，如果从人的广泛而丰富的活动中"只知道那种可以用'需要''一般需要'的话来表达的东西"，那么人们就不能理解"这种高傲地撇开人的劳动的这一巨大部分而不感觉自身不足的科学"，"这种心理学就不能成为内容确实丰富的和真正的科学"。[2]

显然，马克思是把人的劳动（而不是列昂捷夫笼统地所说的活动）作为心理科学的出发点和基本内容。对于马克思来说，劳动并不只是经济学、哲学或人类学的范畴，也具有心理学的意义。马克思认为，劳动是人与自然之间的物质交往和人与人之间的社会交往过程。在劳动过程中，人不仅改造自然，同时也"改变他自身的自然。他使自身的自然中沉睡着的自潜力发挥出来，并且使这种力的活动受他自己控制"[3]。人类自身和人的心理都是在劳动过程中产生、发展和不断丰富起来的。

马克思把劳动作为心理学的出发点，这首先因为劳动是人与动物区别

---

① 中国心理学会常务理事会：《中国心理学六十年的回顾与展望》，《心理学报》1982 年第 2 期。

② 中共中央马克思恩格斯列宁斯大林著作编译局编《马克思恩格斯全集》第 42 卷，人民出版社，1979，第 127 页。

③ 卡尔·马克思：《资本论》，《马克思恩格斯全集》第 23 卷，人民出版社，1972，第 201-202 页。

的本质特征。众所周知，劳动是一种有目的的自觉活动，它要求人们把劳动的结果以表象的形式在头脑中显现出来。马克思在《资本论》中曾举例说："蜘蛛的活动与织工的活动相似，蜜蜂建筑蜂房的本领使人间的许多建筑师感到惭愧。但是最蹩脚的建筑师从一开始就比最灵巧的蜜蜂高明的地方，是他在用蜂蜡建筑蜂房以前，已经在自己的头脑中把它建成了。劳动过程结束时得到的结果，在这个过程开始时就已经在劳动者的表象中存在着，即已经观念地存在着。"为了使表象变成实体，为了"在自然物中实现自己的目的"，除从事劳动的那些器官紧张之外，还需要有心理上的紧张，即"还需要有作为注意力表现出来的有目的的意志"①。

劳动的目的性与社会性是密切联系着的。"劳动作为人的自觉的有目的的活动，是人的生命活动的基本形式。人只有通过这一形式才能表现自己的特殊的社会本质。"②劳动是以人与自然和人与社会（人与人）的双重关系出现的，马克思说："凡是有某种关系存在的地方，这种关系都是为我而存在的；动物不对什么东西发生'关系'，而且根本没有'关系'；对于动物说来，它对他物的关系不是作为关系而存在的。"③正是由于劳动的目的性和社会性的特点，把人类社会与猿群、人类心理（如意识）与动物心理、人类活动（如宗教）与动物生活区别开来。所以马克思在《德意志意识形态》中指出："可以根据意识、宗教或随便别的什么来区别人和动物。一当人们开始生产他们所必需的生活资料的时候（这一步是由他们的肉体组织所决定的），他们就把自己和动物区别开来。"④

其实，马克思之所以把劳动作为心理学的出发点，还因为劳动是人类心理产生和发展的源泉。劳动的形成过程大体经历了三个阶段：（1）纯粹动物的本能活动，如蜜蜂建巢、蜘蛛织网；（2）伴有一定智力的劳动萌芽状态的活动，如高等灵长类动物及前人的利用和加工天然工具的活动；（3）在抽象思维指导下制造工具的活动，这是真正的人类劳动。⑤第二阶段的劳动是真正的人类劳动的前提，所以称之为"前劳动"。在一定条件下"前劳动"

---

① 卡尔·马克思:《资本论》,《马克思恩格斯全集》第 23 卷，人民出版社，1972，第 201–202 页。

② 列·尼·巴日特诺夫:《哲学中革命变革的起源》，刘丕坤译，中国社会科学出版社，1981，第 44 页。

③ 中共中央马克思恩格斯列宁斯大林著作编译局编《马克思恩格斯全集》第 3 卷，第 34 页。

④ 同上书，第 24 页。

⑤ 朱祖霞:《论劳动与人类及其意识形成的关系》,《哲学研究》1982 年第 7 期。

就转化为"真劳动"。这个条件就是气候变化、森林缩减、类人猿下树、直立行走、手的解放、动作的复杂化等。类人猿在交往中采用的手势、表情和呼叫逐步发展为语言，具体思维逐步发展为抽象思维。当第一把经过中介体加工而制成的工具出现时，人类远祖的动物式本能活动，就变成了真正的社会生产劳动，人类及其意识也就产生了。因此马克思说："思想、观念、意识的产生最初是直接与人们的物质活动，与人们的物质交往，与现实生活的语言交织在一起的。观念、思维、人们的精神交往在这里还是人们物质关系的直接产物。"①

马克思还认为，人类的心理只有通过劳动才能得到丰富和发展。劳动是人的体力和智力的表现，是人的本质力量的实现。劳动产品，即人化了的自然同时就是物化了的人的心理，而人化了的自然又规定、制约着人的心理水平。马克思在《手稿》中写道："只是由于人的本质力量的客观展开具有丰富性，即主体的、人的感性的丰富性，如有音乐感的耳朵、能感受形式美的眼睛。总之，那些能成为人的享受的感觉，即确证自己是人的本质力量的感觉，才一部分发展起来，一部分产生出来。因为，不仅五官感觉，而且所谓精神感觉、实践感觉（意志、爱等），一句话，人的感觉、感觉的人性，都只是由于它的对象的存在，由于人化的自然界，才产生出来的。"②例如，古代社会的奴隶主虽然金银满屋、山珍海味，但不可能有使用电冰箱的需要；封建社会的皇帝尽管家拥万奴、至高无上，也不可能产生使用机器人的欲望。这正说明，人的心理水平、人的需要是与劳动生产力的水平相一致的，"需要是同满足需要的手段一同发展的，并且是依靠这些手段发展的"③。

马克思在反对边沁时说："想根据效用原则来评价人的一切行为、运动和关系等，就首先要研究人的一般本性，然后要研究在每个时代历史地发生了变化的人的本性。"④在《资本论》中，他运用这个基本原则考察了从手工业过渡到工场手工业，从工场手工业过渡到大工业，从大工业的最初形式过渡到较晚的成熟资本主义形式各个时期的人的心理变化，揭示了人的

---

① 中共中央马克思恩格斯列宁斯大林著作编译局编《马克思恩格斯全集》第3卷，第29页。

② 同上书，第42卷，第126页。

③ 卡尔·马克思：《资本论》，第559页。

④ 同上书，第669页。

心理、人的能力结构对于劳动即历史地变化着的分工形式的依赖性。①

《手稿》中，马克思又分析了异化劳动对于人的心理发展的影响。他指出，在私有制统治下，劳动者所生产的对象成为异己的力量来反对自身，劳动对于劳动者来说是外在的东西，它不再是人的本质力量的实现，不再是"自由地发挥自己的体力和智力，而是使自己的肉体受折磨、精神遭摧残"。劳动不是自愿的，而是被强迫的，"因而，它不是满足劳动需要，而只是满足劳动需要以外的需要的一种手段。劳动的异化性质明显地表现在，只要肉体的强制或其他强制一停止，人们就会像逃避鼠疫那样逃避劳动"。劳动的异化导致人的异化，使人丧失了人性而成为"非人"。结果，人只有在运用自己的动物机能，如吃、喝、性行为等的时候，才觉得自己是自由活动；而在劳动时，在运用人的机能时，却觉得自己不过是动物。"动物的东西成为人的东西，而人的东西成为动物的东西。"②

马克思进而指出，只有消灭私有制，实现共产主义，才能使人真正地占有自己的本质，使人的心理从专门化的畸形影响下解放出来，得到健康的、全面的发展。③这就是马克思心理思想的革命结论。

（三）

在西方现代心理学的众多流派中，精神分析心理学、人本主义心理学和辩证法心理学，常常与马克思的名字有某种联系。有些心理学家把马克思的心理学和精神分析心理学同称为"动力心理学"（Dynamic Psychology），也有的心理学者把人本主义心理学或辩证法心理学与马克思的心理学相提并论，但他们只看到这些学派与马克思心理思想相联系的一面，而忽视了它们之间的本质分歧。这里，我们仅对这三个学派的主要观点及其与马克思心理思想的本质分歧，做一些初步的研究。

1. 马克思与精神分析学

精神分析学是19世纪末在奥地利创立的一个学派，弗洛伊德是这个学派的创始人。在弗洛伊德看来，人的一切行为，从婴儿的吮吸活动到艺术家的创造活动，都显示了"最初的性欲冲动"。人类社会的禁忌习尚、宗教戒

---

① 谢·列·鲁宾斯坦:《心理学的原则和发展道路》，第195–200页。

② 中共中央马克思恩格斯列宁斯大林著作编译局编《马克思恩格斯全集》第42卷，第93–94页。

③ 同上书，第124页。

杀、道德规范、法律条款等，最初是针对着人的性欲问题而产生和制定出来的。①甚至于连言语等心理活动也是由性欲产生的。他曾经这样说："初次的发声是交通的手段，也是招集性的伴侣的手段，在后来的发展中，语言的原素遂被用作原人从事各种工作时伴发的声音。"②弗洛伊德的潜意识理论、梦的学说等都是以性欲为基础的。他把存在于潜意识中的性本能冲动称为"力比多"（Libido），梦不过是被压抑的性本能以伪装的形式，得到象征性的满足而已。由于他把人的一切行为动机都归结为性本能的冲动，所以精神分析学又有"泛性论心理学"（Pansexual Psychology）之称。

西方学者如奥兹本等认为，弗洛伊德的泛性论与马克思主义心理学并不矛盾，例如"从恩格斯加于摩尔根的赞词中，我们也可以知道他也承认社会之性的基础"②。这无疑歪曲了马克思和恩格斯的心理思想。

固然，马克思并不否认人的吃、喝、性行为等，他说过："人和人之间的直接的、自然的、必然的关系是男女之间的关系。"③但是，马克思并没有把这个关系脱离人的劳动，脱离人的社会关系而成为唯一和最终的目的。他反复说："自然界的人的本质只有对社会的人来说才是人与人联系的纽带，才是他为别人的存在和别人为他的存在，才是人的现实的生活要素；只有在社会中，自然界才是人自己的人的存在的基础。只有在社会中，人的自然的存在对他说来才是他的人的存在，而自然界对他说来才成为人。"④关于人类心理的起源问题，我们在第二部分已说明，人类自身及其心理（如语言）都是在劳动活动中形成和不断丰富发展的，并非如弗洛伊德所说，是由所谓性欲产生的。

我们不妨再看一下恩格斯在《家庭、私有制和国家的起源》第一版序言中的一段话吧："摩尔根的伟大功绩，就在于他在主要特点上发现和恢复了我们成文历史的这种史前的基础，并且在北美印第安人的血族团体中找到了一把解开古代希腊、罗马和德意志历史上那些极其重要而至今尚未解

---

① 杨清：《现代西方心理学主要派别》，辽宁人民出版社，1980，第345页。

② 弗洛伊德：《精神分析引论》，高觉敷译，商务印书馆，1984，第141页。

③ R.奥兹本：《精神分析学与辩证唯物论》，第15–16页、第31页。

④ 中共中央马克思恩格斯列宁斯大林著作编译局编《马克思恩格斯全集》第42卷，第119页。

⑤ 同上书，第122页。

决的哑谜的钥匙。"①在奥兹本看来，这种"史前的基础"就是"（性的）基础"②。果真如此吗？我们再向上看几行："根据唯物主义的观点，历史中的决定性因素，归根结蒂是直接生活的生产和再生产。"③可见，只有劳动，只有物质生活资料的生产，才是人类历史的决定性因素。

新精神分析的代表人物如荣格、阿德勒、弗洛姆和霍妮等，都对弗洛伊德的学说进行了修正，他们从家庭、社会环境和文化背景中寻求精神病因的解释。但他们却都错误地认为，出路不在于改造社会制度，而应首先改变人本身，医治人的病态心理。只有"人道主义的精神分析，才能改变人的内心世界，然后再改变整个社会"④。这同马克思心理思想的革命结论也是不相容的。

2. 马克思与人本心理学⑤

人本主义心理学是 20 世纪五六十年代在美国兴起的一个心理学派，它与精神分析学和行为主义心理学有着明显的分歧，自称"第三种力量"。它的主要代表人物有马斯洛、罗杰斯、戈尔德斯坦和布赫勒尔等。

人本主义心理学的理论核心是"自我实现"。所谓"自我实现"，就是充分地、完善地发挥人自己的潜在能力。马斯洛把人的需要说成是一个七层次的金字塔，由低到高有：生理需要、安全需要、爱与亲密的需要、尊重与名望的需要、审美的需要、求知与理解的需要、创造自由的需要。马斯洛认为，只有在低级的需要得到满足后，较高级的需要才能得到满足；而最高层次的需要得到了满足，就使人达到了自我实现的境界，也就是充分发挥了人的潜能。人本主义心理学自称是促进人的自我实现的工具，它不同于传统的心理学漠不关心地和中立地描写人类现实，而主张采取介入的态度，"归根结底也就是作为当代人进行自身修养和臻于完善的工具"⑥。布赫勒尔说："人本主义就是要回答越来越明确地在专家面前提出来的新问题：'怎样才能有充满意义的人生？怎样建立人与人之间的比较满

---

① 中共中央马克思恩格斯列宁斯大林著作编译局编《马克思恩格斯全集》第 4 卷，第 2 页。

② R. 奥兹本：《精神分析学与辩证唯物论》，第 31 页。

③ 同上书，第 30 页。

④ 兹沃雷金：《资产阶级社会学论人及其行为》，《国外社会科学》1982 年第 11 期。

⑤ 林方：《马克思主义与人本心理学》，《心理学报》1982 年第 2 期。

⑥ 扎姆菲尔：《"人道主义心理学派"述评》，《国外社会科学动态》1982 年第 4 期。

意的关系？’”①

那么，怎样才能达到人的自我实现呢？马斯洛认为关键在于改善人的"自知"或自我意识，使人认识到自我的内在潜能或价值；罗杰斯则主张改善人与人之间的关系。他在1980年的新著《一种存在方式》中指出，只要能够创造真诚相处、相互理解和彼此尊重的气氛，就会出现奇迹。人人都可以由僵化变为灵活，由静态变为动态，由依赖变为自主，逐步实现自己的全部潜能。

人本主义心理学的一员主将曾说：人本主义心理学受到欧洲一系列哲学和心理学流派的启迪，其中有现象学和存在主义，也有马克思主义。②我们认为，人本主义心理学在某些问题上的确与马克思的观点有相近之处。如所周知，马克思很重视人的物质需要，"正像达尔文发现有机界的发展规律一样，马克思发现了人类历史的发展规律，即历来为繁茂芜杂的意识形态所掩盖着的一个简单事实，人们首先必须吃、喝、住、穿，然后才能从事政治、科学、艺术、宗教，等等"③。但马克思更重视人的精神文化需要，因为精神上的解放才是最后解放的标志。这同人本主义心理学把人的需要分为低级需要和高级需要，强调理想社会应以充分发挥人的潜能、满足高级需要为目的的观点基本上是接近的。

但是，在满足需要的方式上，在人的自我实现的途径上，马克思与人本主义心理学有着本质分歧。马克思认为，人的自我实现并非取决于马斯洛所说的"自知"或罗杰斯所说的改善人与人的关系，而取决于劳动，取决于"生产力的巨大增长和高度发展"④。他指出：只有劳动生产力高度发展，"以致在人类历史上破天荒第一次创造了这样的可能性，在所有的人实行合理分工的条件下，不仅进行大规模生产以充分满足全体社会成员丰裕的消费和造成充实的储备，而且使每个人都有充分的闲暇的时间从历史上遗留下来的文化——科学、艺术、交际方式，等等——中间承受一切真正有价值的东西；并且不仅是承受，而且还要把这一切从统治阶级的独占变成全社会的共同财富和促使它进一步发展"⑤。当然，这个"可能性"只有通过

---

① ② 扎姆菲尔：《"人道主义心理学派"述评》。

③ 中共中央马克思恩格斯列宁斯大林著作编译局编《马克思恩格斯全集》第19卷，第374页。

④ 同上书，第3卷，第39页。

⑤ 同上书，第2卷，第478–479页。

"实践方式"才能转变为现实性，也就是说，只有无产阶级通过革命的方式推翻整个资本主义秩序之后才能实现。

3.马克思与辩证法心理学①

辩证法心理学是近年来在西方兴起的一个新流派。1976年《美国心理学家》杂志刊登的《辩证法心理学宣言》标志着它的诞生。1979年出版的《辩证法心理学》（巴斯著）和《辩证法心理学的基础》（里格尔著）等著作，是这个学派的代表作。颇为有趣的是，里格尔《辩证法心理学宣言》（以下简称《宣言》）在开头和结尾都模拟了马克思恩格斯《共产党宣言》的笔调。开头这样写道："一个幽灵，科学的辩证法的幽灵，在西方心理学中徘徊。科学世界的支架正在动摇；改造它的时刻临近了。"结尾则说："辩证法心理学家们联合起来！你们失去的只是对庸俗唯物论者和虚夸的心灵论者的顶礼膜拜；你们获得的将是一个世界，一个由永久变化着的人类所创造的变化着的世界。"②

辩证法心理学对传统心理学提出了激烈批评，认为它们"把主体和客体孤立开来"，使人们循入抽象的形式主义中；"由于偏爱静止的特性和平衡的均势"，使人们以机械论的怪物或心灵论的幻影来代替人类，最终"忘却了人类是变化着的世界中的变化着的人"③。

因此，辩证法心理学主张专注于活动与变化的研究；不仅关心个体心理短期的改变，也关心长期的个人发展与文化发展；不仅研究母子之间交互作用的"原始辩证法"，也关心表现于人的思维、操作等中的"科学辩证法"；同时注意个体内部和外部的辩证法；等等。

我们认为，辩证法心理学的确是"西方某些心理学家从自发开始朝着自觉的辩证思维道路向前迈进的一种表现"④。它也反映了马克思主义对于西方心理学的渗透和影响。但是，马克思主义与辩证法心理学在某些问题上也有本质分歧。里格尔在《宣言》中说："辩证法的理论既不需要成为唯物论者的，也不需要成为唯心论者的；它能包罗多重的不同概念。"⑤它貌似公允，实际上已成为空中楼阁式心理学的幻想。马克思、恩格斯多次指出，如果不是把辩证法置于唯物的基础上，不是按照客观事物（包括心理发展）的固有矛盾去把握事物本身的辩证法，就必然用主观臆想去研究事物，把

①④　陈大柔：《评西方心理学辩证理论研究方向中的若干问题》，《心理学报》1981年第1期。

②③⑤　K. F. 里格尔：《辩证法心理学宣言》。

辩证法的规律从外部注入自然界，从而陷入唯心主义的泥淖。

《宣言》还说："马克思主义辩证法者宁愿把辩证法停靠在内部生物的与外部物理的物质基础上。但他们的企图到最后，似乎放弃了活动、劳动和努力的想法而更喜爱商品产物的结果。"[①]这个论断无疑也是错误的。的确，在马克思的后期著作如《资本论》中，是从商品这个细胞开始剖析资本主义社会的结构的，但这绝不意味着马克思放弃了活动、劳动的概念。我们已一再说明，劳动是马克思心理思想的基本内容和出发点，马克思的心理学是唯物辩证法的心理学。

恩格斯论理论思维

科恩在他的《论心理学家》一书中报告，在美国心理学家尤其是年轻的心理学家中，有相当比例的人持有这样的观点："如果重事实的搜集而轻理论思维的讨论，就可使科学有迅速的发展。"在我国心理学工作者中，公开持有上述观点的虽然不多，但对理论思维的意义是否有充分的认识及在研究工作中是否能自觉地运用理论思维这两个问题，恐怕并不是完全解决了的。现在重温马克思主义经典作家有关理论思维的专门论述，明确理论思维对心理学研究工作的指导意义，我们感到依然是必要和迫切的。

所谓理论思维，包含两方面的含义。一是针对缺少理论的指导，凭借直接经验进行的抽象概括活动而言，强调从一般的原理、原则出发，在理论上做出判断，进行推理、论证的重要性；二是针对形而上学的思维方法而言，强调思维的科学性，即辩证的思维方法。恩格斯在许多著作，特别是《自然辩证法》中，从理论和实践的正反两方面充分论述了理论思维对一切学科的指导意义及理论思维的一般进程。而其中《神灵世界的自然科学》一文则是恩格斯亲自运用理论思维的武器批判心理学领域中经验主义、唯心主义的典范论文。恩格斯对理论思维的贡献主要表现在以下三方面：

第一，恩格斯清算了经验主义、机械唯物主义理论上的错误，提出了轻视理论思维不能不受惩罚的真理。恩格斯曾经高度赞扬过培根、洛克等人哲学思想中的唯物主义的因素，高度评价了他们对自然科学发展所起的

---

① K.F.里格尔:《辩证法心理学宣言》。

积极作用。但是，恩格斯也一针见血地指出，他们的形而上学的、经验主义的方法比起希腊哲学"天然的纯朴"的辩证思维来是一个倒退，"堵塞了自己从了解部分到了解整体、到洞察普遍联系的道路"①，因此也就不能真正把握事物的本质。恩格斯天才地指出："虽然 18 世纪上半叶的自然科学在知识上，甚至在材料的整理上高过了希腊古代，但是它在理论地掌握这些材料上，在一般的自然观上却低于希腊古代。"②它们的根本区别在于，古希腊哲学家认识到世界在本质上是某种从混沌中产生出来的东西，是某种逐渐生成、发展起来的东西，而机械唯物主义者却把世界看成是僵化不变的东西，看成一下子生成的东西。恩格斯举例说，如果当时的自然科学家不像牛顿那样对理论思维表现出那样的排斥，不像牛顿在《自然哲学的数学原理》中说的"假说这个东西我是不考虑的"，把现象的观察与哲学的思考截然对立起来，就不会置康德早在 1755 年就提出的"地球和整个太阳系表现为某种在时间的进程中逐渐生成"的理论于不顾，"走无穷无尽的弯路，并节省在错误方向上浪费掉的无法计算的时间和劳动"③。所以，恩格斯告诫人们："的确，蔑视辩证法是不能不受惩罚的。无论对一切理论思维多么轻视，可是没有理论思维，就会连两件自然的事实也联系不起来，或者连二者之间存在的联系也无法了解。在这里，唯一的问题是思维的正确或不正确，而轻视理论显然是自然主义的，因而是不正确的思维的最确实的道路。"④早年和达尔文一起为创立进化论立下汗马功劳的华莱士，由于轻视理论思维，深受降神术的蛊惑，而且为之热心地鼓吹，奔走试验。一个以自己的理论动摇了神学大厦的科学家，到头来却又投入了神学的怀抱。这不能不引起人们的深思。恩格斯总结了这一教训，深刻地指出："经验主义轻视辩证法便受到这样的惩罚，连某些最清醒的经验主义者也陷入最荒唐的迷信中，陷入现代降神术中去了。"⑤恩格斯不仅提出了理论思维的重要性，而且提出了理论思维的科学性问题。在同一处，恩格斯说："根据一个老早就为大家所熟知的辩证法规律，错误的思维一旦贯彻到底，就必然要

---

① 中共中央马克思恩格斯列宁斯大林著作编译局编《马克思恩格斯选集》（第 3 卷），人民出版社，1972，第 468 页。

② 同上书，第 448 页。

③ 同上书，第 450 页。

④⑤ 同上书，第 482 页。

走到和它的出发点恰恰相反的地方去。"因此，不仅要充分认识理论思维的意义，而且要学会正确的思维方法。辩证的思维方法才是真正科学的思维方法。马克思和恩格斯都曾说过，辩证思维是今天最高的思维形式，只有它才能推动自然界和社会的发展进程。要深入心理学的研究，就不能不掌握辩证的思维方法。

第二，恩格斯通过对历史的考察发现，随着自然科学的发展，理论思维日益显得重要。他首先从理论上阐明了这样的道理："经验自然科学积累了如此庞大数量的实证知识材料，以致在每个研究领域中有系统的和依据材料的内在联系，把这些材料加以整理的必要，就简直成为无可避免的。因此，自然科学便走进了理论的领域，而在这里经验的方法就不中用了，在这里只有理论思维才能有所帮助。"[1]其所以如此，恩格斯解释说，乃是由于理论自然科学把自己的自然观尽可能地联系成一个和谐的整体，以至于连最没有思想的经验主义者，离开了理论自然科学也不能前进一步。因为在理论自然科学中，我们往往不得不计算不完全知道的数量，而在任何时候都必须用思想首尾一贯地去帮助还不充分的知识。

恩格斯在《反杜林论》中曾以哥白尼关于太阳系假说的例子，说明过现代科学理论假说的重要性。在《路德维希·费尔巴哈和德国古典哲学的终结》中，恩格斯又阐述了这一思想："哥白尼的太阳系学说有三百年之久一直是一种假说，这个假说尽管有百分之九十九、百分之九十九点九、百分之九十九点九九的可靠性，但毕竟是一种假说，而当勒维烈根据这个太阳系学说所提供的数据，不仅推算出还存在一个尚未知道的行星，而且还推算出这个行星在太空中的位置的时候，并且后来加勒确实发现了这个行星的时候，哥白尼的太阳系学说就被证实了。"[2]在这里，恩格斯一方面具体说明了理论思维对实践的指导意义，论述了理论思维由观察到形成假说再到理论推断的一般进程，一方面又强调了实践对理论的检验作用。

恩格斯还从反面指出了理论思维跟不上自然科学发展的危害。1848年以后，德国的大工业和商业都得到了较快的发展。但是，"正当自然过程的辩证性质以不可抗拒的力量迫使人们不得不承认它，因而只有辩证法能够帮助自然科学战胜理论困难的时候，人们却把辩证法和黑格尔派一起抛到

---

① 中共中央马克思恩格斯列宁斯大林著作编译局编《马克思恩格斯选集》，第465页。

② 同上书，第26页。

大海里去了，因而又无可奈何地沉溺于旧的形而上学"①。当时流行的所谓哲学，是叔本华、哈特曼之流的"只适合于庸人的浅薄思想"，以及福格特、毕希纳之流的巡回传教士的"唯物主义"，自然科学家找不到出路，只能在前进的道路上徘徊。要突破这种局面，有两条道路，一条是自然科学本身的自然发展，但这是一个"比较长期、比较缓慢的过程"，另一条是"从历史地存在的形态中仔细地研究辩证哲学，那么这一过程就可以大大缩短"②。社会科学更是如此。人类的社会运动，是宇宙间运动的最高形式，它比自然现象复杂得多，因此，社会科学更不能没有理论思维。马克思在《资本论》中曾以经济学为例告诉我们："分析经济形式，既不能用显微镜，也不能用化学试剂。二者都必须用抽象力来代替。"马克思正是撇开了商品、货币、资本家具体化个别化的现象和特征，抽象地考察并揭示了所有商品、货币、资本家的本质，从而建立了摧毁资本主义社会的理论体系。

心理学兼属自然科学和社会科学。心理活动确实是宇宙间最为复杂的，所以至今没有令人信服的统一理论，由于它的发展历史不长，互相排斥的假说是如此之多和替换之快，以致稍有不慎就可能陷入经验主义和唯心主义的泥潭。在这样的情况下，心理学首先要做的工作还不是很清楚了吗？加拿大心理学家 J. 罗伊斯也认识到了这一点，他说："心理学一直处于资料的搜集，研究计划的制订和统计数字的分析阶段。这在心理史的早期虽是必不可少的，但是却不适用于心理学的未来发展。作为一门理论科学，心理学目前的状况十分混乱。因此，对于它的未来，最迫切的任务是阐述要领和发展理论。"③

第三，恩格斯指出，经验主义的谬误不能依靠经验来批判，只有理论上的批判才能揭示经验主义谬误的本质。恩格斯的这一思想在他的著名心理学论文《神灵世界中的自然科学》中得到了充分发挥。恩格斯说过，单凭观察所得的经验是决不能证明必然性的。他以开普勒发现行星运行三大定律的事实证明了这一思想。托勒密的"地心说"曾经统治了世界 1400 年之久，其所以如此，就是因为人们天天看到的，是日出东方、日落西方，

---

① 中共中央马克思恩格斯列宁斯大林著作编译局编《马克思恩格斯选集》，第 467 页。

② 同上书，第 481 页。

③ 乔赛亚·罗伊斯：《哲学问题、心理学及其未来》，《美国心理学家》1982 年第 3 期。

一切星球都围绕地球转，以感性的经验观察掩盖了事物的内在本质。丹麦天文学家第谷花了 30 年工夫，精密地观察行星运动，积累了大量的科学资料，本来这都是粉碎托勒密"地心说"的炮弹，但由于他摆脱不了"地心说"的枷锁，这些资料在他手里便成了零碎无用的死物。是他的学生开普勒继承了第谷的观察遗产，并以"日心说"来统领这些资料，从而提出了"火星的运行轨道是椭圆，太阳位于椭圆的一个焦点上"的假说。经过逐步逼近的计算，验证了这一假说，从根本上动摇了托勒密的"地心说"。华莱士等人也是缺乏理论思维的观察家，因而很容易盲目相信别人和自己所做的降神术的"实验"。一脚踏进了神灵世界。他们只相信自己看过的、做过的和经验过的东西，而不会使用主要的仪器——"怀疑地批判的头脑"，结果虽然花费了那么多的精力，使用了那么多的仪器，却必然地走上了与神媒巫婆同流合污的道路。恩格斯在逐一批驳了降神术的把戏后，深刻地指出：自然科学之所以走上神秘主义的道路，"并不是自然哲学的过度理论化，而是蔑视一切理论、不相信一切思维的最肤浅的经验论。证明神灵存在的并不是先验的必然性，而是华莱士、克鲁克斯之流的经验的观察"①。而要真正驳倒华莱士等人热衷的降神术，"势必要用理论的思考，而不能用经验的实验"，恩格斯说，"单凭经验是对付不了降神术的"，因为，"第一，那些'高级的'现象，只是在有关的'研究者'已经着迷到正像克鲁克斯自己天真无比地叙述的那样，只看得见他应当看到的或希望看到的东西时，才能够显示出来。第二，降神术士毫不在乎成百件的所谓事实已经暴露，骗局已定。成打的所谓神媒也被揭露出是一些平凡的江湖骗子。除非把那些所谓奇迹一件一件地揭穿，否则这些降神术士仍然有足够的活动地盘……"②这就是说，降神术士总是按照他们所进行的"实验"，来报道只有他们自己才能看到的结果，纵使你从经验上一百次、一千次地戳穿他们的骗局，他们也还是会有一百零一次、一千零一次的"发现"并报道新的结果。所以，只有从理论上批判才能真正揭露降神术的虚伪性，彻底摧毁他们的把戏。

马克思、恩格斯关于理论思维的论述和运用理论思维研究自然科学、社会科学的实践，对我们心理学工作者来说，无疑有重要的启示，并给我

---

① 中共中央马克思恩格斯列宁斯大林著作编译局编《马克思恩格斯选集》，第 481 页。

② 同上书，第 484 页。

们以方法论的武器。回顾过去，面对现实，展望未来，我们深感心理科学非常需要理论思维的指导和梳理。

首先，从心理科学本身的性质来看，心理科学必须以坚持理论思维为指导。自冯特1879年成立心理实验室，使心理学从哲学附庸地位独立出来，心理学就出现了两大阵营，即心理生物学阵营和心理社会学阵营，心理生物学可以追溯到古老的联想主义，心理社会学则与古老的官能心理有着密切关系。时至今日，这两大阵营虽有融合之势："一个心理学家往往要以双重面貌出现，既是机械主义者，又是人本主义者。这是对现代心理学情况最简单的概括。"①但是，两个阵营的论战从未停息过。在我国，这种门户之见也是较为严重的。

事实上，由于人的本质是自然性和社会性的统一体，以人的心理为对象的心理学必然也具有这两种性质。随着现代科学的发展，心理学的研究方法也日益现代化。人们逐步能够应用快速电子计算机对一些复杂的心理现象进行模拟研究，可以把各种心理活动时肌肉的运动以及大脑各个部分的电位变化记录下来。但是，由于心理学研究对象的复杂性，仅仅靠实验还是不够的，马克思、恩格斯反复说过，人不仅是自然实体，更是社会实体，人的本质在其现实性上是一切社会关系的总和。这就表明，人的心理过程、心理状态以及个性心理特征是受社会制约的。因此，没有也不可能有一种像天文学上的望远镜和微生物学上的显微镜那样有效的工具，来观测人的心理。正如恩格斯所说："终有一天我们可以用实验的方法把思维'归结'为脑子中的分子和化学的运动，但是难道这样一来就把思维的本质包括无遗了吗？"②许多学者经常用这段话的上一句来说明思维及人类心理的"自然过程"，却忽视或不提下半句，这无疑是不符合恩格斯的原意，至少是不够公允全面的。

其次，从心理学研究方法的理论与实验的关系来看，心理科学必须坚持理论思维的指导。在任何一门科学中，只有使理论与实验相结合，才能使实验从盲目走向自觉、严格，使理论从含混趋于清晰、严密。我国自然辩证法学者提出，实验与理论之间存在着一个"循环加速机制"。③现以电

---

① 荆其诚：《心理学发展的道路》，《心理科学通讯》1982 年第 4 期。

② 中共中央马克思恩格斯列宁斯大林著作编译局编《马克思恩格斯全集》，第 591 页。

③ 金观涛等：《历史上的科学技术结构》，《自然辩证法通讯》1982 年第 5 期。

磁学的发展为例：

在不到七十年的短短的时间内，就揭示了电磁现象的本质，开掘了电磁学的巨大宝库。可以设想，如果只有理论和实验独立的发展（图中虚线），没有理论与实验的循环加速（图中实线），这样快的进展是不可能的（见图6-1）。

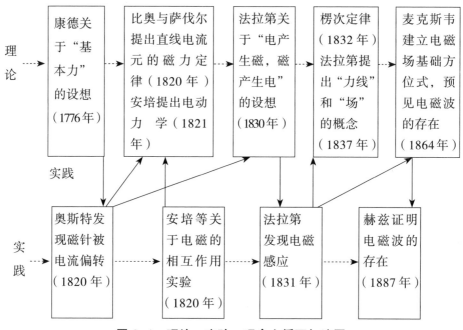

图 6-1　理论—实验—理念之循环加速图

近代自然科学的发展是由物理学领先的，心理学离开哲学而独立，首先得力于物理学。冯特之前的缪勒、韦伯、赫尔姆霍茨、赫林和弗希纳等人都是走的从物理学到生理学再到心理学的路线。我们认为，物理学的经验教训是值得心理学借鉴的。具体地说，理论思维在心理科学的发展中起着如下的作用：第一，实验的选题需要理论思维。只有理论思维才能使我们抓住心理学发展的前沿，而不是把前人早已提出的、被废弃了的命题当作时髦的新课题，或者选择与现实生活无甚关联的课题。第二，实验的设计需要理论思维。心理学实验的成败如何，关键在于实验设计的精细、巧妙和正确。如何把高度复杂的人的心理活动在简化了的条件下进行观察和实验，充分考虑被试者可能出现的各种情况等，都需要理论思维。第三，实验数据的处理和结果的解释需要理论思维。200 年前，普利斯特列由于缺乏理论思维，不能解释自己实验所得的结果，制得了氧而不知其为氧，结果是在真理碰到鼻尖上时还没有得到真理。在科学史上，类似的现象并不少见。

在现代科学中，思想实验是一种重要的研究方法，是理论思维的重要形式，它主要是在物理学中发展起来的。思想实验不是实际进行的实验室实验，而是按照实验的格式展开，借助于逻辑、数学、猜测、联想、直觉等方法，通过创造有假想主体干预的变化着的假想客体的形象来揭示事物的内部规律。运用思想实验的方法，可以生动准确地揭露旧理论的缺陷，批驳旧理论的错误；可以开拓新的研究方向；可以超越经验，实现特殊形式的抽象，揭示和掌握自然规律；还可以将新的基本要领或基本关系引入人类的知识体系。[1]遗憾的是，思想实验的方法在心理学研究中还很少运用，这是心理科学所面临的一个重要课题。

再次，从心理学的历史发展和现状来看，心理科学必须坚持理论思维。从心理学的发展史中，我们可以明显看到，无论是机能心理学还是格式塔心理学，无论是行为主义心理学还是精神分析学，都是受经验心理学思潮的支配，都是以实证主义哲学为指导思想的。[2]心理学的创始人冯特就是一个典型的唯心经验论者，他把心理学的研究对象确定为"直接经验"，他认为心理学的理解只有借助于自我观察才有成功的可能，自我观察愈借实验法的帮助而锐利化，愈深入到基本的过程中去，当然也就愈适宜于帮助心理学的理解。[3]行为主义心理学则走上另一极端，要使心理学成为一门"纯粹客观的实验的"自然科学，他们奢谈什么有机体的肌肉运动和腺体分泌，而取消了心理学自身研究的对象，结果成为不伦不类的"肌跳心理学"。再如，心理学史上曾经发生过人的心理活动决定于遗传还是决定于环境的激烈争论。高尔登一味强调遗传的作用，否认环境对人的影响，并为此进行了大量的工作；而以华生为代表的一批心理学家则根本不承认遗传的作用，机械地强调环境的决定作用。如果他们稍微具备一点辩证思维的话，这种争论就不会发生，也不会导致那么多的片面的实验设计。传统心理学由于

---

[1]　高文武：《简论思想实验》，《自然辩证法通讯》1982 年第 5 期。

[2]　陈元晖：《论冯特》，上海人民出版社，1979，第 34–72 页。

[3]　威廉·冯特：《生理心理学纲要》，引自杨清：《西方心理学主要派别》，辽宁人民出版社，1980。

缺乏理论思维的营养而患有先天不足症，虽然经过种种治疗的努力，但仍未得到根治。有人把现代心理学比作一丛灌木，枝条越生越多，固然显得繁茂，但躯干有消失不见之势，长不成一棵所期望于它的参天大树。为什么？就是没有真正的理论思维作为指导，而"一直受着唯心的经验论、唯心的二元论以及形而上学的危害"①。

从心理学的现状来看，心理学目前还是一门具有多种方法论、多种变体、多种世界观、多种范型、多种体系、多种理论以及多种学科的科学。心理学只有局部规律，没有整体规律，没有一个理论能贯穿人的整个心理活动。许多概念是从其他科学中转借过来的。它目前最多只是一种模仿科学，而不是一门带头科学。在这样一种学派林立、众说纷纭的情况下，理论思维就显得尤为重要。只有用科学的理论思维对各个心理学流派和整个心理学体系加以检查、梳理，对以往的全部心理学成果加以总结概括，才能很好地阐述概念和发展理论。

巴甫洛夫说过："科学随着方法学上获得的成就而不断跃进。方法学每前进一步，我们便仿佛上升了一级阶梯，于是我们就展开更广阔的眼界，看见从未见过的事物。"只要我国的心理学工作者破除理论工作与实验工作的门户之见，携手并进，在不断提高理论思维水平、掌握科学研究方法的基础之上，努力开展心理科学实验，就一定能够建立起具有中国特色的马克思主义心理科学。

达尔文与心理学②

美国心理学史家波林在《实验心理学史》一书中说，美国心理学"从德国的实验主义那里继承了'躯体'，但从达尔文那里得到它的'心灵'"③。这不仅说明了美国心理学的起源，也是对整个现代心理学起源的追溯。著名生物学家海克尔在《宇宙之谜》中也提出："查理士·达尔文把进化论的基本规律应用到心理学，这为心理学也像为生理学的其他学科一样，开创

---

① 潘菽：《马克思主义哲学与心理学的相互关系》，《心理学探新》1983年第1期。

② 本文发表于《江苏师范学院学报（哲学社会科学版）》1982年第2期。

③ W. G. 波林：《实验心理学史》，商务印书馆，1981，第506页。

了一个高度进化的硕果累累的新时代。"①

达尔文通过其《物种起源》（1859 年）、《人类原始及其类择》（1871 年）、《人类和动物的表情》（1872 年）、《一个婴儿的生活概述》（1876 年）等著作，对心理学中有关本能和习惯、遗传和变异、有机体对环境的顺应、人类和动物的表情等问题进行了较为深入的研究。本文试就达尔文的心理思想及其对现代心理学的影响，做一些初步探讨。

（一）

1859 年 11 月 24 日，达尔文在系统地总结和分析"贝格尔舰的航行"所获得的大量材料的基础上，出版了《物种起源》。恩格斯曾高度评价了达尔文的这部巨著，称之为"划时代的著作"。恩格斯认为，《物种起源》所提出的以自然选择为核心的进化理论，证明了现在我们周围的一切有机体，连人也在内，都是由于少数原先为单细胞的胚芽经过长期发展的结果而发生的，这些胚芽又是由那些借化学作用而发生的原形质或蛋白质所形成的。

达尔文的《物种起源》对心理学问题涉及较少，但该书第七章关于本能的研究却奠定了达尔文心理思想的理论基础。

达尔文首先指出了本能的定义。他认为，本能是不依赖个体经验而按同一方式所完成的某种活动，诸如鸟能营巢、蜂可酿蜜之类。"我们自己需要经验才能完成的一种活动，而被一种没有经验的动物，特别是被幼小动物所完成时，并且许多个体并不知道为了什么目的却按照同一方式去完成时，一般就称之为本能。"②这说明，本能是无目的的、确定的。

达尔文认为，自私是本能的另一个特征。本能是按利己主义原则，而不是按利他主义原则产生的。"各个物种的本能都是为了自己的利益，据我们所能判断的，它从来没有完全为了其他物种的利益而被产生过。"③

达尔文认为，本能是可以改变的。如果生活习性和生活条件发生变异，本能也会产生相应的改变。自然选择通过遗传特性的作用，将有利的本能变异传递给后代，经过无数世代的累积而成为复杂的本能。达尔文说，"本能确实是变异的"，动物的习性如果"对这个物种有利，就会通过自然选择

---

① 恩斯特·海克尔:《宇宙之谜》，上海人民出版社，1974，第 100 页。

② 查尔斯·达尔文:《物种起源（第二分册）》，商务印书馆，1963，第 288 页。

③ 同上书，第 291 页。

产生新的本能"。①

　　达尔文还认为，人类和动物的本能是基本相同的。他说，本能是一种几乎包括了所有心理活动的范畴。"若干不同的精神活动都被包含在这一名辞之内。"②在另一部著作中，达尔文具体地说明了人类和动物所具有的共同本能。他这样写道："人类及较高诸动物尤其在之具有一定少数共同本性，既经详示。彼等一切既有相同之感应机关、内部观念及感觉。又有相似之欲念、爱性及情感，即使更复杂者亦然，如嫉妒、猜疑、竞胜、感谢、博大，诸性皆是。彼等实行欺骗及报复；有时恶于见笑及善于调戏，有惊愕及好奇感想；具有模仿、注意、审虑、拣择、记忆、想象、联想、理性等诸同样之力，唯程度极不同尔。"③

　　从上述达尔文关于本能的研究，我们已基本看出了他的心理思想的基本轮廓。一方面，达尔文正确地揭示了本能的定义和进化的事实，说明了人类心理活动有其历史基础，并且竭力在高等动物的心理活动方向去寻找这一基础。"从进化论思想去说明精神能力的发展，这种尝试有积极的意义。"④另一方面，达尔文把人看成是自然的生物学的人，而不是社会的人，认为人类和动物的本能及其他心理活动只是程度的差异，而没有性质的不同。这样就混淆了人与其他动物的本质区别，最终就不能阐明人类本能的内蕴。

　　达尔文的本能论对现代心理学的影响很大。在此以前，本能基本指动物和人类的低级行为。后来，本能的外延扩大了，心理学家们对本能的研究加强了，从詹姆斯、桑代克到华生、麦独孤，无不以进化论者自居，强调本能的意义。但是，这些心理学家往往是扩大、膨胀了达尔文本能论的错误方面。詹姆斯在《心理学原理》中把"吮吸""模仿""同情""谦逊""惭愧""爱情""忌妒""母爱""追逐""凶杀""自私""贪婪"等物性都看成是人的本能⑤，成了社会达尔文主义反动理论中的一例。

---

① 查尔斯·达尔文：《物种起源（第二分册）》，第 293 页。

② 同上书，第 288 页。

③ 查尔斯·达尔文：《人类原始及类择》，商务印书馆，1957，第 131 页。

④ 舒炜光：《达尔文学说与哲学》，上海人民出版社，1959，第 152 页。

⑤ 威廉·詹姆斯：《心理学原理（英文版）》，中国社会科学出版社，1999，第 404–439 页。

（二）

达尔文在《物种起源》一书中曾经表示，将来要开辟心理学方面的新的重要研究领域，心理学将牢固地安放在进化理论的基础上面。[①]12 年后，即 1871 年，达尔文实现了自己的诺言。在《人类原始及类择》一书中，达尔文用进化理论对人类和动物的心理进行了较为系统的研究。

达尔文首先指出，人类的身体构造是较低级的动物进化而来的，而心理的进化同身体构造的进化，尤其是脑部的进化又是一致的。达尔文说，"人类脑部大小与智力发达有密切关系"[②]，"种种精神既逐渐发达，脑部自必加大。人脑对身体之比例，且与大猩猩或猩猩比较，其大异常，乃与其较高精神能力有密切关系"[③]。达尔文通过对蚁类和膜翼类的脑神经节进行比较研究，进一步证明了脑与心理的关系。他认为蚁类之所以比膜翼类智力高，乃因为其脑神经节比后者"常常大至数倍"[④]。由于当时大脑神经科学水平的限制，达尔文没有也不可能进一步说明脑与心理的内在关系，但他把脑与心理联系起来并指出它们的相关性，比起 1879 年在德国创建第一个心理实验室的冯特所提出的"心身平行论"，无疑是要高明得多了。

为了证明人类的心理是进化的结果，达尔文对人类和动物的心理能力进行了对比性考察。他指出，如果认为除人类以外，没有其他有机物具备任何的心理能力，或者人类心理能力之本性与较低动物的心理能力迥然不同，我们就不能证实人类所具有的"高等天才"是逐渐发展而来的。[⑤]在《人类原始及类择》一书中，达尔文以大量生动的事例来证明他的心理进化论。他认为人类和动物都具有所谓"情感""好奇心""模仿性""注意力""记忆力""想象力""理解力"乃至语言、审美感、宗教感等心理活动。仅以宗教情感为例，达尔文以为，宗教感是由"爱、对高尚神秘居位者绝对服从、极强之依赖感觉、恐惧、敬服、未来希望"等复杂的心理因素综合而成的。[⑥]宗教感在犬身上已有萌芽，"犬类之深久其主人，加以完全服从，有一定恐惧心及其他感情，乃遥遥与此种心理状态接近"[⑦]。

达尔文还论述了人类和动物的身心发展变异规律。他把生理和心理的

---

① 查尔斯·达尔文：《人类和动物的表情》，科学出版社，1958，第 11 页。

②③④ 查尔斯·达尔文：《人类原始及类择》，第 68–87 页。

⑤ 同上书，第 103 页。

⑥⑦ 同上书，第 152 页。

变异规律概括为四条：

第一，外界生活环境的直接影响。达尔文说："环境的变更可新起无穷的不定变异性，而全部组织遂因此具一定程度之变异性。"[①]

第二，器官使用与不使用的影响。达尔文说："个体之筋肉因使用加强，因完全不使用或破坏其处之神经则减弱。"[②]

第三，生长相关的影响。达尔文认为，人体各部分是一个有机的统一体，一部分发生变异，其他各部分也将随之变更。他称之为"相关变异定律或生长相关律"。

第四，自然选择的影响。达尔文认为，人类和动物的身心发展，都是自然选择的结果。例如由于生活环境的变化，生存斗争的需要，使人类祖先直立行走，因而腾出手来制造武器，故面部肌肉逐渐发达，大脑也渐发达，语言随之产生。"地球上所曾出现最有权势之一动物"也就造就而成了。

达尔文的《人类原始及类择》一书，比较系统地揭示了人类和动物心理的连续性和统一性，弥合了笛卡儿在人类和动物的心理之间所划开的鸿沟。恩格斯高度评价了达尔文的这一历史功绩，称他"为追溯人类精神的史前时代，追溯人类精神从简单的、无构造的，但有刺激感应的最低级有机体的原生质起到能够思想的人脑为止的各个发展阶段提供了基础"[③]。

达尔文的心理进化论促使了比较心理学和动物心理学的诞生。美国现代心理学史家墨菲等说："比较的观点，虽然在各处都有表现，但只有当进化论已经成为心理学思想的基石时才盛行起来。必然的结果是，对动物心理学的兴趣迅速增长。"[④]《实验心理学的第一个世纪》的作者也明确指出，达尔文的进化论实际上标志着比较心理学的开端。[⑤]

达尔文的心理进化论也促成了19世纪末美国的"机能派心理学"的诞生。该学派的创始人詹姆斯、杜威都标榜是"达尔文主义者"，该学派的主要代表人安吉尔在《心理学导言》中公然宣称："心理学作为一门科学，可

---

① 查尔斯·达尔文：《人类原始及类择》，第48–50页。

② 同上书，第48–50页。

③ 恩格斯：《自然辩证法》，人民出版社，1971，第176页。

④ G.墨菲等：《近代心理学历史导引》，商务印书馆，1980，第186页。

⑤ 艾略特·赫斯特：《实验心理学的第一个世纪》（ *The First Century of Experimental Psychology* ），第148页。

以正当地在生物学的集体内申请一席之地，因为它的研究对象是生活的某些表现。这种亲属关系的密切性，在一定的程度上，是被心理学应用进化论的观念以及应用机体对物理的和社会的环境所进行的顺应的观念来设想它的问题的限制所证明了的。"①西方目前的"适应心理学"乃至日内瓦学派皮亚杰的"同化"理论都同进化论有亲缘关系。

达尔文的心理进化论还对教育心理学和差异心理学等产生了重要影响。教育心理学的创始人桑代克就是受进化论的影响而从事动物心理的实验研究的。他提出的著名的学习"三主律""五原则"实际上就是古老的联想主义和进化论结合的产物，甚至如"应用""失用""情境"之类的术语也源于达尔文的著作。弗朗西斯·高尔顿是"彻底把变异、选择和适应的原理应用于人类个体和种族研究的第一个人"②。在《物种起源》问世的十年后，高尔顿发表了《遗传的天才》一书，该书认为，达尔文关于围绕着群的平均值或标准值偶发变异原理，对人的一般天资和特定天资也像对鸟翼的长度或北极熊毛的长度一样适用；而且这些变异趋向于继续保留下来。他的结论是：伟大的人物必然出自一定的家系。③

从以上对达尔文心理进化论的初步考察，我们可以发现：达尔文的功绩在于系统详尽地论证了人类和动物身心发展的统一性和连续性。但达尔文的心理进化论也和其本能论一样，抹杀了人类和动物的差异性和非连续性。用生物进化的规律来论证人的身心发展规律，用生物发展的规律来解释人类社会现象，这就为心理学生物化，为现代心理学中"人兽不分"的观点开了后门。高尔顿、詹姆斯、安吉尔等人正是歪曲和滥用了达尔文的进化理论。

（三）

1872 年，达尔文《人类和动物的表情》一书问世。按照格列尔斯坦的说法，这部著作是"科学史第一个要从进化理论的立场上来揭露出动物和人类的各种情绪的起源的企图"④。

达尔文在这部专门研究情绪心理及其表达的著作中，批评了贝尔爵士

---

① 杨清：《现代西方心理学主要派别》，辽宁人民出版社，1980，第 163 页。

②③ 艾略特·赫斯特：《实验心理学的第一个世纪》（ The First Century of Experimental Psychology ），《美国心理学杂志》1980 年 9 月 1 日。

④ 查尔斯·达尔文：《人类和动物的表情》，第 11 页。

在《表情的分析》一书中所提出的理论，"即人类所具有的某些肌肉是专为使他对别人表示情感的"①之见解，达尔文提出了情绪表达的三个一般原理：

第一，"有用的联合性习惯原理"。达尔文认为，动物和人类的表情动作是历史地形成的。各种表情动作，如愤怒时龇牙露齿，惊恐时毛发竖立、心脏急跳等最初都只具有生物学的直接意义。他指出："有些动作在满足某种欲望方面有用，或者在减轻某种感觉方面有用，如果它们时常重现出来，那么它们就会变成习惯性动作，而且以后就不论这些动作有没有什么用处，只要每次在我们发生同样的欲望或者感觉的时候，即使这种欲望或者感觉的程度很微弱，这些动作也就会发生出来。"②

第二，"对立原理"。达尔文认为，不同的对立情绪，如悲哀与欢乐、仇恨与友爱有着不同的表情动作。"在反对的冲动下有意进行反对动作的习惯，由于我们一生的实行而在我们身上牢固地确立起来。因此，如果按照我们的第一原理，我们在一定的精神状态上，经常不断地去实行一定的动作，那么在相反的精神状态的激奋下，我们就会发生一种强烈的不随意的倾向，去实行直接相反的动作，不论它们有没有用处。"③可见，这其实是第一原理之副律。

第三，"神经系统的直接作用原理"。达尔文认为，动物和人类的情绪表达是不受意志支配的，它受动物和人的神经系统直接影响，而表现出强烈的不可控制的特点。达尔文说："兴奋的神经系统不依存于意志，而且大部分不依存于习惯，对身体有直接的作用。经验表明，每次脑脊椎系统被兴奋起来的时候，神经力量就会发生和释放出来，这种神经力量所经由的方向，必须由那些联系彼此间的神经细胞和身体的各个不同部分之间的路线来决定。"④

达尔文把动物和人类的情绪划分为"兴奋的和压抑的两类"⑤。他认为情绪的兴奋和压抑是可以相互转化的。例如痛苦最初作为一种刺激物引起行动，但会立刻引起极度压抑和全身无力而倒下。⑥

达尔文还论述了表情的功能。他认为，情绪的外部动作表现对于安宁

---

① 查尔斯·达尔文:《达尔文生平及其书信集》第 2 卷，商务印书馆，1963，第 300 页。

②③④ 查尔斯·达尔文:《人类和动物的表情》，第 207 页。

⑤⑥ 同上书，第 65–66 页。

内心有一定作用。"面部和身体方面的表情动作，不管它们的起源怎样，都对我们本身的安宁有很大的影响。"①"如果身体保持被动的状态，那么这些情绪就很难存在下去。"②

《人类和动物的表情》堪称情绪心理的一部杰作。达尔文对于人类和动物的情绪表现之起源、作用和规律的揭示，还是符合实际的。他用进化论确认了动物和人类各种不同的情绪方面所特有的表情动作在发生上具有共同的根源。心理学界对这部著作的评价颇高。《近代心理学历史导引》的作者说，《人类和动物的表情》一书，是我们"理解达尔文全部心理学的一条线索；每一个生命个体的行为都可以给悠久的适应史作证，给某一适应性要求的现时遭遇作证。19世纪后期研究动物行为的学者花费了大量的时间消化达尔文引进行为研究领域的这一基本的非常重要的特征"③。

达尔文的情绪论同他的整个心理思想体系一样，也忽视了人类情绪的社会根源，把人类和动物的情绪混同起来。他在寻找人类情绪的发生根源时，只注意到那些饥饿、自卫、繁殖等本能的"动物界的范畴"④，而忽视了那些"和人类的认识活动与实践活动有关的典型的人类情绪"⑤。达尔文以及歪曲达尔文情绪论的詹姆斯和朗格所犯的共同错误，就在于把那些"动物界的范畴"完全地"应用在人类"了。这个历史教训还是应当吸取的。

（四）

达尔文对于儿童心理学的创立也做了一些有益的工作。

虽然儿童心理学正式建立是以1882年法国生理和心理学家蒲莱尔《儿童心理学》一书的出版算起的。但正如朱智贤教授指出的，达尔文1876年发表的《一个婴儿的生活概述》，是最早用观察法研究儿童心理发展的著作，它"为儿童心理学的产生准备了直接的前提"⑥。

达尔文在这部著作中指出，婴儿在出生后的最初七天已有反射动作，

---

① 查尔斯·达尔文:《人类和动物的表情》，1958，第215页。

② 同上书，第147页。

③ G.墨菲等:《近代心理学历史导引》，第189页。

④ 恩格斯:《自然辩证法》，第284页。

⑤ 查尔斯·达尔文:《人类和动物的表情》，第20页。

⑥ 朱智贤:《儿童心理学（上册）》，人民教育出版社，1980，第21页。

如打喷嚏、打呵欠等。出生后九天双眼就能朝向烛光。达尔文指出，婴儿的右手动作比左手动作发展得早，双手和手腕的随意动作比身体和双脚的动作出现得早。

达尔文认为，恐惧极可能是儿童最早出现的情绪。在出生的头几周内，儿童就能注意到突出的音响。达尔文说，到第四个月，婴儿就显露出倾听钢琴演奏的愿望，这是美感的最早表现。达尔文还指出，在五个月时，儿童能"不依存于任何的教育，就开始把观念联合起来"①，这是儿童心理的重要时期。儿童在十三个月时第一次表现出所谓的道德感。"在这个年龄，可以很容易去影响婴孩的感情，并且差使他去干一切随便什么事情。"②

达尔文关于儿童心理的具体分类和观察是十分仔细的，但他不是为观察而观察，其目的是为了揭示儿童心理发展的规律。因此，达尔文的研究是富有启发性的。首先，达尔文认为，各种心理能力有其特定的发展期。"我确信，小孩的各种不同的能力和习惯是在一定的生活期间里发展起来的。"③这实际上已涉及儿童心理发展的关键期问题。其次，达尔文对成熟与发展、教育与发展的关系也有一定见解。他认为心理发展的前提是成熟，但教育对心理的发展（尤其是适时的教育）起着很大的作用。

列宁教育思想初探④

无产阶级的伟大导师马克思、恩格斯，批判继承了人类智慧所创造的优秀成果，运用辩证唯物主义与历史唯物主义的基本原理，对教育本质、人的全面发展等一系列问题做了精辟的论述，从而为科学教育学奠定了基础。

马克思、恩格斯把社会主义从理论变为科学，列宁则把社会主义从科学变为实践。列宁根据马、恩关于教育的基本原理，结合苏联社会主义革命和建设的实践，提出了一套比较完整的教育学说，从而丰富和发展了马克思主义的教育理论。学习列宁的教育思想，对于我们当前的社会主义物质文明建设和精神文明建设，仍有着十分重要的指导意义。

---

① ② ③　查尔斯·达尔文：《人类和动物的表情》。

④　本文发表于《苏州大学学报》，1984 年第 3 期。

（一）没有年轻一代的教育和生产劳动的结合，未来社会的理想是不能想象的

1897 年，披着"社会主义"外衣的俄国民粹派代表人物谢尼·尤沙柯夫出版了《教育问题》一书。这本书主张通过所谓"全民教育"和"中学改革"，为俄国选择一条既可以避免资本主义发展又不必进行无产阶级革命的道路。

书中有一篇题为《教育的空想——全民中等义务教育计划》的文章。这篇文章开宗明义就宣称："亲爱的读者……对全体男女公民实行完全的中学教育，这种教育对所有的人都是强制的，并且是不需要国家、地方自治局和人民任何费用的——这就是我的宏伟的教育空想！"[1]这宏伟的空想、动人的许诺如何实现？这巨额的费用从何而来？尤沙柯夫又设计了一个所谓"中学农庄"。主张"把中学教育和自己养活自己的'中学生'的生产劳动结合起来"。

当时，列宁正在西伯利亚流放，为了捍卫马克思主义关于教育与生产劳动相结合的思想，他及时地撰写了《民粹主义空想计划的典型》一文，揭露了民粹派教育计划的反马克思主义的、农奴制的本质。列宁认为，如果像尤沙柯夫所设计的那样，中学生的劳动只是为了养活自己，富人可以只缴 28.7% 的学费而免除劳动，穷人为了抵偿学费则必须服工役。那么，这种教育无疑是农奴制的教育。列宁深刻地指出，马克思主义的教育与生产劳动相结合，是"使普遍生产劳动同普遍教育相结合"，所有的人都必须担负生产劳动的义务，这也是人类普遍和全面发展的条件。列宁说：

　　没有年轻一代的教育和生产劳动的相结合，未来社会的理想是不能想象的；无论是脱离生产劳动的教学和教育，或是没有同时进行教学和教育的生产劳动，都不能达到现代技术水平和科学知识现状所要求的高度。[2]

马克思主义创始人关于教育与生产劳动相结合的理论有两层含义。第一层含义是为劳动者的子弟争取受教育权利："工厂法作为从资本那里争取

---

[1]　上海师范大学教育系编《列宁论教育》，人民教育出版社，1979，第 15 页。

[2]　中共中央马克思恩格斯列宁斯大林著作编译局编《马克思恩格斯全集》第 23 卷，第 18 页。

来的最初的微小让步，只是把初等教育同工厂劳动结合起来。"①第二层含义是保证人的全面发展："从工厂制度中萌发出了未来教育的幼芽，未来教育对所有满一定年龄的儿童来说，就是生产劳动同智育和体育相结合，它不仅是提高社会生产的一种方法，而且是造就全面发展的新人的唯一方法。"②我们认为，列宁这段文字主要是从第二层含义阐发的，他是把教育与生产劳动相结合当作人的全面发展的条件来看待的。列宁指出，民粹派的空想计划歪曲了马克思、恩格斯关于教劳结合的思想，因为在他们（尤沙柯夫等）看来，义务生产劳动"不是普遍和全面发展的条件，而只是为了付中学学费"③。

列宁的这段文字还含纳着一个重要思想：教育与生产劳动相结合，必须把现代的科学知识和技术反映到教学中去，使教学和教育过程与现代的生产过程相联系。他认为，无论是脱离现代生产发展需要的教学，或者是脱离教学需要的生产劳动，对于个人的全面发展和现代科学技术的发展，都是毫无益处的。

十月革命后不久，列宁就把教育与生产劳动相结合的思想写进《俄共（布）党纲草案》中，通过党的纲领做了明确规定："（1）对未满十六岁的男女儿童实行免费的普遍义务综合技术教育（在理论上和实践上熟悉一切主要生产部门）。（2）把教学工作和社会生产劳动密切结合起来。"④在全俄电气化委员会的计划通过以后，列宁又专门写作了《论综合技术教育》一文，提出了若干"走向综合技术教育的步骤"。如让学生参观附近的电站，做一些只有用电力才能做的实习作业，动员全体工程师、农艺师和大学毕业生，做关于电力和综合技术教育的讲演，指导实习作业的讲演，巡回讲演及其他工作，等等。把教育与现代化的生产联系起来。

新中国成立以来，我们在教育与生产劳动相结合方面曾走过一段弯路，造成教育与生产劳动不是相得益彰，而是相互冲击，既影响了正常的生产秩序，又降低了教育质量。这与我们没有真正领会马克思主义经典作家关于教育与生产劳动相结合的本来意义是有一定关系的。

① 中共中央马克思恩格斯列宁斯大林著作编译局编《马克思恩格斯全集》第23卷，第535页。

② 同上书，第530页。

③ 上海师范大学教育系编《列宁论教育》，第19页。

④ 《列宁选集》第3卷，人民出版社，1995，第746页。

（二）只有用人类创造的一切财富的知识来丰富自己的头脑，才能成为共产主义者

1920 年，苏维埃俄国开始从战争状态过渡到经济建设时期，面临着医治战争创伤，恢复国民经济，巩固革命政权的迫切任务。当时，文化教育界还有一种"无产阶级文化派"的思潮，主张抛弃过去的一切文化遗产，而另外建立无产阶级的文化。波格丹诺夫甚至说，如果说曾经有过封建的几何学，后来又有过资产阶级的几何学，那么现在需要有也会有无产阶级的几何学。①"无产阶级文化派"的思想在教育界和青年中造成了极坏的影响。为此，列宁在 1920 年 10 月 2 日召开的俄国共产主义青年团第三次代表大会上做了题为《青年团的任务》的著名演说。

列宁认为，无产阶级既是旧世界的批判者，又是人类历史上一切优秀成果的集大成者。只有确切地了解人类社会全部发展过程中所创造的文化，只有对这种文化加以改造，才能建设无产阶级的文化。无产阶级文化并不是从天上掉下来的，也不是那些自命为"无产阶级文化专家"的人杜撰出来的。它"应当是人类在资本主义社会、地主社会和官僚社会压迫下创造出来的全部知识合乎规律的发展"②。他指出：

> 我们应当吸取旧学校中的好东西。我们决不能像旧学校那样，用数不胜数的，九分无用一分歪曲了的知识来充塞青年的头脑，但是这并不等于说，我们可以只学共产主义的结论，只背共产主义的口号。这样是不能建立共产主义的。只有用人类创造的一切财富的知识来丰富自己的头脑，才能成为共产主义者。③

列宁进而用马克思主义的产生发展史论证了对文化遗产的辩证否定观。列宁说：为什么马克思的学说能够掌握最革命阶级的千百万人的心灵呢？这就是因为马克思对于以往科学所提供的全部知识进行了最确切、最缜密和最深刻的研究。"凡是人类社会所创造的一切，他都用批判的态度加以审查，任何一点也没有忽略过去。凡是人类思想所建树的一切，他都重新探讨过，

---

① 辛民：《建设共产主义必须消灭愚昧无知》，《光明日报》1980 年 4 月 22 日。

② 《列宁选集》第 4 卷，第 348 页。

③ 同上书，第 347 页。

批判过，在工人运动中检验过，于是就得出了那些被资产阶级狭隘性所限制或被资产阶级偏见束缚住的人所不能得出的结论。"①

就在列宁演说后的第三天，全俄无产阶级文化协会举行了第一次代表大会。当时在苏维埃主管文化工作的卢那察尔斯基违背了列宁要他强调无产阶级文化协会必须受教育人民委员部领导的指示，于 10 月 8 日在大会上公然主张对旧世界遗留下来的文化遗产采取虚无态度，企图使无产阶级文化从人类文化的发展中游离出来。

于是，列宁立即以俄共（布）中央的名义起草了关于无产阶级文化协会的决议草案——《论无产阶级文化》。列宁再次申明了他在《青年团的任务》这篇演说中的观点："马克思主义这一革命无产阶级的思想体系赢得了世界历史性的意义，是因为它并没有抛弃资产阶级时代最宝贵的成就，相反却吸收和改造了两千多年来人类思想和文化发展中一切有价值的东西。只有在这个基础上，按照这个方向，在无产阶级专政（这是无产阶级反对一切剥削的最后斗争）的实际经验的鼓舞下继续进行工作，才能认为是发展真正无产阶级的文化。"②列宁进一步指出，以卢那察尔斯基为代表的"无产阶级文化派"企图臆造自己的特殊文化，把自己关在与世隔绝的圈子里，这不过是空中楼阁式的幻想，不仅在理论上是错误的，在实践上也是有害的。

列宁不仅向青年们说明了要学习什么——人类创造的一切知识财富，而且向他们指出了怎样学习的途径。

第一，理论联系实际。列宁认为，学习、教育和训练，如果只限于学校内，而与沸腾的实际生活脱离，那是毫无价值的："离开工作，离开斗争，从共产主义小册子和著作中得来的关于共产主义的书本知识，可以说是一文不值，因为这种书本知识仍然保持了资本主义旧社会中最令人厌恶的特征，即理论与实践脱节。"③列宁指出：我们的学校必须使人们在学习期间就成为推翻剥削者这一斗争的参加者。共产主义青年团只有把自己的学习、教育和训练的每一步骤同参加全体劳动者反对剥削者的总斗争联系起来，

---

① 《列宁选集》第 4 卷，第 362 页。

② 同上书，第 346 页。

③ 同上书，第 355–356 页。

才符合共产主义青年团的称号。①列宁本人就是理论联系实际的典范。翻开他的著作，阅读他的传记，我们可以看到，他既善于读常青的生活之书，又善于深入研究理论来解决现实问题。正如列宁夫人娜捷施达·康斯坦丁诺夫娜·克鲁普斯卡娅所说："他是一个毕生孜孜不倦地工作的理论家，同时也是一个实际宣传家、组织家。"②

第二，用批判的态度学习。列宁认为，死记硬背、生吞活剥的学习方式，只能培育盲从书本的书呆子，只能使自己的头脑被一堆无用的垃圾塞满，而不可能具备现代有学问的人所必备的一切实际知识。他指出："我们不需要死记硬背，但是我们需要用基本事实的知识发展和增进每个学习者的思考力，因为不把学到的全部知识融会贯通，共产主义就会变成空中楼阁，就会成为一块空招牌，共产主义者也只会是一些吹牛家。"③列宁认为，要做到融会贯通所学的知识，就不仅仅是领会，并且"要用批判的态度来领会"，如果不花一番极认真、极艰苦而浩繁的功夫，就不能成为共产主义者。

第三，树立学习的信心。列宁认为，学习要有信心，要不畏困难，不怕失败，才能卓有成效。1922年3月27日他在俄共（布）第十一次代表大会上所做的政治报告中指出："我们应该抱定这种信念，就是我们既然不懂，我们就要从头学起……对于新的异常困难的事业，应当善于三番五次地从头做起，开头碰了壁，就重新再来——即使这样来上十次也没有关系，但是一定要达到我们的目的。"④列宁有一句名言："只要愿意学习，就一定能够学会。"⑤它将永远激励青年一代在学习的征途上奋力迈进，勇往直前。

（三）在整个教育工作中，我们都不能持有教育脱离政治的旧观点，我们不能让教育工作不联系政治

教育是一种培养人的活动，它是一个永恒的范畴，与人类社会共始终。而政治则是某特定阶级或社会集团建立和维护自己统治的活动，它是一个

---

① 《列宁选集》第4卷，第348页。

② 娜·康·克鲁普斯卡娅:《列宁是怎样写作学习的》，人民出版社，1973。

③ 《列宁选集》第4卷，第625页。

④ 同上书，第370–371页。

⑤ 同上书，第23卷，第363页。

历史的范畴。当教育已是几百万的高龄时，政治这个婴儿才呱呱坠地。然而，这个婴儿一生下来就变成了大力士，以它的巨大力量建立了对教育的统治。这个现象并不神秘，因为当人类步入阶级社会后，"支配着物质生产资料的阶级，同时也支配着精神生产的资料，因此，那些没有精神生产资料的人的思想，一般是受统治阶级支配的。占统治地位的思想不过是占统治地位的物质关系在观念上的表现，不过是以思想的形式表现出来的占统治地位的物质关系"①。

但是，资产阶级的教育家往往虚伪地否认教育与政治的联系，鼓吹教育可以"脱离政治"。对此，马克思恩格斯早在《共产党宣言》中就加以揭露和驳斥："你们的教育不也是由社会决定的吗？不也是由你们借以进行的直接的或间接的干涉决定的吗？共产党人并没有发明社会对教育的影响，他们仅仅是要改变这种影响的性质，要使教育摆脱统治阶级的影响。"②

十月革命后，苏维埃政府面临的任务不再仅仅是使教育摆脱资产阶级的影响，而是运用教育这一工具消除资产阶级的影响，用共产主义思想教育青年。但是，社会革命党和立宪民主党控制的教师组织全俄教师联合会，用"自由、平等"和"不问政治"之类的口号欺骗广大教师，从拒绝同苏维埃政权合作发展到公开煽动怠工、罢教。同时，在当时的教育部门还存在着政治空谈的偏向。列宁1920年11月3日在全俄省、县国民教育厅政治教育委员会工作会议上的讲话，正是针对上述情况发表的。列宁认为，教育"脱离政治""不问政治"，这都是资产阶级的伪善说法，是对于群众的欺骗。他一针见血地指出："在资产阶级社会里，通过某种或多或少的民主形式管理劳动群众的是资产阶级，是少数教育者。他们拥有资本主义财产，把教育和科学，把资本主义文明的最高成就和精华变成了剥削工具和专利品，使大多数人处于奴隶地位。"③

无产阶级的政治同以往社会一切阶级的政治有着本质不同，它的最终目的是为了否定自身。因此，在夺取政权后，无产阶级的政治形式和内容上有了变化，重心逐渐转向经济方面的政治，即尽可能快地发展生产力，提高人民的物质生活水平和精神生活水平，消灭阶级对立和阶级本身的存

---

① 中共中央马克思恩格斯列宁斯大林著作编译局编《马克思恩格斯选集》第1卷，第52页。

② 同上书，第269页。

③ 《列宁全集》第28卷，第398页。

在条件，并且使全体社会成员的才能得到全面的发展。

列宁在讲话中强调了上述思想。他指出，政治并不是脱离经济的，在粉碎国内外敌人的颠覆后，苏维埃政权的主要任务是："从事国家的经济建设，收获更多的粮食，供应更多的煤炭，解决更恰当地利用这些粮食和煤炭的问题，消除饥荒，这就是我们的政治。"①在全俄中央执行委员会通过关于电气化的决议之后，列宁又提出，"学校教育和教学工作者的性质，以及社会教育的性质都应当改变"，要使教学工作的性质"适应于正在发生的变化，看到现在要进行和平建设，要实行从工业上和经济上改造国家的远大计划"②。这说明，无产阶级的政治与无产阶级的经济、无产阶级的教育，它们的目标是一致的，它们都是为了社会主义的物质文明建设和精神文明建设，都是为了人的全面发展。教育为无产阶级政治服务的观点，正是反映了这三者的内在联系。因此，列宁反复指出：

要使同志们和我们一起做文教工作的最主要的问题，就是教育联系我们的政治的问题。如果有必要，名称是能规定某种内容的，因为在整个教育工作中，我们都不能持有教育脱离政治的旧观点，我们不能让教育工作不联系政治。③

在我国，教育为无产阶级政治服务也曾走过一段弯路，这主要表现在对政治理解的庸俗化、片面化和僵化。例如，把政治当成"大搞阶级斗争，大搞政治运动"的代名词，把政治同经济建设和文化建设对立起来。这些被林彪、"四人帮"所利用，达到了登峰造极的地步，使教育事业蒙受巨大损失。痛定思痛，今后，我们的教育应坚持为社会主义现代化建设服务的方向，这也是无产阶级最重要的政治任务。

（四）应当把我国人民教师提高到从未有过的，在资产阶级社会里没有也不可能有的崇高地位

列宁非常重视提高人民教师的地位。他认为，如果没有真诚工作的、

---

① 《列宁全集》第4卷，第363页。

② 同上书，第30卷，第344页。

③ 《列宁选集》第4卷，第677页。

精通和热爱本行业业务的教师和专家，就不可能建成共产主义。因此，他要求苏维埃政权和工会等一切领导机关像爱护自己的眼珠那样爱护他们。1923 年 1 月 2 日，列宁在病床上还口授：

> 我们没有注意到或很少注意到提高人民教师地位的问题，而不提高人民教师的地位，就谈不上任何文化，既谈不上无产阶级文化，甚至也谈不上资产阶级文化……应当把我国人民教师提高到从未有过的，在资产阶级社会里没有也不可能有的崇高地位。①

列宁高度重视提高人民教师的地位，这与他认识到了教师和其他知识分子的作用是分不开的。列宁认为，教师在学校中的作用至关重要，教师甚至可以决定学校的性质和方向。他在给喀普里党校学员尤利等同志的信中指出："在任何学校里，最重要的是课程的思想政治方向。这个方向由什么决定呢？完全只能由教学人员来决定……任何监督、任何教学大纲等等，绝对不能改变由教学人员所决定的课程的方向。"②列宁还高瞻远瞩地指出：没有具备各种知识、技术和经验的教师来指导，便不能过渡到社会主义。他认为，以前的革命之所以失败，就是因为工人不能保持牢固的专政，不懂得单靠专政、暴力、强制是保持不住的；唯有掌握了文明的、技术先进的、进步的资本主义的全部经验，使用一切有这种经验的人，才能保持得住。"因此，任何一个专家都应视为技术和文化的唯一财产，没有这份财产，就不可能有什么共产主义。"③

列宁高度重视提高人民教师的地位，这也与他对于教师队伍的正确估价有密切关系。十月革命后，教师队伍内部出现了分化，一种教师拥护苏维埃政权，拥护社会主义革命，另一种教师则站在旧制度立场，抱着旧偏见，认为可以保持旧制度基础上的教育。列宁在 1919 年 1 月 18 日召开的全俄国际主义教师第二次代表大会上，及时、正确地估价了教师队伍，他指出："毫无疑问，绝大多数教师都靠近工人阶级和劳动人民，现在都深信社会主义革命有它深刻的根源，社会主义革命必然会扩展到全世界；因此我

---

① 《列宁选集》第 4 卷，第 678 页。

② 同上书，第 30 卷，第 396 页。

③ 《列宁全集》第 15 卷，第 438 页。

认为，在为社会主义革命而进行的斗争中，在反对那些一直抱着资产阶级旧偏见，站在旧制度和虚伪的立场上，幻想可以把旧制度的一些东西保存下来的教师的斗争中，绝大部分教师是一定会真诚地站到被剥削的劳动者的政权方面来的。"①这对于团结广大教师进行社会主义建设，对于提高他们的积极性和工作热情，无疑起着重要作用。

列宁指出，要提高人民教师的地位，不是停留在口头的允诺和赞颂，而必须进行一系列"有步骤的、坚持不懈的工作，来提高他们的思想意识，使他们具有真正符合他们的崇高称号的各方面的修养，而最最重要的是提高他们的物质生活条件"②。具体地来说，应该做以下三方面的工作。

第一，加强教师各方面的修养。教师的劳动是一项艰巨而复杂的、创造性的劳动。教育者如果不首先受教育，如果没有较高的思想水平和业务水平，就很难获得别人的尊敬。因此，列宁向包括教师在内的国家机关工作人员指出："我们一定要给自己提出这样的任务。第一，是学习；第二，是学习；第三，还是学习，然后要检查，使学问真正深入到我们的血肉里面去，真正地、完全地成为生产的组成部分，而不是使学问变成僵死的条文或时髦的辞藻。"③他还要求教师不要把自己限制在狭隘的教学活动的圈子里，而应充满信心地到群众中去："教师应该和一切战斗着的劳动群众打成一片。新教育学的任务是要把教师的活动同建立社会主义社会的任务联系起来。"④只有这样，才能使教师赢得社会的支持和群众的尊敬，才能提高人民教师的地位。

第二，提高教师的生活待遇。早在 1913 年，列宁为布尔什维克代表在杜马中的发言而起草的《论国民教育部的政策问题》就抨击了当时俄国政府不关心教师生活的政策。列宁悲愤地写道："如果谈到国民教师的薪俸，俄国也是很穷的。他们只能领到少得可怜的一点钱。国民教师在没有生火的、几乎不能居住的小木房里受冻挨饿。国民教师同冬天被农民赶进小木房里的牲畜住在一起。"⑤这一切并不是经济上的原因，而是国家制度

---

① 《列宁全集》第 28 卷，第 386 页。

② 同上书，第 4 卷，第 678 页。

③ 同上书，第 699–700 页。

④ 同上书，第 27 卷，第 418 页。

⑤ 上海师范大学教育系:《列宁论教育》，第 67 页。

的腐败。列宁说："俄国就是按目前生产力的水平，也完全能够保证那些帮助人民摆脱愚昧无知和闭塞状态的国民教师大军至少得到令人满意的薪金，只要……只要把俄国的整个国家制度从下到上完全改造得像美国那样民主。"①

十月革命后，列宁就十分重视改善教师的生活待遇。在国民经济恢复时期，国家的经费相当困难，人民的物质生活水平相当低，尽管如此，列宁还主张把其他部门缩减出来的钱款，转作教育人民委员部的经费，并建议在"粮食已经勉强能够吃的年份，不要再舍不得增加教员的面包给额了"②。列宁还指出，只有使教师和其他知识分子在社会主义制度下比在资本主义制度下生活得更好，才能使他们从资产阶级的支柱变成苏维埃制度的支柱，并且通过他们去争取农民。使农民摆脱与资产阶级的联盟而与无产阶级结成联盟。③

第三，选拔优秀教师到领导岗位。列宁非常重视选拔那些头脑清晰、学识渊博、经验丰富的优秀教师充实各级领导岗位。他在《论教育人民委员会的工作》一文中指出："在我国，头脑清晰、学识渊博和富有实际教育经验的人虽然不多，但是无疑这样的人毕竟还是有的。问题是我们不善于发现他们，不善于把他们安置在适当的领导岗位上，不善于和他们一起研究苏维埃建设的实际经验。"④有鉴于此，他建议党中央委员会颁布一项选拔优秀教师充实领导岗位的"特别指令"，并且要求地方工作者交换自己在这方面的经验，帮助党选出那些在较狭小的地方范围内或在某种专业方面取得了良好成绩的模范的省、县、区、学校和模范教师，把有才华的、能干的教师提拔到比较负责的和活动范围比较大的范围中去。⑤

结构主义教育思想述评

结构主义教育是当代西方颇为流行的一种教育思潮。它的创始人是瑞士著名心理学家让·皮亚杰（Jean Piaget）。20世纪60年代末，他发表了

---

① 上海师范大学教育系：《列宁论教育》，第67–68页。

② 《列宁选集》第4卷，第677页。

③ 同上书，第678页。

④ 上海师范大学教育系：《列宁论教育》，第272页。

⑤ 同上书，第274页。

《结构主义》一书，认为每一个认识活动都含有一定的认识结构，知识就是不断构造的结果。1970年，他把结构主义心理学的基本理论应用到教育上，发表了《教育科学与儿童心理学》一书，系统地分析了"新教育的原则"，指出教育原则必须以"儿童期的意义、儿童的思维结构、发展的规律和幼儿社会生活的机制"为依据。结构主义教育的另一个主要代表人物是美国哈佛大学心理学教授布鲁纳（Jerome S. Bruner），他曾经在皮亚杰理论的影响下领导了美国的中小学课程改革运动。他发表了被誉为"最重要的和最有影响的教育著作之一"的《教育过程》，强调了重视基本结构的教学方法和提出发现的学习方法。

结构主义教育思潮对我国的教育界产生了一定影响。但总的看来，研究的深度和广度是不够的，在评价和借鉴中甚至还出现了一些偏颇。因此，无论从理论上还是从实践上，都有必要对这个思潮进行研究。

（一）

结构主义教育的基本出发点是强调教育必须按照儿童的认识结构去进行。皮亚杰说：儿童的智力结构和道德结构同我们的不一样，因而新教育应尽一切努力按照儿童的心理结构和他们不同的发展阶段，将要教的材料以适应不同年龄儿童的形式进行教学。什么叫心理结构或认识心理结构（或认识结构）呢？皮亚杰认为，它主要涉及图式（scheme，又译为"格局"）、同化（assimilation）、顺应（accommodation，又译为"调节"）和平衡（equilibrium）四个基本概念。图式指通过遗传而获得的本能动作，如吮吸、反射。同化指"刺激输入的过滤或改变"，即主体把客体纳入自己的原有图式。顺应指"内部图式的改变，以适应现实"，即客体作用于主体，使主体的行为与客体相适应（或配合），同化到顺应是由量变到质变的过程。平衡则是指同化和顺应两种机能的协调，同化的成功巩固了原有图式，从而取得了认识上的暂时平衡。反之，则必须做出顺应、调整或创立新的图式去同化新事物，达到认识上新的平衡。

有人认为，皮亚杰的认识结构说强调了图式遗传的作用，而忽视了教育和环境的影响，是从主观唯心论的立场、观点出发的，是18世纪德国康德"先验逻辑的图式"的翻版。我们认为并非如此。皮亚杰所说的图式，虽然突出了其遗传性，但遗传并不是认识结构的核心，更重要的是在适应环境的过程中不断丰富和改变的新的图式，如感知运动图式、表象图式、直觉思维图式以及运算思维图式。认知的结构既不是在客体中预先形成了的，因为这些客体总是被同化到那些超越于客体之上的逻辑数学框架中去，也不是在必须不断地进行重新组织的主体中预先形成了的。因此，认识的获得必然用一个将结构主义和建构主义紧密地连接起来的理论来说明，也就是说，每一个结构都是心理发展的结果，而心理发生就是从一个较初级的结构过渡到一个不那么初级的（或较复杂的）结构。皮亚杰不仅批评了拉马克等人的经验论，也批评了生态学洛伦兹的天赋论。洛伦兹认为：认识的范畴是作为一切经验的先行条件而生物学地预先形成了的，其形式一如马的蹄和鸟的翅那样是作为遗传程序设计的结果而在胚胎发生中发展起来的，并且远在个体（或者说表现型）能够使用它们之前就很自然发展起来了。皮亚杰驳斥了这种观点，在他看来，认识的结构确实是赢得了必然性的；但是，只是在它们发展的最后才有而不是一开始就有，而且也不牵涉任何先行的遗传程序设计。皮亚杰指出：由于学校生活是一种系统的教育，从而可能研究环境对心理成长的影响，其结果就可能抛弃很不成熟的解释——斯坦利·霍尔的遗传决定论、胡塞尔的成熟决定论和艾萨克斯（S. Issacs）的经验决定论等。

皮亚杰认为，传统教育的根本失误在于"把儿童的心理结构等同于成人的心理结构"，把儿童看作小成人，或者说不过是个"无知的成人"罢了，因此教育者不必去发展儿童的智力，而只用从外部给儿童提供教材，灌输知识即可。但是，对于结构主义的教育理论来说，最重要的是应该知道儿童的思维结构，一旦从结构变化的假设出发，问题就完全不同了。如果儿童的思维跟我们有所不同，那么教育的主要目标就在于形成儿童的智力和道德的推理能力。正因为那种能力不能从外部形成，所以问题是要去发现最合适的方法和环境，帮助儿童自己去组织它。

布鲁纳把皮亚杰的结构概念加以引申和发展，提出了"学科基本结构"的概念。这是他的课程论、学习论和教学论的基本出发点。他认为，所谓"结构"，就是事物之间的联系或规律性：知识和学科的基本原理，如代数中的三个基本原则——复核律、分配律、结合律。掌握了事物的结构，就是以允许许多别的东西与它有意义地联系起来的方式去理解它。简单地说，学习结构就是学习事物是怎样相互关联的。布鲁纳认为，不论我们选教什么学科，都必须使学生理解学科的基本结构；教学与其说是使学生掌握学科的基本事实和技巧，不如说是教授和学习结构。结构的教学对于实现教育目标，帮助每一个学生获得最好的智力发展都有重要作用。布鲁纳说："强调学科结构的良好教学，对能力较差的学生比起对有天才的学生来说，可能更为宝贵，因为最容易被质量差的教学抛弃的，正是前者而不是后者。"此外，布鲁纳强调结构教学还有四点好处：（1）使学科更容易理解。如懂得了历史的基本原理或观念就可以更好地理解一些特殊的历史现象。（2）有助于记忆的保持。详细的资料只有通过"简化方式"放进"构造得很好的模型里面"，才能有助于回忆而不至于丧失。（3）有助于通向训练迁移的大道。掌握其基本构成原理可以触类旁通，扩大和加深知识，理解"其他类似事物的程式"。因此，这种过程应该是教育过程的核心。他说，如果人们理解了知识的结构，那么这种理解会使你可以独立前进，无须为了知道事物的属性而与每事每物打交道，只要通过对某些深奥原理的掌握，就可能推断出所要知道的个别事物。（4）能够缩小"高级知识"和"初级知识"之间的间隙。在教学中强调结构和原理可以弥补大、中、小学教材的脱节，尤其是早期所学材料的过时的缺点。因此他提出了一个假设：任何学科都能够经由智育上的有效的方式传授给任何发展阶段的任何儿童。

　　布鲁纳重视基本结构的教学，这无疑有其合理的方面，这是在有限的时间内学会较多东西的基本前提，是合乎教学规律的。但是，他的一些观点忽视了儿童心理结构发展的阶段性和接受能力。例如，企图在大、中、小学不同阶段用不同形式去教同一高深的学科知识。在这一观点上皮亚杰的思想也是矛盾的，布鲁纳后来也对之进行了修正。他在 1971 年所写的《教育过程再探》中说："现在回想起来，当时实在是'天真无知'的，而最为不利的情况也许是我们在开始阶段过于理性主义（rationalism）了。"

　　（二）

　　结构主义教育的另一个基本观点是重视受教育的主动性。美国心理学家开米（C. Kamii）概括了皮亚杰理论的三条基本原则：（1）学习必然是一种主动的过程，因为知识是从学习内部构成的。（2）强调学校内儿童相互间的社会性影响的重要作用，其重要性不亚于儿童与成人间的互相协作。（3）建立在儿童实际经验中的智力活动应占据优先地位，而不是建立在语言基础上的智力活动占据优先地位。这三条原则实际上都是谈儿童学习主动性问题。

　　皮亚杰认为，所谓教育就是个体适应周围社会环境的过程。传统的教育强迫学生按教师的意愿办事，是违反心理学的原则的；而结构主义的方法企图利用儿童期本身固有的冲动与心理发展不可分割的自发活动，来配合去促进这种适应。他提出，结构主义教育是一种新教育，其核心问题就是使儿童出于自发的需要而进行辛勤的、持续不断的探究。皮亚杰主张教育必须以儿童的主动活动为中心，同他的发生认识论是一致的，即重视主体活动在认识的发生、发展过程中的重要作用。他在《发生认识论原理》一书中提出：主体只是通过自己的活动来认识现实的。因此，皮亚杰注重在教学过程中的学生的操作活动。他明确提出：动作在儿童智慧和知识的发展中起着重要作用。然而，在许多中小学，一些教育工作者没有应用皮亚杰的心理原则，局限于只把客体呈现给儿童，而没有要求儿童主动地进行操作；更有甚者，仅把图片、影片等展示给儿童看，错误地认为儿童观察事物及其区别就等同于儿童的直接活动。

皮亚杰认为，要发挥学生的主动性，就应该鼓励儿童互相合作，而反对成人施加的约束。他指出：传统学校无论在智育方面还是在德育方面把一切社会化过程都转化成一种约束的机制。活动学校恰恰相反，它谨慎地划分成人施加的约束和儿童互相合作这两种方法在各方面的不同成效，小心理智地取长补短。皮亚杰认为，就智育方面而论，儿童之间的合作最适宜于鼓励思想的真正交流和讨论，也就是说，能够发展儿童的批判态度、客观性和推理思考的一切行为方式。从德育方面看，儿童之间的合作和集体的自治能使行为的准则获得认真的实行，不致完全屈服于外来的约束。

美国心理学家杰里米·M. 安吉林在《布鲁纳关于认识心理学的研究》一文中指出，教学应从学生的立场出发这一思想，对于布鲁纳的教育观产生了极其重要的影响，这个影响主要表现为他把"发现法"作为教学的一种帮助。

所谓发现法，就是要学生自己去发现问题，探索知识，发现以前未曾认识的观念间的关系。在教育过程中，发现的实质就是鼓励儿童自主地通过活动进行学习。

（三）

结构主义教育思想在 20 世纪 70 年代以后对教育实践和教育改革产生了极为深刻的影响。在结构主义教育思想的指导下，学校教育内容的知识体系受到高度关注。这一特点与时代发展的需求恰好吻合。在 20 世纪下半叶，知识进步十分迅速，人类进入信息时代。面对大量日益复杂的知识信息，梳理其中的结构和体系，通过掌握知识的核心概念、范畴及其间的关系，从而形成和发展人们的认知能力，其重要意义越来越突出。结构主义教育思想呼唤学校教育帮助学生掌握各门学科的知识结构，借此获得相应的认知能力，这样的主张与整个时代背景合拍，并因而能够对教育实践发挥深刻的影响。

然而，结构主义的优点在教育实践中却产生了相应的负面效应。在结构主义教育思想的影响下，学校教育高度强调知识结构，教材内容偏深偏难，相当一部分学生无法适应高难度的教学进度，学业负担加重。同时，人们在实践中发现，知识结构的掌握并非一件容易的事情，在掌握知识结构的过程中促进儿童认知结构的进步更为困难。事实上，结构主义教育思想中关于可以通过适当的方式将任何知识结构传授给儿童的主张根本无法实现。布鲁纳本人在自己的理论面临批评的时候也意识到了这一点。因此，人们在承认结构主义教育思想的开拓性思路极具理论和实践意义的同时，应该看到其局限性。

西方教育哲学的历史演进 ①

梳理西方教育哲学的历史演进，是一项相当困难的工作。然而，这项工作却具有十分重要的意义。回首西方教育哲学的演变过程，人们可以看到历史上的思想大师们对教育的不同见解，把握历史上的不同教育价值观念和教育主张。这些见解、观念和主张，无疑是能够为人们观察和思考当今教育的重大问题提供思想启发和理论资源的，从而拓宽人们的视野和思路，准确地理解当今教育的问题。这正是本文的目的。

（一）政治服务：古希腊教育哲学的价值追求

在古希腊时期，教育哲学的内容极为丰富。然而，与其后世相比，这一时期教育哲学的显著特点就是关注教育的政治服务功能。在一定意义上可以说，教育哲学的其他论述都是围绕这样的教育价值观念展开的。翻开苏格拉底、柏拉图和亚里士多德这些古希腊最伟大的思想家的著作，可以

---

① 本文摘自朱永新、许庆豫主编《教育问题的哲学思考》，苏州大学出版社，2003。

清楚地看出古希腊教育哲学的政治价值追求。英国著名哲学家罗素曾经指出：苏格拉底探讨的最重要的问题就是如何使有才能的人执掌政权，并使人的自然禀赋得到理想的发展。苏格拉底说："无论天资比较聪明的人还是天资比较鲁钝的人，都应该接受训练，取得值得称道的成就。而且越是禀赋好的人越需要接受教育，因为禀赋最优良的、精力最旺盛的、最可能有所成就的人，如果经过教育而学会了应当怎样做人的话，就能成为最优良、最有用的人，做出极多、极大的业绩来；如果他们没有受过教育而且不学无术的话，就会成为最不好、最有害的人。"①在苏格拉底看来，那些天赋优良的人，通过教育，成为学识渊博的人，便能治理好城邦；因为这样的统治者懂得怎样治理人。②苏格拉底相信，通过教育，获取广博的知识，具有特别重要的意义。知识的广博程度直接决定人们的美德。"美德即知识"既是苏格拉底的伦理观，也是苏格拉底的知识观，又是其审视教育价值的视野。苏格拉底曾经说过："在所有的事情上，凡受到尊敬和赞扬的人都是那些知识最为广博的人，而那些受到谴责和轻视的人都是最无知的人。"③苏格拉底在这里明确说明了教育的基本价值，并阐明了实现这种价值的途径。

柏拉图在其著作《理想国》中构想的教育体系的全部追求就是培养哲学王这样的富于智慧的最高统治者，并养成社会秩序中各种人士相应的品质和智慧。柏拉图认为，人群是由具有不同天赋的人组成的，一些人具有铜质，适合从事手工和商业；一些人具有银质，能够担任战士；少数人具有金质，天生地可以成为最高统治者。柏拉图设想，通过不同的教育，能够帮助三种类型的人养成各自应有的品质，从而使他们胜任自己的使命。他说："我认为一种适当的教育，只要保持下去，便会使一国中的人性得到改造，而具有健全性格的人受到这种教育又变成更好的人，胜过他们的祖宗，也使他们的后代更好。"④柏拉图的教育体系中包容了一种高等教育机构，专门面向身含金质和银质的人士提供军事教育、自然科学教育以及特殊的哲学训练，使他们成为保卫国土的勇士和统治国家的哲学王。不难看出，柏

---

① 色诺芬：《回忆苏格拉底》，商务印书馆，1996，第116、139页。

② 同上书，第25页。

③ 同上书，第109页。

④ 华东师范大学、杭州大学教育系合编《西方古代教育论著选》，人民教育出版社，1985，第31页。

拉图的教育追求与苏格拉底本质上是相通和趋同的。

古希腊"最伟大的思想家"亚里士多德与他的前辈一样，孜孜不倦研究的同样是教育的政治功能。亚里士多德在自己的著作《政治学》和《伦理学》中相当明确和系统地论述了教育与政治的关系。他主张，国家的统治者应当特别关注年轻一代的教育，视之为国家政权建设的一个重要方面。在亚里士多德看来，国家维持和促进教育，将是维护国家政体实力的有效手段。①循着这样的思路，亚里士多德相信，国家应当制定教育规章，城邦应当办理教育，建立统一的学制，保证不同年龄阶段的受教育者接受与其身心特点相适应的教育，为教育更好地服务于政治制度创造制度基础。亚里士多德指出，教育的政治价值的具体表现是，培养国家的各级管理者，帮助公民了解法律的内容并养成遵守法律的习惯，引导公民形成适应城邦政治体系的生活方式。②

分析古希腊教育哲学的基本精神，人们很容易发现，这一时期教育哲学的主要特色就是赋予教育强烈的政治价值追求。在古希腊思想家们的心目中，教育与政治有着十分密切的关系，教育能够为维持既有的政治秩序，能够提供独特的和富有成效的服务。可以说，政治追求构成了古希腊教育哲学的基本特色。

哲学是时代精神的概括和反映。古希腊教育的政治价值哲学同样是当时时代精神的凝结。在公元前5世纪左右，希腊城邦国家的国力已经相当强盛，民主政治制度也获得了一定的发展，普通公民享有了前所未有的参政的机会，而当时的政府也鼓励公民参与政治活动。公民在参与政治活动中，能够通过辩论和演讲获取政治地位和政治权力。因而，辩论和演讲的才能变得空前重要。但是，形成这样的才能，需要一定的智慧、知识和训练。智者派教育活动的兴起和古希腊思想家们的教育哲学追求，都与这一大时代背景相关。黑格尔说过："智者们的活动，是和人们对智慧的追求分不开的，知道是什么东西在群众和国家中构成权力，并知道我们必须承认什么东西是这样的权力，就被认为是智慧的。因此，伯里克利等政治家之所以引人羡慕，正是因为他们懂得自己的地位，他们有能力安排别人各得其所。谁懂得把人们所做的事情归结到人们的那些最终目的上去，谁就是

---

① 亚里士多德:《政治学》，商务印书馆，1983，第385页。

② 同上书，第81页。

有权力的人。智者们教学的目的在于指出：什么是世界上的权力，什么是解决一切特殊问题的普遍思想——这只有哲学才能知道；所以智者们是思辨哲学家。"①古希腊奴隶主民主政治的兴盛产生了教育哲学政治追求的社会基础，这种基础即使在奴隶主民主政治走向衰落之际，仍然在激发思想家们探讨和追求教育的政治价值。苏格拉底、柏拉图和亚里士多德正是在这样的氛围中深入地探讨教育的政治价值的。

苏格拉底目睹雅典奴隶主民主政治由盛而衰的转变过程，痛切地感到，曾经辉煌一时的雅典民主政治制度走向衰落的原因，是雅典公民的道德堕落。在苏格拉底看来，当时的雅典公民，尤其是身居权力位置的政治家们，轻率、粗心、缺少道德、没有治理城邦的才能，因而导致雅典面临重重困难，城邦由盛而衰。他说："正如别的人由于过分超群出众和成绩优异而疏忽大意以致落后一样，雅典人在取得成就之后，也是由于疏忽大意而变得落后了。"②这种疏忽大意突出地表现为统治国家的人没有掌握治理国家的知识，缺少治理国家的智慧和能力。为此，苏格拉底相信，政治家应该知识化，通过教育，接受统治知识和广泛的知识，形成统治智慧，放弃强权政治。

柏拉图发展了苏格拉底的思想，更为深刻地阐述了教育与政治的关系。苏格拉底主张通过教育培养知识广博的城邦统治者，而柏拉图强调，国家或城邦的统治者应当是哲学王。这一要求远远高于苏格拉底对国家统治者的要求。哲学王主张的提出，表明柏拉图与苏格拉底一样，将城邦衰落的根源归结为统治者缺乏能力和德行，并把重振国家的希望寄托于圣明的统治者。柏拉图认为，哲学是最高的美德，是整个世界的最高的善和普遍的目标，因而，哲学也应该成为指导国家统治者治理国家的最高学问。③对此，黑格尔曾经说道："说统治者应该是哲学家，说国家的统治权应该交给哲学家手中，这似乎未免有点妄自尊大。不过为了判断这话是否正确，我们最好记着柏拉图意义的哲学及当时对于哲学的了解，即把什么算作哲学……我们知道，柏拉图这里所了解的哲学，是与超感官世界的意识，亦即我们所谓的宗教意识混合在一起的；哲学是对自为的真理和正义的意识，是对国

---

① 黑格尔：《哲学史讲演录》第 2 卷，商务印书馆，1983，第 10 页。

② 色诺芬：《回忆苏格拉底》，第 101 页。

③ 张斌贤等：《西方教育思想史》，四川教育出版社，1994，第 74 页。

家普遍目的的意识和对这种普遍目的的有效性的意识……由此得到的结果就是：当柏拉图说哲学家应该管理国家时，他的意思是根据普遍原则来决定整个情况……这样的原则构成政府和权力的实质。"①

亚里士多德继承了苏格拉底和柏拉图的思想，并对之进行了加工。亚里士多德相信，统治和治理国家是一项极其艰巨的工作，需要智慧和知识的指导，运用道德的和合理的手段，达到有价值的目标。与苏格拉底和柏拉图一样，亚里士多德同样将城邦政体日益衰落的原因归结于政治家们过度地依赖自信、聪明、诡辩和拙劣的煽动伎俩，并呼吁将国家的权力交给智慧才智之士。在亚里士多德看来，这样的人士精通国家政治和科学艺术，理解国家的性质和目的，因而能够领导国家沿着恰当的道路发展。②

（二）走向社会上层：古罗马教育哲学的功利观念

古希腊留给古罗马非常丰富的智慧和思想，而古罗马人在继承和融合古希腊智慧和思想的过程中，形成了自身的思想体系。这种情形同样表现于教育哲学之中。透过两个时代的教育哲学的价值导向，可以看到，两个时代的教育思想家们都高度重视教育的政治价值，然而，在他们关注教育的政治价值的同时，他们的立足点却是大相径庭的。如果说古希腊思想家立足于国家政治的需要强调教育的政治价值，那么，古罗马思想家们则是更换了一种角度，在强调教育的政治价值时，赋予了教育的政治价值一种个体性的功利内容。具体地说，古罗马思想家们站在个体的功利角度，主张人们接受教育，通过接受教育，融入当时的上层社会。

在古罗马时代，"雄辩家"作为一种职业，具有非常高的社会地位，唯有成为雄辩家，才能走上政治舞台，治理国家和统治社会。古罗马共和国后期思想家西塞罗的思想典型地包容了这样的内容。西塞罗木人既是一位雄辩家，也曾担任过古罗马时代的执政官，并曾撰写《论雄辩家》一书，系统地论述雄辩家的素质及其培养。西塞罗指出：雄辩家"这门学问的报酬

① 张斌贤等：《西方教育思想史》，四川教育出版社，1994，第 74 页。

② 黑格尔：《哲学史讲演录》第 2 卷，175-176 页。转引自张斌贤等：《西方教育思想史》，四川教育出版社，1994，第 74 页。

是很高的，它是通向知名、财富和声誉的大道"①。西塞罗明确号召青年人：沿着成为雄辩家的道路前进，集中精力于雄辩家的学问，以便掌握它，使之给自己带来荣誉，获取为朋友服务的资源，成为共和国的有益成员。②在西塞罗那里，雄辩家应具备非常高的素质，包括优秀的自然的天赋、严格的教育和训练、广博的知识、良好的语言修养和绅士般的举止风度。形成这样的素质，需要进行长期的训练和练习。与之相应，教育的最高目的就是通过培养雄辩家而造就政治家。

昆体良是古罗马的另一位执着于雄辩家培养的思想家。在罗马教育史上，昆体良是最负盛名和影响最大的思想家，他曾撰写《雄辩术原理》一书，系统地总结罗马的教育理论和实践经验，并全面地阐述雄辩家的培养。昆体良认为，教育的基本目的是培养善良和精于雄辩术的雄辩家。这样的雄辩家既要擅长雄辩术，通晓各种有价值的知识，具有较多的才能，同时也应具有崇高的理想和高尚的情操。为了实现这样的目的，昆体良系统地论述了雄辩家的培养过程。

基于这样的目的，昆体良没有像西塞罗那样，过度关注雄辩术给个人带来的荣誉和地位，而是侧重于如何培养雄辩家。在《雄辩术原理》一书中，雄辩家的培养分为四个阶段，包括家庭教育阶段、初级学校阶段、文法学校阶段、雄辩术学校阶段。家庭教育阶段的主要任务是形成儿童良好的道德品行和知识基础，在这一过程中学习拉丁语知识；儿童在完成家庭教育后进入初级学校，在这一阶段，儿童主要学习阅读和写作；然后进入文法学校学习，接受文法、修辞、音乐、几何、天文、哲学、希腊语和拉丁语教育；最后，在儿童成为青年时，进入雄辩术学校学习，进修辩证法、伦理学、物理学等学科的教育，形成广博的知识视野，奠定雄辩家的基础。各个教育阶段的内容虽然不同，但都围绕培养雄辩家这一目标运行。昆体良虽然没有明确将个人的荣誉和地位与雄辩家的培养结合起来，但是，毫无疑问，雄辩家的培养无法与当时的功利性土壤分离。因此，在昆体良那里，雄辩家并不是超凡脱俗的抽象物，在精神深处，这样的雄辩家与国家的政治和个人的名利密切相关。当然，由于时代的变换，昆体良时代的雄辩家不再是西塞罗时代的政治家，而是介入法庭诉讼的律师。昆体良在论及雄

---

① 昆体良:《昆体良教育论著选》，人民教育出版社，1989，第 192 页。

② 同上书，第 197 页。

辩家培养的具体内容时说:"真正的演讲应尽量模仿为训练而设计的法庭辩论……如果演讲不是法庭上的实际准备,这就不过是演员的激昂慷慨和疯人的胡言乱语。"①

归纳地说,罗马时代教育哲学的一个基本特点是显著的功利性和实践性,而后一特点是服务于前一特点的。在古希腊时代,教育思想家们虽然关注教育的政治价值追求,但是,人们很难看到这些思想家们在教育实践意义上阐述教育哲学主张。确切地说,他们的教育哲学主张更多地是其理论思辨的产物。然而,在罗马时代,教育思想家则更多地直接提炼自己的教育实践经验,反思教育实践状况,形成抽象的教育哲学概括,并赋予教育哲学典型的实践特征。这一特点突出地体现在古罗马教育思想的具体内容之中。罗马教育思想更为关注具体的教育问题,而或多或少地忽略了对纯粹的抽象的教育问题的探讨。在希腊教育思想中,教学程序、教学方法、教师工作等实践性较强的问题没有受到很多关注;在罗马教育思想中,情形正好相反,那些没有引起希腊教育思想家足够兴趣的实际过程受到高度关注。在罗马教育思想中,教育与个人的关系,教育在日常生活中的作用,都是思想家们津津乐道的话题,甚至培养律师的模拟辩论训练如何组织,也成为思想家们详加讨论的对象。②这一特点与充满功利性和实际性的罗马时代的民族心理特征密切相关。教育史家克伯雷曾经描述过罗马人的心态。他说:"罗马人的特性,就整体来说,对一切问题都是作实际问题来处理的。他们认为,完成他们自己所要做的事是理所当然。在他们看来,一经决定要做的事是一定可以完成的。如此自信的结果,是他们当真地有所成就。"③注重功利和实效的心理特征使得罗马没有产生可以与希腊的柏拉图、亚里士多德相媲美的哲学家,罗马在哲学和科学的方面也落后于希腊,但在法律、行政、工程、建筑等实用知识和技术上,却对世界文明奉献了非常丰富的成果。近一个世纪前,孟禄也曾进行过相近的评价,他说:"与希腊人用理性、和谐、均衡的标准衡量一切事物的倾向性相反,罗马人具有有用和有效的标准衡量事物的倾向;希腊人的智慧来源于对最终目的或价值的考

---

① 赵祥麟主编《外国教育家评传》第 1 卷,上海教育出版社,1992,第 152 页。

② 张斌贤等:《西方教育思想史》,第 123 页。

③ E. P. 克伯雷:《外国教育史料》,华中师范大学、西南师范大学、西北师范大学、福建师范大学教育系译,华中师范大学出版社,1991,第 31 页。

察，是理智的或审美的，而罗马人的判断则是功利的。因此，罗马人认为希腊人是不实际的、空想的，而希腊人则把罗马人看作是利欲熏心的野蛮人。"①这样的民族心理直接制约着罗马教育思想家对教育问题的思考。正是基于这样的心理，教育过程的一些实际问题成为罗马教育思想家的中心论题，并形成罗马教育哲学的功利倾向。

（三）抑人扬神：中世纪教育哲学的宗教特征

古罗马之后，西欧进入了中世纪。这一历史阶段绵延 1000 余年，诞生于这漫长的历史阶段并在其中获得发展的宗教哲学充满神性特征，关心人类的彼岸幸福，抑制人类现世的物质追求。教育哲学与整个中世纪的思想融为一体，成为整个中世纪神学思想体系的一部分。

中世纪的教育思想家包括杰罗姆、奥古斯丁和阿奎那等。杰罗姆是中世纪早期的教父哲学家。在中世纪思想史上，他是教父哲学的重要代表人物。在杰罗姆看来，教育的全部旨趣在于将人的灵魂引向上帝，使人的灵魂真正地完全属于上帝，得到上帝的拯救。为了实现这一目标，必须给予人们良好的修炼和充分的教育，通过修炼和教育影响人们的精神世界，促进人们与生俱来的神性的完满发展。杰罗姆主要论述了道德教育和智育两个方面的内容。在他的视野中，道德教育具有极其重要的意义。他主张道德教育应该以培养人类谦卑和朴素的品质为目标，通过这些品质的培养，克服人类妄自尊大和高傲自赏的恶劣习惯，形成崇敬上帝的良好品行。在日常生活和道德教育实践中，形成上述品质的一个重要方法是控制和消除人类身体的各种欲望。智育是杰罗姆教育哲学关心的另一方面重要内容。即使是在论述智育时，杰罗姆仍然没有忘记宗教追求，他认为阅读《圣经》既是智育的一个重要途径，也是智育的重要目标。因此，无论是道德教育抑或智育，在杰罗姆那里都与宗教有着极为密切的联系。

奥古斯丁是罗马早期的另一位重要的神学思想家。就其教育哲学而言，他的论述比杰罗姆更为系统。综观其主要教育哲学主张，主要内容是，其一，明确教育目的是培养虔诚地信仰上帝的基督教徒和教会的优秀教士。为此，道德教育应该能够使人运用理智节制欲望，使人的情感受到理性支

---

① 保罗·孟禄:《教育史教科书》(*A Text-Book in the History of Education*)，麦克米兰公司，1919，第 177—178 页。

配，并且专注于心灵的修养，形成《圣经》所列的"真福八端"，亦即虚心、哀痛、温柔、慕义、怜恤、清心、和睦、为义，养成宽容、正义、爱人、严谨和服从的品质。在奥古斯丁看来，道德教育乃至全部教育的目的，就是形成上述品质，唯有如此，才能培养对上帝的信仰，才能得到上帝所赋予的神性，从而获得拯救。其二，主张知识教育的任务是引导人们信仰上帝。在这里，奥古斯丁实际上明确了知识教育与信仰的关系。奥古斯丁认为：一方面，信仰高于知识教育，知识教育的目的在于认识上帝；另一方面，信仰与知识教育之间是一种主从关系，两者之间并不对立，妥善地安排知识教育，将会促进信仰的确立，并促进信仰日益坚定。在奥古斯丁看来，知识教育应该以《圣经》为主要内容，因为《圣经》是上帝的语言，是一切知识的源泉，是最富权威的知识，学习者倘能绝对服从《圣经》的教诲，无条件地接受和服从《圣经》，那么，不仅知识教育不会与信仰矛盾，更主要的是，知识教育将会充分地实现自己的目的。从奥古斯丁的主要教育论述来看，他的教育主张的主要精神就是引导人们虔信上帝，向往彼岸。

　　阿奎那是中世纪晚期最为重要的一位神学家。在思想上，他与中世纪早期的思想保持着高度的一致，并发展了中世纪早期的经院主义教育哲学内容。他主张：第一，教育的全部目的在于发展人性，实现神性，道德教育和知识教育的任务都是为了实现这样的教育目的；第二，知识教育的主要内容是学习抽象知识，发展理解能力，更好地理解超越感官的上帝；第三，道德教育应该引人向善。阿奎那认为，人们与生俱来具有一些向善的自然倾向，然而，这样的自然倾向并不必然地保证人们始终一贯地表现出善的行为，成为至善的人。只有通过后天的教育，人们才能养成善的习性，成为至善的人。因此，道德教育具有极为重要的意义，是养成人们良好品行、高尚情操和善良习性的最好的途径。在阿奎那这里，评价人们品行、情操和习性的标准是服从上帝与否和对上帝的虔诚程度。

　　分析中世纪宗教思想家的主要观点，能够抽取出其教育哲学的以下基本特征。第一，高扬神性，贬抑人性。这是中世纪教育哲学的最为根本的特点。中世纪哲学家彰显这一特点的基本程序是高度张扬神的力量。奥古斯丁说："主，确无可疑的是：你创造了天地。确无可疑的是：'元始'即是你的智慧，在智慧之中，你创造了一切。确无可疑的是：这有形可见的世界分为两部分，用"天地"二字可以总括你所创造的一切……确无可疑的是，不仅一切已造的和已成形的东西是出于你创造，甚至可能创造和可能成形的东西，都可能由你创造，因为一切来自你。"①在这里，奥古斯丁将神的力量推崇到无以复加的程度。上帝是"至善、至美、至能、无所不能，至仁、至义、至隐、无往而不在，至坚、至定，但又无从执持，不变而变化一切，无新无故，而更新一切……行而不息，晏然常寂，总持万机，而一无所需；负荷一切，充裕一切，维护一切，创造一切，养育一切，改造一切；虽万物皆备，而仍不弃置"②。与上帝的伟大相比，人类却是极其渺小的；不仅如此，人类天生地具有原罪，需要得到上帝拯救。奥古斯丁在比较上帝与人类的基础上引出了其教育哲学的价值取向。按照他的理解，教育是人类的全部修行和人类免去原罪的全部活动。通过教育，人类懂得了上帝教诲，意识到自身的罪恶和有限，从而进行忏悔，并皈依上帝。这就是教育的全部宗旨。在中世纪晚期，阿奎那的教育哲学主张与奥古斯丁基本相通。在阿奎那心中，上帝乃是美中之至美，善中之至善；而人性是复杂的和由多重要素组成的。阿奎那确信，教育是实现人性向神性转化的基本途径，教育因而具有无比重要的作用。在整个中世纪的1000余年中，神性与人性的这种关系，始终是教育哲学的理念基础。

第二，信仰上帝，热爱上帝。这是中世纪宗教哲学界定的教育目的。沿着这样的教育目的，全部教育活动都在围绕引导人们热爱和信仰上帝的轨迹运行。在宗教哲学看来，尽心尽性尽意地爱上帝，是生命中最大的事情。因为人类是上帝创造的，上帝热爱自己的儿女，人类因而应该同样热爱上帝；人类生而有罪，而上帝慈悲，虔信上帝和服从上帝，人类的原罪将会获得赦免。因此，热爱和信仰上帝，应该成为人生的根本目的。在宗教哲学家们看来，人类的教育可能会有多种形态，并相应地面临多种具体的培养目标，但是，热爱和信仰上帝，应该是一切教育的最为根本的目的。③

第三，围绕宗教目的组织教育内容。在中世纪，学校教育的所有内容都烙有深深的宗教印记。《圣经》和宗教哲学家的著作是教育内容的题中应有之义，世俗的知识同样服从宗教的目的，成为理解《圣经》或宗教著作的基础。在宗教哲学家们看来，《圣经》或宗教著作中包含着大量的派生词、

---

① 奥古斯丁：《忏悔录》第12卷，商务印书馆，1968，第19页。

② 同上书，第1卷，第4页。

③ 张赋贤等：《西方教育思想史》，第174页。

比喻、寓言、韵律，因而学习文法有助于理解这些表达形式，修辞学能够帮助人们完成布道的任务，辩证法对人们理解人生及其本源大有裨益。这样，中世纪学校教育的全部内容实质上都饱含着深刻的宗教性质。

总之，在中世纪，全部教育哲学均蒙有厚重的宗教神学的色彩。这样的色彩既构成整个教育哲学思想的重要组成部分，也成为全部教育活动的价值基础，并指引着教育活动的方向。宗教自身也构成教育的力量，教会开办了大量的教育机构，宗教著作成为教育的中心内容。这就是中世纪教育哲学的基本性质和特征。

（四）高扬人性：人文主义教育哲学的精神面貌

中世纪之后，西欧各国相继进入文艺复兴时代。这是一个完全不同于中世纪的时代。文艺复兴高举人文主义大旗，借用"复兴古代文明"的口号，穿着这种久受崇敬的服装，用这种借来的语言，演出世界历史的新场面。[1]文艺复兴运动的成就涉及文学、艺术、哲学、科学、宗教和教育等多方面，许多成就至今令人仰之弥高，叹为观止。这个时代是一个需要巨人而且产生了巨人的时代，这些巨人给现代资本主义文明奠定了坚实的基础，帮助人们摆脱了封建枷锁和神学桎梏，为人类文明开辟了广阔的前景。

文艺复兴时代产生了一批充满人文主义精神的教育思想家，其中代表人物包括维多里诺、拉伯雷和伊拉斯谟等人。他们的思想中蕴含着丰富的教育哲学主张。

维多里诺是 15 世纪的意大利教育思想家，在文艺复兴早期，创办了富有人文精神的新型学校，实践自己的人文主义教育追求。在他看来，教育不仅应该培养人们的道德品质，还应该培养人们其他多方面的品质，而且，学校教育过程应该是一种充满快乐的过程。他将自己创办的学校命名为"快乐之家"，并选址于郊外，校舍宽敞，学校环境优美，四周树木葱郁。在维多里诺看来：这样的环境与自然融成一体，与人的成长高度和谐；在这样的环境中，能够造就出身体健康、品行高尚、精神饱满、多才多艺的全面发展的人。这些既是维多里诺的教育实践主张，也是其对教育目的的理解，其中透出了维多里诺的教育哲学观点。这就是充分发展人性，使人的潜能得到完满的展现。

---

[1] 中共中央马克思恩格斯列宁斯大林著作编译局编《马克思恩格斯选集》，第 603 页。

在维多里诺的学校中，人性高于神性。围绕这一宗旨，维多里诺设计了完全不同于中世纪的教育模式。其一，课程内容丰富和广泛。在维多里诺的学校中，课程内容覆盖初步的读写算知识、拉丁文和希腊传统的"七艺"，甚至经院主义学者的著作和骑士技艺等也成为课程教学知识，综合了古典文学、基督教思想和骑士训练的内容，包容着高度的文化素质的训练价值。其二，体育构成重要的教育内容。骑马、角力、击剑、射箭、游泳、舞蹈、军事训练和各种游戏活动都被融入维多里诺的"快乐之家"中。发挥着从多方面陶冶学生身心的作用。其三，重视示范训练成为道德教育的基本方式。在"快乐之家"中，道德教育的主要方式不是灌输和说教，而是具体的示范训练，因而摆脱了中世纪的道德教育的沉闷、压抑、单调、枯燥的格局，学生通过示范，理解道德的意义，形成宽厚、仁爱、节俭的品质。

拉伯雷是文艺复兴时期的另一位人文主义教育思想家，其人文精神集中表现为解放个性。他在自己的著作《巨人传》中，描绘了一所独特的理想的修道院。这所修道院濒临河畔，四处绿草茵茵，环境极其优美，院内建筑宏伟壮丽，各种设施齐全。在修道院修道的青年男女体貌端正，身体健康，知书达理，个性和谐，多才多艺。更主要的是，修道院的院规是"随心所欲，各行其是"①。在那里，没有任何束缚个性发展的清规戒律和繁文缛节的宗教仪式，每个人都享有充分发展的机会和权利。

伊拉斯谟是文艺复兴时代的又一位人文主义思想家。与同时代的其他思想家相比，伊拉斯谟的思想特点是抛弃中世纪的"原罪"概念。他呼吁人们热爱儿童，以自由的方式教育儿童，而不是将儿童看成天生有罪的个体。伊拉斯谟强调：纪律应该是温和的，而不是强制性的和惩罚性的；人们应该看到，儿童不同于成人，因而，强求他们表现出成人的行为习惯是不理智的。他主张，儿童应该学习自由学科，奠定好履行生活中义务的基础条件。分析伊拉斯谟教育主张中的哲学意蕴，从中昭示的是其对儿童个性充满理性的把握。一方面，他没有脱离他生活于其中的现实而异想天开；另一方面，他的思想却超前地把握了时代的发展趋势。

人文主义教育哲学家提出了相当系统的具有人文主义特征的哲学观点。②

第一，宣扬人的意志、尊严和价值。人文主义教育哲学的核心价值，

---

① 单中惠：《西方教育思想史》，山西人民出版社，1996，第88页。

② 张赋贤等：《西方教育思想史》，第221页。

就是提倡以人为中心，反对以神为中心，提倡人道和人权，充分肯定人的价值、地位和能力，提倡个性解放。拒绝成为上帝，拒绝永恒，呼唤人的光荣，热爱现实生活，这样的价值氛围弥漫于整个人文主义时代。人文主义哲学家理性地阐述人的意志和能力，相信人是世界上最为宝贵的，具有高于上帝和万物的尊严。人文主义文学家运用文学形象地赞美人性。莎士比亚在其经典剧作《哈姆雷特》中对人性的讴歌溢于言表："人是多么了不起的一件作品！理想是多么高贵，力量是多么无穷！仪表和举止是多么端正，多么出色！论行动，多么像天使！论了解，多么像天神！宇宙的精华，万物的灵长！"人文主义艺术家在艺术作品中倾注了人的气息和世俗的生活。在艺术作品中，人类成员摆脱了中世纪的饱受折磨、优柔寡断的懦弱形象，展现出高尚、聪明和温和的面貌。这一切构成了人文主义教育哲学的基本格调。

第二，宣扬人的意志自由和个性自由。拉伯雷描绘的修道院生活就是一幅典型的自由画面。在这里，人们的整个生活无需规章条例约束，而受人们的自愿和自由调度；何时工作、休息和饮食，等等，所有一切都是在人们自己的意志安排下进行的。在人文主义时代，人文主义者不仅在著作中淋漓尽致地表达人文主义自由思想，而且在著作的风格中展现自由的精神。在这一时代，哲学家、文学家和艺术家的作品风格群星璀璨，百花争艳，风格迥异，各呈芬芳。这样的思想和观念直接对抗中世纪的命定论和权威主义，并酝酿出自由的和进步的教育哲学思想与教育实践。

第三，宣扬现实生活的幸福。嘲笑和打击中世纪的禁欲主义，主张人生的目的就是尘世的享乐，是人文主义时代的又一面旗帜。人文主义者反驳人的享乐是不道德的这样一种谬论，提倡尘世生活的幸福，要求人的生活中充满快乐。英国人文主义者莫尔在《乌托邦》中明确指出：享受尘世幸福是人生的最大本色，是完全符合理性和大自然的意向的；因此，人类应该反抗禁欲主义的清规戒律。莫尔甚至立足于科学知识的角度阐明禁欲主义清规戒律的谬误。他说明，限制饮食以消耗自己的身体，损害自己的健康和放弃自然界赋予的种种享受，就是丧失理性，是对自然的一种忘恩负义的行为，也是自虐的残忍行为。人文主义的尘世伦理取向深刻地影响着教育哲学观念。在文艺复兴时代，关注世俗生活和人的幸福，成为许多教育哲学家的重要主张。这种情形与人文主义的世俗精神是息息相关的。

第四，高扬人的理性精神。在文艺复兴时代，科学逐步受到推崇，知识受到关注，人的理性得到弘扬。自然科学获得惊人的成就。哥伦布和麦哲伦远洋航行及其为地圆说提供的证据，哥白尼的日心说，哈维的血液循环理论，伽利略的自由落体定律、惯性定律及抛物运动规律，等等，使自然科学向前迈进了一大步。在科学的基础上出现的是人的理性的张扬。人们相信，人类能够依靠自身，理解自然，发现知识，改变生活。自然科学知识的产生和积累，改变了人们对自然界的理解，自身与自然关系的认识，也改变了教育的方向。一批新型的教育机构诞生了，专门探索自然科学知识的教育机构正是在这一时期出现于西方历史的。那不勒斯的"自然奥秘科学院"、罗马的"林赛学院"、佛罗伦萨的"西芒托科学院"、法国的法兰西科学院，都是兴建于文艺复兴时代的专门的科学教育机构。在文艺复兴后期，科学教育机构的任务开始下移，一些中等教育机构开始分担一些基础性的科学教育任务。

在人文主义哲学精神的引领下，教育目的发生了显著的转变。培养身心健康、知识丰富、个性和谐发展，并能解决实际问题的人，日益融入学校教育目标之中，教育服务于现实的社会生活这样的宗旨逐渐成为教育目的的重要内容。其一，人文主义者主张，教育应该培养贤明的君主和侍臣，为君主政体服务。这样的思想是希腊时代的思想家的教育价值观念的复苏和继承。与希腊时代的思想家们一样，人文主义者相信，人的美德与人的高贵是同一的，完美的教育与完美的统治之间存在密切的关系，治国安邦的关键是人的美德。因此，人们应该自觉地运用教育这样的过程，培养具有美德、崇尚共和的统治人才和臣民。在人文主义者眼中，如果统治者品行高洁、智慧超群、能力卓著，那么社会就会政治清明，国家就有可能摆脱纷争，人民就会品行完美。其二，人文主义者强调，教育应当关注个人的发展。造就身体健康和个性和谐的人。人文主义者反对教育单纯地服务上帝和天国的主张，主张教育的目的应该贯彻世俗精神和世俗意识，而将这样的精神付诸实践途径就是培养身心和谐的人。这样的人具有美德，崇尚共和，愿意并且有能力为君主政体服务。在这里，和谐的人的培养与教育服务于社会的职能得到了统一。

由于人文主义者普遍强调美德的意义，尤其是其政治生活中的地位，因而道德教育便理所当然地成为人文主义者关心的课题。[①]在道德教育方面，

---

① 张赋贤等：《西方教育思想史》，第242页。

人文主义哲学观点是，其一，明确美德的内涵。在人文主义者那里，美德的主要内容是正义、意志、节制、智慧、宽容、仁慈、守信、虔诚。正义是公共管理者应当具备的极为重要的一种美德，意志是含辛茹苦和忍辱负重高尚品质的综合，节制的美德包括中庸和沉着冷静，智慧保障权力有效地运行。对统治者来说，仁慈是其最高的美德，守信是统治者必须践行的美德，宽容的美德帮助统治者更好地与臣民相处。其二，阐明美德的重要意义。在人文主义者看来，人生的目的是获取名誉、光荣和声望，所有这些美德都是实现人生目的的条件。美德不仅对个人有益，对社会公共生活同样有着显著的意义。因为美德是党争、腐败的解毒剂，是化民成俗和清洁社会风气的基础。任何一位统治者如果希望自己的国家井然有序、和谐有度，那么就必须以身作则，躬行美德。其三，论述获取美德的途径。人文主义者认为，获取这些美德，一种重要途径是学习古典文化典籍，其中伦理学和修辞学的内容特别有助于人们习得这些美德。获取美德的另一种重要途径是建构清洁的环境，接受美好的环境的熏陶。维多里诺建立"朴素之家"式的学校，其目的便在于此。从古典文化的学习和环境的熏陶出发，人文主义者特别强调儿童教育的重要意义，主张为儿童塑造优良的家庭教育环境，建立科学的教育秩序，掌握广博的知识。

人文主义教育哲学的内容相当丰富，是近代和现代教育哲学思想的直接源头，对后来的许多教育哲学主张有着直接的启发意义。反对权威，崇尚自由，适应儿童身心发展等主张，既是文艺复兴时代教育哲学家追求的理想教育境界，也是后来一些教育哲学家反复主张的教育理想。尤其应该关注的是，文艺复兴时代的教育家们在批判经院主义烦琐哲学的基础上引进自然科学的教育方式和思想。感官经验、归纳方法扫荡阻碍人们认识发展的经院哲学，提出了崭新的唯物主义世界观和方法论，成为引导科学教育的基本思想。

（五）经世致用：唯实主义教育哲学的基本性质

唯实主义教育哲学是西方近代和现代转换之际的一种重要的教育哲学。其基本性质是高度关注现世生活，强调知识创新和经世致用，充满入世精神和求实态度，反对形式主义和复古主义。在此意义上可以说，唯实主义教育哲学是对人文主义内涵的贵族气息的一种反动。

唯实主义的诞生有着多方面的社会基础。第一，经济的发展和商业的勃兴促使人们关注现实的经济利益。14世纪以后，西欧各国相继进入商品经济时代。15世纪和16世纪的航海探险，极大地拓展了商业的活动空间。商品生产、分配、交换和利润逐渐走进了人们生活的中心。银行业、信贷业和新兴产业纷纷兴起，中世纪的行会制度和经济方式日益衰落。在统治者们看来，扶持新兴产业，鼓励对外贸易，是增强国力和巩固社会秩序的有效手段，因而将宗教兴趣转向了经济和实际的利益。第二，自然科学及其方法的进步，为人们关注现实世界提供了可能和方式。牛顿提出的万有引力定律、吉尔伯特发现的电磁现象，为18世纪物理学的大步迈进开辟了道路；罗伯特·波义尔出版的《化学和物理的疑问和矛盾》摧毁了炼金术士的论说，使化学成为一门独立的科学；罗伯特·胡克发现了植物细胞结构，安东尼·凡·列文虎克发现原生动物和细菌，扬·斯瓦梅尔达描述的昆虫生命史，使生物学的系统化和科学化成为现实。科学的进步改变了人们的认识方法和思维方式，引导着人们运用科学知识解决实际问题，从而使唯实精神拥有了比较坚固的科学基础。第三，新兴中产阶级的出现使人们的价值观念发生了变化，趋向更为务实。在文艺复兴后期，一些原来人们轻视的职业，包括商人、艺术家、作家、医生和大学教授获得了更多的敬重和尊严，成为享有一定的社会地位的阶层，占有一定的社会财富。中产阶级一方面通过自身的努力和活动争取到更多的社会空间，另一方面吸引着更多的平民努力融入中产阶级行列。中产阶级人士注重个人奋斗，积极积累财富，致力于攀登社会上层，表现出典型的功利性的实际取向。这一切成为唯实主义的社会基础。

唯实主义教育哲学的代表人物包括蒙田、洛克、夸美纽斯和富兰克林等人。

蒙田是法国16世纪的著名思想家，其哲学思想中充满着无畏的批判精神。与其哲学思想的整体面貌一致，在教育哲学领域，蒙田表达了同样的风格。具体地，蒙田的教育哲学主张是，第一，反对权威主义，主张怀疑主义。在蒙田心目中，"一个仅仅跟着别人走的人，不会去探索什么东西，也寻不到什么东西"[①]。怀疑主义是对权威主义和信仰主义的反叛。蒙田曾经无畏地声明："我是我所对待事物的权威，我自己而不是别人有解释这些

---

① 吴有训编《中世纪教育文选》，人民教育出版社，1989，第420页。

事物的权力。"①这种怀疑精神不仅直接挑战所有既存的权威，而且有力地将人们的视线从形而上的世界拉向自身及其外部世界的现实关系。第二，反对死记硬背，重视能力培养。蒙田认为，死记硬背只会养成学究，无论是对个人抑或对于社会，都没有任何益处。他说："如果学习不能使我们的心灵高尚，不能使我们的判断精确，那么就应该停止学习。"②在他看来，如果无益于理解力和判断力的改善，知识的学习就毫无价值。第三，反对空疏无用，崇尚实际效果。蒙田坚持将"学习局限于真正有用的东西"③。他相信，"文字是为事物服务的，不是事物为文字服务"④。事物高于文字，或者说形成一定的能力，价值大于空疏无用的知识，这是蒙田处理知识与能力关系的原则。基于这样的原则，蒙田反对过多地关注仅仅具有装饰作用的希腊文和拉丁文，而坚信实际的能力远比这些毫无实际意义的装饰文字更为重要。第四，反对依赖书本，重视行动与实践。这是蒙田处理书本知识与实际能力、理论与实践的一项原则。立足于此，蒙田区分了知识与实践能力。他认为：知识不等于智慧，不是智慧的来源；智慧源于生活，如果人们囿于书本知识，将会成为愚蠢的人。因此，他主张在教育中，"让孩子们首先接触事实，用事实进行教育"。用行动去教育孩子，而不是仅仅在课堂上耳提面命；在具体的生活道路上塑造孩子，运用范例和工作教育孩子，引导他们获得智慧，而不是用规则和文字。⑤第五，反对片面发展，主张身心并进。身心并进是蒙田的教育理想和教育目的。在这样的理想和目的中，一位受教育者的外表、态度或礼节和他的身体及他的心智一起形成起来；因而，他强调：我们所训练的不是心智，也不是身体，而是一个人，我们决不能将二者分开。⑥第六，反对强制压迫，主张自然发展。蒙田相信，严厉的惩罚，将会使出身高贵的本性堕落和迟钝，摧毁一切学习的动机和愿望。因此，他主张，对于欲望和倾向，人们能够做的唯一的事情，就是诱导它

---

① 吴有训编《中世纪教育文选》，人民教育出版社，1989，第512页。

② 同上书，第479页。

③ 同上书，第416页。

④ 同上书，第446－447页。

⑤ 同上书，第484页。

⑥ 同上书，第438页。

们，相反，如果运用强制的方法，将会导致学生成为书呆子。[1]蒙田看到了受教育者的差异，并主张运用不同的方法对待不同的受教育者，从而取得更好的实际效果。

蒙田的教育哲学观念的基本特点是从多方面追求现实的功用。作为早期的唯实主义思想家，他的观念批判了中世纪遗留下来的追求形式、唯书唯上和脱离实际的倾向，对当时的教育哲学主张和教育实践活动都具有广泛的影响。

在唯实主义教育哲学家中，洛克提出绅士教育目的，并以此进一步丰富了唯实主义教育哲学主张。与蒙田相比，洛克的思想更具有实践性。回首他们的思想内容，可以看到，蒙田的思想观念、语言风格具有极为独特的个性和强烈的批判性，然而，在他生活的时代，他的哲学观念多少带有理想主义色彩，从而限制了其实践影响。与蒙田不同，洛克的所言所行皆与实际联系更为密切，在一定意义上也因此发散出更大的影响。

作为一名杰出的思想家，洛克的哲学观念、政治理论和教育哲学思想都具有显著的深刻性、客观性和生命力。基于唯物主义经验论立场，洛克提出白板说；在综合考察前人的政治主张和当时的资产阶级革命形势的基础上，洛克系统地提出了君主立宪理论；通过自身的教育实践和对教育意义的准确把握，洛克论述了绅士教育的内容和方式。

洛克的唯实主义教育哲学主张的主要内容是：第一，批判缺少实用的古典主义教育倾向。在洛克生活的时代中，学校教育中普遍流行没有实际效用的古典主义教育内容，对此，洛克进行了深刻的批判。他说："现在欧洲一般学校时兴的学问和教育上的照例文章，对一个绅士来说，大部分是不必要的，不要它，对于他自己固然没有任何重大的贬损，对于他的事业也没有妨碍。"[2]他指出："我们的学习，不是为了生活，而是为了辩论；我们受了教育，结果只能停留在学校里，不能跳到人世间去。"在他看来，这样的教育应该被抛弃。他呼吁学校教育应该教给学生最需要、最常用的事物，帮助学生成为有德行、有用、能干的人才，成为能够处理世事的绅士，这样的绅士会掌握如何成为事业家的知识。[3]

---

[1] 吴有训编《中世纪教育文选》，第454页。

[2] 约翰·洛克：《教育漫话》，人民教育出版社，1985，第96页。

[3] 张赋贤等：《西方教育思想史》，第343页。

第二，描绘经世致用的绅士的素质。洛克认为，绅士的德智体三方面素质应是和谐发展的。在这三方面素质中，德是第一位的。他说："在一个人或者一个绅士的各种品性中，德行是第一位的，是不可缺少的。"①德行的主要内容包括理智、礼仪、智慧和勇敢。理智的品质能够使人们适度地驾驭和支配自己，克制自己的欲望，不贪婪，不欲他人之物为己所有，不违反公德，不曲解事实，言行诚实如一，顾及他人的利益，顺从理性的最好指导。②礼仪主要指礼节和风度。洛克相信，与知识相比，礼仪具有更重要的意义。娴熟礼仪，明白人情世故，将有助于一位绅士适应上层社会的生活和要求；或者有助于人们走进上流社会，提高自己的社会地位；否则，将可能失去朋友和发展空间。智慧主要是指处理种种事务的能力和才干，而不仅仅是指知识。勇敢的品质主要是指无所畏惧地面对灾祸、困难、危险、恐怖，以及直面一切艰难险阻的勇气和意志。③洛克认为，运用正确的方法，便能实现德育的目标。他声明："如果采用一种正当的途径，使得儿童想要获得别人的信任、尊重与名誉，则大多数儿童都能达到这个境地，这是我一点都不怀疑的。"④正确的德育方法包括说理、规则、榜样、练习、游戏、奖励、惩罚、严厉、宽容。

智的品质主要是指学问。对此，洛克的态度是，就一位绅士而言，"学问是应该有的，但是它应该属于第二位"。在洛克这里，学问的意义是与德行的意义相比较而产生的。虽然洛克没有将智的品质置于德行之上，但并不能因此推定洛克丝毫不重视智的品质。实际上，洛克围绕智育发表了相当系统的观点。在智育的课程内容上，洛克从唯实主义功利观出发，提出了绅士教育应该学习"最有用处，最有结果"和最基本的知识；他明确地说："我们不希望学生有时间和精力去学习一切事物，所以，最大的精力便当用在最需要的事情上面。"⑤为此，洛克开出了具有典型的功利性质的课程体系，其内容是：在实用知识方面，开设读、写、算、速记、地理、历史、伦理、法律、天文、物理、数学、化学和解剖课程；在修养素质方面，开设

① 洛克:《教育漫话》，第 138 页。

② 同上书，第 34 页。

③ 张赋贤等:《西方教育思想史》，344 页。

④ 洛克:《教育漫话》，第 110 页。

⑤ 同上书，第 98 页。

希腊文、拉丁文、修辞、逻辑、音乐和绘画课程；在娱乐技能方面，开设跳舞、骑马、击剑、园艺、木工和金工课程。通过洛克的课程体系可以看到，他要求学生学习的知识极为广博。就此而言，洛克在将智力列于德行之下的同时，对智力的要求没有任何降低，相反，与今天相比，其要求却是最高的。

身体素质是洛克对绅士提出的又一要求。洛克在自己的著作《教育漫话》中首先论述了体育。换言之，身体素质是洛克对绅士提出的第一要求。之所以如此，是因为"健康之精神寓于健康之身体"。只有有了健康的身体，才能忍劳耐苦，四处奔波，出人头地，获得财富、地位和幸福。洛克的体育观与其德行观和智育观一样，充斥着典型的唯实和功利色彩。

洛克关于绅士素质的构想及其相关教育的论述，使其成为唯实主义教育哲学的主要代表人物。在唯实主义的视野中，绅士并非远离尘嚣之士，相反，是那些善于解决实际问题，具有强烈的务实精神，能够开辟事业的人士。绅士作为教育的一种理想，有着深刻的和久远的启发意义。

兴起于欧洲的唯实主义教育哲学在美国获得了极大的共鸣，并对美国殖民地时期的教育实践产生了极大的影响。在这方面，富兰克林是一位代表性人物。

富兰克林唯实主义教育哲学思想的主要内容是，第一，阐明教育的涵义。富兰克林认为，人类社会存在两种意义的教育，一种是社会教育，一种是学校教育，两种教育共同组成生活过程。在现实中，社会教育与生活过程联系紧密，而学校教育远未发挥生活的功效。因此，富兰克林强调，教育改革的重心应当是学校教育，而学校教育改革的中心任务是摆脱宗教色彩和古典主义的空疏，增加现实生活所需要的内容，使其能够为社会的工商事业和人们的现实生活服务。第二，提倡社会教育。富兰克林认为，社会教育有着特别重要的意义。在他生活于其中的社会中，社会教育承担着传播实用知识和养成实用人才的职责，发挥着促进社会进步的作用。因此，社会教育应该受到广泛的关注。富兰克林提出，社会教育包括多种途径。其一，讲读社。这是一种青年组织，其活动方式是聚会探讨社会生活中的道德、政治和科学问题，围绕问题进行准备和讨论，寻求答案。其二，图书馆。图书馆的功用是为民众提供大量的科学、历史、地理和文学方面的书籍，引发广大民众的阅读兴趣，传播实用知识，培养人们的工作能力和生活情趣。其三，哲学会。这是一种文化水准较高的人士集会的方式。

通过这样的方式，科学家、技术人才和其他学者有机会交流和合作，解决复杂的社会问题，促进社会的发展。富兰克林生前竭力倡导三种社会教育方式，并取得了相当明显的成效，也在很大意义上表达了其唯实主义教育哲学主张。第三，呼吁建立文实学校。在富兰克林时代，美国的许多基础教育机构大多移植英国公学模式，课程的重点是古典主义教育，这样的教育无法满足更多的人群接受教育的愿望，也很难培养出适应社会生活的具有实际工作技能的人才。因此，富兰克林要求改变学校教育的目的，使之同时承担升学准备和就业准备两方面的任务。围绕新的教育目的，富兰克林要求建立更多的文实学校，增加大量的实用课程内容，运用科学观察和实验方法教学，引导学生广泛接触农业、商业和工业的生活知识。这些主张都充分展示了富兰克林的唯实主张，并对后来的美国教育价值观念产生了深刻和久远的影响。

　　唯实主义教育哲学流派还包括其他一些思想家。综观其主要特征，可以归纳如下：其一，唯实主义教育哲学是世俗的、现实的教育思想，是17世纪教育和古典主义教育的突破。这一思潮引导人们更多地关注现实生活，淡化与现实生活没有直接关系的古典课程内容。在近现代教育转换之际，这样的思潮具有显著的进步意义，强化了教育的社会服务职能，同时也使教育获得了更为广阔的存在和发展空间。其二，唯实主义教育体现了实用思想。在唯实主义教育哲学主张的影响下，教育目的、教育内容和教育方法都发生了相当明显的变革。古典性和宗教性的教育观念逐渐失去支配性的地位，取而代之的是强调培养适应资本主义工商业发展的实用型人才，这样的人才既有良好的商业理论基础，又有经营工商的真才实学。其三，唯实主义教育哲学中包含着民主思想。与古典主义教育相比，唯实主义教育观念主张向更多的中下层人士提供教育机会，也使更多的关注实际生活需要的中下层人士更愿意接受教育，从而瓦解了古典教育的精英壁垒，促使学校朝着更为民主的方向迈进。

　　（六）发展天性：自然主义教育哲学的追求目标

　　自然主义教育哲学的基本追求就是要求教育脱离任何人为的制约，顺应自然规律，充分发展儿童的天性。

　　自然主义教育哲学形成于17—19世纪。历史上，自然主义教育哲学不仅渊源深厚，而且影响广泛。早在文艺复兴时期，一些人文主义思想中就包含了自然主义教育哲学主张。文艺复兴时期人文主义思想家们的自然主义教育哲学主张的内容是，其一，强调教育应该遵循儿童的自然本性。伊拉斯谟确认人的自然的本性的存在，将其理解为天赋能力和获得成就的自然动力，主张教育顾及儿童的天性。蒙田也明确指出，儿童的天性中具有"自然的倾向"①。教育者应该放任这样的倾向，促进其发展。其后的一些思想家沿着他们的思路前进，扩大了自然主义教育哲学的影响。其二，关注人与自然的关系。这是文艺复兴时期自然主义教育哲学关注的另一方面内容。在这方面，培根的思想具有代表性。培根指出，人们如果希望支配、驾驭和改造自然，就必须认识、服从自然。由此出发，一些哲学家提出，在教育过程中，教育者应该尊重自然规律和儿童的自然天性，只有如此，才能促进儿童天性的成长。这样的思想后来成为自然主义教育哲学的重要主张。其三，主张通过接近自然的途径获取关于自然的知识。这一主张突破了以往单纯地从书本中学习知识的框架和教育方式。早在文艺复兴时期，维多里诺的思想就充分展示了这样的取向。按照维多里诺的理解，学校应该置于优美的自然环境之中，教育过程中受教育者的天性应该受到关心和尊重，而不是束缚和压抑，并在这一过程中引导受教育者掌握知识，形成良好的品行②。人文主义教育哲学中包含的自然主义观念对自然主义教育哲学的形成有着深刻的启发意义。从这里出发，自然主义教育哲学的自然适应性原则拥有了相当丰厚的资源。

自然主义教育哲学的代表包括夸美纽斯、卢梭、福禄培尔等人。夸美纽斯是17世纪捷克的教育思想家，一生从事教育实践和著述活动。在他的全部教育主张中，"自然适应原则"具有十分重要的地位。正因为如此，人们将其视为自然主义教育哲学的主要代表人物之一。

夸美纽斯相信，教育应当适应自然，在各方面与自然相适应。在夸美纽斯这里，"自然"是指自然界的法则和人的与生俱来的天性。③具体地说，夸美纽斯的自然适应原理如下：第一，充分尊重自然法则，遵循教育的自然规律。夸美纽斯认为，自然界存在着普遍的法则，教育过程中同样存在着

---

① 张赋贤等：《西方教育思想史》，第371页。
② 同上书，第372页。
③ 单中惠主编《西方教育思想史》，第160–165页。

严格的自然秩序，学校的改革应该遵循这样的自然秩序。[①]"假如我们把自然看作我们的向导，她是决不会把我们领入歧途的；在自然的指导之下，迷途是不可能的。"[②]在夸美纽斯大脑里，整个自然犹如一台机器，世界上的一切事物都按照机械原则的方式安排的，遵循高度严格的秩序。这样的秩序是事物的灵魂。一切良好的东西，只要能够保持自身的秩序，便可以维持自身的力量和地位，从而发挥自身的功用；教育同样如此，有着自身的秩序，因而，应该组织得就像一座"用最巨大的技巧做成的、用最精细的工具巧妙地雕镂的钟一样"[③]，运转自然和有效。他告诉人们，人类的生活无法离开自然，人们模仿鱼在水里游泳，模仿动物的发声器官制造乐器，模仿天空的雷电制造火药，这些都在说明，教育应当借鉴和模仿自然的秩序。"秩序是把一切事物教给一切人们的教学艺术的主导原则，这是应当、并且只能以自然的作用为借鉴的。"[④]

第二，遵循人的天性，发展人的自然潜能。夸美纽斯持有一种高度完善的人性观。他相信，人是造物中最崇高、最完善、最美好的，每一个人都具有一定的天赋，都能领悟万物。他说："把来到世界上的人的心理比作一颗种子或者一粒谷米是很对的，植物或树林已经存在于种子里面，虽则它的形象看不出来。我们不必从外面去拿什么东西给一个人，我们只需要人的原有的、藏在身内的东西显露出来，并去注意每个个别的因素就够了。"[⑤]这样，全部教育的意义就在于挖掘人们自身内在的自然的潜能，使其得到充分释放，形成完美的人格。

第三，适应儿童的年龄特征，促进儿童的智力进步。夸美纽斯看到，不同年龄阶段的儿童有着不同的特征，因而，循着自然适应原则，教育应该与儿童的年龄特征相符。对此，夸美纽斯有过详细的论述。他说："知识如果不符合这个或那个学生的心灵，它就是不合适的。因为人心的不同和植物、树林或动物之各不相同一样大；这个必须这样去应付，那个又必须那样去应付，同样的方法是不能用在所有人身上的……教师是自然的仆人，

---

① 夸美纽斯：《大教学论》，人民教育出版社，1984，第 57 页。

② 同上书，第 81 页。

③ 同上书，第 42–43 页。

④ 同上书，第 80 页。

⑤ 同上书，第 30 页。

不是自然的主人；他的使命是培植，不是改变，所以假如他发现了某门学科与某个学生的天性不合，他决不应该强迫他去学习；因为在某一方面缺少的东西多半会由另一方面去补足……假如没有一个学生违背本人的意志，被迫学习任何学科，我们就不会发生厌恶知识和智力受到抑制的情形了。每个人都会顺着他的自然的倾向去发展。"①在这里，夸美纽斯不仅强调自然适应原则，而且主张教育应当适应儿童不同的天性。这样的主张进一步丰富了其自然适应原则。

自然主义教育哲学的另一位代表人物是法国思想家卢梭。与夸美纽斯相比，卢梭的自然主义教育哲学主张更为系统。可以说，卢梭的全部教育主张均具有典型的自然主义教育哲学性质。卢梭自然主义教育哲学的一方面内容是其自然教育原则。这一原则的宗旨就是教育应当顺应自然。他提出并确立这一原则，与其人性观念密切相关。他指出："出自造物主之手的东西，都是好的，而一到了人的手里，就全变坏了。"②卢梭晚年曾经说过："当我跟天地万物融为一体，当我跟整个大自然打成一片时，我感到心醉神迷，欣喜若狂，非语言所能形容。"③这样的心境淋漓尽致地体现了卢梭对自然的热爱。在卢梭心目中，人们在未接触社会前，处于自然状态之中，此时的人们保持着善的自由本性，并不因贫富贵贱而有差别。但是，当人们进入文明社会后，人们的自然的善的德性就丧失了。在文明社会中，人们滥用自身的自由本性，违背自然法则，导致人与人之间的差别和不平等现象。因此，教育应当努力适应自然，并在自然环境中实施教育，远离文明社会的污浊。卢梭指出，人们的教育分为三种类型：一是自然的教育，二是事物的教育，三是人的教育。他说："我们的才能和器官的内在发展，是自然的教育；别人教我们如何利用这种发展，是人的教育；我们对影响我们的事物获得良好的经验，是事物的教育。"④在三种教育之中，人们无法控制自然的教育，对事物的教育只能控制一部分，而人的教育却完全在人们的控制之中。因此，人们应当使自己能够控制的教育适应无法控制的自然的教育，保证三种教育一致，从而给人以良好的影响，这样的影响就是自然

---

① 夸美纽斯：《大教学论》，人民教育出版社，1984，第153页。

② 卢梭：《爱弥儿》上卷，商务印书馆，1978，第5页。

③ 卢梭：《漫步遐想录》，人民文学出版社，1986，第120页。

④ 卢梭：《爱弥儿》上卷，第7页。

的教育。在这里，可以看出，卢梭的自然教育原则，归根结底，就是教育要服从自然，适应儿童天性，促进儿童身心的自然发展。卢梭强调说："大自然希望儿童在成人以前就要像儿童的样子……如果想用我们的看法、想法和感情代替他们的看法、想法和感情，那简直是最愚蠢的事情。"①

卢梭自然主义教育哲学的另一方面内容是其关于自然教育目的的论述。卢梭明确指出，自然教育的目的是培养"自然人"。这种自然人是身心发达、体脑健康、不受传统束缚、天性发展的新人。他完全为自己而生活，不依从任何固定的社会地位和社会职业，能适应任何客观发展变化的需要。②在《爱弥儿》中，卢梭形象地描述了这样的自然人："他现在已经年过二十，长得体态匀称，身心两健，肌肉结实，手脚灵巧；他富于感情，富于理智，心地是十分地仁慈和善良；他有很好的品行，有很好的审美能力，既爱美又乐于为善；他摆脱了种种酷烈的欲念的支配和偏见的束缚，他的一切都服从于理智的法则，他一切都倾听友谊的声音；他具有许多有用的本领，而且还通晓几种艺术；他不把金钱看在眼里，他谋生的手段就是他的一双胳臂，不管他到什么地方，都不愁没有面包。"③可见，这种"自然人"是一种完美的人。

卢梭不仅描绘了"自然人"的素质，而且提出了培养"自然人"的方案。在他的教育构想中，自然人的培养分为婴儿期、儿童期、少年期和青年期。婴儿期的教育任务是养护和锻炼，促进婴儿的身体的健康发展。儿童期主要进行感觉教育，通过感觉教育丰富儿童的感性经验。少年期是人的一生中最为重要的教育时期，主要进行智育和劳动教育。青年期的教育重心在于道德教育、信仰教育和性教育，帮助青年做好社会生活的准备，养成能够抵制不良影响的能力和品质。与不同的教育阶段相应，教育的方式和方法各不相同。这样，卢梭给出了完整的自然教育体系。这样的体系对西方教育史产生了深远和广泛的影响。

福禄培尔是德国 19 世纪的教育家。在他这里，自然主义成为具有本体论意义和具有宗教色彩的一般原则。福禄培尔相信："只有一条永恒的法则在一切事物中存在着、作用着、主宰着。这条法则无论在外部，即在自然中，或在内部，即在精神中，或在两者的结合中，即在生活中，都始终同

---

① ②　卢梭：《爱弥儿》上卷，第 91 页。同时参见单中惠主编《西方教育思想史》，第 204–205 页。

③　单中惠主编《西方教育思想史》，第 206 页。

样的明晰和确定。"①这一永恒的法则同样也支配着教育过程。遵循这一法则，教育就应该顺应人的本性，去激发和引导受教育者自觉地和完满地发展自己的天性。这就是自然教育的旨趣。

福禄培尔专门论述过"自然"的含义。"自然"就是潜藏在人的身心中的力量和能力。这样，"自然"与人的本性、本能或天性便成为同一内容。福禄培尔指出，人的本能包括四种类型：活动的本能、认识的本能、艺术的本能和宗教的本能。人的自然、本能、天性等始终处于发展过程之中，并由一个发展阶段走向另一个发展阶段，朝着蕴藏着无限和统一的最终目标前进。教育的任务就是按照自然的本性，适应不同发展阶段的需要，采用不同的方法，促进着人的自然的发展。

与卢梭一样，福禄培尔也构思了完整的教育方案，期望通过自己的构想，实行自然的教育。在福禄培尔的构思中，人生的教育被分成婴儿、幼儿和少年阶段，不同阶段的教育侧重各不相同。福禄培尔详细地论述过幼儿园教育。因此，人们特别关注其幼儿教育思想。在福禄培尔的思想体系中，幼儿教育具有十分重要的意义。福禄培尔将幼儿教育看成是人们一生中最为重要的教育阶段，并提出了包括游戏、作业和"恩物"在内的系统的教育方法，阐明种种方法的运用程序及其原则。这使福禄培尔的自然主义教育哲学主张更富有实践意义。

分析多位自然主义教育思想家的哲学主张和实践，可以归纳自然主义教育哲学的基本特点。②这些特点包括：第一，自然主义教育哲学主张包含着强烈的批判精神。与唯实主义教育哲学主张相同，自然主义也是以批判传统的空疏的古典封建教育为起点的。这一特点在卢梭的思想中尤其突出。卢梭对其生活的时代的批判锋芒极其锐利，对传统教育的弊端进行了大胆的揭露。这使其教育哲学主张与其政治主张成为一体，也进一步增强了其教育主张的批判性。

第二，自然主义教育哲学主张深刻地阐述热爱儿童和尊重儿童天性的原则。这一原则直接指向封建教育忽视儿童天性的弊病。整个自然主义教育主张的哲学基础是自然哲学思想，立论于此，自然主义思想家们不约而同地主张教育应当遵循永恒的自然法则，尊重儿童的天性。卢梭针对封建

---

① 福禄培尔:《人的教育》，人民教育出版社，1991，第 1 页。

② 单中惠主编《西方教育思想史》，第 198-199 页。

教育抑制儿童天性的性质指出："你们为什么不让天真烂漫的儿童享受那稍纵即逝的时光，为什么要剥夺他们绝不应被糟蹋的极其珍贵的财富？你们为什么要使那转眼即逝的岁月充满悲伤和痛苦呢？"[①]在卢梭眼中，封建教育严重地压抑着儿童的天性，不仅如此，而且引导着儿童向着道德败坏的方向堕落。之所以如此，主要原因就是封建教育违反儿童的天性，将成人世界的陈腐观念灌输给儿童。因而，卢梭提出了全新的教育主张，并构成自然主义教育哲学的组成内容。

第三，自然主义教育哲学主张在活动中学习。无论是卢梭还是福禄培尔都强调活动在教育中的重要意义。卢梭指出："生活，并不就是呼吸，而是活动，那就是要使用我们的器官，使用我们的感觉、我们的才能，以及一切使我们感到我们的存在的本身的各个部分。生活得有意义的人，是对生活最有感受的人。"[②]福禄培尔甚至详细地阐述了游戏的意义，指出通过游戏进行学习的原则。在自然主义教育思想家眼中，必须让儿童使用大自然给予他们的一切力量，同时给予儿童更多的真正的自由，让他们自己多动手，通过接触自然进行学习，而不是仅仅通过书本学习。

（七）教育万能：唯物主义教育哲学的鲜明立场

18世纪中期以后，在唯实主义教育哲学和自然主义教育哲学形成与发展的过程之中，法国唯物主义教育哲学走上了历史舞台。

唯物主义教育哲学的诞生拥有着特定的社会和文化背景。在18世纪，法国的阶级矛盾日趋激烈。当时的法国社会分为三大阶层。立于社会顶层的是僧侣，位于社会底端的是广大农民、手工业工人、城市平民和资产阶级，处于中间的是封建贵族。在整个社会中，僧侣和封建贵族人口比例只有不到3%，但占有着70%的社会财富。僧侣通过信仰发挥着巩固社会制度的作用，贵族运用手中的剑发挥着同样的作用。第三等级的地位极为低下，他们需要为社会上层奉献财富，同时还得接受政治上的压迫。随着经济地位的上升和财富的积累，第三等级越来越不甘于现状，迫切希望彻底改变既有的社会秩序，登上政治舞台。第三等级的社会地位和政治要求构成了唯物主义教育哲学和整个法国18世纪的唯物主义诞生的社会背景。

---

① 卢梭：《爱弥儿》上卷，第73页。

② 同上书，第15页。

唯物主义教育哲学问世的另一重要因素是科学的进步。在 18 世纪，法国的自然科学，尤其是法国的物理学和天文学获得了长足的发展。同时，国外的科学成就渗透法国，广泛流传于知识界。科学的进步构成法国唯物主义哲学萌芽和成长的文化背景。

社会因素和文化因素直接导致法国启蒙运动的兴起。这是一场声势壮观的资产阶级思想解放运动。在这场运动中，涌现了一大批启蒙思想家，唯物主义思想家是其中极为重要的代表。他们与大多数启蒙思想家一道，高举理性的大旗，猛烈地批判旧的社会秩序和神权统治，呼吁建立理性王国，运用理性的尺度重新评价一切。启蒙思想家们思想极为敏锐，学识非常渊博。他们拒绝任何权威，敢于怀疑和批判一切。"……这些启发过人们头脑的伟大人物，本身是非常革命的。他们不承认任何外界权威，不管这种权威是什么样的。宗教、自然观、社会、国家制度，一切都受到了最无情的批判；一切都必须在理性的法庭面前为自己的存在做辩护或者放弃存在的权利。思维着的悟性成了衡量一切的唯一尺度。"①作为启蒙运动的优秀代表，法国 18 世纪的唯物主义思想家们组成了"百科全书派"，成为启蒙运动中最进步的思想力量。

唯物主义思想家们不仅一般地探讨了自然、社会、人及其间的关系，为资产阶级革命提供思想启蒙和理论资源，而且具体地论述了教育问题并形成唯物主义教育哲学流派。其中突出的代表人物包括爱尔维修和狄德罗。

爱尔维修是法国"百科全书派"的杰出代表和教育万能论的明确倡导者。他的观点可谓法国 18 世纪唯物主义哲学最好的表述。首先，爱尔维修相信，人的感觉是知识的源泉，人的认识来源于客观世界，人们主要依靠感觉能力把握世界。因而，人们的智力和观念等，本质上都是外部世界的赐予。人们在诞生初期，毫无知识和观念，所有这些均是后天获得的。在此基础上，爱尔维修强调，一切正常的人都有感觉器官，能够感觉外部世界，从外部世界中获取知识，形成观念。无论外部世界怎样复杂，已经产生的知识如何高深，人们都能通过自己正常的感觉器官接受和了解。爱尔维修的这些观点直接冲击了西方根深蒂固的"天赋观念"，剥去了观念和智力的神秘面纱。其次，爱尔维修指出，一切具有正常的感觉器官的人都是智力平等的人。"精神的优越程度与感官的完善程度无关，凡是构造得同样

---

① 中共中央马克思恩格斯列宁斯大林著作编译局编《马克思恩格斯选集》，第 404 页。

好的人，都由自然赋予了必要的感官细致程度，足以在数学、化学、政治学、物理学方面达到最大的发现。"①人们的外形或外貌存在着差别，但是，人们的智力不会因此受到影响。人们智力平等的证明是：在人们需要相同的地方，会出现同样的技术发明，只要这些地方的政府同样地支持和保护这些技术发明。②个人之间的智力平等表现，同样适用于解释不同民族和国家的人种之间的智力平等。

在智力生而平等的基础上，爱尔维修强调，现实生活中人们之间智力的差异，完全是后天的环境和教育导致的。换言之，人们生活于怎样的环境之中，接受什么样的教育，便会形成相应的智力。因此，任何智力的差异，绝不是天生的。"人生而无知，并非生而愚蠢。"③这样，爱尔维修将教育置于一种十分重要的地位，甚至是"教育万能"④。"教育万能"的主张，既是爱尔维修基本的教育哲学观点，也在一定意义上反映了唯物主义教育哲学的基本主张。需要说明的是，爱尔维修这里所说的教育，是一种广义的，包括社会环境、家庭环境、文化环境、生存条件、学校教育和全部影响人的发展的因素在内的总和。

爱尔维修相信，人的形态与其所受的教育一致。人们之所以千差万别，主要是环境和教育的结果。人的习惯、性格的形成同样依赖于教育。对于人来说，教育是万能的。没有什么通过教育不能做到，或者说，教育可以创造一切。因此爱尔维修断言，所有的人都能成为一位名人。⑤

爱尔维修的"教育万能"论不仅解释教育与人的关系，同时也在解释着教育与社会的关系。爱尔维修相信，教育是改造社会的唯一手段。因此，人类的幸福，社会的进步，其实现途径和基础都是人们所受的教育。在爱尔维修看来，教育能够消除社会中的愚昧、堕落和肮脏，促进人类的进步。他曾经这样说道："要是我证明了人果然是教育的产物，那就毫无疑问是向各国昭示了一项伟大的真理。他们将会知道，自己手里掌握着强大和幸福

---

① 北京大学哲学系编译《十八世纪法国哲学》，商务印书馆，1963，第476页。

② 单中惠主编《西方教育思想史》，第226页。

③ 北京大学哲学系编译《十八世纪法国哲学》，第470页。

④ 同上书，第539页。

⑤ 单中惠主编《西方教育思想史》，第227页。

的工具，要使自己幸福和强大，问题只在于改善教育的科学。"①

爱尔维修不仅提出智力平等和教育万能主张，而且建构起一套实现自己主张的思想体系。这一体系的起点是对经院主义教育哲学的批判。在他看来，经院主义教育哲学及其实践是国家进步和公民幸福的最大阻力，毁坏了儿童的全部心灵，摧残了人的性格，断送了人的一生，扭曲了人的精神。更为严重的是，经院主义哲学由于诱导人们学习愚蠢的书籍和伪学者们的教导，导致文明民族之间共同性的愚蠢，并使这样的愚蠢表现出传染性的结果。在经院主义哲学主张和实践下，谬误成为真理，愚昧受到歌颂，堕落受到推崇。因为经院主义哲学要求只是"一种盲从，一种无边的轻信，以及一种幼稚的、无端的恐惧"②。因此，人们应当坚决地摒弃经院主义哲学，代之以全新的教育。

这种全新的教育的特点之一是教育权归国家所有，而不是教会。爱尔维修指出，一个民族如果把公民教育委托给教会，必将使这个民族蒙受巨大的灾难。因为教会控制学校，只会使愚蠢弥漫和社会黑暗。相反，国家掌握公民教育，赋予教育追求世俗幸福的性质，那么，在这种教育之下，人们将会成为完善的人，社会也将因此进步。

在爱尔维修的教育体系中，道德教育、智育和体育都是重要的内容。道德教育提倡共同幸福和追求真理；智育过程是传授科学知识和引导学生独立思考的过程，而体育的宗旨是促进身体的健康和体魄的强壮。这样，爱尔维修形成了相当完整的教育体系。

狄德罗是与爱尔维修同时代的唯物主义教育哲学流派的另一位重要代表。与爱尔维修不同，狄德罗并不主张教育万能。尽管如此，狄德罗高度评价了教育的功能。

与爱尔维修一样，狄德罗也是从教育对人的发展价值和教育对社会进步的价值出发阐述教育的作用的。在狄德罗看来，教育对人的自然素质的发展具有十分重要的作用。通过教育，人们可以发展优良的自然素质，抑制不良的自然素质。在经院主义哲学支配下，教育的这一巨大作用被忽略了。广大社会成员没有机会享受真正的教育，而只能接受愚昧，无数的天

---

① 北京大学哲学系编译《十八世纪法国哲学》，第479页。同时参见单中惠主编《西方教育思想史》，第227页。

② 北京大学哲学系编译《十八世纪法国哲学》，第485页。

才就这样没有机会展现便离开了我们的世界。对此，狄德罗激愤地指出："多少人在没有表现他们是什么之前，就死掉了！我愿意把他们比作一幅藏在黑暗的画廊里的壮丽的画图，里面透不进一线阳光，没有谁看到它，它也没有引起谁的赞赏，它在那样的地方埋葬了。"[①]狄德罗相信，人人拥有优良的素质，而不是少数人专美。如果人人都有机会接受教育，那么，这样的优良素质便会普遍展现，人类就会摆脱愚昧、无知和黑暗。正因为如此，狄德罗特别憎恨专制君主和教会对教育的垄断及操纵。狄德罗清楚地表明了其寄托于教育的强大的个人发展功能。

在教育与社会的关系上，狄德罗同样持有非常乐观的态度。他认为，教育是民族进步和国家发展的动力。因而，国家应该建立普及的、强迫的和免费的初等教育制度。因为"从首相直至最低下的农民，每一个人都应该学会阅读、书写和计算"[②]。达到这样的程度，民族的进步和国家的发展就会成为现实。为此，狄德罗主张建立国民教育制度，强化国家对教育的领导和管理，剥夺教会控制教育的权力。

分析上述内容，可以看出唯物主义教育哲学的基本精神是：第一，充满反叛和批判精神。多种教育哲学主张都具有批判精神，或者说，批判精神是一切哲学和教育哲学的基本特点，然而，与其他教育哲学流派相比，18世纪的法国唯物主义教育哲学的批判锋芒更为锋利。在唯物主义教育哲学的视野中，封建社会制度、宗教神学观念和形式主义，都是束缚人的发展和教育的进步的因素，因而都是批判和改造的对象。更值得提及的是，唯物主义教育哲学在批判的基础上构建了新的教育观念和标准，倡导运用理性评判一切，从而动摇了各种妨碍教育和整个社会进步的宗教的与封建的权威根基。在这一意义上，唯物主义教育哲学的批判更具有建设意义。

第二，唯物主义教育哲学拓宽和充实了教育哲学理论领域。在唯物主义教育哲学视线里，个人、教育、环境的关系，教育的多方面功能，等等，都成为哲学研究的内容。这样的取向与以往的教育哲学相比，无疑更有助于开阔人们的思路和解放人们的思想。

第三，唯物主义教育哲学是时代的产物，一方面具有非常明显的进步意义，另一方面也带有时代的局限。这使得这一时代产生的唯物主义不同

---

① 单中惠主编《西方教育思想史》，第 233 页。

② 同上书，第 234 页。

于马克思的唯物主义。今天人们在审视这一时代的唯物主义时，应该既要看到其历史的革命意义，也要看到其观点的片面性质。

（八）社会进步：进步主义教育哲学的历史责任

进步主义教育哲学诞生于 19 世纪末和 20 世纪初的美国社会，是美国世纪转换之际波及整个社会的进步主义运动的组成部分。

19 世纪晚期，美国成为世界上的经济强国，实现了国家的工业化。然而，美国社会的危机日益加深，多种社会矛盾迭现。最为突出的表现是，政治危机深刻，贫富分化悬殊，阶级冲突激烈，市场秩序混乱，精神文化堕落。一方面，大批的城市贫民难以维持基本的生计，缺少必要的劳动保护和基本的工作条件；另一方面，少数富有阶层垄断了社会的绝大多数财富和生产资料。这些危机的存在，不仅深刻地阻碍着社会的进步，而且影响着社会制度和经济秩序的正常运行。美国进步主义运动正是在这样的社会背景下产生的。

进步主义运动主张政治革新，反对经济垄断，要求改善贫困状况，主张缓和劳资关系，更新人们的思想观念，从而克服社会进步过程中的困难，并为社会进步提供新的活力。进步主义教育哲学是进步主义运动的一个部分，因而，具有与整个进步主义运动相同的价值取向。

进步主义教育哲学的代表人物包括帕克、约翰逊、杜威等人。值得说明的是，他们的思想并不完全一致，以至于人们将其分为进步主义和实用主义等不同的哲学流派。然而，在一些基本教育哲学问题上，他们表现出更多的一致性。因此，这里将忽略其差异，而主要论述其共性的教育哲学主张。

第一，突出经验的重大意义。进步主义思想家们极为重视经验的意义。所谓经验，是人与环境相互作用的结果，是人的行为与环境交互作用而产生的结合。杜威说："经验既在自然之内，也是关于自然的。被经验到的不是经验，而是自然—— 石头、植物、动物、疾病、温度、电力，等等。以某些方式起着相互作用的事物，是经验；它们是被经验到的东西。当它们以另一些方式与另一种自然对象—— 人的机体—— 发生联系的时候，它们又是事物怎样被经验到的情况。"[①]在杜威的话语中，经验的内涵极为丰富，几

---

① 赵祥麟、王承绪编译《杜威教育论著选》，华东师范大学出版社，1981，第 267 页。

乎无所不包。经验之所以重要，是因为全部教育均须以经验为基础。杜威对教育的定义是："教育就是经验的改造或改组。这种改造或改组，既能增加经验的意义，又能提高指导后来经验的能力。"[①]帕克持有同样的见解。他指出，儿童的发展依赖于自己的经验、印象和表达；儿童期充满了每一种由外在刺激和内在力量形成的活动。[②]约翰逊认为，儿童的生长和发展完全依赖活动，学校课程应当为儿童提供与他们身心相应的活动经验。[③]在进步主义教育哲学中，经验不仅从本体论上表现出重大意义，在教育中，经验也是最为基本的组成部分。

第二，强调教育与生活的联系。帕克指出，学校应该是一个社区。社区式学校设有完善的民主制度和健全的公共生活，学生活动的内容源于生活。在这种环境中，儿童将会成长为自由的民主社会需要的公民，获得多方面的发展。帕克曾经明确声明：学校应当是"一种理想的家庭，完善的社区和雏形的民主政治"[④]。约翰逊批评美国学校教育生活和社会分离的现象。在她看来，学校将儿童置于校园之内，与社会生活隔离，这种现象就像把花草安放在暖房内，改变花草的天性，使其只能开花而不结果一样。在与社会生活分离的校园生活中，儿童缺少生长的机会，无法自主地发现知识，长期生活于这样的环境，儿童必将厌恶学校和学习。杜威则是明确提出："教育即生活""学校即社会"。在杜威看来："教育过程有两个方面：一个是心理学的，一个是社会学的。它们是并重的，哪一个也不能偏废；否则，不良的后果将随之而来。"[⑤]"教育即生活"的具体含义是，教育就是儿童现在生活的过程，而不是将来生活的预备；为此，教育应该为儿童提供充分的生长和生活条件，包括儿童身体的成长、知识的增进和道德的进步条件。与"教育即生活"相应，"学校即社会"的含义是，学校"成为一个小型社会，一个雏形的社会"，在这个小的社会中，各类作业和活动反映大社会的生活。杜威指出，教育失误的主要原因就是放弃"学校即社会"的观点，并按照错误的想法组织教育活动。避免这样的错误，需要将学校设计成一

---

① 赵祥麟、王承绪编译《杜威教育论著选》，第159页。

② 单中惠主编《西方教育思想史》，第595页。

③ 同上书，第606页。

④ 同上书，第596页。

⑤ 赵祥麟、王承绪编译《杜威教育论著选》，第2页。

种特殊的环境，这样的环境具备三种功能："简化和整理所要发展的倾向的各种因素，把现存的社会风俗纯化和理想化，创造一个比青少年任其自然可能接触的更广阔、更美好的平衡的环境。"①

第三，明确儿童的中心地位。进步主义教育家特别强调儿童在教育过程中的中心地位，并视此为教育的一项基本原则。帕克强调："不是任何科目，而是儿童处于学校的中心。"学校教学计划的制订，应该围绕儿童的需要和兴趣，提供适应儿童身心特点的游戏、活动和工作机会，对儿童进行必要的辅导，保证儿童拥有丰富和多样的经验，使他们在不受任何限制的环境中生活和学习。帕克在自己的学校实践了他的理念，并在当时产生了广泛的影响。在他的学校中，儿童处于教育过程的中心，教师关注儿童的天性和内在能力的发展。为此，帕克被誉为"儿童新世纪的新觉"②。约翰逊相信，合乎需要的教育应该是有助于儿童成长的教育，教师最主要的任务就是给儿童的生长提供适当的条件。约翰逊明确地将儿童在教育过程中的生长确定为教育的目的。她说，学校教育的目的是"尽力使儿童身体健康，最好地发展智力，并保证富有感情的生活的真实和自然"③。杜威的儿童中心思想更为坚定。他指出："儿童是起点，是中心，而且是目的。"④杜威批判了传统学校教育忽视儿童的现象。他说，这样的学校"重心是在儿童之外，在教师，在教科书以及其他你所高兴的地方，唯独不在儿童自己即时的本能活动之中"⑤。这样的学校教育对学生实施的控制太多，而对儿童的兴趣和经验的需要关注太少。杜威强调，学校生活应该以儿童为中心，一切措施应该有利于儿童的生长。学校的教学计划、课程、方法以及一切教育活动，都应该服从于儿童的兴趣和经验的需要。杜威指出："我们教育中将引起的改变是重心的转移。这是一种变革，这是一种革命，这是和哥白尼把天文学的中心从地球转到太阳一样的那种革命。这里，儿童变成了太阳，而教育的一切措施则围绕着他们转动，儿童是中心，教育的措施围

---

① 赵祥麟、王承绪编译《杜威教育论著选》，第 154 页。

② 柯布：《新教育的原则及实际》，崔载阳译，中华书局，1933，第 11 页。单中惠主编《西方教育思想史》，第 596 页。

③ 劳伦斯·阿瑟·克雷明：《学校的变革》，单中惠等译，上海教育出版社，1994，第 166 页。

④ 赵祥麟、王承绪编译《杜威教育论著选》，第 79 页。

⑤ 同上书，第 31 页。

绕他们而组织起来。"①之所以如此，在杜威看来，是因为儿童的学习是主动的，包含着心理的积极开展，包含着心理内部开始的有机体的同化作用。②而以儿童为中心，将能刺激儿童的主动活动，使其全部身心融入教育教学过程。

第四，主张"从做中学"。这是进步主义教育哲学的又一重大原则。"从做中学"原则的内涵是，教学过程应该从儿童现在的生活经验出发，儿童应该在自身的活动中进行学习。坚持这一原则，是因为"人们最初的知识和最牢固地保持的知识，是关于怎样做的知识"。"人们应该认识到，自然发展的进程总是从包含着从做中学的那些情境开始。"③简言之，"从做中学"，实际上就是在活动中学习，在经验中学习。帕克在自己的学校中竭力实践这一原则。他主张通过儿童感兴趣的活动进行教学，注重通过自然观察、旅行活动、手工劳动和艺术活动引导儿童学习。他说："每个儿童热爱的自然界——鸟、花和动物是用之不尽的好奇心和惊讶的一种源泉。我们应该把这种热情带到教室里去。""儿童具有一种具体地表现思想的愿望，我们应该把这种冲动带到教室里去。"④约翰逊相信，儿童生长和发展完全依赖于活动，学校教学计划应该立足于儿童的兴趣和需要。在约翰逊的学校中，活动是主要的教学方式，智力的成长过程与活动的过程是同一的。体操、自然研究、音乐、手工、郊野地理、游戏、感觉训练、表演、竞赛和故事代替了一般课程，没有考试和留级。约翰逊强调："所有儿童需要创造性的手工劳动，这是思维的基本文法。"⑤"从做中学"这一原则在杜威这里更为具体和明确，并构成他的思想体系的重要组成部分。杜威认为，儿童生来就有一个自然的愿望，即需要做事和工作，对作业活动具有强烈的兴趣；作为儿童的一种活动方式的工作，是指使用种种材料和工具，以及使用种种有意识地用以获得效果的技巧的一切活动，包括任何形式的表现活动和建造活动，任何形式的艺术活动和手工活动等。通过这些活动，引导儿童掌握知识，促进儿童的成长。与帕克和约翰逊相比，杜威特别区分了

---

① 赵祥麟、王承绪编译《杜威教育论著选》，第 32 页。

② 同上书，第 79 页。

③ 单中惠主编《西方教育思想史》，第 628 页。

④ 同上书，第 597 页。

⑤ 同上书，第 601 页。

活动与职业教育。杜威认为，"从做中学"，并非职业教育，坚持"从做中学"的原则，并非出于功利目的。"所以采用这些活动，正是由于这样的事实：它们符合行动（包括情感的、想象的和运动的因素）乃是个人发展中起统一作用的实际的这一心理学假设。"①在杜威看来，这种工作的重要意义是使儿童个人与社会两方面之间形成并保持一种协调的关系。可见，"从做中学"，既是进步主义教育哲学的教学观点和认识观点，也折射其理解教育与社会进步关系的见解。

以上说明了进步主义教育哲学的基本的和重大的思想观点。这些观点昭示，作为整个社会的进步主义运动的一部分，进步主义教育哲学期望通过教育的改革，剔除教育中的各种问题，改造社会弊端，发挥教育在建立民主的和进步的社会中的作用。由于拥有广泛的社会基础，进步主义教育哲学释放了极大的吸引力。在 20 世纪早期，进步主义教育哲学凝聚了一大批教师，1919 年，美国进步教育协会成立，同年，《进步教育》杂志创办，进步主义教育哲学思想的传播获得了更为广阔的空间。在 20 世纪前半期，进步主义教育哲学思想和以其为理论基础的进步教育运动激发了广大教师的热情、忠诚和活力，也得到了大部分美国民众的认同、赞扬和行动支持。在进步主义教育哲学之后，美国的改造主义教育运动接过了其教育主张和哲学主张，声明教育的目的是推动社会的变化，设计和实现理想的社会。因此，可以说，进步主义教育哲学及其实践，构成了美国 20 世纪上半叶的主要教育哲学思潮。

（九）向往永恒：保守主义教育哲学的崇高理念

每一种社会运动和教育哲学主张都会遭遇自己的对立面。进步主义运动和进步主义教育哲学亦不例外。20 世纪 30 年代，西方尤其是美国的保守主义教育哲学问世。在教育哲学领域，"保守主义"这一范畴与政治学中的保守主义语义并不相同。在政治学中，保守主义作为一种政治思潮和政治主张，其主要精神是信奉自由市场秩序，主张保持西方社会延续已久的社会制度，强调精英统治，放弃社会变革。与政治学中的保守主义不同，教育哲学中的保守主义矛头直接指向进步主义教育运动和进步主义教育哲学。

保守主义教育哲学包含要素主义、新托马斯主义和永恒主义三种流派。

---

① 赵祥麟、王承绪编译《杜威教育论著选》，第 328 页。

要素主义强调教育的宗旨是保存人类文化遗产中的优秀的"共同要素"，借以促进学生的发展和维持社会的进步。新托马斯主义是一种以托马斯·阿奎那宗教神学理论为基础的教育哲学思潮。与要素主义关注"共同要素"不同，新托马斯主义关注基督教义中的基本价值，并希望通过这种价值的传播，形成人们普遍的基督教信仰，从而恢复传统的优良秩序。永恒主义同样提倡复古，相信人类存在共同的人性和永恒的价值，通过教育过程中的永恒的学科，能够光大这种共同的、永恒的人类价值，达到稳定社会、促进进步的目的。相形之下，要素主义和新托斯主义虽然没有像永恒主义那样，直接提出永恒的价值和永恒的教育，然而，其哲学追求的客观效果与永恒主义是相同或相近的。

在时间上，要素主义、新托马斯主义和永恒主义几乎同期产生并发挥影响。然而其代表人物和具体的话语系统并不相同。

要素主义教育哲学最有代表性的人物是巴格莱、科南特和贝斯特。在20世纪30年代，进步主义教育运动声势宏大，美国没有一所学校能够完全摆脱进步主义教育思想的影响。然而，在其最具声势时，批评的声浪已经出现。要素主义便是具有代表性的一种批评。要素主义指出，进步主义教育运动及其哲学主张，是一种盲目乐观的反理智主义、盲目乐观的人道主义和赤裸裸的功利主义，并直接导致美国中等教育学生科学程度肤浅。1938年，"要素主义者促进美国教育委员会"成立，标志着要素主义教育思想这一新的教育哲学形成。要素主义的基本精神是，强调教育过程中的师生努力，强调课程体系中的学科中心，强调教育体系的逻辑顺序和强调教师在教育过程中的主导作用。要素主义的基本观点包括：第一，强调和发扬教育上的智力训练传统。要素主义哲学家们主张，教育的主要职责是训练智力，一切活动都应该围绕智力的训练和发展进行；教育绝不是职业训练或未来生活的准备活动。如果教育放弃自己的职责，那么，学校就将沦为职业培训机构，而这样的学校无法承担社会赋予的伟大使命。第二，关注知识的系统性、逻辑性和学术性。要素主义认为，学校中的教学活动的基础不是经验和活动，倘若沿着经验和活动组织教学计划，那么学生只能获得零散的和支离破碎的知识片断，这些知识片断没有任何意义，无法发展学生的智力。与此相对，要素主义主张严格的系统性、学术性和逻辑性的知识体系，这些知识体系是人类社会世代积累的"共同要素"，应以此作为教学计划的主干。这与进步主义的"从做中学"的原则和活动中心思想直接冲突，因而表征着要素主义的基本精神。第三，突出教师的中心地位。与进步主义教育哲学的"儿童中心"原则相对，要素主义突出"教师中心"。在要素主义者看来，文化和知识的"共同要素"应该通过教师传递给学生，并借由学生刻苦、坚毅、专心的学习掌握这些"共同要素"。相应地，学校应当制定严格的纪律，确保学生完成学习任务。第四，鼓励学习过程中的智力竞争。在要素主义者看来，学习中的智力竞争能够为一批精英人才脱颖而出提供条件，从而使学校能够集中精力培养这些精英人才，社会能够源源不断地获得精英人才，治理社会，保证社会的稳定和繁荣。第五，明确知识的性质是人类世代积累的种族经验和文化遗产。要素主义相信，这些种族经验和世代遗产具有十分重要的意义。一方面，种族经验和世代遗产的传递，能够保证社会的正常延续和发展；另一方面，种族经验和世代遗产也是民主社会的共同财富，维系这些共同的文化遗产和种族经验，无疑会促进民主社会的繁荣。因此，教育责无旁贷地应当确定这些"永久性或相对永久性的文化因素"，使之成为民主社会的共同基础，并通过教育过程，使之成为民主社会的共同价值。

新托马斯主义教育哲学与要素主义教育哲学相同，没有直接提出永恒的主张。然而，其精神实质却是向往永恒的，强调的是永恒不变的人性。新托马斯主义认为，人的本质包含着两方面内容：一是本体论意义上的人，这是人的本质存在；二是经验意义上的人，这是人的现象特征。无论时代怎样变化，也无论人在自己的生命历史中如何发展，人的本质是永恒的和不变的，具有精神上的超越。人的本质的具体内容是热爱上帝和上帝赋予人类的尊严、智慧、理性。与人的不变的本质相应，教育的终极目的也是永恒的和不变的，这就是培养人的尊严、智慧、理性，造就永恒的具有强烈的和坚定的基督教信仰的人。

新托马斯主义放弃了旧的宗教神学恪守宗教的传统，而将自己的主张与社会的现实生活结合起来，提出教育不仅有着终极的目的，而且有着第二性的目的。这样的教育目的是变化的，是应时代的需要的。分析新托马斯主义的教育目的，可以窥见其虽然没有直接表达追求永恒的价值，但是实际上的价值指向却是面向永恒的。新托马斯主义的代表人物马利坦在论及大学教育时，其相关表述也折射出这一特点。马利坦指出：理想的大学应当具有普遍性，并贯彻普遍的教学原则，融合具有普世价值的神学、哲学知识和实用的艺术、科学、实践知识，一方面坚守不变的人性的教育目的，另一方面适应不同时代的需求，传递实用的知识。

新托马斯主义具有深厚和典型的宗教性质。尽管如此，其教育哲学主张仍然具有一定的积极意义。面对现代物质文明和科技进步，人们应该淡化物质的奴役，追求精神超越。这正是新托马斯主义所倡导的。新托马斯主义强调不变的人性，明确教育的任务是唤醒人的本性中蕴含的仁爱、尊严、智慧和理性，这同样是当代社会物欲横流的解毒剂。这些观念都在一定程度上启发人们反思现代教育的流弊。

永恒主义同样产生于20世纪30年代的美国，后来影响波及英国和法国，代表人物是赫钦斯和阿德勒等人。永恒主义宣扬宇宙精神、人性、教育目的和教育基本原则的永恒性，并因而得名。

永恒主义的主要特点是：第一，相信人性永恒不变。无论社会、政治、经济或时代如何变迁，人性永恒。人性的内涵是理性。"如果人是理性的动物，在全部历史中，其本性是永恒不变的话，那么不管处在什么文化和时代，每一种健全的教育方案都必须具有某些永恒不变的特点。"[1]第二，主张学习西方古典名著。在永恒主义者看来，这些古典名著包含了最伟大的真知灼见，涵盖一切知识领域和所有真理的基础。因而，培养智力，掌握真理的基本途径就是阅读和理解这些名著。第三，强调永恒不变的教育宗旨。永恒主义教育哲学的代表人物赫钦斯认为："人生是一种道德的、理性的、精神的存在。"这样的人生内涵构成了教育的基础，立足于这样的基础，教育的宗旨应该也是永恒和不变的。第四，强调普通教育的意义。普通教育的理念基础是人的永恒共性，基于这样的永恒共性的哲学是普通哲学，以普通哲学为指导的教育是普通教育，它不同于专业教育和职业教育。普通教育的目的是帮助学生学会自己思考，做出独立的判断，成为负责的公民。[2]赫钦斯曾经发起选编了百部名著，推行名著教育，希望通过名著教育，保存和弘扬人类永恒不变的伟大价值。赫钦斯将这些名著称为永恒课程，赋予其永恒的意义。在他看来，学习这些名著，能够演绎出人性的共同因素和共同遗产，其中包含着人类知识领域的一切成分，是一切科学的基础。永恒主义告诉人们："一本古典著作是这样的书，它在任何时代都是

---

① 陈友松主编《当代西方教育哲学》，教育科学出版社，1982，第65页。

② 华东师范大学教育系、杭州大学教育系编译《现代西方资产阶级教育思想流派论著选》，人民教育出版社，1980，第214页。

属于当代的。这就是它成为古典著作的原因。"①在这里，永恒主义并非界定古典著作的标准，而是阐述古典著作的永恒价值。

保守主义教育哲学作为进步主义教育哲学的对立面，在西方教育史上发挥了消解进步教育运动消极因素的作用。在西方教育史上，尤其是美国教育史上，进步主义教育哲学影响巨大，对教育实践和教育观念产生的负面效应同样明显。以经验为基础、从做中学、儿童中心和学校即社会等进步主义教育哲学的基本原则，在批判古典传统教育的过程中，淡化了人们的教育质量意识，学校教育与社会生活的区别被忽略了，系统的知识传授不再受到重视，学生的智力发展被理解为技能的进步，教学这一认识过程的特殊性受到抹杀。进步主义教育哲学及其教育实践的这些重大缺陷直接导致美国整个教育制度的低效和学术质量的下降。因而，保守主义的诸种教育哲学主张问世后很快得到认同和共鸣，形成对进步主义教育哲学的对垒，书写了20世纪上半叶教育哲学领域最为精彩的历史篇目。

（十）多元格局：20世纪后期西方教育哲学图景

20世纪后半期，人类经历了第二次世界大战。战争和死亡改变了人们的价值观念和审视世界的方式，对人们的心理状态产生了异常深刻和广泛的冲击。在新的社会和文化背景下，存在主义教育哲学、分析教育哲学和后现代主义相继登台，并且各领风骚，为教育哲学画面增加了极为丰富的色彩。

存在主义哲学注重人的存在和人的现实生活状态。更确切地说，现实人生及其意义，是存在主义哲学的出发点和归宿。存在主义哲学的这种取向本质上乃是二战留给人类的创伤和思考，是人们对自身生存危机的感悟和理解。唯其如此，存在主义哲学对人们产生了巨大的吸引力；因为人们感到，生活毫无意义，荒谬可笑，映入视野的是残忍、压抑、恐怖和自由。②

存在主义教育哲学与存在主义哲学密切相关。在一定意义上可以说，存在主义教育哲学是存在主义哲学在教育领域的表现形态和存在方式。因此，理解存在主义教育哲学，无疑需要把握存在主义哲学的基本精神。

---

① 华东师范大学教育系、杭州大学教育系编译《现代西方资产阶级教育思想流派论著选》，第207页。

② 理查德·D.范斯科德等：《美国教育基础——社会展望》，教育科学出版社，1984，第61页。

存在主义作为一种哲学流派，代表人物众多。海德格尔、雅斯贝尔斯、萨特等都是其中影响深远的哲学家。同时，他们的哲学观点在表现共同精神的同时，也在昭示哲学家自身的个性精神。本文无法详细地分别论述他们各自的主要思想，而只能抽取作为一种哲学流派的存在主义所关注的主要论题进行说明。

存在主义哲学包含着强烈的主观色彩和非理性主义倾向。因而，存在主义哲学没有体系化的理论和一致的思想内容。然而，存在主义哲学关心的论题却是相同的。翻开存在主义哲学的理论文献，其集中关注的论题是：

第一，存在。在存在主义哲学话语中，存在是指作为主体的人自身。实现人的存在的途径是，个人与世界交往，认识和征服自然，体验客观的存在；个人与他人交往，产生仁爱的关系，体验主观的存在；个人与神交往，形成信仰，体验自我的存在。在存在主义哲学这里，存在是一种个体生成和变化着的过程。

第二，本质。存在主义哲学坚持，人的本质是存在着的人通过自身的露面、出场、选择、活动呈现的结果。存在先于本质。这是存在主义哲学的代表萨特的名言。萨特说："首先是人存在、露面、出场，后来才能说明自身。假如说人，在存在主义者看来是不可能给予定义的话，这是因为人之初，是空无所有；只有后来人变成某种东西，于是人就按照自己的意志而造成他自身。所以说，世间并无人类本性，因为世间并无设定人类本性的上帝。人，不仅是他自己所设想的人，而且还只是他投入存在以后，自己所志愿变成的人。"[①]这样，存在主义在界定本质的同时，也在阐明存在与本质的关系。存在主义认为，本质并非一种绝对的、普遍的规定。人们首先存在着，然后才能给出自己的定义或本质。

第三，存在的特性。存在主义相信，人是偶然地和无缘无故地被抛到世界上来的。所谓偶然，是指没有任何先定的法则规定人以及物的存在状态和内容，存在并非根据某种绝对的观念、思想或精神诞生。因此，存在的基本特性就是偶然性。与偶然性相应，存在还具有荒诞性。荒诞性是指人们无法给定存在的理由，从而给存在蒙上无法预定、无法说明和无法解释的印记。在现实生活中，人们无法理解存在的荒诞，主要原因是人们受到理性的欺骗，迷信规律和自身的理智。事实上，荒诞每时每刻始终存在

---

① 中国社会科学院哲学研究所西方哲学史组编《存在主义哲学》，商务印书馆，1963，第337页。

于人们生活之中。

第四，选择。存在具有偶然和荒诞的特点，因而，人们首先存在着，然后通过自己的选择决定自己的本质。因此，人的存在与人的选择直接相关。人的选择是一种自由的选择。作为偶然的和荒诞的存在的人，生活于孤立无援的世界上，无法从上帝、科学、理性、道德那儿获得生活的真理和生活的方式。人们享有完全的选择自由，没有预设的限制。但是，人们在享有选择自由的同时，必须承担相应的责任。选择不仅与自由和责任相连，而且与行动相关。人们唯有通过自己的行动，才能实现自己的选择，体验自由和责任。显然，在存在主义哲学世界中，选择、自由、责任和行动是内在地相连的，甚至可以说是完全融为一体，并共同创造着人的本质。

第五，实在。在存在主义那里，实在是指外在于人的外部世界。存在主义一方面确认存在先于本质，肯定选择的重大意义。另一方面，实在并不依赖外部世界的存在。但是，在存在主义哲学那里，实在或外部世界的意义受到人的存在的制约。没有人的存在，实在将没有任何意义。大千世界呈现缤纷的现象，蕴含复杂的规律，具有多种功能，但是，这一切的意义都必须以存在为其基础，缺失这样的基础，实在就无法得到揭示、说明或证明。海德格尔指出，没有人的存在，外界事物没有一项是存在的；雅斯贝尔斯相信，离开人的存在，一切事物便会失去统一性，处于杂乱无序的状态；萨特认为，没有人的意识，人以外的事物就是一片混沌，一种巨大的虚无。[①]可见，在存在主义哲学这里，存在是第一性的，实在依附于存在，是第二性的。

第六，真理。实在与真理相关。人们与实在发生关系，其目的是获取真理，明确存在是什么。探寻真理的途径是选择和行动。选择规定着人们相信什么，并在此基础上理解自我这一存在，回答"我是什么"这样的问题。存在主义相信，真理是主观的，无论何种知识或真理，无论通过什么方法获取这种知识或真理，最终都必须通过个人的选择判断，因而，所有真理都是主观的。

第七，价值。与真理一样，在存在主义那里，价值同样与选择密切相关。存在主义否定任何绝对价值，而只承认价值存在于人的选择之中。在存在主义看来，如果人们确信存在绝对价值，那么，人们的选择能力将会

---

① 陆有铨:《躁动的百年：20世纪的教育历程》，山东教育出版社，1997，第120页。

受到抑制或否定，与此相关的道德判断能力也将受到抑制或否定。通过价值与选择的联系，存在主义拒绝了上帝和社会给定的价值标准，拒绝了任何权威规范，并使个人的选择成为最高价值。

第八，责任。责任是存在主义哲学的一个重要范畴。作为创造自身本质，进行自我选择和做出价值判断的个人，必须承担自己行为的责任。因此，在存在主义哲学中，责任不仅与其他范畴密切相关，而且构成了存在主义哲学得以成立的一个重要条件。存在主义相信，人的本质是自我选择和行动的结果。这一命题摧毁了古典哲学追求普遍规律和预定人的本质的传统。循着古典哲学的思路，人们无须选择，因为人的选择和人的本质受到外部世界的规定；因而，人们也无须对自己的选择和行为承担责任。这样的思路为个人逃避责任提供了理论借口。存在主义哲学相信这是一种极为愚蠢的观念，在具体的生活中，人们应该放弃这样的观念。

第九，人生观念。存在主义诞生于战争、危机和纷乱的氛围之中，因而具有典型的危机意识。这种危机意识源于存在主义哲学对社会危机的思考。整个存在主义哲学的形成和发展过程都与资本主义社会的经济、政治和社会危机息息相关。雅斯贝尔斯说过：存在主义哲学思维的源泉来自1914年以来每个人都发生的个人生存的危机和危难情境。①诞生于危难之际的存在主义哲学以挽救危机为己任，希望通过反思人生和社会，构建新的哲学，既摆脱传统哲学面临的危机，也承担起消解社会危机的使命。存在主义哲学内含的危机意识使其带有特定的悲观色彩。在存在主义哲学那里，人生是一场悲剧，个人始终处于畏惧、烦恼和死亡逼迫的过程之中。畏惧，是指孤独的个人面对的一切都是个人实现自由的障碍，个人感到被遗弃，从而产生的一种茫然失措状态。烦恼是一种情绪状态，是个人与社会、个人与他人之间险恶关系的反映。死亡是人生无法避免的终点，人生笼罩在死亡之中。这样的状态伴随人的一生。面对畏惧、烦恼和死亡，人们生活于一种与自己对立的和失望的世界之中，人们在世界上的地位难以确定。人们虽然拥有选择的自由，然而面对的未来却是混沌和没有目标的。②这样，存在主义哲学给人生注进了极端的悲观色彩。

基于上述哲学主张，存在主义哲学形成了自身的教育哲学观念。按照

---

① 陆有铨：《躁动的百年：20世纪的教育历程》，第126页。

② 同上书，第127页。

存在主义哲学观念，教育的宗旨就是引导每一个人认识到自己的存在，形成一套不同于他人的独特的生活方式。实现这样的宗旨，教育需要培养受教育者的真诚品质、选择能力和责任意识。 ①

培养学生的真诚品质，意味着形成学生辨别是非，否定随波逐流、人云亦云和自欺欺人的意识与习性。缺失真诚品质，个人将会失去自我，感到拘谨，体验精疲力竭。形成真诚的品质，要求教育取消任何压抑人性和阻碍人的发展的规则、方式和制度，放弃培养温顺服从和循规蹈矩的人的目标，提供一种真诚的环境和氛围。

选择能力的培养是教育面临的另一重要目标。实现这样的目标，教育需要引导学生认识荒诞和自由，懂得选择的意义与责任。为此，教育一方面需要锻炼学生的选择能力，为学生提供选择的机会；另一方面，需要帮助学生理解无限广阔的选择空间，明白人的存在是流变的，从而养成学生积极选择的动机。

责任意识是存在主义教育哲学赋予教育的又一重要目标。存在主义哲学确认人的选择，同时指出，个人的选择总是存在于一定的情境之中，包括环境、社会和他人。因而，人的选择是生活无法回避的内容，同时也是人们必须面对的责任。个人需要承担自我选择引起的环境、社会和他人责任。更主要的是，由于个人拥有绝对的选择自由，因而，责任意识便更为重要。在教育过程中，培养学生的责任意识的途径是帮助学生学会承担责任，而不是将责任推诿于环境、他人和社会。学校应该成为学生自我选择并承担相应责任的训练场所，使学生体验选择及其相随的责任。

分析存在主义哲学及其教育观念，其中的重要特征就是高度强调个人的地位和主观作用。这样的特征也充分体现于存在主义教育哲学关于师生关系的理解和教育方法的主张方面。

在 20 世纪后半期中，分析哲学是另一支影响广泛的主要流派。在分析哲学内部，又有着两个不同的分支。一支是逻辑实证主义，另一支是日常语言学派。严格地说，分析哲学主要是一种哲学方法，其对教育哲学观念或内容本身的影响并不明显，然而，作为一种哲学方法，分析哲学影响着人们理解、思考和运用已经产生的教育思想和教育范畴，并形成分析教育哲学，以至于在梳理 20 世纪后半期的教育哲学思想时，人们无法略去分析

---

① 陆有铨：《躁动的百年：20 世纪的教育历程》，第 127 页。

教育哲学。

分析哲学中的逻辑实证主义的主要观点是：第一，强调运用自然科学方法获取知识和证明知识。在自然科学领域，人们运用经验获取知识和证明知识。分析哲学认为，传统哲学关注形而上学，无法运用自然科学方式证明自己的结论。因此，传统哲学的话语、命题、概念等都毫无意义。分析哲学提出实证原则，用以分别形而上学与真理。依据这一原则，一切可以通过经验检验的知识都是有意义的；倘若无法运用经验加以检验和证实，那么任何命题、概念都将失去其存在的理由。这样，分析哲学便将锋芒指向了全部传统哲学，因为在传统哲学中，几乎所有命题、概念和范畴都无法接受经验的检验。第二，强调哲学的任务是逻辑分析。借用经验或能够还原为经验的逻辑，分析和批判人们使用的概念与名词及其间的关系，澄清语义混乱，说明已有的知识。第三，强调运用最为简洁的方式，甚至是自然科学领域的定律，表述和反映知识的命题、概念和其间的关系。

分析哲学的这些观点，产生了强大的冲击力。在分析哲学实证原则面前，传统哲学以及一切规范、价值和意识形态都面临瓦解。正因为如此，分析哲学遭到相当大的批判和阻力。分析哲学应对批评的一种基本途径是放松知识的标准。这就是分析哲学中日常语言学派的主要精神。具体地说，日常语言学派认为，人们在日常生活中，对一些概念不加判别，任意解释，导致概念的语义混乱。因此，哲学的任务是澄清混乱的概念，并确定其意义。通过这种途径，概念模糊、语义混乱和理论争论的现象将会减少。在分析哲学的逻辑实证主义那里，日常语言被视为不精确的和应当被抛弃的语言，逻辑实证主义主张创造一种精确的人工语言代替日常语言。日常语言学派对此持相反的见解。在日常语言学派看来，人们无须创造人工语言代替日常语言，也无法实现这样的目标。对待日常语言的态度和立场，是逻辑实证主义和日常语言学派的最大分歧。分析哲学不仅内含着对待日常语言的两种态度，还包容着对待形而上学、伦理规范的两种态度。在逻辑实证主义的标准面前，一切形而上学和伦理规范都没有意义，应该从哲学领域中放逐出去，因为所有这些都无法通过经验检验和证实。日常语言学派的主张与此不同，在日常语言学派看来，形而上学和伦理规范，都可以通过语义澄清，明确其含义，从而发挥其作用。日常语言学派通过放松知识或真理的标准，修正逻辑实证主义的偏激观点，不仅帮助分析哲学应对批评，而且丰富了分析哲学的内容。

分析哲学对教育理论产生了很大的影响，并形成了分析教育哲学。分析教育哲学批判传统的教育理论，立足于分析哲学的立场，传统的教育理论无法通过经验检验和证实，因而，人们应当抛弃传统的教育理论和相关的伦理规范。然而，由于这样的否定范围过于广泛，在教育理论和教育实践领域很难展开，分析教育哲学逐步放松了限制。在分析教育哲学后期，形而上学和教育领域中的伦理规范回到分析哲学的研究框架，被接受为教育的特定研究领域；与此相应，教育实践的特殊性也日益受到分析教育哲学的关注。因此，可以说，分析教育哲学的形成、运行和发展轨迹，大致上与整个分析哲学的路线保持着一致。分析教育哲学运用的分析方法对教育产生了深刻的影响。这种影响集中表现于对教育概念的分析方面。

第一，"教育"分析。分析教育哲学认为，教育是一个含义极其广泛、复杂，同时又是使用场合繁多和频率极高的概念，而在教育领域和日常生活中，人们使用这一概念的情形极为混乱，导致"教育"语义不清，误用频繁。因此，分析教育哲学决心对这一最为基本的概念进行语义分析。在这方面，伦敦大学教授彼得斯的工作极为出色，并产生了较大的影响。理解其分析"教育"的方法，有助于人们把握分析教育哲学的精神。彼得斯沿着两条思路分析"教育"。[1]其一，通过分析什么样的人才称得上是"受过教育的人"，分析"教育"概念。这一思路的过程是通过分析受过教育的人的技能、态度、性向确定教育的标准。其二，通过分析教育过程本身、把握教育活动的特征来分析"教育"。

彼得斯认为，受过教育的人具有这样的特征。其一，同时掌握一些专门的技能和大量的知识。仅仅掌握专门的技能并不是受过教育的人。例如，人们无法断言出色的钳工或车工是受过教育的人。但是，如果当这样的钳工或车工不仅具有出色的技能，而且通晓丰富的知识或概念图式，人们便可以断言其受过教育。其二，掌握的知识具有活力。所谓具有活力，是指这样的知识能够形成受教育者的一种推理能力，进而重组他的经验，并改变其思想方式和行动能力。一个有知识的人如果无法运用知识改变自己的信仰和生活方式，表现知识的活力，那么这样的人并不是受过教育的人。一些非常专门的知识就是没有活力的知识，例如，打高尔夫球的知识，这样的知识极少产生知识上的联系，因而也极少表现出活力。仅仅具备这样

---

① 陆有铨：《躁动的百年：20世纪的教育历程》，第98页。

的知识的人并非受过教育的人。其三，求知的目的超越了谋生。受过教育的人并不仅仅将知识看成是谋生的手段，在这样的人的心目中，工作的目的就是工作本身，求知的目的同样是求知本身，而不是具体的谋生目的。

对教育过程的分析，彼得斯是通过确立一系列标准进行的。彼得斯认为，合乎四种标准的活动应当称为教育：有意识地使受教育者的心灵产生变化的活动；具有特定目的的而不是任意的活动；学习者具备一定的知识基础和理解能力，并从"认知角度"看待活动；传授知识或技能的方法必须是道德上可以接受的。四种标准是彼得斯分析"教育"和判定"教育"的分析哲学思路。这样的思路最为基本的特点是，体现了分析哲学的基本精神，这就是通过确立知识的标准，吸收知识或排斥非知识性的内容。

第二，分析"知识"概念。在分析知识方面，英国分析教育哲学代表人物赫斯特的《自由教育与知识的性质》提供了典型的分析哲学方法。[①]赫斯特指出，知识的形式实际上就是经验的系统表述方式，知识具有四个特征：其一，每种知识都包括一些自身特有的中心概念。道德的中心概念是善、恶，宗教的中心概念是上帝、原罪、天堂等。其二，在特定的知识形式中，许多中心概念形成一种可能的关系网络，经验可以在其中得到理解。其三，一种知识，依靠其特殊的术语，拥有一些表达方式或陈述方式，这些表达方式无论多么间接，都可以通过某种方式得到经验的验证。其四，对于这些知识形式，人们已经形成一套特定的运用经验进行检验的技术和技巧。知识的四种特征成为赫斯特对知识进行分类的基本标准。依据这样的标准，赫斯特将知识分成七种类型：（1）形式逻辑与数学。这种知识包括那些区分抽象关系的概念。真理的检验取决于一个公理体系内部的可推理性。（2）自然科学。这一类知识涉及那些可以被观察证明或否定的陈述。（3）对自己和他人心智的理解。这种知识在人际关系、社会科学和心理学中占有很重要的地位，能帮助人们更好地生活和工作。（4）道德判断和意识。这类知识所使用的概念，包括"必须""错""责任"等，是其他知识所没有的。（5）美感经验。这类知识不仅运用概念，而且运用音符、线条、色彩等符号表述。（6）宗教主张。判断宗教主张的标准显然不同于其他知识。（7）哲学理解。这类知识包括一些独一无二的概念，运用这样的概念可以寻求其他知识形式的理性基础，其基本特征是其作为方法论而存在的。赫

---

① 陆有铨：《躁动的百年：20世纪的教育历程》，第98页。

斯特的知识分类对学校教育课程产生了直接影响。人们依据知识的特征和类型，构想课程体系和分类，划定课程内容的范围及其与心智训练的关系。

第三，分析"教学"概念。分析教育哲学对"教学"这一概念提出了五个标准。其一，有一个有意识地进行教的人。其二，有一个受教的人。其三，有某种教学内容。其四，实施教学的人希望引起受教者的学。其五，教的方法是道德上和教育学上可以接受的。依据这样五个标准，分析教育哲学分清了教学概念与其他现象的区别。

分析教育哲学没有提出自身的教育观念，然而却对教育哲学和教育实践产生了相当大的冲击，一个主要原因就是分析教育哲学为教育科学研究提供了科学的方法论，使其产生了自觉地追求知识标准的意识，而这样的意识是传统的教育哲学和以往的整个教育科学所缺乏的。

20世纪后半期教育哲学的又一重大思潮是后现代主义。后现代主义是一种十分复杂的哲学思潮。一方面，后现代主义本身包含了十分丰富的内涵，这使人们的理解过程面临巨大的挑战；另一方面，后现代主义包容众多的歧义，其中没有体系化或一致的思想观点，给人们一种飘忽不定和难以捉摸的形态和内容。因此，本文只是集中描述其基本精神、特征及其对教育哲学的影响。

后现代主义的沿革历史相当久远，尼采便是其先驱之一。上帝死了，终极价值和基本规范消失，人们的权力意志生成世界的一切。这些惊世骇俗的宣言，成为后现代主义的思想源泉。其后，经过奥尼斯（F. Onis）、法兰克福学派、福柯（M. Foucault）、德里达（J. Derrida）、利奥塔（Jean Francois Lyotand）等后现代主义大师的创造和发展，后现代主义终于壮大和丰满，影响和表现于许多学科领域和人们的思想观念与行为方式之中。在教育领域，后现代主义对教育的多方面产生影响，形成后现代主义教育哲学。

后现代主义的基本特征是：其一，否定权威。尼采声明，"上帝死了"，宣布了道德领域的权威消失。第二次世界大战之后，各个领域的权威都受到解构。后现代主义宣称，任何权威都不复存在，判定事物和行动的一切权威都已经解体，人们依据主体的和多元的价值标准确定自己的行动，评价事物和社会现象，选择自己的生活方式。否定权威表现于各个社会科学领域、意识形态领域乃至自然科学领域。几乎一切社会科学领域的经典理论都受到指责。意识形态领域的一切主义都在招致反叛，甚至自然科学的权威定律也在面临挑战。其二，否定科学理性。科学曾经极大地提升了人们认识和改造自然的能力，生产效率由于科学进步而显著提高，人们的生活质量由于技术发展明显改善。科学能够帮助人们解决许多复杂的自然和社会问题。科学理性能力因此登峰造极。然而，在后现代主义者眼中，这一切都在受到质疑。科学在带来社会变化、思想变化和行为变化的同时，给人类制造了许多重大危机。环境污染、核战威胁，资源枯竭、生态破坏，这一切都在诉说科学理性的局限。桑德拉·哈丁（Sandra Harding）在第 25 届诺贝尔奖颁奖大会上说："我在这里所说的后现代主义，是一个重要的历史时期，这个时期，现代西方及其精英人物所基本假设之合法性受到广泛质疑。科学，它的伦理、理性和功能是其中受到质疑的一个部分。"①其三，否定自我。后现代主义的旗手福柯指出，人类的知识类型早在 18 世纪后期，就已经进入"自我反思与批判"的时代。福柯指出，人类知识类型历经三大进步阶段。在第一阶段，知识类型呈现相似性质，这一阶段存在于中世纪晚期至文艺复兴时期，知识的特征是"协约、仿效、美化、感应"，并通过近似或共性观念形成知识。在第二阶段，知识的特征转为精确表示与系统分类，这一阶段存在于 17—18 世纪，在这一阶段，知识的相似或共性特征被放弃，人们转而寻求个性和差异。在第三阶段，知识的特征是系统的崩溃。这一阶段表现于当代。重视自我反思和批判，是当代知识类型的典型性质。福柯虽然是就知识的发生、发展进行的考古学分析，然而却为当代后现代主义的自我批判和否定提供了思想资源。其四，否定本质主义。近代以前，哲学在本体论意义上表现出二元倾向。人们在理解终极存在时，表现出两种对立的理论。一种理论确定，世界统一于实在；另一种理论与之相对，相信世界的终极存在是人们的精神。后现代主义否定这样的二元取向。利奥塔指出：社会不是一种等待那些在方法论上十分严谨的人来发现的"单一性"或整体。因为全部知识构成语言游戏，各种语言游戏又各不相同。任何现实都不可能有公认的绝对本质。②在语言游戏的背景下，现象与本质、外在和内在的分裂或对立不再存在，转而是多元的审视和理解。其五，否定确定性。后现代主义指出，世界充满不确定性。所谓不确定性，是指语言、实体、现象等需要借助模糊性、断裂性、异端邪说、多元论、反叛、曲解、变形等，才能描绘出来。循着后现代主义的这一思路，

---

① 陆有铨：《躁动的百年：20 世纪的教育历程》，第 161 页。

② 同上书，第 160 页。

一切都是不确定的和变动着的。后现代主义的这一观点的直接效应就是差异、新奇、个性和独特受到高度推崇。

后现代主义哲学思潮在教育中的渗透极为广泛，代表人物包括利奥塔、吉鲁（Henry Giroux）等人，其观点渗透于教育的各个环节，并对教育的各个环节产生冲击。"后现代主义，通过揭露教育中的形而上学、认识论方面预设观点的脆弱性，揭露教育中存在的偏见，从根本上威胁现代教育的可能性，这在西方历史上还是第一次。"[①]这是一位西方教育者就后现代主义对教育的影响进行的评价。从教育产生的相应变化来看，这一评价是恰当的。

与整个后现代主义思潮相同，后现代主义教育哲学内容十分复杂。[②]简洁地说，其主要观点如下：

其一，强调差异性。在后现代主义观照下，教育中的权威标准、制度和同一性，都已经不再存在，代之而起的是差异性的教育制度、教育目标、课程内容和教育方法。后现代主义期望摧毁教育系统中的任何终极权威，并用多元的差异的标准指引教育的各个环节。

其二，批判教育的神圣。后现代主义否定教育的神圣性。这一倾向与其在整个学术领域的倾向相同。在后现代主义者看来，既然世界上没有一种能够垄断和控制一切的权威，那么，教育过程中同样不存在这样的东西。这样的态度意味着教育不再能够预定人们的未来，人们无法通过教育获得任何观念中先在的事物。[③]因此，人们的教育价值观念应当改变。无论是教育作为一种培养未来人的手段的观念，还是教育作为复制社会秩序的工具的观念，都应该改变。后现代主义哲学相信，在当代社会中，教育的功能绝不是人们想象的那么伟大。

其三，走出中心主义。后现代主义教育哲学的这一主张与其整个精神面貌是相同的。在整个学术领域，后现代主义呼吁权威解体。在这样的口号声中，同样蕴含着中心解体。后现代主义大师的解构概念，实际上是对全部知识大厦的结构、秩序和中心进行解构，消除一切结构、中心和秩序，转而确认结构、中心和秩序范围外的意义，颠倒中心和边缘的关系，为边缘争取地位，形成边缘与中心并列的多元的格局。这样的思想主张在教育哲学领域中希望实现的是，打破一切正式的、权威的、制度性的教育机构

---

① 陆有铨：《躁动的百年：20世纪的教育历程》，第165页。

②③ 同上书，第167页。

垄断教育的专利，告别传统的、正规的教育制度。在后现代主义看来，教育活动不仅存在于制度教育系统之中，在制度教育系统之外，人们的许多活动同样富有教育意义。与此相应，告别那种以人们是否受过正式的制度性教育为标准，判定一个人是否是受过教育的人的陈旧规范。受过教育的人，不再是拥有学校文凭的人，任何一个人都可能在不同程度上和不同意义上接受过教育。这样，制度教育和学校教育中心在后现代主义的话语系统中被瓦解了。

其四，倡导新的教育目的。后现代主义指出，现代社会教育目的中的许多内容应该受到批判。在这样的教育目的指引下，学校教育将社会的优势文化传输给受教育者，再生产社会优势文化的载体和传承者。因此，所谓教育的"中立"其实只是蒙在教育上的虚假的外衣。后现代主义教育哲学在揭露教育的虚伪和弊端的同时，提出了自己的教育目的主张。①然而，后现代主义并不是一个系统的统一的哲学流派，其中的观点和人物各具不同的倾向和追求，因而，后现代主义哲学并没有在批判传统教育目的的基础上形成一种共同的教育目的。尽管如此，人们仍然能够从不同的后现代主义教育哲学主张中抽取共同的因素。后现代主义教育哲学主张，教育应当从优势文化中解放出来，充分承认边缘文化、特殊文化和个体经验。基于此，后现代主义呼吁培养具有辨别能力、评价能力和批判能力的人，通过这样的人挑战和颠覆优势文化的主导地位，形成各种文化和特殊经验并列的多元社会。后现代主义相信，围绕这样的教育目的组织教育活动，受教育者能够在其中养成批判意识和批判能力。

后现代主义教育哲学还在教育目的中植入生态因素。强调教育目的的生态因素，其主要原因是，后现代主义看到，现代文明对人类的生活环境和生存空间造成极大的破坏或毁灭效应，生态恶化、环境污染、资源枯竭等威胁着人类的生存和发展，其中现代科学技术的负面因素更是难辞其咎。后现代主义教育哲学希望通过教育摆脱现代文明的控制，建立一种与自然、生态和环境和谐的教育，并借此培养珍惜自然、生态和环境的人。

在后现代主义教育哲学眼中，当代社会是一个利益纷争、利益冲突激烈，竞争过程残酷的社会。在这样的社会中生活的人们，内心难以平静，家庭氛围紧张。这是后现代女性主义的社会体验。基于这样的体验，后现

---

① 陆有铨：《躁动的百年：20世纪的教育历程》，第169页。

代主义主张，教育应该培养关心社会的内心平和的人，这样的人能够保证社会整体安定和家庭生活平静。

这样，培养具有社会批判能力，关注生态环境和向往心境宁静的人，成为后现代主义教育目的的中心内容。

其五，主张平等的师生关系。后现代主义的哲学家们从不同角度理解师生关系，并呈现不同的见解。综合他们的观点，其中的一个共性就是主张平等的师生关系。确立这种主张的根据是多方面的。一是当代社会日益信息化。在信息化时代下，学生已经发生变化，他们不再是过去那种精英青年，而是大众青年。他们需要接受的知识并不仅仅出自教师，而主要是通过媒体学习和互动交往学习。更主要的是，在信息时代，没有终极权威知识或秘密知识。这种情形导致教师地位发生变化。大众青年通过多种途径获取知识，教师的作用只是指导学生掌握获取知识的方法，懂得知识竞争的规则。二是社会差异日益引人关注。当代社会不仅是信息化社会，同时也是差异化日益扩大的社会。人们的文化、政治和身份差异日益明显。在差异化的情形下，教师无法运用统一的主流知识体系教授学生，相应地，学生由于日益敏感的自身差异，也不会接受统一的知识和文化体系。面对差异，教师的角色只是协助者和平等的交往者。教师在教学过程的作用是协助学生理解历史、种族、差异、性别、文化、阶级和意识形态等，从而形成特定的意识和品质。可以说，后现代主义从知识进步和社会变化两个角度说明了平等的师生关系的存在基础和现实原因。

其六，呼吁开放的课程体系。课程始终是教育哲学的重大课题，后现代主义也对此表现出极大的兴趣。在后现代主义视野中，探讨课程的角度极为多样。文化、阶级、种族、性别、过程、意识形态、个人主义、权力、生态、哲学等，都是探讨学校课程的角度。后现代主义者尽管探讨课程的角度多样，然而，他们却不约而同地展开对传统课程思想的批判。后现代主义指出，传统课程理论的最大缺陷是其将因果决定论思想贯注于课程。在这种思想的支配下，课程的内容呈现高度体系化和结构化特征，与纷繁丰富的现实生活相去太远。囿于这样的课程，无法培养生动的和健全的人。因此，后现代主义教育哲学提出自己的课程观念，并希望通过这样的观念改变学校的课程面貌。①

---

① 陆有铨：《躁动的百年：20 世纪的教育历程》，第 177—178 页。

　　丰富性是后现代主义强调的课程的重要特性之一。这一特性表征课程的深度与课程作为意义的载体、课程的多种可能性和课程的解释相关。在后现代主义看来，学校课程的主要学术性学科都与其自身的历史背景和基本术语相关，因而，每门课程都会以自己独特的方式表现其丰富性。例如，语言通过阅读、写作、文学、口语训练、隐喻、神话、叙事表现自己的丰富性，数学主要以研究种种图式的方式表现丰富性，物理、生物等自然科学学科主要通过假设和证明表现丰富性，社会科学主要以对话、协商的方式表现丰富性。丰富性不仅表现于各门学科内部，而且还使不同学科之间的交流成为可能。

　　循环性是后现代主义强调的另一课程特征。这一特征是后现代主义基于课程的丰富性提出的。课程的丰富性意味着课程内容具有一定的复杂程度和难度，学习这样的课程需要一定的循环，才能真正掌握。但是，循环不同于重复，后者的目的是强调固定的、僵化的知识的记忆。循环的目的提供重新审视、重新思考、重新组织、重新构建。因此循环是知识的建设性的转化过程。通过循环，学生能够真正掌握知识，形成能力。

　　关联性是后现代主义强调的课程的又一特征。关联意指课程组织的关联。在当代社会中，课程组织方式包括网络和各门具体的课程。网络课程组织和各门具体课程组织都应该体现知识之间的联系，尤其是不同学科知识之间的联系。只有面向学生提供具有联系的课程知识，才能促进学生能力的发展。关联还意味着整个课程系统应当将文化、宇宙和世界的联系引入关注视野，从而不仅使课程的组织发生联系，而且使课程反映文化、宇宙和世界等多方面的复杂关系。

　　严密性是后现代主义强调的课程应当具有的另一特征。这一特征是后现代主义用以防止课程陷入当今无法控制的相对主义和情感上的唯我主义而强调的。在这里，严密具有特定的含义。它不是指学术规范、理论结构和知识体系的严密，而是特指概念和范畴的重新界定需要遵守严密的标准。后现代主义一方面强调差异性和不确定性，另一方面，在课程观上主张严密性。这种严密性是指课程的建构应当充分寻求种种可能的备择及其间的联系；在组织课程知识的过程中，应当充分明白，种种知识的表述都是建立在假设及其检验的基础之上的，并尽可能寻求别人关注的假设及其检验。通过这样的努力，保证课程的意义，建构饱含价值的课程。

　　以上归纳了西方教育哲学的主要精神。分析西方教育哲学的基本内容，展现在人们面前的是任重道远的图景。两千余年来，西方的思想大师从多方面开启了人们思考教育问题的思路，然而几乎在所有重大问题上，已经产生的教育哲学都没有给出定论。许多问题及其解释始终在争论不休。这种状况表明，人们一方面应该借鉴西方教育哲学的思考视角，吸收其思想，另一方面应当在此基础上，铢积寸累，研究和发展教育哲学的智慧。这样的努力可谓本文的意图。

现代西方科学方法论及其对教育研究的启发[①]

方法论是指科学研究工作者从事科学研究活动过程中共同遵守的科学信念、科学标准、研究程序、研究方式和科学立场。在人类社会的不同时期，科学研究活动遵循着不同的方法论原则，而方法论的转换，意味着重大科学研究成就的诞生和社会科学知识的进步。方法论是一个极其重要的历史性范畴。它实际上包容着人们审视世界、从事研究和适应生活的认知方式和基本信念，对人们的科学研究活动和社会生活均具有显著的启发意义。在这一意义上可以说，方法论与哲学本体论、认识论和价值论密切相连。本文具体地评述西方科学方法论的演变。

（一）方法论的内涵

方法论一般分为两大层次。首先是哲学层次上的方法论。它在认识的最高层次上，以知识总体为对象，从认识论和价值论的角度，把握认识的普遍性原则，以概念框架的形式，提供一套特定的思维模式。其次是具体科学方法论，它以特定的学科范围为对象，是促进特定学科知识进步和理论发展的方法，如心理学的个案研究、自然观察和心理测验。[②]在分析西方的各种方法论形态时，我们主要涉及一般的方法论或哲学意义上的方法论。

哲学方法论作为最高层次的方法论，对人类科学文化进程产生着巨大的影响。哲学方法论影响人类文明进程，主要是通过转化思维方式和确立特定思维原则而实现的。[③]

---

① 朱永新、许庆豫主编《教育问题的哲学探索》，苏州大学出版社，2003。

② 陈嘉明：《当代西方哲学方法论与社会科学》，厦门大学出版社，1991，第 1 页。

③ 同上书，第 3 页。

在全部方法论体系中，哲学方法论有着不同于一般科学方法论的特征。①哲学方法论通过对人的认识过程或获得真理的过程的探求，对知识类别的研讨，对把握这些不同类别知识所需方法的考察，对科学与价值、审美关系的反思，提出自己认为行之有效的认识世界的方法模式。这些方法模式并不具有直接的可操作性，并不能直接运用于科学、文化的研究之中，但这些方式经过反复的论证和思考，逐渐内化为人们的方法意识，构成人们观察、思考问题的视角，最终凝结为各种不同的思维方式和思维原则，从而形成哲学层面上的方法论。一般科学方法面向特定的对象，或者说一般科学方法是作为相对独立的实体、现象存在的，通过一般科学方法，人们可以分析对象，或者通过实验证实或证伪某种认识，形成具体的概念、命题、理论或知识。

哲学方法论虽然没有界定自身特定的具体的对象，然而，由于探求和关注着人的认识过程、知识的类别和各种具体的方法，因而有着特别重要的意义。②

第一，方法论体现着人们的世界观。在一般意义上，世界观是指人们对世界的总体看法。具体地说，世界观大致包含三方面意义。其一，回答世界究竟是什么。理解这样的问题，便能理解世界的本质或本原。其二，回答世界是什么样的状态。理解这一问题，人们便能形成世界是静止抑或变化的看法；如果确认世界是变化着的，人们同时能够形成关于世界变化规律的看法。其三，回答人们与世界的关系问题。理解这样的问题，人们能够形成世界能否被认识以及怎样认识世界的观念和方法，并在认识世界的基础上有目的地与外部相互作用。人们关于世界的多方面看法经过系统化和体系化后便成为哲学意义上的世界观。在人们的科学研究活动中，这样的世界观将通过方法论充分地体现出来。甚至可以说，人们拥有什么样的世界观，便会拥有什么样的方法论。科学研究活动的历史充分说明了这一点。培根从唯物主义哲学原理出发，形成了经验的、实证的和归纳的方法论思想与具体方法；笛卡儿立足于二元论本体论和唯理论认识论的世界观立场，主张从清晰的、自明的真理性法则或先天理念中推演出科学知识的总和的逻辑演绎方法，是唯一的正确的普遍的科学方法论。可以说，人们进

① 陈志良：《论哲学方法及其现代发展》，《新华文摘》1990 年第 4 期。

② 陈波：《论方法论原则的核心地位》，《新华文摘》1990 年第 12 期。

行科学研究的方法论直接反映人们的世界观。

第二，方法论影响着人们的世界观。方法论体现世界观，昭示着世界观决定方法论的关系。这只是世界观与方法论关系的一方面内容。世界观与方法论关系的另一方面内容是方法论在体现世界观和反映世界观内容的同时，也在影响着甚至改变着世界观。世界观的形成过程是人们自觉或不自觉地运用一定的方法认识世界和改造世界的过程。在这一过程中，认识世界和改造世界方法上的差异，将产生人们世界观的差异；方法论的改变，也将促使人们改变业已形成的世界观。方法论与世界观的这一关系，在当代社会表现得尤其明显。系统论、信息论和控制论作为方法论思想，不仅改变着分布于不同领域的人们的具体活动，而且改变着整个世界的人们对世界的看法。一个多世纪前，恩格斯实际上已经清楚地看到这样的关系。他曾经明确地指出，唯物主义和唯心主义这样两种世界观，都要随着科学的每一项划时代发现而改变自己的形态。[1]

第三，方法论承担着沟通世界观指导认识活动和实践活动的中介。[2]可以肯定地说，如果没有方法论这样的中介，世界观的意义，尤其是世界观指导人们的认识活动和实践活动的意义就无法实现。在一般意义上，世界观与方法论是两个不同的范畴。如果加以区别，可以看出其间的差异。其一，两者的指向对象不同。世界观指向整个世界，包括自然、社会和人类思维；而方法论指向人们认识世界、改造世界的具体过程、具体方法和评价标准。其二，世界观通常表现为完整的理论体系和高度抽象的范畴系统；与之不同，方法论通常表现为一系列的原则、标准、准则、规范和程序。世界观的特点表明，人们很难直接运用世界观指导自己的活动。因为世界观是一种庞大的理论体系，结构复杂，内容丰富。因而，世界观唯有借助一定的中介，转化、形成一定的方法论，才能指导人们的活动。世界观转化为方法论的机制，是将自己的全部精华浓缩为方法论基本原则，从而为人们的活动提供方向和规范意义上的指导。但是，方法论一旦形成，就成为与世界观不同的两个范畴。方法论的特点使得方法论具有强大的实践意义。人们可以直接依托方法论从事科学研究活动，乃至指导认识世界和改造世界的全部活动。在哲学史上，世界观转化为方法论，形成实践性的指导原

---

[1][2]　陈波：《论方法论原则的核心地位》。欧阳康：《世界观与方法论的联系、区别及转化》，《教学与研究》1985 年第 4 期。

则的例证相当丰富。实证主义的证实原则、批判理性主义的证伪原则、历史主义的范式思想，都在一定意义表征世界观转化为方法论的过程，并形成具体的方法论原则，都曾在科学发展史上留下过辉煌的图景。其中马克思主义哲学世界观在转化为方法论思想后，发挥出了巨大的革命性的方法论意义。

第四，方法论原则制约、支配着研究对象的选择。[①]人们研究什么，在很大程度上受到其接受的方法论原则的支配和影响。在信奉不同的方法论原则的人们之间，其研究对象存在着极大的差异。信奉实证原则的人们，往往选择可感知的现象作为自己的研究对象。在教育研究领域，许多心理学家之所以选择特定的具体的教育现实作为自己的研究对象，而一些教育学家之所以将宏观的整体性的教育现象引为探讨的焦点，实际上都在反映其不同的方法论取向，都在很大程度上受到其信奉的方法论原则的支配。同样，信奉证实原则和证伪原则的人们，无疑会将既不能证实，也不能证伪的现象排除在研究视野之外。持有相对主义的建构原则的人们，会将研究对象的情感和处境导入探索的框架之中。这些现象都是方法论的直接产品。

第五，方法论原则制约着、支配着研究方法和研究手段的运用。[②]证实原则要求使用实验的和可测量的方法，探讨研究对象；相反，批判主义原则强调运用理论解释历史的方法，而放弃可观察或可度量的因果关系。研究方法和手段的差异，同样是方法论影响的结果。

第六，方法论影响、制约着研究者的研究态度。证实原则的信奉者强调可检验和可证实标准，任何研究过程和研究结果如果缺乏可检验、可重复和可证实的基础，都被视为无意义。相信证伪原则的人们设计了四阶段的研究过程，包括问题—理论假设和探索—消除错误—新的问题。在这里，科学研究并非始于观察，而是始于问题；科学研究过程本质上是无穷的证伪过程。

方法论的多方面意义，不仅是其在研究过程中的地位的反映，同时也在昭示其多方面的性质和特征。把握方法论的意义，无疑将会为人们把握方法论的复杂和丰富的内涵奠定基础。

---

①② 陈波：《论方法论原则的核心地位》。同时参见欧阳康：《世界观与方法论的联系、区别及转化》。

（二）方法论的形态

在现代西方哲学史和思想史上，曾经存在过多种方法论形态，所有这些方法论的形成，或多或少都曾对各门社会科学研究产生影响，或者改变着社会科学发展的方向，或者制约着社会科学研究的空间、对象和具体方法。

1. 实证主义方法论

现代西方最早的系统化的方法论形态是实证主义方法论。社会科学领域中的实证主义方法论是孔德创建的方法论①。其后，经过不断修正和充实，实证主义方法论日益形态化和完整化。

实证主义方法论始终将自己的关注点聚集于如何明确和表达认识与经验或现象与原因之间的关系。在实证主义看来，科学应该是也只能是经验事实或经验现象的描述，科学的任务不是揭示事物的本质或规律，而是再现真实的研究对象。实证主义声明，已经产生的哲学和社会科学的许多领域，把超出经验世界和感觉现象的事物引为自身的研究对象，已经远离科学的规范，因而应当摒弃和清除。在这里，实证主义方法论反对任何形而上的哲学思辨或研究路线。循着实证主义方法论的思路，社会科学研究必然是零散的，社会科学的发现和知识的增加无疑将会呈现过度繁复甚至支离破碎的格局。因为在实证主义面前，包摄于经验世界中的研究对象始终是各种具体的和可实证或可检验的对象，依托这样的对象而形成的经验性的知识也将是具体的、分散的和不连贯的。面对这样的难题或指责，实证主义方法论企图将多种多样的知识综合为一种统一的整体，并使这样的知识具有可证实性。因而，实在、实用、实证、确定和精确，成为实证主义方法论的基本精神。实证主义认为，恪守这样的精神，不仅可以拒斥形而上学，而且可以将人类的最高智慧统合为一个整体。

在本体论上，实证主义方法论认定，在人们的意识或思想之外，存在着客观的和不变的经验或现象，这些经验或现象是人们可以感觉的和观察的。人们认识或研究的对象正是外在于人们意识的实在的经验或现象。在认识论上，实证主义相信，认识主体并不能改变或影响认识过程和认识对象，而只能如实地反映、描述和揭示现象与现象之间的关系，以及经验与经验之间的关系。在价值论上，实证主义坚守价值中立，强调认识过程和

---

① 郭金平：《科学主义方法论刍议》，《河北学刊》1989年第4期。

结果应当与外部世界、经验或现象客观地保持一致，而不应在研究对象之中，在研究外部世界、经验、现象的过程中，掺糅任何主体的因素，否则，人们对外部对象的反映将会受到歪曲或误解，从而影响人们对世界的总体把握。

实证主义相信，证实原则是方法论的基本原则。这一原则坚持，哲学、认识和思维只能以可观察的事实或现象为对象，通过归纳的方法探索事实、现象或经验的意义及其之间的关系；只有这样的原则和方法才是真正的科学方法和发现真理的方法。而且只有通过这样的方法，才能建立连贯性的和整体性的知识。实证主义方法论倡导实用、实在的知识，反对追求宇宙的最终起源、宇宙的目的的思辨哲学尤其是神学。这样的精神在科学进步和文明进步的历程中具有极其重要的意义。其在人类科学研究中的作用，无论怎样高估，都可谓恰如其分。

然而，实证主义方法论的缺陷同样明显。实证主义方法论放弃事实、现象、经验背后的或内在的原因、本质、规律和内部联系的探索。这一缺陷不仅导致实证主义方法论容易流于表层化乃至肤浅化，同时也与实证主义的实证精神方枘圆凿。人类社会的历史进程和人类科学的历史进程都表明，无论是社会变化还是科学演进，都内在地包容了特定的规律，揭示这些规律，应该是科学最为根本的任务和科学发挥作用的最为基本的条件，而这正是实证主义精神应该追求的题中之意。

2. 经验批判主义方法论

经验批判主义是继实证主义之后的一种方法论形态，在一定意义上可以说，是实证主义方法论的一种修正形态。经验批判主义的代表人物是马赫，因而，又称为马赫主义。这一方法论是在试图巩固实证主义理论基础和顺应科学发展步伐的背景下产生的，其宗旨是追求科学的统一和强调"要素一元论"。具体说，其内容是：第一，建构一种普适的能够解释一切现象的科学模式，这一模式不受任何限制，能够统摄所有对象。第二，与第一点相关，主张彻底的经验主义路线，将世界统一于经验。马赫说过："谁想把各门科学集合成为一个整体，谁就必须寻找一种在所有科学领域都能坚持的概念"①这个概念就是经验要素，或称世界要素。这样，整个世界便具有了一种统一的基础，这就是经验要素。第三，科学的任务就是对这些要

---

① 马赫:《感觉的分析》，商务印书馆，1975，第95页。

素及其相互之间的所有关系进行简洁的和经济的描述与概括，将纷繁复杂的要素归结为少数性质相似的要素，从而简化认识世界的方法，帮助人们认识最为广阔的世界。实现这样的目标，就是科学的任务。第四，完成科学的任务，需要对经验要素进行最大抽象程度的描述和理解。实现这一终极目的，也就确立了一种能够解释一切现象的科学模式。而一旦做到这一点，科学领域中就不会再有形而上学迷雾。

追求科学知识的统一，是人们长期科学活动的最伟大的追求。无论是马克思主义还是一切非马克思主义哲学，都在不同程度或不同角度上追求这一目标。然而，只有马克思主义正确地提出世界统一于物质。与此不同，经验批判主义由于对研究或认识对象的限制，对认识方式的限制，特别是对世界构成的理解，使其对科学知识统一性的追求蒙上了极为神秘的面纱。[1]

3. 逻辑经验主义方法论

逻辑经验主义方法论是对经验批判主义方法论进行再修正的一种方法论形态。逻辑经验主义方法论的主旨在于将罗素的数理逻辑方法论和语言分析的思想运用于科学研究活动。其特点是：第一，将科学知识的结构问题作为方法论的核心问题。第二，将方法论归纳为如何运用归纳逻辑确认一种理论中的假设问题。第三，将知识的发展归结为理论之间的还原，相信一种先行的理论可以逻辑地由后起的理论推导出来。

逻辑经验主义方法论关注的核心问题是：其一，知识的基础；其二，理论的结构；其三，理论的确认。围绕这样的核心问题，什么是科学说明，什么是经验上有意义的，什么是确认，等等，都是逻辑经验主义方法论的经常性问题。

逻辑经验主义方法论的纲领是科学知识的合理重建，就是揭示科学知识和感觉经验的逻辑关系，表明科学概念是由感觉经验的事实构造出来的，科学理论是由经验真理构造出来的。合理重建的过程是将科学概念定义为或还原为感觉经验的概念，科学理论还原为基本的经验命题。这样的过程在心理学家那里被称为知识的来源问题，在逻辑经验主义方法论这儿，这样的过程及其面临的任务被称为知识的基础。这样的问题是逻辑经验主义方法论的基本命题。

逻辑经验主义方法论认为，既然科学真理是记录经验世界的，而经验

---

① 郭金平：《科学主义方法论刍议》。

世界是统一的，那么科学知识也应当是统一的。在逻辑经验主义方法论看来，各门学科知识运用不同的概念表述知识，导致语言的混乱。因而，逻辑经验主义方法论希望通过一种物理语言，统一科学真理或科学知识。这样的语言具有公共性、普遍性和精确性，能够担当统一各门科学知识的任务。

逻辑经验主义的方法论思想可以表述为：由经验的语句组成的，摆脱了主观和价值因素的，能够借助于数学公式及其相应符号系统加以表示和进行严格逻辑推理的，具有精确性的概念和稳定的体系的知识。在逻辑经验主义那里，只有这样的知识才是真正的科学知识。

逻辑经验主义的方法论思想的特点是：第一，彻底的经验主义基础。基于这样的基础，逻辑经验主义相信，人们的感性经验是一切科学知识不容置疑的和最终的来源，一切合理性的知识都可以归结为感性材料，即经验。第二，彻底消除主体性的倾向。在逻辑经验主义这里，科学知识具有超越一切个人因素的性质。科学活动虽然是人的活动，但是，如果希望科学活动的结果成为科学知识，那么就必须剔除其中的人的主观性质和价值因素，洗涤任何人的痕迹。第三，整齐划一的同质性。无论何种科学领域的知识，其真伪判定标准只能是唯一的和同质的。例如，可检验性和可重复性。正是由于这种同质性，分布在不同领域的科学知识才有可能并且应当在一个统一的科学范围内达到统一。第四，具有绝对性和普遍适用性的知识合理性标准。这一特点是区别科学知识和非科学活动结果的界线。按照逻辑经验主义的观点，这样的界线不会随时间的变化而变化，也不会因人而异。对于人来说，衡量知识是否合理的标准是永恒的。

但是，随着科学技术的进步，许多科学命题实际上无法通过主体感觉检验。因而，逻辑经验主义借助于逻辑检验。这种检验的精神是，倘若命题无法与主体的感觉一致，那么就借助于公认的科学的命题进行推理。如此循环，可以检验无数的命题。在这里，逻辑推理成为逻辑经验主义弥补自身缺陷和应付各种批评的一种武器。尽管如此，逻辑经验主义的缺点仍然是明显的，这就是经验证实与逻辑推理实际上在逻辑经验主义那里包容了无法调和的矛盾。

4. 批判理性主义方法论

批判理性主义方法论是对逻辑经验主义方法论的一种反应。其代表人物是波普尔。早在 20 世纪 20 年代，波普尔就着手寻求划分科学和非科学之间的界限。但是，与逻辑经验主义不同，波普尔没有继承证实的原则，相反，第一次主张运用证伪的原则划分科学和非科学的标准。在他看来，人们不能要求一个科学系统能够一劳永逸地被证明是科学的，而只能根据已有的经验和科学的命题判定其正确与否。随着时间的推移，科学自身的进步，人们感觉的发达，曾经可能使科学的知识面临挑战，得不到证实，或者说被证伪，证伪原则因而成为批判理性主义的基本精神。

如前所述，逻辑经验主义自身存在的困难引起了许多批评，从而导致了重新审查逻辑经验主义方法论及其科学模式的"批判运动"。波普尔的批判理性主义就是在对逻辑经验主义的批判中产生的。

批判理性主义方法论的核心范畴是"证伪"。通过证伪，批判理性主义方法论走到了与归纳的和强调经验意义的逻辑经验主义方法论的对立面。在波普尔看来，归纳和经验证实是不存在的。其一，有限的经验无法证明无限，过去不能证明未来。其二，归纳原理的基础是过去形成的知识或理论，这一情形实际上说明，真正的归纳是不存在的，因为过去的经验或知识是一种无法溯源的过程，以此作为归纳的基础，实际上与经验主义的宗旨是矛盾的。其三，归纳和经验无法告诉我们未来的必然性，也不能告诉我们未来的或然性。其四，在一定意义上，无论过去重复多少次，经验的证实始终是一个有限的数字，面对无限的经验，归纳和经验是不能成立的。

批判理性主义方法论的证伪，是指经验的证伪。在批判理性主义方法论这儿，科学知识或理论命题不可能被经验证实，而只能被证伪。在被证伪前任何科学知识或理论命题都具有普遍性。

与逻辑经验主义相同，批判理性主义强调科学知识的划界。甚至可以说，划界标准是批判理性主义方法论的又一重要原则。划界是指科学与形而上学的划界。逻辑经验主义认为，科学与形而上学的划界标准就是经验证实原则。任何命题，凡能被经验证明的，就是科学的。批判理性主义方法论与此不同，强调经验证伪原则是划分科学与形而上学的标准。任何命题，只要能够被证伪，就是科学的，反之，则是形而上学，因为它不能由经验证伪。需要注意的是，波普尔这里所说的证伪，是指在逻辑上可以通过经验证伪。

对于形而上学，波普尔没有全面否定，相反，他认为形而上学具有显著的积极意义。其一，对科学研究具有指导意义；其二，对于人生态度具有指导意义；其三，对社会关系和伦理关系具有积极意义。

　　科学研究的过程是：其一，大胆猜测，是科学研究的第一步；其二，观察过程包容理解，否则，观察将会成为熟视无睹。这样，科学研究的过程是理论先于观察；科学开始于问题。科学知识发展的环节是：其一，科学始于问题；其二，问题的猜测；其三，各种理论进行竞争和批判；其四，新理论被进一步证伪。这样的循环过程就是知识的进步过程。

　　具体说，批判理性主义的内容包括，其一，将科学发现的逻辑问题置于整个科学系统的首位，高度关注科学知识的增长机制。在波普尔看来，科学知识的增长始于人们感觉到的问题，而不仅仅是产生于人们的感觉。没有问题，没有人们对问题答案的追寻，就没有科学知识的进步和科学知识的增加。其二，提出划分科学与非科学的标准，使证伪原则贯穿于整个科学知识的增长过程之中。波普尔认为，划分科学与非科学的界限并非绝对不变的科学知识，因为科学知识本身可能只是暂时的，随着时间的推移，可能会被证伪。真正可靠的科学与非科学的划分标准存在于科学知识的增长过程之中。在这样的过程中，一些科学知识不断产生，另一些科学知识受到证伪。其三，区分了科学知识增长的阶段，形成了科学研究过程的模式。波普尔认为，科学知识的增长始终沿着四个环节循环往复：（1）提出问题，启发科学研究活动；（2）尝试猜想，形成理论假设；（3）通过经验材料验证，并在验证中去除错误；（4）新的科学知识与新的经验材料比较，并在比较和验证中再被证伪。波普尔相信，科学知识的增长始终沿着这样的逻辑进步。

　　证伪原则的历史功绩在于批判，通过批判而达到证伪，并获得科学知识的增长。应当肯定，证伪原则与以往的方法论相比，无疑是一大历史进步。在证伪原则的指引下，人们可以确信，科学进步的历史，是人们不断地以新的知识代替旧的知识的历史，或者说，是已经产生的知识不断受到证伪，从而也是不断摒弃旧的知识和发现新知识的历史。

　　波普尔确认科学知识的相对性或可证伪性是进步的，但是，任何夸大科学知识的相对性都有可能趋向谬误。这样的谬误将会导致科学上的怀疑主义，甚至走向否定科学的道路。还应该看到，波普尔的证伪原则仍然与以往的方法论一样，是建立在可检验性原则的基础上的，而实际上许多科学系统或科学知识是很难被直接的感觉经验检验的。同时，证伪原则如果完全成立，那么按照证伪原则自身的精神，这一原则同样存在被证伪的可能，倘若果真如此，整个科学都将建立在脆弱的脚手架上。

5. 历史主义方法论

在批判理性主义遭遇困难之际，以库恩为代表的历史主义诞生了。在以往的方法论那里，被感觉到的经验始终是绝对重要的，它或者是知识的源泉，或者是检验知识的途径。然而，历史主义方法论对此给出了否定的回答。

历史主义方法论以库恩的《科学革命的结构》为主要内容。把握历史主义方法论的基本精神，需要理解其中的基本范畴。其一，科学共同体。库恩认为，科学共同体是基于共同的范式进行科学研究活动的群体，他们分享共同的科学评价标准，持有共同的科学信念，并运用共同的方式和程序发现科学知识，检验科学知识。历史主义方法论认为，在科学研究活动的常态下，通常是一种科学共同体影响和左右科学研究活动，支配科学研究活动的范式也由主导的科学共同体决定，科学的发展表现为正常和稳定的状态。但是，主导的科学共同体无法永恒地占有主导地位，在科学知识的进步中，无可避免地将会产生新的科学共同体，形成新的科学研究范式。因而，实际的状态是，人类社会中始终存在不同的科学共同体，其间始终存在相互竞争。在竞争中，科学的运行将会出现"危机"，在这一阶段，新的科学共同体和新的范式尚未脱颖而出，并占据主导地位，而已经占有主导地位的科学共同体和范式仍然在挣扎。然而，历史的趋势是，新的科学共同体和新的科学研究范式总是会不断地代替已有的科学共同体和科学研究范式，从而不断催生科学的革命，推动科学的进步。

其二，范式。在库恩的理论体系中，范式是一个极为重要的概念。库恩本人从来没有明确地界定这一概念，不过，通过理解其著作内容，可以大致把握这一概念的主要精神。在库恩的著作中，范式是指一种公认的理论，这种理论包含着研究方法、技术、评价标准，指定研究者需要研究什么样的难题，以及运用什么样的途径解决难题。从内容上看，范式的内容分为三个层次。第一，哲学因素。主要指哲学思想、科学信念、世界观、价值论等。第二，社会因素。主要指各种社会因素对科学研究的影响，包括历史、经济、文化、民族传统和社会心理，特别是科学共同体约定的原则、规则和习俗。这些规则、原则、习俗都对科学研究活动具有特定的制约作用。第三，结构因素。主要指科学工作者根据科学理论及其重大成就而确立的科学范例、工具和方式。范式是特定时期内，由重大科学成就造成的"科学共同体"所制定的一套理论、定律、准则和方法等。

范式可以说是方法论的同义语。具体地说，是指从事科学研究活动的基本立场、观点、方法、标准、信念、世界观的总和。不同的科学共同体遵守不同的范式进行科学研究活动，并因而形成不同的对待科学知识的态度，包括发现科学知识、检验科学知识和评价科学知识的态度，这样的态度直接支配科学共同体的科学活动。

范式的意义是，其一，范式作为信念，具有特定的指向作用。范式是科学集团的共同信念，为科学家们提供共同的理论模型和解决问题的框架，从而形成一个学科的共同传统，并为这一学科的发展提供共同的方向、目标和结构，赋予科学研究活动特定的理性。其二，范式作为范例，具有指导作用。科学研究活动就是在某一范式的指导下解决难题的活动，范式给科学家们提出难题，指出解决难题的途径。在这里，范式的指导作用是通过范例的作用而显示的。其三，范式是科学与非科学的划界标准。库恩既反对运用逻辑经验主义的证实标准划分科学与非科学，也反对运用波普尔的批判理性主义的证伪原则划分科学与非科学。在库恩看来，一种科学理论既不会因为缺少正面的经验证据而失去科学性，也不会因为面对反面的经验证据而立即失效。按照库恩的看法，范式是划分科学与非科学的必要条件或成熟标志。凡是拥有范式的理论命题都是科学的，否则，则处于前科学阶段。

库恩的范式理论具有一种革命性的意义。通过范式理论，库恩确立了科学与社会的密切联系。在科学研究活动中，确实存在着范式，人们在不同学科中看到的不同特点，在一定意义上也说明了范式的存在。

库恩将科学发展划分为三大阶段。一是常态科学阶段。在这一阶段，科学家们遵守共同的范式，拥有共同的信念，解决共同的难题。在常态阶段，已有的范式常常面临难以解决的问题，因而，科学家们不得不修改范式，以解决一些特别的难题。二是危机时期。当已有的范式难以解决新的难题时，人们便会对已有的范式提出疑问，这时候，范式便会面临危机。这一阶段属于科学发展的危机阶段。三是新常规阶段。在危机时期，各种理论相互竞争，人们尝试着运用新方法解决问题，从而酝酿出新范式，科学发展进入新常规阶段。

按照历史主义方法论思想，"范式—危机—新的范式……"这样一种循环，表征着科学的演进历程和科学革命的结构。同时，这也是历史主义方法论的基本原则。

按照这一原则，科学知识的合理性标准存在于科学演进的历史之中，需要依托一定的科学共同体和科学研究范式进行判定。因而，科学共同体、科学研究范式、科学的评价标准都是历史性的，没有永恒的不变的科学合理性标准，一切都在变化之中。一定历史时期内的合理的科学知识及其评价标准，在另一历史时期将会被看作不合理的。科学知识合理性标准绝不是凌驾于一切的上帝式的理念，而是历史的、具体的、变化的和现实的产物。

历史主义方法论的意义是动摇了历史上的主流的感觉经验至上、证实原则至上的方法论思想，开拓出了新的方法论思路。这样的思路给予了科学研究活动一次革命和解放。立足于历史主义方法论，科学研究便会没有禁地，空间将会扩大，方式和内容将会拓宽。但是，历史主义的缺点同样明显：其一，在历史主义看来，范式的变革导致科学的变革，这一阶段是突变性的和非理性的，没有连贯的过渡环节。而科学进步的事实并非如此。确切地说，历史上的任何一次科学的进步，总是立足于以往的科学积累之上的。其二，历史主义否定感觉经验的作用，却走向另一极端。在历史主义方法论中，具体经验的意义，科学知识的检验标准，这些重大的基本问题都被"历史"地消解了。

6. 科学研究纲领方法论

科学研究纲领方法论是拉卡托斯提出的。在拉卡托斯看来，经验主义框架内部的方法论集中于经验证据的支持和反驳，并不能揭示科学的合理性；因为科学的历史表明，仅有经验的力量，并不能决定是否接受或排斥一种科学理论。与之相对，历史主义将方法论降低为科学社会中的流变的主观范畴，没有能够为理论的选择提供合理性标准，陷入了相对主义和非理性主义。因此，拉卡托斯提出将"科学发展共同纲领"作为自己的方法论原则。

科学发展共同纲领是科学的基本单元。拉卡托斯认为，科学理论的单元，既不是各自孤立的经验或由此证明的命题，也不是范式，而是科学发展共同纲领。这样的纲领是相互联系，具有严密的内在结构的完整的理论系统。只有运用科学理论系统或科学研究共同纲领，才能解释科学发展的问题，说明科学合理性的问题。

科学研究共同纲领包括四大要素：第一，硬核。这是科学研究共同纲领的基本理论部分，由基本的假说组成。第二，保护带。拉卡托斯指出，保护带处于硬核的周围，由一些辅助性假说构成，其任务在于保护硬核，使其免受经验事实的冲击和反驳。当科学研究纲领与观察和经验不一致时，保护带将修整和调整保护性假说，借以保护硬核。第三，反面启示法。这是辅助性发现方法，用以从反面启发人们保护硬核。这一方法的主要取向是反驳挑战的假说或理论。第四，正面启示法。这是为积极探索未来，正面辩护科学研究纲领而提出的鼓励性规定。它从正面鼓励研究人员采取措施，修改或完善辅助性假设等措施，以发展科学研究共同纲领。

科学研究纲领的发展，意味着科学获得重大突破。这一过程包括三大阶段：科学研究纲领进化阶段，科学研究纲领退化阶段，新的研究纲领证伪、取代退化的研究纲领阶段。

科学研究纲领方法论还提出科学进步的评价问题。在拉卡托斯看来，科学进步和科学研究共同纲领的进步评价标准，是科学历史发展史实。这一标准适用于所有学术领域。

科学研究纲领方法论与历史主义方法论在精神上是相通的。在一定意义甚至可以说，科学研究纲领方法论是历史主义的另外一种表述。如果加以区别，前者只是在述语的界定上比后者更为严格。因此，历史主义方法论面临的困难，同样也是科学研究纲领方法论面临的困难。

7. 新历史主义方法论

在拉卡托斯的科学共同纲领对学术研究活动产生影响的同时，新历史主义方法论也出现了。

新历史主义方法论由夏皮尔建立。在新历史主义看来，方法论的首要问题是知识的合理性问题。逻辑经验主义方法论认为知识的合理性标准是恒定不变和普遍有效的，库恩的历史范式认为知识的合理性标准随着历史的不同而发生着变化，但不同的标准之间是不可比较的。这样两种不同的标准都被证明存在着缺陷。因此，夏皮尔提出新的知识的合理性标准。这一标准是：其一，结果表明知识是成功的。其二，对于一种知识没有明显的怀疑的理由。其三，结果表明将知识运用于某一领域，对于这一领域来说是恰当的。可以说，知识的合理性问题是新历史主义方法论的首要问题。

夏皮尔在进一步界定自己的方法论时指出，新历史主义方法论的核心概念是信息域。信息域是一系列有着内在联系并产生重大问题的信息群。其特征是：其一，构成信息域的各个信息之间具有某种联系。其二，这样的信息组合包容着令人深思的问题。其三，这样的问题是极其重要的。其四，当前的科学研究能力已能解决这样的问题。

在信息域思想的指导下，夏皮尔提出科学知识的推理模式。第一，结构型推理模式。这一模式是指某一信息域提出问题，启发人们从结构方面，特别是从深层物质结构中，去寻求问题的答案。第二，深化型推理模式。这种推理模式启发人们从时间上去研究事物的各种构成要素的前后相互关系，或者说启发人们去研究组成信息的个体要素的时间发展。第三，综合推理模式。这一模式综合了前两种模式的优点，启发人们同时从空间和时间两方面去研究问题，寻找答案。

与历史主义方法论相比，新历史主义方法论在知识的合理性标准方面拓宽限制，也正因为如此，新历史主义方法论能够应付更多的挑战，也面临更多的批评。

综上叙述的多种方法论形态，在一定意义上都是科学主义哲学方法论形态。然而，所有这些方法论都在深刻地影响西方社会科学研究过程，制约着社会科学研究过程和研究结果的评价，因而，也在一定意义上成为人们审视社会科学研究的一般的方法论。

（三）方法论的价值特性

在这里，价值特性是指观照、评价、引导社会科学研究的价值因素。哲学方法论中内在地包含着价值特性。方法论在具体的运用过程中，总是隐含着特定的价值因素。任何一种方法论自身的形成和演进过程都无法与价值因素分离，即使是强烈主张知识的来源、知识的意义和知识的评价标准均须与直接的可观察的经验一致的早期的实证主义方法论，也不能例外。早期实证主义方法论在强调证实和检验的客观性的同时，在拒斥形而上学的同时，也在昭示着其对世界的看法、对人与世界关系的看法、对人如何把握世界的看法，而且这些看法深深地影响、启发着不同的人们处理个人与社会、个人与自然和个人与他人的关系。作为哲学组成部分的方法论任何时候都无法与价值分离，这是哲学本性和作为哲学组成部分的方法论的本性规定的。

在方法论包容的价值因素中，存在着两种极端的价值性质：科学主义和相对主义。[①]多种形态的方法论，本质上都处于两种价值系统的两点之间，

---

① 顾明远、薛理银：《比较教育导论——教育与国家发展》，人民教育出版社，2001，第68页。

一些方法论偏向科学主义，而另一些方法论偏向相对主义。因此，理解方法论的形态及其内容，无法回避这样两种价值参照系统。在理解多种方法论形成及其在社会科学研究中的具体表现时，人们更是无法回避这样的价值参照系统。

在社会科学中，科学主义假定自然科学的方法论和方法程序可以直接运用到社会科学研究中，把社会科学家当作社会现象的旁观者。科学主义者认为，社会科学的研究结果可以运用定律这样的自然科学的方式表述。

科学主义的基本原则是：第一，决定论。其含义是，每一事件都有原因。事件与原因的因果关系是可以被发现的。科学家的任务就是发现这些因果关系定律，或事物的规律，用以解释周围世界的现象，从而给人以预测和控制外部世界的稳固的基础。第二，经验论。科学主义相信，可靠的知识只能源于经验。理论或假设的可靠程度只能依靠经验证据的证实程度。经验科学的研究过程分为以下五个步骤：（1）经验；（2）分类；（3）量化；（4）关系的发现；（5）逼近真理。第三，经济原则。即科学研究的基本思路应该是以最经济的方式解释各种现象。第四，一般原则。这一原则要求，科学研究的结果应当是普遍适用的。在科学主义倾向的研究中，概念、变量、命题和格式是共同的要素。在科学主义看来，理论是由概念组成的，概念指点现象，提炼现象的关键特征，通过定义表述。变量是概念的一种。实证主义者倾向于将概念转换为变量，从而理解一种现象变化如何与另一种现象发生联系。概念的联结构成理论，说明概念所指称的事件的联系方式，解释事件如何以及为何发生相互联系。理论陈述的组合构成理论格式。第五，价值中立。这一特点是作为参照系统的组成部分存在的，也是外在于主体的程序。

科学主义的对立面是相对主义。在本体论上，相对主义拒绝绝对的客观存在，而相信一切事物相对于不同的主体具有不同的意义。在认识论上，相对主义否认追求不变的客观规律的意义，相信如果存在客观规律，它也只是特定环境或条件下的规律。同时，相对主义还强调，在研究过程中，主体和研究对象之间存在互动关系，彼此制约和相互影响。在价值论上，相对主义呼吁价值多元和价值主体化与客体化同时并存。在方法论上，相对主义相信，没有普遍适用的绝对正确和科学的方法。相对主义特别适用于描述和研究特定环境中或特定条件下的教育现象，或者解释特定的教育现象。在相对主义价值观念面前，无论什么研究，都很难做到完全客观和准确。因为研究需要借助特定的尤其是本国的语言、符号表述，研究者只是人群中的一小部分，他们很难超越自身的知识结构和观念系统。

前面整理的多种方法论形态，其中实证主义方法论、经验批判主义方法论、逻辑经验主义方法论和批判理性主义方法论更多地具有科学主义的性质，而历史主义方法论、科学研究纲领方法论和新历史主义方法论则靠向了相对主义。理解不同方法论的价值特性，不仅是理解不同方法论内涵的基础，同时也是评价、选择和运用不同方法论和不同研究的条件。

（四）方法论与教育研究

追溯方法论的演变过程，其演变轨迹是从绝对的科学主义日益走向相对主义。方法论的这种演变过程，深刻地影响着教育研究领域。

方法论对教育研究的影响，突出地表现在人们对教育研究对象的理解。在19世纪，实证主义在渗入教育研究领域后，就曾经极大地改变人们对教育研究对象的认识。孔德期望将社会科学建设成如同物理学一样的学科，确信包括教育科学在内的社会科学的研究对象是外在于人的客观存在，人们能够对之进行精确的观察、描述和解释，这样的观察、描述和解释是能够重复的和可以检验的。之所以如此，是因为研究对象并不受到人们的主观意志的制约。19世纪的实验教育学研究的问世，是实证主义最为明显的折射。20世纪后，分析哲学诞生，并形成分析教育哲学。在分析教育哲学视野中，教育科学研究混乱不堪，长期受到形而上学的支配。人们在教育研究领域中，没有将研究对象理解为客观存在的实体，在不同的研究者眼中，教育研究的对象呈现不同的形态和性质，研究过程和研究结果的表述千差万别。对研究对象的这种理解，直接导致教育研究中事实描述与价值提倡不分，形而上的概念、命题和结论四处蔓延，教育研究的语义一片混乱。分析教育哲学主张确立逻辑的和经验的标准，据此对教育研究的全部范畴和概念进行整理和分析，将凡是无法经受逻辑、经验证明和检验的概念，清除出教育研究领域。这样，逻辑和经验犹如"奥卡姆"剃刀，承担着消除教育研究中的一切无法通过经验和逻辑证实的内容的使命。在分析教育哲学看来，这样的主张如果付诸实践，不仅会使教育研究变得有意义，而且会减少教育研究中的无意义的论争。分析教育哲学通过确立多种教育概念的检验标准和分析思路，对教育中的许多重要概念进行了分析和澄清。所有这一切，都根源于其对教育研究对象的确定的客观存在性的信念。

与实证主义传统和分析哲学不同，古代的教育研究没有强调教育研究对象的客观性。人们只是立足于自身的主观感受、知识结构和价值观念从事教育研究，研究过程形成的结论和一些重大的教育原则也无须通过经验证明和检验。到了 20 世纪后现代主义诞生后，在一切领域，包括教育研究过程，一切客观存在都消失了，代之而起的是一切都是主观想象的世界。因而，教育研究对象同样也不是客观存在的。教育研究的一切对象都取决于主体。不同的主体将会关注不同的研究对象，即使是同一研究对象，在不同的研究者那里，也会表现出不同的性质和形态。因而，教育研究对象是相对的和虚幻的，其存在取决于研究主体的感受。

如果沿着方法论的变化梳理人们对教育研究对象的理解，可以看出，在不同的方法的指引下，近现代的教育研究对象呈现与方法论相应的性质与形态。这些形态包括：其一，教育研究对象具有纯粹的客观性，人们无法改变研究对象的这种客观实在特征。其二，教育研究对象虽然具有基本的客观性质，但是，由于人们的主观因素的影响，研究对象在不同的主体眼中表现出一定的差异性。其三，教育研究对象虽然具有基本的客观性质，但是，由于人们主观因素的影响，尤其是由于研究主体处于特定的社会历史时期和特定的社会关系之中，因而，研究对象实际上不仅受到研究主体的影响，而且还受到研究主体处于其中的历史的和社会的因素的制约。其四，在多元化时代，没有任何客观存在的教育研究对象，一切都是人们思想的结果。

人们对教育研究对象的变化和差异的理解，实际也在昭示研究主体与研究对象之间的关系。确认研究对象的单纯的和不变的实在性的研究者，无疑会相信，研究者无法改变研究对象，而只能如实地观察和描述研究对象。因而，研究对象完全制约着研究主体，或者说，研究主体只能被动地和镜像般地反映研究对象。与此不同，在相信一切外部实在只是人们思想的产物的人们心目中，研究对象只是主体想象的产物，研究对象与研究主体的关系是，研究主体决定着、解释着研究对象。处于上述两种极端之间的人们，相信研究主体与研究对象之间存在着互动的关系。一方面，研究主体面对的研究对象，受到研究主体的主观因素和研究主体处于其间的历史和社会条件制约，因而，其性质和形态受到研究主体的影响；另一方面，研究对象作为一种客观的外部存在，同样制约着研究主体，要求研究主体尽可能逼近研究对象。

研究主体与研究对象之间关系的复杂性，决定着人们必然会对教育研究结果持有不同的评价标准。教育研究结果只有通过逻辑和经验检验才能获取意义的实证标准，是多种评价标准的一极，与之相对的是，研究结果多元化是不同的教育研究结果评价标准的另一极。在这里，教育研究结果没有任何特定的权威的评价标准。

探讨哲学方法论及其对教育研究的影响，人们从其中获得的启发是，教育研究的全部过程始终无法摆脱哲学方法论的制约。本文在第一部分指出，方法论通过影响着研究过程中的人，而影响着整个研究过程。方法论与一般的研究过程，同样表现于教育研究。因此，倘若我们希望改变我们这个社会的教育研究状态，我们面临的最为重要和根本的任务是形成并建立能够促进教育研究进步的方法论。

参考文献

A.1 普通图书

[1] 博克. 回归大学之道：对美国大学本科教育的反思与展望（第 2 版）[M]. 侯定凯，等译. 上海：华东师范大学出版社，2012.

[2] 陈如平. 效率与民主：美国现代教育管理思想研究 [M]. 北京：教育科学出版社，2004.

[3] 成幼殊. 世界著名学府：哥本哈根大学 [M]. 长沙：湖南教育出版社，1989.

[4] 戴启秀，王志强. 文化视角下的欧盟成员国研究：德国 [M]. 上海：上海外语教育出版社，2010.

[5] 菲利普斯. 教育大百科全书：教育哲学 [M]. 石中英，等译. 重庆：西南师范大学出版社，2011.

[6] 富兰. 变革的力量：透视教育改革 [M]. 中央教育科学研究所，加拿大多伦国际学院，组织翻译. 北京：教育科学出版社，2004.

[7] 傅林. 当代美国教育改革的社会机制研究：20 世纪 60 年代美国教育改革运动的形成 [M]. 北京：教育科学出版社，2006.

[8] 古特克. 教育学的历史与哲学基础：传记式介绍 [M]. 缪莹，译. 长沙：湖南教育出版社，2008.

[9] 古特克. 哲学与意识形态视野中的教育 [M]. 陈晓端，译. 北京：北京师范大学出版社，2008.

[10] 顾明远. 中国教育的文化基础 [M]. 太原：山西教育出版社，2004.

[11] 胡恩菲尔特. 秘鲁史 [M]. 左晓园，译. 上海：东方出版中心，2011.

[12] 黄济. 教育哲学通论 [M]. 太原：山西教育出版社，2008.

[13] 黄坤锦. 美国大学的通识教育 [M]. 北京：北京大学出版社，2006.

[14] 黄全愈. 美式校园：素质教育在美国 [M]. 北京：中国人民大学出版社，2010.

[15] 姜大源. 当代德国职业教育主流教学思想研究：理论、实践与创新 [M]. 北京：清华大学出版社，2007.

[16] 科恩，基斯克. 美国高等教育的历程：第二版 [M]. 梁燕玲，译. 北京：教育科学出版社，2012.

[17] 陆有铨. 现代西方教育哲学 [M]. 北京：北京大学出版社，2012.

[18] 陆有铨. 躁动的百年：20 世纪的教育历程 [M]. 北京：北京大学出版社，2012.

[19] 饶从满. 日本现代化进程中的道德教育 [M]. 济南：山东人民出版社，2010.

[20] 日本大宝石出版社. 走遍全球：阿根廷·智利·巴拉圭·乌拉圭 [M]. 孟琳，等译. 北京：中国旅游出版社，2006.

[21] 单中惠. 西方教育思想史 [M]. 北京：教育科学出版社，2007.

[22] 石中英. 教育哲学 [M]. 北京：北京师范大学出版社，2007.

[23] 土屋基规. 现代日本教师的养成 [M]. 鲍良，译. 上海：上海教育出版社，2004.

[24] 万秀兰. 肯尼亚高等教育研究 [M]. 北京：中国社会科学出版社，2009.

[25] 王辉耀，张晓萌. 哈佛肯尼迪政府学院的精英课 [M]. 北京：中信出版社，2013.

[26] 王世申. 秘鲁文化 [M]. 北京：文化艺术出版社，2010.

[27] 王智新. 近代中日教育思想比较研究：日文版 [M]. 东京：劲草书房，1995.

[28] 王智新. 日本城市教育管理 [M]. 上海：远东出版社，1998.

[29] 王智新. 中日教育比较研究 [M]. 南京：江苏教育出版社，1998.

[30] 王智新. 中日教育制度比较研究：日文版 [M]. 东京：泷泽书房，1998.

[31] 篠田雄次郎. 小集团经营 [M]. 朱永新，等译. 杭州：浙江大学出版社，1991.

[32] 篠田雄次郎. 自性清净法：智者的心理奥秘 [M]. 朱永新，徐建平，译. 天津：天津人民出版社，1992.

[33] 袁岳，等. 哈佛修炼:亲历肯尼迪政府学院[M]. 北京:中华工商联合出版社，2004.

[34] 张斌贤. 外国教育思想史 [M]. 北京：高等教育出版社，2007.

[35] 赵祥麟，王承绪. 杜威教育名篇 [M]. 北京：教育科学出版社，2006.

[36] 赵中建. 质量为本：美国基础教育热点问题研究 [M]. 合肥：安徽教育出

版社，2010.

[37] 朱永新，王智新. 当代日本教育丛书：16 卷［M］. 太原：山西教育出版社，1992—1998.

[38] 朱永新，王智新. 当代日本教育概览［M］. 太原：山西教育出版社，1992.

[39] 朱永新，许庆豫. 当代日本中学生与教育［M］. 苏州：苏州大学出版社，1999.

A.2 报纸期刊

[1] 李硕豪，等. 巴西高等教育入学机会公平问题探析［J］. 现代教育科学（高教研究），2012（6）.

[2] 刘丽平，任凯强. 肯尼亚高等教育发展及面临的困境［J］. 现代教育科学，2012（7）.

[3] 朱永新. 迈向 21 世纪的国际理解教育：国际教育学研究大会苏州会议纪要［J］. 教育评论，1994（1）.

主题索引

第三版后记

他山之石，可以攻玉。教育是精神传承与创新的过程，人类为此所面临的问题往往是共通的。所以，作为后发国家，研究和学习世界先进国家的教育经验，避免走人家曾经走过的弯路，非常重要。

比如，昨天早上在微博上看到汤敏先生引用我的同学蓝云博士从美国写来的信，说网络教育正成为美国教育新潮流，不仅在大学，更向中小学发展。得克萨斯州很多小学区师资不够，就让学生通过网络到大学区上课。"MOOC"（大规模的网络开放课程）是当前美国大学的最热门词汇。为提高网络教育质量，美国凤凰网络大学去年花了1.5亿美元改造网络课程。

其实，这也是应该引起我们高度重视的大问题。网络教育正在悄悄改变我们的教育形态，如果不未雨绸缪，我们可能就会错失机遇。非常巧合的是，蓝云博士是我的大学同学，曾经担任得州工科大学教育学院的系主任。我们合作的《中美高等教育办学效率之比较》一文，也收录在这本小书之中。

这次修订，主要增加了一篇《中日家庭教育调查的比较研究》。这是我在日本做访问学者期间承担的上广伦理财团招标的一个研究课题，成果发表在1992年的《教育研究》上。袁振国、蒋乐群、若园淑媛、张乔松等参加了课题研究。同时对《奇迹的起点》等部分文章进行了修订完善，增加了参考文献和主题索引。

这本《寻找教育的风景——外国教育观察》是这次修订作品集的最后一部。断断续续，这次修订已持续了近一年的时间。近些年陆续考察英国、意大利、韩国、印度等国家的教育时，曾经收集了大量资料，本来准备陆续成文充实到这本书中，将这本书进行大幅度修订。由于事务繁忙，实在抽不出整段的时间写作，只能够留待日后再说了。

如果说写稿费心费力，那么改稿就是静心尽力。这次修订文集，发现了许多错误，自己经常羞愧得冷汗直出。这次虽然我尽力去发现和改正，但我知道，肯定有我眼下未能发现的错误，还有待我继续学习，也请读者指正。我也知道，文章不厌百回改，好文章是改出来的。修改文稿，其实是自省内心与校正行动的过程，需要一辈子的努力。生命不息，人文永新，我会继续努力。

2013 年 5 月 7 日晨，写于中央党校 23 号楼

"朱永新教育作品"后记

10 年前，我的"朱永新教育作品"16 卷由中国人民大学出版社出版。

不久，这套文集就被麦格劳－希尔教育出版集团引进英文版版权，陆续出版发行。迄今为止，我的著作已经被翻译为 28 种语言，在不同国家有 87 种文本。

在版权到期之后，多家出版社希望重新出版这套文集。最后，漓江出版社的诚意感动了我。

长期以来，漓江出版社的文龙玉老师一直关注和支持新教育事业，《新教育实验年鉴》以及一批新教育人的作品都先后在漓江出版社出版，文老师也先后担任了我的《新教育》《教育如此美丽》《我的教育理想》《我的阅读观》《致教师》等书的责任编辑。这套文集在漓江出版社出版，也就成了顺理成章的事情。

这套"朱永新教育作品"沿用了中国人民大学出版社的文集名称和南怀瑾先生的题签。主要是想借重新出版之际，感谢南怀瑾先生对我的帮助和关心。在苏州担任副市长期间，我曾经多次去太湖大学堂与南怀瑾先生见面交流，请教教育、文化与社会问题。先生的大智慧经常让我茅塞顿开。

新的"朱永新教育作品"虽然沿用了原来的名称，但是内容还是有许多不同。原来的 16 卷，大部分都进行了不同程度的修订，其中一半是重新选编。全套作品按照内容分为四个系列。

一是教育理论系列，包括《滥觞与辉煌——中国古代教育思想的成就与贡献》《沟通与融合——中国近现代教育思想的起源与发展》《嬗变与建构——中国当代教育思想的传承与超越》《心灵的轨迹——中国本土心理学思想研究》《校园里的守望者——教育心理学论稿》五种。

二是新教育实验系列，包括《新教育实验——中国民间教育改革的样本》《做一个行动的理想主义者——新教育小语》《为中国而教——新教育演讲录》《为中国教育探路——新教育实验二十年》《享受教育——新教育随笔选》五种。

三是我的教育观系列，包括《我的教育理想——让生命幸福完整》《我的教师观——做学生生命的贵人》《我的学校观——走向学习中心》《我的家教观——好关系才有好教育》《我的阅读观——改变从阅读开始》《我的写作观——写作创造美好生活》六种。

四是教育观察与评论系列，包括《教育如此美丽——中国教育观察》《寻找教育的风景——外国教育观察》《成长与超越——当代中国教育评论》《春天的约会——给中国教育的建议》四种。

虽然都是现成的文字，但是整理文集却颇费时间。几年来的业余时间和节假日，大部分都用于这项工作。好在，我所在的中国民主促进会是一个以教育、文化、出版传媒为主界别的参政党，60%的会员来自教育界，无论是调查研究、参政议政，教育一直是我们的主阵地，本职工作与业余的教育研究不仅没有矛盾，反而相辅相成。

感谢漓江出版社的文龙玉老师和她的团队认真细致和卓有成效的工作。

2022 年 10 月 17 日